张君劢

(1887—1969)

近现代哲学家、法学家、政治学家、杰出学者

中国民主社会党领袖，《中华民国宪法》的起草者

张君劢

郑大华 著

群言出版社
Qunyan Press
· 北 京 ·

图书在版编目（CIP）数据

张君劢 / 郑大华著 .— 北京：群言出版社，
2013.9
（民盟历史文献）
ISBN 978-7-80256-500-5

Ⅰ. ①张… Ⅱ. ①郑… Ⅲ. ①张君劢（1887 ~ 1969）
—传记 Ⅳ. ① B261.5

中国版本图书馆 CIP 数据核字（2013）第 242308 号

出 版 人　范　芳
责任编辑　刘占凤
封面设计　群言艺术设计中心·胡蔓青

出版发行　群言出版社（Qunyan Press）
地　　址　北京市东城区东厂胡同北巷 1 号（100006）
网　　站　www. qypublish.com
电子信箱　qunyancbs@126.com
总 编 办　010-65265404　65138815
发 行 部　010-65263345　65220236
经　　销　全国新华书店
读者服务　010-65262436　65276609
法律顾问　北京市国联律师事务所

印　　刷　北京画中画印刷有限公司
版　　次　2013 年 11 月第 1 版　2013 年 11 月第 1 次印刷
开　　本　880 × 1230　　1/32
印　　张　15
字　　数　310 千字
书　　号　ISBN 978-7-80256-500-5
定　　价　50.00 元

前　言

中国民主同盟成立于1941年3月，正值抗日民族统一战线遭到国民党独裁统治破坏的危难之际。民盟以贯彻抗日主张、实践民主精神、尊重思想自由、提倡依法治国为政治纲领。民盟凝聚了当时绝大多数进步知识分子和社会精英，可谓群贤毕集。在不同的历史时期，黄炎培、张澜、沈钧儒、杨明轩、闻一多、李公朴、梁漱溟、史良、胡愈之、楚图南、吴晗、费孝通……这些民盟前辈精英们纵横捭阖、开阔放达，本着知识分子的人文良知和社会责任"奔走国是"，在政治、经济、军事、外交、教育、社会等领域都提出了明确的纲领和主张，将平等、民主、自由的思想播撒在中国的土地上。

在那苍黄翻覆、陵谷变迁的大时代，在那风云变幻、波澜壮阔的动荡岁月里，历史的浪潮将中国民主同盟，将有志于民族振兴的贤良才俊推上了风口浪尖，他们在改变中国命运的同时，也改变了自己的人生轨迹。他们为历史的进程，为国家富强、民族振兴和民主政治的进步做出了卓越的贡献；他们将自己的荣辱与民族存亡紧紧地联系在一起，为中国的民主、繁荣奋斗了一生，为后人留下了许多宝贵的精神财富；他们关于新民主主义社会的探索，至今仍具有巨大的影响和现实意义。

在和平盛世的今天，为了保存这珍贵的历史财富，为了让后人记住先辈们的独立之精神、自由之思想以及他们为国为民、励精图治的奋斗事迹，我们通过多年的精心准备和积累，出版了《民盟历史文献》丛书，这不仅仅是追忆往昔、缅怀先贤，也不仅仅是为了从学术研究的角度去厘清历史、臧否人物，更重要的是：通过回顾那段曲折的历史，传承民盟与中国共产党肝胆相照、荣辱与共的真挚感情；纪念民盟先贤为新中国做出的巨大贡献；呈现近现代中国社会的嬗变和进步知识分子的爱国情怀；同时也是为了民盟薪火相传、与时俱进的需要；为了让那些隽永传奇的人物和可歌可泣的历史再现后人的眼前。

路漫漫其修远兮，吾将上下而求索。《民盟历史文献》丛书的出版，是对先贤们多党合作历史的尊崇和传承。

《民盟历史文献》编委会

序　言

1969年2月23日下午6时40分，一位82岁的中国老人在美国旧金山伯克莱的康凡勒生疗养院与世长辞。这位中国老人便是本书的主人公张君劢。

张君劢生活在从清末到中华人民共和国成立之后的年代里，先后经历过甲午战争、戊戌变法、义和团运动、辛亥革命、五四运动、北伐战争、抗日战争、解放战争、中华人民共和国成立等重大事件，1949年后流亡海外。他与梁启超、章太炎、张謇、胡适、陈独秀、毛泽东、周恩来、董必武、段祺瑞、冯国璋、蒋介石、李宗仁、陈立夫、陈济棠、张群、曾琦、李璜、梁漱溟、张东荪、黄炎培、罗隆基，以及印度第一任总理尼赫鲁、美国总统杜鲁门、韩国的第一任总统李承晚、南越总统吴庭艳、新加坡"国父"李光耀等都有过交往，关系密切。

张君劢一生既搞政治，又玩学术，是"徘徊于学术与政治之间"的人物，他从事政治活动时不忘学术，从事学术研究时不忘政治，在中国现代学术史和政治史上有着极其重要的地位。就学术方面而言，他创办过政治大学、学海书院和民族文化书院，当过北京大学和燕京大学教授，是1923年“人生观论战”的挑起者和1958年《文化宣言》的发起人，与丁文江、陈独秀和胡适打过笔墨官司，并先后有《人生观》、《民族复兴之学术基础》、《明日之中国文化》、《新儒家思想史》等论著发表和出版，被公认是现代新儒家的巨擘。从政治方面来看，他早年追随梁启超从事立宪活动，是政闻社的骨干人物，自30年代起又先后组建过或参与组建过中国国家社会党、中国民主政团同盟和中国民主社会党，参加过两次民主宪政运动，是国防参议会参议员、国民参政会参政员、1946年政治协商会议代表，并起草过《中华民国宪法》。

张君劢一生充满着矛盾。他既被国民党绑架和软禁过两年，又是蒋介石的座上客，支持过国民党的反共内战政策；他既与共产党有过很不错的关系，61岁生日时周恩来曾送过他一块“民主之寿”的寿匾，又与共产党人势不两立，1948年被毛泽东宣布为最后一名头等战犯；他既是中国民主政团同盟（后改组为中国民主同盟）的创建人之一，在很长一段时期内是民盟的主要领导人，又违背民盟的政治原则，被民盟勒令退盟；他既热情地宣传介绍过俄国十月革命，现在人们通用的“苏维埃”一词就是他首先使用的，又对俄国十月革命进行过肆意攻击，一生以反对中国走俄国人的道路为目的；他从小进的是新式学堂，留学过日本和德国，却又得到过旧制秀才和翰林的功名；他掌握和精通三门外语，用德文和英文写有著作，却拒绝使用白话文，发表和出版的中文论著都用文言文写成；如此等等，不一而足。

自20年代起，人们就对张君劢有着不同甚至截然相反的评价，或者骂他是“玄学鬼”、“反动分子”、“地主资产阶级代言人”、“国民党帮凶”；或者说他是“进步党余孽”、“共产党走狗”；也有人称他是“政治家”、“思想家”、“大学者”、“国士”、“一代宗师”、“知识分子楷模”……而他本人，有时认为自己是个失败者。

张君劢是在近现代中国复杂历史条件下产生的复杂的历史人物。本书力求以客观纪实的手法，向读者展示张君劢漫长而又复杂的一生。

郑大华

2013年10月于北京

目 录

第一章
早年生活

第一节　少年登科

张君劢，本名嘉森，君劢是他的字，又字士林，号立斋，另署世界室主人。1887 年 1 月 18 日（清光绪十二年十二月二十五日）出生于江苏嘉定县城一个儒医兼经商的家庭。他的先世原住嘉定县葛隆镇，至七世祖迁居宝山县真茹镇，经营盐业生意。曾祖父秋涯改行行医，施药济贫，颇有善名。直到祖父铭甫，始登科甲，入仕途，以举人身份在四川省任县令十余年，颇有政声。铭甫于政事之余，喜欢研读宋明义理之学，对医卜星相也很用心。后来厌倦仕途，辞官退隐乡里，在嘉定县城定居下来。父祖泽曾学医于苏州曹沧州，卒业后相继在上海、南翔一带开设诊所，为当地名医。祖泽娶妻刘氏，生子女十四，成人者男六女五，君劢排行第二。

君劢 6 岁时启蒙读书，与四伯父诸子及弟嘉璈（字公权）同入家塾。他读书善动脑筋，领悟力过人，有时提出的问题，连老师一时也回答不出来。他读书很用功，经常一个人坐在课堂里，摇头晃脑地背诵课文。当然，他又和同龄的小朋友一样，天真活泼，好玩游戏，而且点子特别多，小朋友都愿意和他玩，称他为“小军师”。有一次，他戏操小舟，不慎坠入水中，幸好这时家人来唤他回家吃饭，才救了他的一条性命。

1897 年，张君劢 12 岁时，奉母命考入上海广方言馆。上海广方言馆是洋务运动的产物。1863 年（清同治二年）由时任江苏巡抚的李鸿章奏请清政府批准设立。与北京同文馆相似，这是一所学习外国语言文字的学馆，招生对象全是 14 岁以下的儿童。自 1869 年起并入江南制造局。由于当时风气未开，人重科举，因此，尽管广方言馆每月津贴学生银子一两，但有钱有势的人家很少有人愿将子弟送入馆中学习，入馆者大多是穷苦贫寒人家的子弟。张君劢所以会进入这样一所人们不太愿意进入的学馆读书，这与他父亲“经商失败，景况萧然”有着直接的关系。

那个时候，广方言馆每周上七天课，其中四天读英文，三天读国文。英文课除学习英文外，还包括用英文写的数学、物理、化学和外国历史等。学英文的四天只有上午有课，下午老师批改作业，学生则自修，或上体操课。三天读国文，由先生指导看“三通”，作策论。当时指导张君劢看“三通”的是袁希涛，作策论的是沈信卿。和那时所有的私塾学堂一样，广方言馆的教学方法非常陈旧，只要求学生死记硬背，而不求理解。不唯国文课如此，英文课也是一样，要求学生像读“四书五经”那样把每一科的课文都死记硬背

上海广方言馆

下来。

广方言馆的英文课，使张君劢第一次"知道世界上除八股及我国固有的国粹之外，还有若干学问"。张君劢读书勤奋，成绩优异，受到学馆的多次奖励。他除了必修的英文和国文课程外，还利用课余时间阅读了大量的古书，如司马光的《资治通鉴》，曾国藩的《曾文正公全集》，顾炎武的《日知录》，朱熹的《近思录》等。据说，他每天天不亮就起床读朱熹的《近思录》，并焚香一炷，以示虔诚。

张君劢进入上海广方言馆的第二年(1898)，发生了戊戌"百日维新"。这一年的6月11日，年轻的光绪皇帝为了摆脱中日甲午战争后日益严重的内外危机，在康有为、梁启超、谭嗣同等一班维新志士的推动、赞助下，明定国是，宣布变法，随后颁布了涉及经济、军事、政治、文教等内容的一系列变法诏令。由于这些诏令有利于民族资本主义经济的发展和资产阶级思想文化的传播，并在某种程度上触及了清朝统治者的既得利益，因此遭到了顽固守旧势力的拼命反对。9月21日，慈禧发动政变，囚禁光绪，捕杀维新党人，变法遂告失败。政变发生后，清政府通令全国，缉拿潜逃的康有为和梁启超，连广方言馆的大门口也悬挂有康、梁二人的照片。这很自然地引起了年轻好奇的张君劢对康、梁的注意，也激发了他委身国事的兴趣。

1901年(光绪二十七年)，清政府在经历了义和团运动的震荡和八国联军入侵之打击后，开始宣布实行所谓"新政"，改革官制，奖励工商，编练新军，废除八股，科举改试策论，进行学制改革。学制改革给不太会做八股文，但学过做策论的张君劢提供了进身之机。1902 年，他参加了宝山县县试，取中秀才。

和张君劢一起参加县试，并考取秀才的还有他的弟弟张公权。他的父亲对他们这次参加县试十分重视，亲自带他们到上海赶考。考毕，父子三人同乘一条小船回宝山家，在船上父亲询问君劢和公权的考试情况。张君劢如实做了回答，父亲觉得他考得不错，录取没有问题，便对他夸奖了一番。当问到张公权时，张公权回答说把题目做反了，录取没有希望。父亲一听就火了，便开口大骂，骂张公权没出息，没头脑，骂得张公权连头都不敢抬。正骂之中，留在上海看榜的家人，在岸上大叫着跑来，说中了。因距离太远听不清，以为是张君劢一人中了。及至停船一问，兄弟二人都中了。父亲这才转骂为笑，张公权也才将头抬起来。那一年张君劢 17 岁，张公权 14 岁。

翌年春，马良（即马相伯）在上海徐家汇创办的震旦学院首次招生。此学院的宗旨是招收具有一定国学根底或科举出身之士，用速成的方法，教以拉丁、英、法、德文，以培养中国的翻译人才。当时梁启超在日本主编的《新民丛报》不仅刊登了该学院的招生启事，还刊登了梁写的《祝震旦学院之前途》一文。梁启超在是文中指出："士生今日，不通欧洲任一国语言文字者，几不可以人类齿。"而要通欧洲任何一国语言文字，又必须追根溯源，先学拉丁文字，这样才能事半功倍，学问更有根底。张君劢在《新民丛报》上看到了震旦学院的招生启事和梁启超的这篇文章后，心情久久不能平静，因为梁启超明确宣布："中国之有学术，自震旦学院始。"于是他决定入震旦学院学习。尽管震旦学院的学费高得惊人，每半年要缴一百多两银子，张君劢还是想方设法凑足了数额。据他后来回忆,震旦学院的功课与广方言馆的功课完全不同,读的全是拉丁文。马相伯的课也教得特别快,一星期就讲完了一厚册。接着由其他老师讲西洋哲学和罗马将军泰西多斯①的《日耳曼尼亚志》等书。开始时他感到很吃力,常常赶不上功课,好在那时的老师都很有耐心,随问随答,经过一段时间,他才勉强能跟上授课的进度。当时和他同学的还有辛亥革命时期的著名革命党人、国民党元老马君武。

张君劢在震旦学院学了一个学期,第二个学期,由于家里实在拿不出一百多两银子的学费,他只好中途退学,转入收费不高的南京高等学校学习。

张君劢在南京高等学校学习不及一年,就因参加拒俄爱国运动被校方勒令退学。先是义和团运动期间,沙俄派遣侵略军占领了我国东北。由于中国人民的坚决反对以及帝国主义之间矛盾的牵制,迫使沙俄不得不于1902年4月与清政府签订《中俄交收东三省条约》,规定俄军在一年半内分两期撤出。然而沙俄根本没有从中国撤军的诚意。第一期(1902年10月)仅把辽西俄军集中到中东铁路沿线,第二期(1903年4月)将要到期时,便提出俄国在东北三省享有各项特权的七项无理要求,作为撤军的交换条件,为俄军长期霸占东北制造借口。消息传出,激起了中国人民的无比愤慨,上海、北京、武汉等地的爱国人士和广大学生纷纷举行集会,或罢课示威,抗议沙俄的侵略罪行。留日学生尤为激昂,召开了有500多人参加的抗俄大会,会上一致决议

① 今译塔西佗。

组织“拒俄义勇队”（后改名为“学生军”，又改名“军国民教育会”），很快就有200多人报名参加，其中有12名女生愿意担任随军护士。义勇队在队长蓝天蔚的率领下，每日操练不懈，并派代表回国活动，要求清政府出兵抗俄，学生军愿做先锋，表示要“为火炮之引线，唤起国民铁血之气节”，奔赴前敌，与沙俄侵略军决一死战。

本来拒俄运动从性质上来说，仅是一场反帝爱国运动，并没有反清革命的色彩。《学生军规则》明确规定，学生军以“拒俄”为目的，其性质是“代表国民公愤”，“担荷主战任务”的爱国团体，甚至表示“在政府统治之下”以抗俄人。但腐败的清王朝则将学生的爱国行为视为庚子年间唐才常的“自立军之役”。拒俄义勇队刚刚成立，清驻日公使蔡钧即电告清廷和两江总督，称“东京留学生结义勇队，计有二百余人，名为拒俄，实则革命，现已奔赴内地，务饬各州县严密查拿”。他同时勾结日本当局强令解散义勇队，禁止留学生练习兵操。清廷得电，如临大敌，立刻急电各省督抚，对回国义勇队队员“不得妄为姑息”，“随时获到，就地正法”。于是，沿海各省“钩党结狱，缇骑四起”，捕杀、迫害回国义勇队队员和其他爱国人士。当时，年轻的张君劢在爱国激情的驱使下，也积极报名参加了上海学生为响应留日学生的爱国行动而组织的义勇队。此事不久即为南京高等学校当局侦知。校方便以此为由将张君劢除名，并将他交给地方“严加管束”。张君劢也因此而结束了他在国内的求学生涯。

从南京高等学校退学后，张君劢在故里未待多久，即经友人介绍，去了湖南，任长沙明德学校的英文教员。在这里他结识了留日回国学生、后来与孙中山并称的革命党人黄兴。黄兴是1902年5月被湖广总督张之洞选派去日本留学,1903年夏天受革命团体军国民教育会的派遣回到故乡长沙秘密从事革命活动的。他当时也在明德学校教书。张君劢在明德学校只教了两个月,便应常德知府、宝山县人朱其珍的邀请,前往常德师范学堂任教。

张君劢上课,不仅仅给学生讲解课文,传授知识,而且还经常抨击时政,议论国内外大事。每讲到列强如何侵略中国,中国面临亡国灭种之危险时,他语调悲愤激昂,闻者无不动容。据说,有一次学生殷士奇等人听到悲愤处,竟嚎啕大哭,晕倒在地。

1905年冬学期结束,张君劢辞去了在湖南的教席,带着两年间结余下来的400多元薪俸,回到了故乡嘉定。张君劢这次回故乡是遵父母之命与元配夫人沈氏完婚的。第二年春天,按旧的习俗举行了隆重的婚礼。但蜜月尚未度完,他就告别了父母和新娘,到日本留学去了。

第二节　留学日本的日子

20世纪初,中国各省青年学子纷纷前往日本游学或留学。1900年,在日本的中国留学生还不过一百四五十人,至1906年竟增加到一万二三千人,形成了一股所谓“航东负笈,络绎不绝”的留日热潮。留日热潮的出现,与当时中国社会的政治、经济、思想等因素有着密切的关系。从政治上看,它是清政府推行奖励留学政策的结果。经过义和团运动和八国联军侵华等事件,清朝统治几乎倾覆。为维护垂危统治，自1901年起，清政府开始推行以练新军、改官制、兴学堂为中心内容的“新政”，而向日本广派留学生则被视为培养“新政”人才的捷径，所以清政府大力提倡青年学生去日本留学，并许诺学成归国后分别赏以功名，授予官职。1905年，清廷又宣布废除延续一千余年的科举取士制度，出国留学遂成为知识分子的一条出路。就经济上讲，它是中国近代民族工业发展的需要。据不完全统计，从1869年发昌机器厂开办以来，到1900年，民族资本经营的近代工矿企业大约有一百五六十家，资本共5000余万元；1901年至1911年间，全国新设立的厂矿有340家，资本达一亿零一百余万元。这十年新设的厂矿和增加的资本，都超过了此前二十多年间的两倍以上。中国近代民族工业的发展，需要大量的工程技术人员和为自己服务的知识分子。当时兴起的“留学救国”思潮也对留日热潮的出现起了重要的推动作用。

张君劢和许多青年学子一样，也很希望能去日本留学读书。还在他进入南京高等学校不久，他就写了一封长信给父母，要求父母同意他参加1904年的留日学生考试，但由于经济问题，未获父母同意。到了1906年，张君劢终于如愿以偿，被宝山县选为官费留日生。这年3月，他匆匆地告别了父母和蜜月期里的新娘，剪去盘在头顶的发辫，脱去长衫，换上西服，与七位同伴自上海启程，航海东渡，开始了他的留日生活。

抵达日本东京后，由于不习惯日本人的席地而坐，张君劢乃罄其钱囊，购置了一套桌椅器用，使室内的陈设一如国内。空闲的时候，经常和朋友们谈论天下大事。

这年秋天，张君劢考入早稻田大学经济科，初入预科，不久转入大学部。本来宝山县给他的公费，是叫他学理化，然而他对理化毫无兴趣，他感兴趣的是法律和政治学。所以为了出洋留学，他虽然在国内勉强同意了宝山县的要求，但到日本后还是按照自己的兴趣改换了专业。这一改违背了宝山县送他留日的初衷，于是半年后宝山县便停止了他的公费，而他自己的存款也早已用尽。幸而他找到了一份能挣钱的差事，这就是为梁启超主编的《新民丛报》撰稿，每月稿费可得 60 余元，足够他和弟弟公权（此时也在东京庆应大学就读）二人的生活开销。但不想 1907 年冬《新民丛报》停刊，这使张君劢的经济来源突告断绝，生活难以维持。出于无奈，他只好请求亲朋资助。每月亲朋给他 13 元钱，仅能勉强支付简单的饭费，生活极为拮据，有时连买块手巾的钱也没有，兄弟二人只好将一块手巾一剖为二，再破了，各用四分之一。兄弟因不同校，每周聚晤会餐一次，由于没有钱，只能以烤山芋为美味佳肴，其清苦可以想见。

张君劢的生活尽管十分清苦，但他的学习还是很用功的。他后来曾说过，他与现代学术的正式接触，是在日本留学期间。当时教他课的大都是名重一时的著名教授，如政治学有浮田和民，国际法有中村进午，宪法有有贺长雄，财政学有田中穗积，经济学有盐泽昌贞。特别是浮田和民教的政治学，给他的印象尤其深刻，直到晚年他还记得浮田和民穿着和服和木屐上课的样子。政治学在早稻田只是选修课，选修者甚少，张君劢那一届仅他一人选修。课本是洛克的《政府论》。开始时，浮田和民一本正经地站在讲台上讲课，后来因为看书不方便，便和张君劢并肩而坐。浮田和民为人和蔼可亲,循循善诱,君劢从他那里学得不少知识。张君劢虽然留学日本,开始到日本时也进过日本的语言学校,但他的日文并不怎么好,仅能勉强看书,说话和写作都很困难。好在当时早稻田大学除了讲义是日文的外,所用的参考书几乎全是英文的,如威尔逊的《国家论》、柏基氏的《宪法》、萨里门的《经济原理》、奥本海的《财政学》等,而且考试也允许学生用英文写论文,这样英文就成了张君劢的求知工具,因为他从广方言馆开始就学英文,水平相当不错。早稻田大学虽用的是英文参考书,但教授们讲课时常提到德国学者及其著作,如Wagner、Schmoller、Mayer及Labamd等人,这使张君劢对德国的学问产生了好感和兴趣,并暗暗立下了今后一定要去德国留学的决心。

当然,张君劢在求学的同时,也没有忘怀政治,他时刻关注着祖国的前途。在他东渡日本求学的前一年(1905),以孙中山为代表的资产阶级革命派在日本东京成立了具有政党性质的革命组织——中国革命同盟会(后为避免日本政府反对,改名为中国同盟会)。同盟会以"驱逐鞑虏,恢复中华,创立民国,平均地权",亦即三民主义为自己的纲领,积极从事和领导全国人民的反清革命活动。也是这一年,清政府为消弭革命,拉拢资产阶级立宪派,派五大臣出洋考察各国宪政。第二年又宣布预备立宪。清政府的预备立宪本来只是一场骗局,但以康有为、梁启超为代表的资产阶级立宪派则假戏真唱,掀起了一场声势浩大的立宪运动。他们一方面督促、要求清政府真心实意地加快立宪的步伐,另一方面则围绕同盟会的三民主义纲领与革命派展开了激

梁启超(1873—1929)

烈论战。论战的焦点是要不要反清革命,推翻清王朝,建立资产阶级共和国。双方论战的阵地分别是同盟会的机关报《民报》和梁启超主编的《新民丛报》。当张君劢进入早稻田大学学习之日,正是论战最激烈之时,他以他的笔墨和智慧投入了这场关系到中国未来命运的论战,先后在《新民丛报》上发表了一些反对革命、主张立宪的文字,并因此而成了康有为、梁启超的最坚定的追随者。

张君劢在《新民丛报》第 4 年第 18 号上以"立斋"之名发表的《穆勒约翰议院政治论》,是他生平第一篇译著,也是他一生中一篇很重要的文字,有人甚至认为,"就某个意义上说来,《穆勒约翰议院政治论》奠定了君劢一生政治思想的一个里程碑。"①

《穆勒约翰议院政治论》是穆勒《代议政治论》的摘译。穆勒(J. S. Mill)(1806—1873),英国哲学家、政治思想家、经济学家和逻辑学家,19 世纪自由主义政治思想的代表,其政治思想方面的著作有《论自由》(1859)、《代议政治论》(又译《代议制研究》)(1861)、《功利主义》(1863)和由政论文集汇集成四卷本的《论

① 朱传誉、王茉莉:《张君劢传记资料》(五),天一出版社,1979 年,第 122 页。

说与探讨》(1875)。张君劢为什么要摘译《代议政治论》呢？在译文的前面，张君劢写了一段“小引”说明其中的原因。他说：利恺(Lecky)氏评价法国革命，认为国之大患，莫如其人民取往昔亲密之关系，一旦裁而断之，而论其英国人的成功，则认为其原因就在于能善通旧制以适新需，“故虽无赫赫之名，而善举幸福之实。”利恺氏所论正是盎格鲁人种与拉丁人种的得失所在。但中国人却不善以西方历史为殷鉴，相反“乃独于其覆辙之循”，如“今日号称先觉之士所鼓吹者，窃恐今后之革新，竟乃背于西方政治进化之成例，而不免为昔日历史一度之缫染，是宁国家前途之福哉！”是故当今中国所赖于有心救国之士的，不是鼓吹反清革命，而是于“今日活动准备之期，取西方先哲之说以为国民鉴戒”。这也正是他作《穆勒约翰议院政治论》的原因。

从张君劢这段“小引”可以看出，他摘译穆勒《代议政治论》的动机，是要反对革命派反清革命的主张，而为立宪派的立宪主张提供理论依据。由于抱着这样一种动机，他不仅对摘译的内容进行了精心选择，而且和严复翻译穆勒的《论自由》(严译取名《群已权界论》)一样，采取的也是意译方式，并偶尔在译文中插入一两句按语，以起到画龙点睛的作用。可以说，《穆勒约翰议院政治论》不只是译，其中也有著，是译与著的合一，或者用张君劢本人的话来表示，他是“作(不是纯粹译)《穆勒约翰议院政治论》”。

穆勒在其《代议政治论》中首先指出，一个国家的政体，既不像器械派所认为的那样能随意改革，也不像有机派所认为的那样不能改革，改革固可，但必须具备以下三个条件：“(一)政体必与其国民之性情行谊,毋相凿枘。(二)此政体之永续,必其民之行动力足以维持之。(三)凡消极积极之行为,政府之所需于民,赖此而后能善其事者,必为其民之所乐为,而力能任之。"为什么"政体必与其国民之性情行谊,毋相凿枘"呢?对此,穆勒举了两个例子予以说明。一是野蛮游牧之民,他们自成部落,绝不为他族所同化,且戴一家焉以为之长,有羁縻,无服从,使稍干涉之,则变端随起。假如一国之内有此等民族,而想以文明严整之法治他族者治之,结果非但不足以致治安,相反还会招致他们的厌恶。二是久困专制之民。由于他们向来不问外事,一旦使其与闻政治,他们不仅不识公权自由之可贵,相反还会以多事渎身自怨自艾。如果遇到此等之民,其政体改革,虽不如遇到野蛮民族那样难以进行,然改革之初,必有局天促地而以为大苦者。

穆勒所说的政体改革必须具备的三个条件,尤其是他对为什么"政体必与其国民之性情行谊,毋相凿枘"的说明,无疑为立宪派提供了反对革命的理论依据,因为当时立宪派反对革命派之推翻满清政府,建立资产阶级民主共和国的主张的一个重要理由,就是认为中国人长期处于专制政体之下,素质低劣,还不具备实行民主共和的条件和能力。用梁启超的话说:中国人不是顽固的老辈,就是一知半解的新进,"无三人以上之法团,无能支一年之党派",[①]不用说民主共和,就是实行英国式的君主立宪,也难矣哉!所以,张君劢在穆勒的说明后面,加了这样一句

① 梁启超:《政治学大家伯伦知理之学说》,《新民丛报》第38、39号合刊,第23页。

按语:“案如前之说(指穆勒所举的‘野蛮游牧之民’的例子),则他日满蒙回藏之行政,不可不大注意。由后之说(指穆勒所举的‘久困专制之民’的例子),则吾国民今日之状态,不可不大警省。”

在张君劢的译文里,穆勒还比较了专制政体与立宪政体的优劣。他指出,在专制政体之下,其国民由于“日夕惟刑宪之是惧”,故不敢放言高论,思自效于国家前途,他们的思想活动,也因此而毫无进步可期。这样习久成风,就必然会成为一麻木不仁的世界。在这样的情形下,专制政体就不可能有长治久安,而不沦为劣败淘汰之命运的。“故曰:‘专制国之末路,唯坐以待毙耳’。”和专制政体不同,在立宪政体之下,“(一)凡宪法既定,人民权利之确保,各得安心活动之自由,以致社会个人之进步。(二)人民既享有议政之权,自然热心于各般事业,即一市一邑,亦迥非专制国之比,而其理乱之状态自异。”正因立宪政体具有专制政体不可比拟的优越性,故“二十世纪之列国,其必尽趋于立宪者”,这是无可怀疑的。

穆勒进一步指出,虽然立宪政体,是最善良的政体,但不是说有了立宪政体,就能得到善政,关键是要看立宪国的国民的能力如何,是否具有发达的智力、德力和活动力,“必是三者具,然后宪政之运用灵,而其民乃能长享自由之福,非然者,有一之不具,或具然而程度不及,虽有宪法,适足以自害其民,自弱其国耳。”他打比喻道,政府就像寒暑表,国民之舆论就像大气层,“使寒暑针立于愚昧不德之空气之四围,则其针升降之度,盖可知矣。”据此,他认为以下六种情况,“不足言立宪”:第一,草昧无知、固执旧习者，不足言立宪；第二，野蛮暴横、不识秩序者，不足言立宪；第三，徒知服从者，不足言立宪；第四，国民之智识参差，不足言立宪；第五，保持地方思想者，不足言立宪；第六，功名心过重者，不足言立宪。

既然立宪政体能否取得善政的关键，是人民是否具有发达的智力、德力和活动力，那么，符合逻辑的结论是：在其国民还不具有起码的智力、德力和活动力的中国，当务之急是发展教育，提高国民的智力、德力和活动力，为立宪创造必要的前提条件。而要发展教育，提高国民的智力、德力和活动力，就只能走渐进的改革道路，而不能搞激进的暴力革命，张君劢说，激进的暴力革命会割断现实与历史传统之间的亲密联系，导致社会的动乱，这是法国革命业已证明的事实。以梁启超为代表的立宪派就正是从这一立场来反对革命派之革命主张的。

张君劢摘译穆勒的《代议政治论》，还探讨了立宪与国族的关系问题。穆勒指出，凡苟有同国族之感情者，应结合其人民以立于同一政府之下，但这种结合必须是自主的，而不是强制的，而实现自主的而不是强制的结合的条件，是不同民族之间要能"真正同化"。他认为，不同民族间的同化有三种情况：（一）一族居多数而为优等民族，则他族之劣等而少数者，一入其中，如十金铁屑之被化为鸿炉，而无复可以自保。（二）少数优等民族，入了多数劣等民族中，则其多数劣等民族，必居被征服之地位，而同化最难。（三）如果两个民族的人数和文明程度都相差不多，那么也就很难实现融和。

依据穆勒所讲的民族同化的三种情况，张君劢考察了中国汉族与满族的关系。他在按语中指出，按穆氏所举同化三例，而今日满族之于汉族，则居于一奇妙不可思议之位置。以其习惯语言而言，满族属于穆勒讲的第一例。但就政治上之沿革言，满族作为统治民族，这是汉族的奇耻大辱，亦正因此，方今有志之士，必摈之而后已。然而，他认为，从世界大势和国内情形来看，“欲我历史之兴荣”，这不是“单纯的复仇主义”所能达到的，“若曰一方灌以民族主义，他方浇以国民思想，誓不达我目的不已，试问革命未奏凯歌之日，吾国家前途，可遂置而不问耶？”

张君劢对一些革命党人所宣扬的狭隘的民族复仇主义思想提出了批评。他指出，虽然革命党人不承认满族已经同化于汉族，然按西方学者的学说，不承认是不行的，因为无论习惯，还是语言，满族都已汉化，这是历史事实，绝非意气之争可以否认。他也承认如革命党人所指出的那样，清朝的官制改革，其目的是排斥压制汉人，但那不是满族人民的意愿，而只是满族中的少数当局者的心术。再说，就是同为黄帝子孙的汉族当权者对汉族人民采取的不同样是高压手段吗？故此，他认为，“凡同族而异心术者，与异族而异心术者，正可一律看待，而今日国民刀锋所向，所愿天下同心协力者，即此专制腐败之政府耳。”他希望革命党人能接受他的建议，抛弃民族复仇主义思想，在这“危急存亡之秋”，汉满民族应团结起来，“协力图治”，而千万不可“为党见所胜，致蹈日本改进、自由两党之覆辙，于国于族两无幸耳”。

张君劢摘译穆勒《代议政治论》的动机，虽然是为了反对革命派的革命主张，而为立宪派的立宪主张提供理论依据，但他反对一些革命党人的狭隘的民族复仇主义思想，主张将满族人民与满族当局者区别开来，对汉族当权者应与满族当权者同等看待，视之为反对的对象，这无疑是正确的，也显示了年仅20岁的张君劢思想的成熟性。据说，梁启超就是阅读了《穆勒约翰议院政治论》后，发现张君劢是个人才，而从此对他另眼相看，予以重用的。

本来，按张君劢在其"小引"中的说明，《穆勒约翰议院政治论》分为五个部分，即"政体"、"议会"、"选举"、"政党"和"结论"，但不知何故，"政体"部分发表后，其他几部便没有了下文。

《穆勒约翰议院政治论》发表于1906年11月1日（光绪三十二年九月十五日）。一年后，张君劢又在《新民丛报》第4期第23号上发表了《论今后民党之进行》一文。此文和《穆勒约翰议院政治论》一样，也是有头无尾，只刊出前两部分，后几部分则不了了之。

在此文的第一部分"立宪政治无正当不正当之别"中，张君劢提出，中国的当务之急，"莫若速定立宪政治是已"，并反驳了一些革命党人所持的那种认为满汉利益背驰，两族并存，决无正当之立宪，只有用革命方式推翻满清，中国才会有正当宪政，也才会有一部赋予人民监督政府之权力的宪法的观点。首先，他指出，就近世各国的立宪历史来看，其原动力无不出于国民之要求，而非政府的畀与，故宪政能否建立，其关键是看国民的能力如何，"国民之能力增长一度，则政府之压制缩一度"，政府之压制缩一度，立宪政治也就实现一分。因此，只要中国人民的能力得到提高，立宪政治就一定能在中国建立起来，而勿需先推翻满清政府。更何况立宪政治是当今世界的政治潮流，连沙俄这样的专制国家都不得不实行宪政，中国也就不能例外，“吾未见以吾国今日之政府，独能撑持此世界万国所不能撑持之狂澜焉”。

其次，张君劢写道：“国民实际所享受之权利，不视乎宪法之条文，而视其运用之能力”，如英国的成文法对政治上种种事项，若内阁之存在，国会之每年召集，下院之税法先议权，等等，都没有明文规定，但英国却以世界立宪国的鼻祖著称；意大利宪法对于人民监督政府权力的规定，虽不让于先进的立宪国，然实行之结果则与规定相差甚远。由此可见，“凡国会初开之国，不患民党无可以监督政府之途，特患其民党能力之幼迟不足以尽监督政府之实耳。”

张君劢进一步指出，就宪法的编定而言，不外四种形式，一是钦定，如日本、普鲁士；一是民约，如法国、比利时；一是君民共定，如英国；一是联邦之协议，如美国、德国。由于制定的途径不同，因此各国议会的权限，也就不无等差，但作为立宪之国，各国议会在这不无等差的权力之中，又有五种共同的权力：这就是国家根本法律的修正权、立法权、条约承认权、紧急敕令之事后承认权和司法权。而这五种权力皆为英国君民相争之结果。由于如此就可以防止专制之弊害，所以后来被其他立宪国家所采用而著之于国家大典。世界各立宪国家中的民党就是利用议会所具有的这五种权力来监督政府，参与国家政权的。“以我国今日之大势，使真有志于国家之改造，而勿徒持异种排斥之观念者，则以一议会数百人之力，足以干涉国家全盘之施政而有余，而岂复有正当不正当之可言，是则我侪所以以是为独一无二之法门也。”

张君劢还探讨了当时民党之所恶闻，而政府中主张立宪的官僚所急思摹效的德意志主义与日本主义的问题。他指出，由于俾斯麦力图以普鲁士来统一德国，因此在宪法中赋予德皇以特大权力，结果日耳曼森林虽为自由出产之地，但宪政之成绩，则远远落后于英美各国。他也很赞成美国人罗威尔(Lo Well)对德国宪政的评论：如果不根本变更帝国组织，德国的民主政治就不可能得到发展。但和德国不同，张君劢认为，日本虽然也是大权政治、官僚政治和半党政治，但这不过是一时过渡之现象，而非可久存，只要有过半数之大党出现，所有种种立宪政治之污点不难一扫而除之，所以，日本的宪法虽“大半本之普鲁士，而政治之进行，则十年二十年以往，必遵英国成例，无疑义矣”。在他看来，凡一国国民，始则争立法之权，这是宪政的第一阶段；继以立法与行政不统一易生冲突，于是将行政权掌握在自己手中，这是宪政的第二阶段。德国永远不能实现立法与行政权的统一，而日本则有达此目的之一日。所以，“以吾国与二国较，则日之流而非德之俦也”，因中国和日本一样是单一国而非联邦国，既然日本宪政最后必遵英国的成例，达到宪政的第二阶段，那“吾侪今日不必不已之求，唯彼之恐，而乘此数年联袂而起，以从事于扩张吾党之实力，是则今日之急务矣。”

如果说此文的第一部分“立宪政治无正当不正当之别”批评的对象主要是部分革命党人的话，那么，此文的第二部分“开国会之迟速”的批评对象，则主要是部分立宪派人士。当时立宪派内部在国会应何时召开的问题上存在着意见分歧，有的认为大局存亡危急，只有即开国会，实行宪政，才能转危为安；有的则认为国民能力还没有达到实行宪政的程度，必须俟教育普及，方可召开国会。在张君劢看来，上述两种识见，固都有一定的道理，然而又都不免失之极端。他批评主张即开(张君劢要求将即开与速开区别开来)国会的人只知道国会之利，而没有考虑国会之所由开，以及开后的影响等实际问题。他以新建国意大利因慕效英国，而引起阁潮不断，法、俄两国激进、保守两党不择手段、激烈政争的历史事实说明，如果在中国国民尚愚昧落后，漫无纪律，且上下感情交恶，持革命主义者坚持扑灭政府之志，自附于贵族官僚之列者犹守其昔日独裁主义的情况下，贸然召开国会，则阁潮、政争之事必然发生，而这对希望巩固国本、抵御外侮的中国来说，是无论如何也不能允许的。因此，他认为中国不应立即召开国会，而应像日本那样，在国会召开之前有一个预备立宪期，在此期间做好召开国会的准备工作，扩充立宪派的实力，只要立宪派的实力得到扩充，那么即使政府不欲开国会也是不可能的。他并强调指出，这并不是为清政府推迟实行宪政开脱责任，而是中国的实际情况不允许中国即开国会，否则，不仅不能使国家转危为安，相反还会“阻碍国家之进步”，使国家面临的形势更加危险。

至于主张俟教育普及后再召开国会的人，张君劢批评他们只知道国民程度低还不能实行宪政，而未深究教育之普及与人民程度提高及实行宪政之间的关系问题。他认为，这些人所以主张俟教育普及后再召开国会，是因为在他们看来，教育普及既可培养出代议士，又可改良国民的根性，然而事实上代议士非教育所能培养，国民的根性也不是一时就能改良的。如果要俟教育普及,国民的根性得改良之后再召开国会,那么以今日时局之急,将于五年十年乃至更长的时间以内,“要求政府召集国会者,则此事之于议院政治,直谓无直接密切之关系可也”。故此,他指出,我们只可说教育普及是开发民智,以求社会之根本改造的先决条件,而不是召开国会的先决条件,国民只要能反抗专制,而不必权利观念之发达,就可以实行立宪政治,事实上,就是西方一些代议制度比较发达的国家,如以立宪国的鼻祖著称的英国,直到现在也没有完全做到教育普及,“其多数人民之暗愚如故也”。

张君劢进而指出,中国的当务之急,是速定立宪政治,切实做好开国会的准备工作。他认为,开国会的准备工作不外两项,一是练习议政,以造就人民政治的习惯;二是统一舆论,以养成强有力的监督机关。而要做好这两项准备工作,就必须有少数先觉之士,主持之,提倡之。因为在他看来,无论是政治的运动,还是议会的质问,靠的都是少数先觉之士,而广大芸芸众生对此并不起多大的作用。所以他再三强调,当时中国“不患多数人之程度不足,只患少数人之不能团结以监督政府;不患多数人之知识不足以议事,只患少数人未(习)惯于多数政治”。“今日最便捷之方针,会藉少数人之力以鼓吹以运动,稍养其政治习惯以与政府对抗外,此又岂有他道哉!”张君劢对少数先觉之士之历史作用的这种片面强调,说明他具有一种很强烈的精英政治的思想,这种思想对他一生的政治活动曾产生过重大影响。

就《论今后民党之进行》的主要内容来看,虽在反对革命、主张立宪的大政方针上,张君劢和梁启超没什么两样,换言之,他是梁启超的支持者，但在一些具体问题上，张君劢又与梁启超存在着明显的不同。比如，在宪政模式的选择上，梁启超反对清政府所选择的日本二元制君主立宪制模式，而主张向英国学习，建立议会制君主立宪制度，并因此与清政府及其支持者展开过激烈论争；但张君劢则主张先接受清政府所选择的日本二元制君主立宪制模式，然后通过“扩充吾党之实力”，使日本二元制君主立宪政体变为英国议会制君主立宪政体。再如，在召开国会的时间上，梁启超开始是反对速开国会的，理由是认为人民的程度不够，但到 1907 年后，他放弃了自己以前的主张，而完全接受了杨度速开国会的建议，并将“速开国会”写进了 1907 年 10 月成立的政闻社的四大纲领之中。张君劢虽然主张速定立宪政治，在批评即开国会的主张时强调即开与速开有别，言下之意他只反对即开国会，而不反对速开国会，并且对缓开国会的主张提出了批评，然而就他的观点和主张来看，实际上他也属于缓开国会派之列，只是在缓开国会的理由和时间上与其他主张缓开国会的立宪派有所分歧而已。

当然，张君劢与梁启超在一些具体问题上的主张不同，并不影响他是一个立宪派，是梁启超的追随者，更不影响他积极投身于梁启超领导的立宪活动。1907 年 10 月 17 日，为了集合立宪派力量，推动清政府加快立宪步伐，真正实行宪政，由梁启超、徐佛苏、麦孟华、蒋智由等人发起领导的政闻社在日本东京宣告成立。张君劢以发起人之一的身份出席了在东京锦辉馆举行的成立大会。

政闻社是一个具有政党性质的立宪团体，它以“实行国会制度，建设责任政府；厘定法律，巩固司法权之独立；确立地方自治，正中央与地方之权限；慎重外交，保持对等权利”为自己的政治纲领，并创办《政论》杂志，从事舆论宣传。政闻社总部设总务员一人，由马良担任，另设两个常务员负责实际社务，两个常务员一是徐佛苏，一是麦孟华。在常务员下分设庶务、书记、会计、交际、编纂、调查等六科，分别由侯延爽、黄可权、徐勤(字君勉)、雷奋、蒋智由、陈介等任干事。在六科之外，又设评议员若干人。时年仅21岁的张君劢担任了评议员，并在编纂科任有职务。政闻社的实际领导人是梁启超。

政闻社成立后，即派大量社员回国活动，以联络国内各立宪团体和立宪派人士，促使清政府速开国会，实行宪政。在派往国内活动的社员中，张君劢是其中之一。1907年11月，他和黄可权到上海发动速开国会的请愿活动，并酝酿组织成立国会期成会。经过他们的积极奔走，1908年初，由政闻社、预备立宪公会、宪政讲习会等立宪团体组成的国会期成会宣告成立。《国会期成会意见书》指出：“政府所以不负责任，实由无国会”，故召开国会，“为今日根本之要图”。国会期成会的“独一无二之宗旨”，就在“要求开设国会”，并表示，“不达目的则不已焉。其为要求之度数，自一至十，自十至百，自百至千，勿得勿休焉。其为本会之分子，不以地域限，不以职业限，不以团体限。合多数之同情，作正式之要求，勿得勿休焉。此本会所欲以此自誓，而当与天下同胞共见者也”。国会期成会的成立，标志着分散的各立宪团体在共同请愿速开国会的斗争中，实现了初步的联合。

国会期成会成立后，各立宪团体分别派人奔赴各省，发动请愿签名运动，于是全国性的国会请愿运动开始逐渐形成。在国会请愿运动中，政闻社起了主导作用。1908 年 3 月 25 日，张君劢在给梁启超的信中写道："国会期成会事所运动之省份，以吾社为独多，而总共人数，尚不满万（安徽六七百，山东□百，湖南二千余，江苏现所签者不过四五百）。此间社员觉办事人于此方面并未注意，故此次甚望多得一二万人，为一极大之请愿，以雪吾社不能活动之耻。前在神户所谈，谓合广东、广西两省，得万余人尚非难事，则函致粤中时，必须得一极热心、极有力之人运动此事，以必达此目的而后已。"①

政闻社在派员奔赴各省发动国会请愿运动的同时，还派人分赴北京及各地，联络朝廷亲贵、地方官吏以及上层知名人士，支持速开国会。大约是张君劢写信给梁启超的前后，他奉梁启超之命自上海秘密到北京面谒戊戌变法时期湖南巡抚陈宝箴之子陈三立，但不期与戊戌变法时弹劾康有为、梁启超的顽固派人士蔡钧相遇，陈怕招致意外，即遣人购船票送张经上海转回日本。事后，张君劢曾开玩笑说："经过这次事件，我才知道搞政治还会有危险，就又回到日本读书。"张因此而得以继续完成其学业。

1908 年 2 月，政闻社总部迁往上海后，东京方面的社务则由张君劢与罗孝高、彭熙民、向瑞琨等人负责。5 月，张君劢写信给梁启超，认为政闻社今后数年间所力为预备的，应一方面经营生产，以充实经济基础；另一方面应多派社员进入政界，以广占势

---

① 《梁启超年谱长编》，第 453 页。

力。他并强调指出："吾国今日政治之基础，万不能置之国民身上，以大多数之愚民，虽日日哭诉于其旁，犹之无益，故欲藉舆论以反抗政府，真梦想也。"①是年8月，清政府为打击立宪派，抑止日益高涨的国会请愿运动，借口政闻社中有"悖逆要犯"，下令查禁政闻社。政闻社的被查禁，使张君劢更加坚信，只有进入政界，广占势力，立宪派才会有所作为，这也是他不久回国参加学部为留学生举行的科举考试的重要动机。

1909年6月，张君劢联合吴贯因、萧堃等前政闻社社员，在梁启超的支持下，在东京发起成立"谘议局事务调查会"，该会的宗旨是调查中央及直省之权限与各项行政，以谋谘议局之权限的确定和直省政治的改革。8月，该会创办的《宪政新志》出版，这是张君劢生平第一次主办的刊物，刊物的宗旨在于公布调查成绩，以供各省参考，俾将来作为宪政的根据。几乎与此同时，张君劢也生平第一次登上了大学讲台，应早稻田大学热海暑假训练班之聘，讲"中国文化史"。

翌年夏，张君劢在早稻田大学毕业，获政治学学士学位。不久，即起程回国，结束了长达四年之久的留日生活。

第三节　从联袁到反袁

张君劢这次回国是为了参加清学部为留学生举行的考试。前面已经提到，20世纪初，清政府为了鼓励更多的青年学生去国

① 《梁启超年谱长编》，第466页。

外留学，决定定期举行针对回国留学生的考试，按照所考成绩赏给他们进士或举人的功名，并授以官职。尽管此时已是辛亥革命的前夕，资产阶级革命派发动了一次又一次反清武装起义，资产阶级立宪派要求速开国会、实行宪政的呼声也是一浪高过一浪，并先后发动了三次大规模的国会请愿运动，清王朝的统治行将土崩瓦解，但张君劢还是决定回国参加考试，以期实现他在给梁启超信中所说的派政闻社社员进入政界、广占势力的谋略。

该期主试注重工科，张持的政治学文凭只能以 70 分纳入所试各科，平均计算。张自认此次考试无甚希望。然考试结果却使他喜出望外，各科竟全得了满分。主试者为示奖励，将他的文凭分从 70 分增加为 75 分，这样平均计算的结果，得了个优等。1911 年(清宣统三年)5 月，清廷根据所考成绩，授予张君劢翰林院庶吉士。

然而，正当张君劢踌躇满志、准备实现自己的政治谋略时，辛亥革命爆发了。1911 年 10 月 10 日夜，驻扎在武昌的新军工程第八营的革命党人打响了革命的第一枪。枪声迅即传遍全国，各地革命党人纷纷响应，一些本来反对革命的立宪派审时度势，很快转入到革命阵营一边，甚至个别清廷的地方督抚在革命洪流的裹挟下，也宣布与朝廷脱离关系。清王朝的统治迅速瓦解。

武昌起义后，张君劢返回故乡宝山县，任县议会议长，并与其弟公权等共同在上海发起筹办神州大学和国民协会，前者拟仿照早稻田大学体制，以培养法律和政治人才为目的，后者的宗旨在于养成国民的政治习惯，“以谋中华民国之统一，促进共和国体之完成。”张公权是1909年学成归国的，先在北京任立宪派机关报《国民公报》的路透电讯翻译，后任邮传部《交通官报》总编辑。武昌起义爆发后，他离京至沪，是神州大学和国民协会的主要发起人之一。后因种种缘故，神州大学没有办成，国民协会则于1912年1月21日在上海江苏教育总会举行了第一次全体大会，选举张君劢、张公权与温宗尧等22人为干事，唐文治为名誉会长，温宗尧为干事总长。不久，温宗尧以“力所不胜”为由，宣布辞职，国民协会改举唐绍仪为总理，杨士琦、袁树勋为协理，但实际负责人是张君劢的胞弟张公权。

本着造成一个大的政党的理想，张君劢与汤化龙、林长民、孙洪伊、黄可权、向瑞琨等人于1912年（民国元年）2月以讨论民国建设问题为名，在上海发起共和建设讨论会，“以为改组政党之备”。经过两个多月的广泛联络和紧密策划，于4月13日在上海举行了成立大会，公推汤化龙为主任干事，马良、张君劢、孙洪伊、向瑞琨、罗纶、胡瑞霖等30人为常务员，正式组成共和建设讨论会本部。随后“省会成立者闽、鲁、湘、赣、蜀、滇、秦、晋八省，以外各省各州邑成立约二十处，会员殆逾万人”。

由于张君劢、汤化龙、孙洪伊、林长民、向瑞琨等人都与梁启超有着相当密切的关系，因此为了利用梁的地位与影响，以扩大党势，招来会员，共和建设讨论会发起后的第一件大事，便是介绍远在日本的梁启超入会，奉梁为实际党魁，并倾力动员副总统黎元洪、国务院铨叙局长张国淦、云南都督蔡锷、蒙古王公那彦图等，力促袁世凯召梁速归。就共和建设讨论会的纲领、政策和实际活动来看，这是一个拥袁（世凯）反孙（中山）的政治团体。

共和建设讨论会只是民初众多政治团体中的一个，在它发起成立的前后，有数十个政治团体和政党宣告成立。这众多的政治团体和政党的出现，既体现了民初民主气氛的高涨，也是各政治势力间争权夺利的证明。随着临时政府的北迁和第一届国会选举的临近，各政治团体和政党间的分化组合更形加剧。这年的5月，在袁世凯的授意下，拥袁反孙的统一党和民社、国民协进会、民国公会及潘昌煦等人的国民党合并组成共和党。

共和党成立后，张君劢参与发起和领导的国民协会和共和建设讨论会计议与之合并，但经过一番讨价还价，终因国民协会和共和建设讨论会提出的合并条件，即推黎元洪为总理、梁启超为协理，未被对方采纳，合并未能实现。于是，张君劢、汤化龙、孙洪伊、向瑞琨等人商议，以国民协会和共和建设讨论会为基础，在共和党和国民党之外，另造一个大的政党，合国中人物共同发起，而以梁启超和蔡锷为领衔发起人。张君劢在1912年7月4日致梁启超的信中，向梁汇报了上述情况，他要梁相信，“如此办法，则一极大之第三党必可造成，而吾辈政见之发挥，较之加入他匠者，必易为力”。①

然而出乎张君劢等人意料的是，不仅梁启超在国内的一些心腹和追随者，如汤觉顿、罗瘿公、徐佛苏、蓝公武等纷纷致函梁启超，劝阻梁启超接受张君劢等人的提议，发起并领导另建一个大党，就是梁启超本人也从自己的一贯主张——即赞成两党制而不赞成多党制——出发，不同意张君劢等人的组党计划，所以

① 《梁启超年谱长编》，第646页。

他“既未参加第三党的发起，也未加入该党，仅以个人资格，暗中为该党尽力而已”。

汤化龙（1874—1918）

当然，张君劢、汤化龙、孙洪伊、向瑞琨等人并没有因梁启超不愿作领衔发起人而放弃自己“另造一个大党”的计划，这年的10月27日，国民协会和共和建设讨论会联合靳云鹏的共和统一会、广东的国民新政社、浙江的共和促进会等团体，正式成立了民主党。民主党以汤化龙为干事长，张君劢、孙洪伊、向瑞琨等30人为常务员，其政纲是：普及政治教育，拥护法律自由，建设强固政府，综合行政改革，调和社会利益。

民主党成立不久，即发生了所谓“外蒙问题”。先是1911年12月，沙俄乘清政府穷于应付武昌起义后全国掀起的反清革命之机，策动外蒙少数王公、活佛宣布独立，成立“大蒙古国”，以活佛哲布尊丹巴为傀儡皇帝，并增派军队侵住库伦①，驱逐清廷派驻库伦的办事大臣。沙俄和外蒙少数王公、活佛的这一公开分裂中国领土的罪恶行径，理所当然地为孙中山领导的南京临时

① 即现在的乌兰巴托。

政府和后来的北京临时政府所反对。

但是，沙俄却无视中国政府的一再反对和严正声明，以及所采取的维护国家统一的措施，于1912年11月3日与外蒙当局非法签订了《俄蒙协约》及《商务章程》，公然宣称“蒙古对中国的过去关系已经终止”，规定俄国政府“扶助蒙古的自治”，并为其编练军队，不准中国军队“进入蒙境”，不准汉人“移居蒙地”；俄人在蒙古享有特权，其他外国人不得享有超于俄人之权利；不经俄国政府允许，蒙古不得与“中国或别国立约”。以后，又签订了有关铁路、矿山、电讯等条约，沙俄在外蒙取得了广泛的特权。

《俄蒙协约》签订的消息一经传出，立即激起全国各族人民的强烈反对。各地纷纷成立“救蒙会”、“抵制团”等，抵制俄货，索兑俄币，不为俄人服务。报纸杂志竞相发表文章，揭露沙俄侵略罪行。各政党团体也都相继通电，或发表声明，要求政府不予承认。在京的蒙古爱国王公宣布“蒙古拥护各族联合一体的中华共和国，断无独立之理”，强烈要求哲布尊丹巴取消所谓“独立”。他们并以“蒙古王公联合会的名义，通告世界各国政府，决不承认沙俄背着中国政府所炮制的《俄蒙协约》”。

本来，武昌起义后曾力主联合袁世凯，以借其势力，造成一大政党的张君劢，这时已对袁上台执政以来，“因循坐误，一事不举，内无整理之可观”的内政措施感到强烈不满，今又闻此外交大失败，便不能再保持沉默，乃与民初著名记者黄远生、蓝公武等集议十日，于是年11月21日创办《少年中国》周刊，著文抨击袁的内外政策，特别是他的《袁政府对蒙事失败之十大罪》一文，其言辞之激烈，比之当时革命党人的一些抨袁文章有过之而无不及。

张君劢首先指出，外蒙“祸胎所蕴，皆现政府之不识有以致之”。在他看来，袁政府在处理外蒙事件的问题上犯有“十大罪”，即：“库伦独立，起自去年，国内叛徒负固至一载之久，政府毫无办法，授俄人以可乘之机，罪一。俄人要求五条，不自今始，政府以延宕不答为能，俄得藉口自由行动，罪二。六国借款，为保全、侵略两派消长之机，政府不能利用，国本不定，启俄人侵略之野心，罪三。桂太郎至俄，萨柴诺夫至英，日俄英三国密谋，已喧传世界，政府束手待毙，一筹莫展，罪四。巴尔干战云方起，俄将有事于东欧，政府不知察各国大势，离合操纵，以致坐失事机，成此危局，罪五。俄派郭索维慈至库，俄蒙勾结，路人共见，政府不知事先预防，致使叛徒自由交涉，罪六。上月二十日，路透电传来，俄人承认外蒙独立，外交当局，毫无感觉，麻木不仁，铸此大错，罪七。俄人要求横暴至极，得之自我与得之于蒙，利害相去若天渊，政府并此不知，遑论防患机先？罪八。春夏之交，为征蒙最宜之候，方针不定，蹉跎至今，战事岂能幸免，棘手较前万倍，罪九。外交均势，一发全身，俄人发难于先，列国继起于后，一隅之地，牵动东亚全局，一旦实行瓜分，政府何以自赎？罪十。”在历数了袁政府的这“十大罪”后，张君劢强调指出：“凡此十大罪，皆政府一误再误之明证，决非吾党周内之词。考其大因，尤其当局者，但知顾全权势，不为国家谋根本之解决。”更有甚者，“凡己之地位，稍有防碍，虽牺牲政策在所不顾。一若国家可亡，而吾地位不可不保。吾党以为推此心理，非至亡国不止”。因此，为了挽救国家于危亡，他号召全国人民“急起直追，自负责任，径行诘问政府误国之罪，并决定全国大政”。

张君劢的文章，无疑是一篇声讨袁世凯的檄文，在全国激起了很大反响，《少年中国》周刊发行量也因此而大增，每期印行两千份还供不应求，出版当日即销售一空。当然这也激怒了袁世凯，他不仅下令查禁了这篇文章，还派人将张君劢监视了起来。张君劢在国内无法安身，于是，在梁启超（1912 年 10 月回国）的劝告下，去了德国。就此言之，张君劢不仅是原立宪派中最早与袁世凯分道扬镳，首举反袁旗帜的第一人（当时以梁启超为代表的原立宪派正与袁打得火热），也是辛亥革命后，为逃避袁世凯的政治迫害而不得不流亡国外的第一人。

第四节　欧战的旁观者

1913 年 1 月，张君劢取道西伯利亚，踏上了赴德的旅程。途经俄国首都圣彼得堡时，小住了两个多月。在这里，他通过其表兄、时任中国驻俄公使刘镜人的介绍，结识了帝俄时代“宪政民主党”党魁米留可夫以及其他朝野人士。当时正逢罗曼诺夫王朝三百周年纪念，街上喧闹的庆祝盛况，给张君劢留下了深刻的印象。

张君劢于出国之前，曾被北京“宪法新闻社”社长李庆芳聘为该社的八位宪法起草委员之一，迨赴欧，又受聘为该社所发行的《宪法周刊》的旅德通信员。所以在俄国时，他被俄国报纸称之为中国第一个西游的记者，并接受了俄国《新时报》等报纸记者的采访。有记者问他离开北京时中国的政治情形如何？他答：离开北京时，正值第一届国会选举已毕，各省议员纷纷到京。

记者问:中国党派情形如何?他答:自革命以后,各省虽小有变动,大体秩序已经恢复。盖革命为国家根本之变动,事后终不能不有小小波澜,故望海外各报,于中国革命之根本处着眼,万不可因一二小小暴动而断定秩序已经扰乱。总之,此次革命,出于国民之自觉,各省兵变,不过其余波,此行政上之不得宜,与政治无涉。记者问:共和党对于总统问题之方针如何?他答:共和党以维持现政府为方针,故对于总统问题,决定举袁世凯。至于孙中山,不是没有当选为总统的可能,不过他本人正全力于铁路建设,并已屡次宣言不参加总统竞选,所以袁世凯当选总统,已确定不易。

1913 年 4 月初,张君劢抵达德国。当时正值中华民国第一届国会在北京召开。他得知民主党的汤化龙当选为众议院议长,即给汤发了一封贺电,表示祝贺,内称:"公长众院,为国为党贺。目前大计,首宪法,次总统,三新内阁,四地方制。其无关国宪者缓议。望率同志督促政府,奋励进行。"

张君劢到德国后,以日本早稻田大学毕业生资格入柏林大学学习,攻读博士学位。来德以前,他认为自己在日本读过几年德文,语言不会成为多大问题,但入学后他才发现,自己一句德文也听不懂,看书的程度也很有限,仅能看懂一些很通俗的读物。经过拼命努力,始可勉强听讲。当时德国大学盛行一种自由风气,就是学生选科听讲,完全凭自己的意愿,学校没有排好的固定课程表。然而这样一种有利于发挥学生专长和主观能动性的自由风气,却使在学问上正处于求知阶段的张君劢无所适从,茫无头绪,不知道什么书应该先读,什么书应该后读,哪门课与哪门课有关,哪门课与哪门课无关,用他自己的话说:“学校有此自由给学生,而我却不知道怎样运用。”

张君劢在柏林大学所选修的课程,与他在日本早稻田大学选修的课程一样,也不离政治和法律,而且都是在日本听说过的大教授讲课,如 Wagner 的财政学,Schmoller 的经济学,List 的国际法等。按理,名师出高徒,有这些大教授指导,张君劢的学问应大有长进。但据他自己所说,由于受清末民初知识界那种“求学问是为改良政治,是为救国,所以求学问不是以学问为终身之业,乃是所以达救国之目的”的“风气”的影响,他“在德读书约有二三年,在自己无多大心得。如 Schmoller 的经济学,属于历史派,何谓历史派,自己并不清楚。Wagner 的经济学是以演绎为方法,何谓演绎法,亦弄不清楚。两学派何以不同,亦并不加以研究。虽两三年中读书甚勤,但始终站在学问之外,学问与自己尚未打成一片”。

张君劢入柏林大学学习的第二年(1914 年),第一次世界大战在欧洲大陆爆发。战争的一方是德奥土组成的同盟国,另一方是英法俄组成的协约国。由于英日同盟的关系,当时德国盛传日本将帮助俄国进攻德国。中国人因和日本人一样长着一张黄面孔,也因此而常常受到德国人的不友好对待,走在大街上,时不时地会接到从屋里掷出的凳子或空酒瓶。在这种不友好的气氛下,不少中国留学生出于安全考虑,提前结束了学业回到国内。但在热衷于政治的张君劢看来,一个人的一生中是难得有机会看到几次世界大战的,如果因德国人的不友好对待而回国,未免太可惜了。因此,他决定继续留在德国观察战争。

自战争开始后，张君劢就买了不少地图和书籍，并结合每天的报纸，认真研究战争的进展。他还在墙上挂了一张大地图，将各条战线的进展情况标记出来，以预测双方的胜败。张君劢这种对战事超乎寻常的关心，引起了房东老大娘的注意，甚至怀疑他是日本的间谍。有一天，张君劢的德文老师来为他上课，交谈中，君劢指着报纸上德舰被击沉两艘的消息说，你们德国再不改变战略，将必败无疑。张君劢话音刚落，房门“嘭”的一声被突然打开，房东老大娘冲进来指着他的鼻子厉声呵斥道：“你果然是个间谍。”她随即打电话报告了警察局。尽管在战时特殊的情况下，德国警察仍然尊重住宅自由的原则，只派人守住张君劢的房门，禁止他外出。张君劢了解情况后，主动请求警察入室搜查，结果什么也没有搜到。警察局于是解除了对他外出的禁令。但张君劢却因此而错过了吃午餐的时间，只好勒紧裤带挨了一顿饿。

在认真研究战争之进程的同时，张君劢还十分注意对战时德国社会的观察。他发现，德国人不仅办事效率极高，而且还很守纪律，能一切服从政府的命令。有两件事给他的印象很深：一是战事初起，德国政府一声令下，数百万大军与马匹、大炮等辎重在七天之内就有条不紊地运到了前线，这与我国一两万军队的运输，“尚不免于凌乱，更不免于缺乏本位而误期”的现象，“相去何啻千万里”。二是自 1915 年开始，因粮食缺乏，德国实行计口授食制，即每人每星期给面包票七张，凭票购买面包。如果是在中国，“若一旦行米谷集中之制，则操纵米价，调查人数，无在不与人以因缘为奸之机会”。但在德国则没有此类事情发生。

尤其是德国人那种举国狂热地参战情形给张君劢留下了深刻的印象。

为了使自己对战争情况有更深入的了解,1915 年 8 月,他经德国参谋本部的同意,到比利时的列日城和首都布鲁塞尔参观考察。列日城是德国人首先攻破的一座要塞。张君劢本想打算进入到各炮台内部看一看,但被德兵以"要塞重地,闲人免入"为由所拒绝。他看到大学校舍和市中房屋上皆弹痕累累。列日城要塞是德军用新发明的四十二生大炮轰陷的,大炮先命中弹药库,引起弹药库爆炸,而炮台因以倒塌。在布鲁塞尔,老百姓的生活虽一如常时,然而他们的工业材料都被德国人搬运到德国去了,德国人还强迫他们移居德国,为德国工厂做工。对此,张君劢曾深有感触地写道:"真所谓国破家亡,由人宰割而已。"

第一次世界大战打了一年后,西欧战场成了胶着状态。张君劢看出战争一时难分胜负,便决定离开德国,对战争的另一重要当事国英国的社会政治经济状况进行一番实地考察。1915 年 9 月,他自德国启程,道经荷兰时,访问了曾担任过我国币制顾问、时为荷兰国家银行总裁的费司林(C. Vissering)。费氏著有二书,一为《中国币制论》,一为《中国银行论》。张君劢与费氏畅谈了四个小时,讨论的问题,从国际政局和第一次世界大战中主要参战国的经济财政情况,到中国未来金融政策应循的方针。费氏建议中国应实行金兑汇本位,但在实行金兑汇本位之前,可先实行银本位,因为"国内银本位既实施后,他日金兑汇本位之实行自然甚易"。不过,自银本位以达金兑本位之期应相紧接,不可过于延长。讨论结束后,费氏邀君劢返家午餐,见其夫人及二女，并参观所藏东方古玩。临别时，费氏告诉张君劢：中国是一个大国，其国民担负的责任很重大，唯其如是，所以中国的改革不可太骤，“而择术之始，不可不慎”，如果一再地用不同制度来从事试验，这是“最不祥之事”，于国家无一利而有百害。张君劢对费氏的话，深表赞成。

渡过布满水雷和德国潜水艇四处出没的北海，是年10月，张君劢到达英国首都伦敦。他初到英国时，英国的强制兵役法尚未通过，满街张贴的都是招兵广告，这和德国人踊跃参军、以当兵为荣的状况形成了鲜明对照。给张君劢印象最深的是英国议会。他后来在回忆中写道：“我到了十余年来所羡慕的英国巴力[①]门里边，看见劳合·乔治[②]在议会里把双脚放在中间的一张长桌上，我心中好奇怪，以为英国庄严议会中，何以大政治家的行动如此随便。后来知道英国议会不像大陆各国议会注重雄辩，英国议会好像我们乡下绅士聚在茶馆中讨论问题一样，是大家聚在一起，求事的解决，并不是逞口辩的，这是英国议会所以能有成功。”

张君劢在英国呆了七八个月。在此期间，他曾遭到两次德机的袭击。有一天晚上，他和友人在戏院里看莎士比亚的戏剧，突然听见飞机声，继而炸弹下落，房屋动摇，犹如地震一样。友人先行，同座观众也散去大半。张君劢认为与其死于途中，还不如死于屋内，于是待看完剧才回去。第二天早上起床一看，近处

---

① 即 Parliament，议会。

② 时任英国首相。

的房屋玻璃尽毁,每日电报社(Daily Telegragh)的社所因受爆炸的震动,墙壁严重倾斜,其印字机也不翼而飞。这是1915年冬天的事。1916年4月,他由伦敦乘火车赴英北部之纽卡斯尔(Newcastle)考察,本定夜九时到达,不料七时刚至达林顿(Darlingron)车站,碰上德机轰炸。英国东海岸因此而全部熄灯,凡工厂、铁道和电报皆停工停运。德机轰炸的目的,就是要阻碍英国军事工业的生产,并摧毁其工业中心。车初停时,乘客都下车到野外仰首以望飞机,及深夜,车门紧闭,至第二天早上三四点钟,德机飞走后,车乃复行。抵达纽卡斯尔,张君劢看见两三辆电车被炸倒,卧在街中,公园的铁门倒地,其他工厂、船厂也大多不同程度的被炸,受到损伤。此两次德机的袭击,使张君劢深深地感到,如今战争是全体性战争,没有前方与后方之分。

就在张君劢到达英国的前后,国内袁世凯的复辟帝制阴谋正在紧锣密鼓地实行。这年8月,袁世凯的宪法顾问、美国人古德诺在上海《亚细亚报》上发表《共和与君主论》一文,诬称中国"大多数之人民智识不甚高尚","无研究政治之能力","中国如用君主制,较共和制为宜"。袁的另一位法律顾问、日本人有贺长雄(曾给张君劢授过课)紧密配合,发表《共和宪法持久策》,更露骨地鼓吹中国须由袁世凯做皇帝,总揽大权。紧接着,杨度、孙毓筠、严复、刘师培、李燮和、胡瑛六人,在袁的授意下,组织"筹安会",以学术研究为幌子,为袁复辟帝制制造舆论。9月19日,袁的心腹爪牙梁士诒又根据袁的授意,组成"全国请愿联合会",向参政院请愿,要求由国民代表大会来决定国体。10月8日,袁世凯公布了《国民代表大会组织法》,在各省"军政长官"的监督下，加紧选出代表，并在当地进行所谓国体投票。11 月 20 日前，全国各区投票完毕。12 月 11 日，参政院汇集了全国“国民代表”共 1993 人的投票，全部拥护君主制，一致要求参政院以国民代表大会代表的名义劝进袁世凯为中华帝国皇帝。次日，袁世凯发布命令，接受劝进。13 日，接受百官朝贺，大加封赏。31 日，袁下令明年改为“中华帝国洪宪元年”。帝制复辟闹剧至此达到高潮。

袁世凯的倒行逆施，遭到了全国人民的强烈反对。就是对袁曾有过幻想，并表示“不惜竭吾才力，且牺牲一边，以谋辅翼袁氏”的梁启超，这时也举起了反袁的旗帜。他不仅在《大中华杂志》上发表了洋洋万言的《异哉所谓国体问题者》，对古德诺之流鼓吹帝制复辟的谬论进行了揭露和批判，而且还暗中策动和帮助他的学生、原云南都督蔡锷秘密潜回云南，起兵讨袁。1915 年 12 月 25 日云南宣布独立，组成讨袁“护国军”。继云南独立后，贵州、广西等省也先后宣告独立。袁世凯帝制美梦很快就成了泡影。

因受袁的迫害而流亡国外的张君劢也积极投入反袁复辟帝制的斗争。他到达伦敦不久，即在《每日先锋报》(Daily Heraid)上撰文，抨击袁世凯变更国体之非。该文后来为《北京导报》(Peaking Leader)所转载。据说，袁世凯得知此文后，曾电告中国驻英公使施肇基查究，施于是遣其馆员曹云祥当面警告张君劢：“中山先生拘囚之室尚存，倘君在英更以文字登报者，唯有以待中山先生者待君。”张君劢不为所动，正声答道：“公等此言既出口，吾惟视为使馆负责者之言，将报告英政府以求保护。”驻英使馆也对他奈何不得。

云南独立后，梁启超即电召张君劢立即回国，襄助反袁起义。当时张君劢正在撰写博士论文，但收到梁电后，毫不犹豫地放弃了这一工作，匆匆踏上归国途程。起初，他打算绕道非洲，乘船回国，这样可以避开战地的危险。后来考虑到走海路时间迟缓，决定冒险经西伯利亚陆行归国。于是他放弃已定购好的船票，倾尽余资，经由瑞典、挪威各国抵达俄都圣彼得堡。在七天的行程中，身上仅有 13 块铜元，因此只好以面包和白开水充饥。从圣彼得堡返国的车旅费则是他的表兄、时任中国驻俄公使刘镜人提供的。1916 年 4 月，张君劢回到杭州。屈指算来，君劢此次游学欧洲的时间正好四年。

第五节　参战引起的风波

张君劢回到杭州后，因已宣布反袁独立的浙江督军吕公望的坚留，他没有按原来计划转赴云南，而留在杭州任浙江交涉署署长，参与领导反袁斗争。旋兼任上海《时事新报》主笔。不久（1916 年 6 月 6 日），袁世凯在全国人民的声讨和唾骂声中死去。

在张君劢回国的前后，知识界要求中国采行联邦制的呼声特别高涨。先是张东荪和丁佛言在《中华杂志》上次第发表《地方制度之终极观》与《民国国是论》两文。鉴于民国成立以来的政局，尤其是袁世凯利用中央集权推行专制政治的事实，张文提出，“联邦制之精神在自治”，“中国欲图存自强，则非采用英美派之自治不为功”。丁文认为，中国之“特别色彩”在地方，如能“合各地方为国家之意思以成国家，则建设巩固；集地方势力以监督政府，则政治改良”，故民国组织之要点，在制定宪法时须“注重中央与地方之权限，其大要中央取列举主义，地方取概括主义”。继张、丁两文之后，章士钊又在《甲寅》上先后刊载了《联邦论》和《学理上之联邦论》等文。在《联邦论》中，他着重介绍了张、丁两文的内容，认为两文“甚有价值”，是“绝明无翳之联邦论”。在《学理上之联邦论》中，他不赞成凡联邦者必先邦后国的“通例论”。并认为联邦制适宜于中国。由于受袁世凯帝制复辟阴谋的刺激，张、丁、章的文章发表后，引起了广泛的社会反响。不少人认为集权制或单一制易为袁世凯一类的独夫民贼所利用，于国有害无益，只有采行美国、德国和瑞士等国的联邦制，帝制闹剧才不会重演，国家才有可能实现富强。

由于张君劢在日本和德国学的都是政治和法律，因此他回国后，就有不少人询问他关于联邦制的意见。他便将自己三年前写的《省制条议》一文加以修改扩充，以《联邦十不可论》为题发表在梁启超主编的《大中华杂志》第 2 卷第 9 期上。从此文的标题便可以看出，在联邦制的问题上，他和张东荪、章士钊等人的意见正好相反。

首先，张君劢指出，当时主张采用联邦制的人“徒愤中央政府之暴戾，转而求政治基础于地方，乃盛创联邦之说”，但对于中国有无实行联邦制的可能未加深究。根据美、德、瑞士等国的经验，实行联邦制必须具备三个条件，这就是省或州宪法的厘定、省或州主权的确立和省或州自治基础的形成。而就中国的实情来看，这三个条件无一具备。故此，所谓采行联邦制也就只能是一厢情愿的空想，根本没有采行的可能。例如：省长民选，省议会为最高机关，法院独立裁决地方和中央的权利纠纷，以及建立廉洁效率的地方公共行政等，是联邦制必有的内容，但由于上述三个必要条件无一具备，这些联邦制必有的内容也就无法实现。

从军事、税收和国家统一这三方面来看，中国也不能采行联邦制。因为，在军事上，联邦制的国家中央或不设常备军（如瑞士），或常备军的人数极为有限（如美国），练兵养兵之权属于地方。中国如果照此办理，那结果既无力应付外来列强的侵略，又会造成地方当局的拥兵割据，使国家陷入分裂。在税收上，中国要是像联邦制国家那样严格限制中央财政的税源，而赋予各省自行征税权，“不特地方冒滥无摧陷廓清之日，而中央且困于各省政费而莫能自拔”，各地中饱之弊，必胜于前清。在国家统一上，本来中国的分裂倾向就已十分严重，各省的军事、行政、税收、用人之权都不在中央，“今以泱泱大国见称于世者，惟持此统一外形耳”。要是采用了联邦制，这一外形也将打破，那么统一的国家就很难继续存在下去。

总之，张君劢指出，由于条件不具备，在美、德、瑞士等国行之有效的联邦制，不可能像张东荪、章士钊等人主张的那样，作为改良中国政治的手段，这就像民国成立以后，从西方移植而来的责任内阁、议会程序、司法独立、预算同意等制度不能改良中国政治一样，假如不顾条件具备与否，硬要采行的话，结果必然是画虎不成反类犬，“非特其制不行，而他弊乘之”。美洲的墨西哥就是前车之鉴。“墨西哥非共和而联邦者乎？既共和矣，则中央应举法治之实，既联邦矣，各邦应收自由发展之功，然而丧乱频仍,治平无日,此皆积极条件之不备,而惟以法律制度为治具之有以致之也。”

张君劢虽然反对采行联邦制,但他同时也反对一些人提出的废省集权的主张。他认为,就像“联邦说以极端的各省自主望各省,此非今之各省所能任”一样,“废省说乃以极端之中央统一望中央,此亦非今日中央之所能行者”。因为自清末以来,政府威信久已失坠,不独集权之说为人厌弃,甚至统一行政如军财二者世亦怀疑,更何况举全国之省政而授之中央,这必然会遭致全国人民的反对。加上中国幅员辽阔,交通落后,一旦取消省的建制,将监督州县的权力归于中央,中央根本无法对州县实行有效的监督,结果不仅不会加强中央集权,相反还有可能使全国成为一盘散沙,严重削弱中央的权力。故此,张君劢指出,中国当时既不能采行联邦制,也不能废省集权,而只能“仍以省为省,而确立其在国法之地位而已”。

怎样才能确立省“在国法之地位”呢?,张君劢提出了四条措施:第一,确定省之法人权:设置省长和省议会;第二,确定省之行政权:省长只负本省之责,不涉及中央的事务,中央亦不能以自己的好恶变更省长的地位;第三,确定省之立法权:省内立法,决于省议会,凡属省议会之权,中央不得干涉;第四,确定省税与财产权:划定省税与中央税的界限,使省有独立之财源。

当然,张君劢进一步指出,确立省在国法中的地位,并不像联邦论者所主张的那样,以取消中央对地方的领导和监督为前提。他再三强调,在确立省在国法中的地位时,必须坚持(一)省长的任命权操之中央;(二)中央有委任省长之国家行政权;(三)

省议会与省长冲突时,其解决之法听自中央;(四)省参事会有权审查省长提出的议案,中央得任命三人为参议员;(五)中央政府就统一之行政问题,有权指导省议会;(六)省税以可为地方税者为限,并严格限制省债的发行。

有的学者认为,张君劢的《联邦十不可论》是二十年代以前反对联邦制、主张中央集权制的代表作,反映了当时"已倒向北洋军阀、代表资产阶级上层保守力量的知识分子",即梁启超一系列的进步党人的政治倾向。但在笔者看来,说张君劢的《联邦十不可论》反对联邦制则是,说它主张中央集权制则非,因为就张君劢所提出的"仍以省为省,而确立其在国法之地位"之主张的具体内容来看,实际上他主张的是一种既非联邦制、亦非严格意义上的中央集权制的政治制度。张君劢本人在《联邦十不可论》中也认为,他的"仍以省为省,而确立其在国法之地位"的主张,是参酌世界之陈规而提出的一种适合我国实情的新政制,这种新政制的"集权之度,不必如俄法。分权之方,大异夫德美"。他并且相信,只要按他所主张的那样,确立省"在国法之地位",就能在维护旧有一统之基的前提下,实现各省的自由发展。

《联邦十不可论》发表在1916年9月20日出版的《大中华杂志》第2卷第9期上。这年的冬天,张君劢根据自己对第一次世界大战进程的分析,认定德国必败无疑,于是力主对德宣战,并将《时事新报》主笔的职务交张东荪继任,自己则北上,四处游说有影响的政治人物,以争取他们的支持。据说,以加富尔自诩的梁启超就是在张君劢的影响下而主张中国参战的。张君劢主张对德宣战的目的,是想借此来提高中国的国际地位。然而出乎他意料的是：因参战而引发了一场政治风波，他本人也卷进了这场风波之中。

1916年6月6日袁世凯死后，副总统黎元洪根据《临时约法》继任大总统，北洋军阀皖系首领段祺瑞出任国务总理，并恢复了民二国会。此后，黎、段的矛盾日益尖锐，而矛盾的焦点就是所谓参战问题。先是1917年2月，美国借口德国宣布将以潜艇无限制封锁海面而与德国断交，准备参战，并要求中国与它采取一致行动，它还许诺借款给中国作为参战军费。美国的这一主张，得到了亲美的黎元洪的支持，国会也通过了与德国断交案。力图乘英、法、德、俄等国正陷于相互厮杀而趁机扩大自己在华势力的日本，惟恐落在美国后面，便也积极怂恿亲日的段祺瑞对德宣战，同时也许诺借款给中国，而且保证对其用途不加干涉，中国可以以参战为名扩充军备，这正符合段祺瑞的心意，他于是也积极主张对德作战。在他的支持下，成立了专门研究对德宣战事宜的机构——"国际政务评议会"，段自任会长，书记长一职则根据梁启超的建议由张君劢担任。美国见段倒到日本一边，便改变了支持中国参战的态度，并指使黎元洪进行抵制。因此，当段祺瑞提出对德宣战案时，遭到了黎元洪的拒绝。当时，反对对德宣战的还有和段祺瑞矛盾甚深的北洋军阀直系首领、副总统冯国璋，以及国民党领袖孙中山等人。

为了使对德宣战成为事实，在段祺瑞和梁启超的授意下，张君劢多次南下南京和上海，劝说冯国璋、孙中山等人支持对德宣战，但无功而还。4月25日，段祺瑞在北京召开以皖系军阀为骨干的"督军会议"，决议赞成参战，企图以武力胁迫黎元洪和国会批准宣战案。张君劢在督军会议召开的当天，致函时在天津的梁启超说："宣战之举，已经军事会议赞成，不久即实行。宣战布告望先生属稿寄下，其中仅指潜艇，抑就中、德交十余年历史立论，亟应斟酌。末后以战争状态已存在为结束，但以何种事项为战争状态，又苦于无可借口，除两月来华人死者外，是否可以拘留颜使为口实，亦请先生酌之而已。"是月 30 日，张君劢再次致函梁启超，就有关参战问题各事进一步征求梁的意见："此时国际法上事件，大旨预备已有端倪，至财政上内而临时支出，外而美国借款，兵事上运兵计划，练兵计划，外交上遣外特使同盟酬酢（即国内金融民食亦在其列），皆非筹画不可，本拟就此数端一一询先生意见，以东行不及，待请与季兄筹之，并乞赐示。凡因加入而生者，由吾辈之手列一筹备清册，能行其一二或三四已可稍免罪戾，而国民受赐不浅矣。"张以为有督军会议支持，对德宣战应不成问题，他于是在做起草宣战布告和具体参战计划的考虑了。但不想黎元洪和国会根本不买督军会议的账，宣战案不仅被国会搁置了起来，段祺瑞本人也于 5 月 23 日被黎元洪免去了国务总理的职务。段则积极策划武装倒黎。黎段之间的矛盾已发展到了你死我活的程度。

在黎段围绕参战问题而展开的斗争中，张君劢是毫无保留地站在段祺瑞一边的。5 月 1 日，日本公使林权助登门"拜访"总统黎元洪，希望中国立即宣布对德作战，并且警告黎元洪说："此事关系甚大，贤明之大总统于举国一致之义，谅必注意及之，可无俟外人之多言，若不幸而有'オモシロヮナィゴト'，不特影响于中国，即日本亦同利害。"当时陪同林权助"拜访"的日人船津氏将"オモシロッナィゴト"译为"非常政变"。事后,黎元洪告诉章士钊等,"谓林权助忽来警告,若中国不幸而有内乱,日本必出兵相助"。对此,张君劢在5月5日致梁启超的信中指责黎是"附会其词",为达到"挑拨"人们对参战的"恶感",而"不惜捏造外国代表之言"。他并表示,在参战问题上,"吾侪为主张之人,当是时惟有挺身而出,以分政府[①]之责,凡可以不达解散之一境,吾辈应牺牲一切以图之,矧夫其为家喻户晓之功乎。"

张君劢是这样说的,也是这样做的。为了使参战案在国会中得到通过,他积极为段祺瑞出谋划策,做各方的疏通工作。5月初,他建议段祺瑞接受政学会[②]提出的条件:先改组内阁,然后考虑对德宣战问题,以避免"各走极端",出现国会弹劾政府,或政府解散国会的"纷扰"局面,但被段祺瑞所拒绝,段谓"总理可辞,条件不能交换"。后经张君劢等人疏通,政学会作出让步,谓"不必在宣战前改组(内阁),但得总理一言为保证,已可同意于宣战案"。段祺瑞也经张君劢等人劝说,同意接受政学会新提出的条件。张认为,"凡此所为,皆于无办法中求办法,勉力为之,非得已也"。但终因黎段矛盾太深,张所期望的结果未能实现,宣战案还是被国会搁置了起来。5月底,亦即段祺瑞被黎元洪解除了国务总理的职务后,他又向段祺瑞建议,乘"日前日本方面传说,俄德议和后,日本将出兵攻西伯利亚"的"极好机会","即

① 即段祺瑞,因段是国务总理。

② 1916年袁世凯死、民二国会恢复后,由国民党部分议员张耀曾,李根源,谷钟秀等联络欧事研究会成员及相同政见者组成的政治团体。

刻担任参战督办名义，不须先行要约权限”。张的这次建议虽然得到了段祺瑞的“首肯”，但段成立参战督办处，并自任督办处督办，那是在他利用张勋赶走黎元洪以后。

1917年6月14日，驻扎在徐州的张勋以调停黎段矛盾为名，率三千辫子军进入北京，并于此前逼迫黎元洪解散了国会。7月1日，在康有为等人的支持下，张勋拥废帝溥仪复辟，自任直隶总督和内阁议政大臣。总统黎元洪逃离总统府，躲入东交民巷日本使馆，电令副总统冯国璋代行总统职权，重新任命段祺瑞为内阁总理，讨伐张勋。

本来，张勋进京复辟是得到段祺瑞的默允和支持的，段想利用张的力量来解散国会和驱逐黎元洪。现在的目的已达，他便宣布反对复辟，并在马厂组织起“讨逆军”，自任总司令，聘任梁启超为“讨逆军司令部参赞”。7月12日，讨逆军攻入北京，张勋在外国人保护下逃进荷兰使馆，溥仪再次宣布退位。讨逆军成立后，张君劢曾受段祺瑞的委托，“由马厂进京，告各国使馆，以段军不日返京，万不可承认宣统”。不久，他又受段的派遣，南下南京面见冯国璋，劝冯早日北上正式继任代理总统，并为冯代理总统一事游说各方。在7月13日致梁启超的信中，张君劢向梁详细汇报了他如何劝说冯国璋，以及冯国璋为什么不愿北上正式继任代理总统的情况，他并要梁向段祺瑞进言，为了缓和冯段之间的矛盾，“以后北方军事政治，宜多发电”，征求冯国璋的意见，“而于用人一端为尤要”，同时最好不要任命段的心腹大将倪嗣冲为江苏督军，因为不仅冯国璋曾当面告诉张君劢，他反对倪嗣冲督苏，而且冯的部下和江苏名流也对倪为江苏督军持反对态度。既然"倪之人地不相宜若是,则此事应否发表,极应注意"。在此信中他还建议免去程璧光海军总长的职务,以打击孙中山,因为孙与海军的联系,程是其媒介。

张勋复辟失败后,梁启超领导的"研究系"因为黎、段之争中全力支持段祺瑞,并为段的讨伐张勋活动出谋划策而得到段祺瑞的重用,研究系的主要人物梁启超、汤化龙、林长民等被分别任命为财政总长、内务总长和司法总长,张君劢则担任了总统府秘书。8 月 14 日,段祺瑞政府正式宣布对德、奥宣战。不久,段祺瑞继承袁世凯武力统一中国的衣钵,发动第二次南北战争,但很快就失败了。11 月 22 日,与段祺瑞矛盾甚深的代理总统、北洋军阀直系首领冯国璋乘机免去段祺瑞的国务总理职务。同时被免职的还有梁启超、汤化龙、林长民以及教育总长范源濂、农商总长张国淦。既然段祺瑞已经下台,梁启超也离开了政府,张君劢于是辞去了总统府秘书一职,转而当上了北大教授。梁启超、张君劢等人最终都成了北洋军阀斗争的牺牲品。

1918 年 11 月,第一次世界大战以德国的投降而结束。当时在政治上被排挤下台的梁启超决定以中国赴巴黎和会代表团非正式顾问的身份,前往欧洲参观访问,并邀请张君劢、丁文江、蒋百里、刘崇杰、徐新六、杨维新等六人作为他的助手同行。是年 12 月 28 日,梁启超一行由上海乘轮船启程。临行前,他们与张东荪等人通宵长谈,"着实将从前迷梦的政治活动忏悔一番,相约以后决然舍弃,要从思想界尽些努力。这一席话要算我们朋辈中换了一个新生命了"。对于张君劢而言,此次欧洲的确是他生活中的一个转折点。

第二章

明争与暗斗

第一节 航向"学问国"

1918年12月28日,梁启超一行七人自上海起程。因船位缺乏,丁文江和徐新六取道太平洋与大西洋,其余五人则搭乘日本"横滨丸",绕过马六甲海峡,穿过印度洋,通过苏伊士运河,横渡地中海,最后绕道大西洋,于1919年2月11日抵达英国首都伦敦。虽是第二次游欧,但是第一次舟行的张君劢是五人中最畏海行的人,一上船即解衣高卧,并将呕器放于枕旁,以备呕吐之用。然而数天后,适应了舟行的张君劢又以大航行家自命。船过南洋时,他目睹华侨经商之多,乃作《南洋华侨建国论》一文,盛赞华侨在海外的开拓成就。

梁启超一行在伦敦稍事休息后,便渡过英吉利海峡,于2月18日到达法国首都巴黎。当时协约国集团策划的缔结和约的会议正在这里举行,参加会议的有27个国家的代表团,以及一些殖民地国家、新成立的国家和一些社会团体的代表。绝大多数与会国实际上根本没有参加会议。整个会议过程中,全体会议只开过七次,一切重大问题都是在十人会议或四人会议上决定的,参加十人会议的是美、英、法、意、日五国的政府首脑、外长或主要代表。四人会议由美国总统伍德罗·威尔逊、英国首相劳合

·乔治、法国总理克雷蒙梭和意大利首相维多里奥·奥兰多组成，实际上，奥兰多在会议上起的作用并不大，起作用的是人称"三巨头"的威尔逊、劳合·乔治和克雷蒙梭。战败国德国、奥匈帝国和土耳其等不许参加，苏维埃俄国亦被无理排斥在和会之外。中国作为战胜国，派代表出席了这次会议。代表中国出席会议的是北洋政府外交总长陆徵祥、广东非常国会参议院副议长王正廷、中国驻英公使施肇基、中国驻美公使顾维钧和中国驻比利时公使魏宸组。

如前所述，梁启超一行此次来欧洲的主要目的，是以个人身份为出席巴黎和会的中国代表团出谋划策。因此，他们到达巴黎后的近半年时间内，哪儿也没有去，忙于向中国代表贡献意见，拜会美国总统威尔逊和其他出席和会的政界要人，广泛结识新闻界和学术界人士，积极开展国民外交，力争中国以战胜国的资格分享战胜国的权利，以改变半殖民地的国际地位，并收回被日本从德国人手中夺去的青岛以及在山东的一切权益。但不幸未有结果。由于帝国主义的强权政治，中国不仅未能使自己的国际地位得到任何改善，连收回青岛的外交努力也遭到失败。1919 年 4 月 30 日，美、英、法三人会议①为迁就日本，竟不顾中国代表的一再反对，对山东问题作出最后裁决，决定在对德和约中，将山东问题从中国问题中单列出来，成为一个单独的问题。山东问题共有三项条款，即第 156、157 和 158 条，这三项条款只

① 4 月 24 日意大利首相奥兰多因意大利提出的对阜姆的领土要求为各大国所拒绝而退出巴黎和会，此后四人会议改为三人会议。

规定德国在山东的一切权益均让与日本，而没有规定日本须将山东交还给中国。

中国在巴黎和会上外交努力的失败激起了中国人民的极大愤慨。5 月 4 日，北京爆发了声势浩大的反帝爱国运动，3000 多名学生走上街头，高呼“外争主权，内除国贼”的口号，坚决要求北洋政府不在和约上签字。五四反帝爱国运动很快席卷全国，不少大中城市发生了爱国学生的示威游行，以及各界群众支持爱国学生的罢教、罢工和罢市斗争。

本来，张君劢是满怀对巴黎和会的希望来到巴黎的。因为早在第一次世界大战结束之前(1918 年 1 月 8 日)，美国总统威尔逊就发表过著名的十四条宣言，对战后的国际关系准则提出了一系列新的规定，其中包括和约公开、海洋自由、裁减军备、生计障碍之排除等内容，并倡议设立国际联盟，以维护各国的政治独立和领土完整。既然美国是出席巴黎和会的五大国之一，威尔逊提出的十四条宣言又得到过英、法等国的口头赞同，所以，和许多人一样，张君劢也相信，巴黎和会一定会以威尔逊的十四条宣言为准则，保护弱小国家的利益，使公理战胜强权。但结果却使他大失所望，不是公理战胜强权，相反是强权战胜了公理，巴黎和会成了大国之间的分赃会议。为此，1919 年 5 月 1 日，张君劢写了一篇题为《平和会议中威尔逊之成功与失败》的“欧游随笔”，对帝国主义的强权政治予以猛烈抨击。

张君劢写这篇文章时，还不知道三人会议对山东问题作出的最后裁决。待知道三人会议的裁决后，他更深切地感到，国际上只有强权而无公理，国家本身如无强力，所谓外交只能是一句空话，国际公法更属具文，假如自己还像以前那样，“抱此类条文，为吾一生研究之目的物，则除纵横捭阖以外，尚有何物？而吾一生虽尽窥外交秘奥，而于世界人类有何益处乎？”于是，他告诉同室的丁文江说，他要将自己所藏的有关国际法的书付之一炬。丁闻后大为惊讶，以为他哪根神经出了毛病。自此，张君劢不再读那些无用的书，“决心探求一民族所以立国之最基本的力量，或者是道德力，或者是知识力，或者是经济力”，专在这些方面尽自己的“心力”。但究竟应该何去何从，张君劢还举棋不定，也根本没有打算要以哲学为自己“一生研究之目的物”。因此，当梁启超、蒋百里、徐新六邀他同访法国哲学家柏格森时，他以哲学是空淡，立言固然微妙，但于事实无益为由谢绝参加。

是年6月6日，梁启超一行带着一种因中国外交失败而产生的痛苦心情，离开法国巴黎，起程到其他国家参观访问，其足迹西至英国，北及比利时、荷兰、东到意大利、瑞士，直到10月11日，他们才回到巴黎附近白鲁威的寓所。

梁启超、张君劢一行在白鲁威呆了近两个月，12月上旬，他们起程去德国游历。张君劢曾在德国学习过几年，对德国的情况比较熟悉，梁启超便于临行前嘱他开了一个在德应该拜访的人的名单。名单中所列者不外军政方面的头面人物，如德国社会民主党领导人考茨基、谢德曼，陆军总长诺司开和战时参谋长鲁顿道夫等。一行人到达慕尼黑后，梁启超突然忆起日本人所著欧洲思想史中被尊为泰山北斗的两个人：柏格森和倭伊铿。他想，在巴黎时既然拜访了法国的柏格森，就不能不见德国的倭伊铿。但当时正在旅途中，无法找人介绍。梁只好毛遂自荐，给倭伊铿打了个电报，表示想见他一面，并恳请他回信到梁一行下一站预定下榻的耶纳[①]某旅馆中。待他们抵达耶纳，倭伊铿的回信已经到了，信中极道欢迎之意。1920 年 1 月 1 日，梁启超、张君劢一行按约到倭伊铿家中拜访。在将近一个半小时的交谈中，所谈的内容不外精神生活和新唯心主义。梁启超再三询问调和精神和物质的方法。倭伊铿虽然在大庭广众之下作演讲能侃侃而谈，但两人对答则讷讷说不出来。他自知无法以一二哲学概念回答梁的提问，乃屡屡以两手捧其赤心，以表示将精神拿出来参透物质之意。倭伊铿的这种“诚恳态度”，使坐在一旁担任翻译工作的张君劢大为感动，并因而萌发了“研究他的哲学兴趣”。临告别时，倭伊铿以自己的著作，一一署名分赠各位来客。他还不顾夫人的一再劝阻（因他当时已约期写一本新书），允诺手写一文，解答梁启超在交谈中提出的新唯心主义与旧唯心主义的异同问题。当梁一行游历耶纳和华德堡后回到柏林，倭伊铿的文章已经写好寄到。这又使张君劢感动不已：“以倭氏七十老翁，精神矍铄一如年少，待异国之人亲切真挚，吾乃生一感想，觉平日涵养于哲学工夫者，其人生观自超人一等，视外交家以权谋术数为唯一法门者，不啻光明黑暗天堂地狱之别，吾于是弃其归国之念，定计就倭氏而学焉。”[②]因此，待梁启超等人不久回国后，张君劢便“移居耶纳，从倭攻哲学，并读哲学史与其他有关哲学之书”。有时也去法国巴黎听柏格森的讲课。如是者两年，直

---

① 今译耶拿。

② 张君劢：《学术方法上之管见》，《改造》第 4 卷第 5 号。

到1921年底，他才陪伴应邀来华讲学的德国哲学家杜里舒离欧洲回国。

倭铿(1846—1926)

倭伊锂[①]是德国著名的唯心主义哲学家、诺贝尔文学奖金的获得者(1908年)。1846年5月1日出生在德国西北的奥里墟(Aurich)小镇，早年曾在格丁堡大学师从德国思想家、目的论唯心主义者R·H·洛采，又在柏林大学跟随德国哲学家特伦德伦堡学习。1871年任巴塞尔大学教授，与尼采同事。三年后继承著名哲学家费舍在耶纳大学的教授席位，直到1920年退休。1926年9月14日在耶纳家中去世。

倭伊铿的哲学，在哲学史上被认为属于生命哲学思潮。生命哲学是19世纪末20世纪初流传于德、法等国的一种试图用生命的发生和发展来解释宇宙，甚至解释知识或经验基础的唯心主义哲学流派，它是在叔本华的生存意志论和尼采的权力意志论，达尔文的生物进化论和斯宾塞的生命进化学说，以及法国居约的生命道德学说的影响下形成的，其代表人物除倭伊铿外，还

① Rvdorf Eucken，1846—1926。今译倭铿。

有德国哲学家狄尔泰[1]、齐美尔[2]和法国哲学家柏格森[3]。

张君劢师从倭伊铿攻读哲学,这可以说是他一生思想中的一个重要分水岭。他不久在给好友林宰平的信中写道:“渡欧以还,将自己生世细细一想,觉十年来为经世一念所误,踯躅政治,至今不得一当,其锲而不舍乎?其弃之而别图安心立命之所乎?此两念往来胸中,不能自决,近月以来痛下工夫,断念吾第二生命之政治已略决定,此在公之知吾生平者必闻而深骇。然要知此两者不决,吾精神上受一种支解之刑,非唯一生终于无成已焉。此念既定,胸境顿然开朗,去了一政治国,又来了一学问国;每日为此学问国之建设作种种打算。”他甚至要林宰平转告国内同志,“数年来以政治为饮食水火之君劢,已断念政治矣。吾同志诚有出生入死之举,以急国家之难,则弟之赴汤蹈火,决不人后。若夫现实之政谭,则敬谢不敏。吾且暂别加富尔、卑士麦、格兰斯顿,而与康德、黑格尔为俦侣矣”。[4]

如果说张君劢留在德国师从倭伊铿攻读哲学,用他自己的话来说,“非学问之兴趣,非理性之决定,乃吾内部之冲动,乃倭氏人格之感召”,那么,他“暂别加富尔、卑士麦、格兰斯顿,而与康德、黑格尔为俦侣”,亦即暂别“政治国”,而航向“学问国”,则是他下意识中平日所伏有的“种种暗潮”发展的必然结果,与倭

---

① Wilhelm Dilthey,1833—1911。

② Georg Simme,1858—1918。

③ Henri Bergson,1859—1941。

④ 张君劢:《致林宰平学长函告倭氏晤谈及德国哲学思想要略》,《中西印哲学文集》,第1116、1118页。

氏见面，只是“一个直接触动”而已。这“种种暗潮”源于他所经历的国际和国内两个方面的“刺激”。就国际方面的“刺激”而言，主要是巴黎和会上帝国主义的强权政治，使他认识到了自己以国际公法为“一生研究之目的物”之非，而“决心探求一民族所以立国之最基本的力量”。自国内方面的“刺激”来看，主要是民国以来的恶浊政治，使他认识到了提高人民的知识力、道德力，对于建立一种“好政治”的积极意义。

张君劢在耶纳的生活是新鲜而紧张的。耶纳是德国中部的一座历史名城，它不仅四面环山，景色秀丽，而且“人文之盛，冠德全国”，是 19 世纪初德国文化运动、国民运动的中心。当时德国最伟大的文学家歌德和席勒就寓居在这里。张君劢在倭伊铿的陪同下曾参观过当年歌德与席勒并坐谈天的石马，以及席勒创作《瓦伦斯坦》[1]的故居。另两位德国最著名的思想家费希德[2]和黑格尔也在耶纳大学执过教，至今的耶纳大学教室还勒石记有他们上课的日期。张君劢居住在倭伊铿的一位学生的家里，距倭氏寓所不过五步之遥，他“日造其居，质疑问难”，倭伊铿则是有问必答，“真挚诚恳”。

经过一段时间的“质疑问难”，张君劢的“学问国之建设”大有长进。1920 年 6 月 27 日，他在致林宰平的信中，依据自己对倭氏哲学思想的理解，将其学说概括为：第一，世间实相（非绝对不认物界）不外心物二者，贯彻此二者厥在精神生活；第二，“思”

---

① Wallenstei。

② 今译费希特。

不是真理之源，而是精神生活的一部分，徒思不足以尽真理，尽真理厥在精神生活上之体验；第三，人心易为外物所束缚之心相竞争，故应有一种奋斗工夫；一言以蔽之，以人生为中心。他并且认为，倭氏的思想与孔子的“惟天下至诚，为能尽其性；则可以赞天地之化育”的思想“极相类”：“孔子之所谓诚，即倭氏所谓精神生活也；孔子之所谓以诚尽人性物性者，即倭氏所谓以精神生活贯彻心物二者也。倭氏之所谓克制奋斗，则又孔子克己复礼之说也。”两者所不同的是，孔子“为抽象之论”，而倭氏“则有科学根据”。[①]

在写给林宰平的这封信中，张君劢表示，他打算将倭伊铿的《现代之思想潮流》一书译成中文，介绍给国内读者，因为“凡十九世纪之唯心唯物、一元多元、进化论、有机论、社会主义、个人主义、道德论、美术论、宗教论，咸具于此一书，不独现代思潮之大观，而奥氏主张一一附见焉”。他还请林宰平转告梁启超，如果讲学会组织撰写的丛书中有《倭伊铿传》这个题目的话，他本人极愿意承担，并打算写四个方面的内容（即四章）：第一，德国唯心派哲学小史；第二，十九世纪后半期的唯物主义；第三，倭氏的学说及小传；第四，倭氏著作内容举要。他保证来年即可交稿。但后来因各种原因，不仅《现代之思想潮流》没有译出来，《倭伊铿传》也没有写成。

1921 年 11 月，张君劢自耶纳到达巴黎，应中国留学生的邀

---

① 张君劢：《致林宰平学长函告倭氏晤谈及德国哲学思想要略》，《中西印哲学文集》，第 1117 页。

请，就倭伊铿的哲学作了几场演讲，不久，他将第一次演讲的内容，以《倭伊铿精神生活哲学大概》为题，发表在《改造》第 3 卷第 7 号上。该文共分三个部分，即（一）世界两大哲学潮流与倭伊铿；（二）倭氏小传及其著作；（三）倭氏之精神生活说。就目前所发现的资料而言，张君劢的《倭伊铿精神生活哲学大概》是国内第一篇比较系统地介绍倭氏及其哲学的文字，张君劢也因此而成为系统地介绍倭氏及其哲学的第一人。

第二节　人生观之论战

1922 年 1 月，张君劢偕同来华讲学的杜里舒抵达上海，住在“松社”。除为杜里舒的演讲担任翻译外，张君劢回国后的一段时间里没有找到合适的工作。担任翻译是没有报酬的，所以他只能举债度日，生活十分清苦。为了解决他的生活困难，梁启超举荐他主持“中国公学”，而他却以学校没有固定基金而谢绝之。直到 3 月，他才找到事做：参加吴淞商埠局筹备市政。5 月初，又被吴淞市政筹备处主任袁希涛任命为筹备处副主任。

当时，全国八团体①国是会议在沪举行。由于张君劢已是小有名气的宪法学家和社会活动家，因此，他也应邀参加了八团体国是会议，并受国是会议“国宪草议委员会”的委托，以美国、加拿大、瑞士和德国魏玛宪法为蓝本，草拟成《国是会议宪法草案》

① 指各省议会、总商会、教育会、银行公会、钱业公会、报界公会、律师公会、省农会等八个团体。

（以下简称《国是会议宪草》）甲、乙两种。甲种104条，乙种101条。甲、乙两案的区别在于甲案设总统，而乙案采取的是委员制。乙案系章太炎强邀他拟成，并不代表他的意见，代表他的意见的是甲案。继之他又作说明《国是会议宪草》甲案的理由书《国宪议》，于是年由时事新报社出版。

《国是会议宪草》公布于1922年8月。是年冬，张君劢离开上海，陪同杜里舒前往南京、武汉等地讲学。在南京时，适逢梁启超在东南大学讲中国政治思想史，因劳累过度，一日忽然醉病昏倒。张为之延医抓药，并强迫梁停止讲学和著述，安心养病。梁启超在这年11月29日寄给女儿令娴的家信中谈到此事，从中可以看出张、梁二人亦师亦友的深厚友情。

十日后，经医生再度诊断，梁必须休息。次年1月，梁启超返天津家中养病，并约张君劢北上，张即偕同杜里舒赴天津、北京等地讲学游历。2月14日，应吴文藻的邀请，张君劢给清华学校出国留学生演讲"人生观"。他没有料到，因此次演讲，却引发了一场历时一年有余、几乎使当时所有学术界名流都卷入其中的人生观论战，他本人也因此而被称为"玄学鬼"。

张君劢在清华学校演讲的题目，源于倭伊铿的一本书《大思想家的人生观》（*Die Leben-Sanschaungen der grossen DenKer*, 1890），其主题思想是要说明科学并非万能的，由于听讲者是即将赴美学习科学的留学生，所以他开宗明义就特别提醒他们不要以为天下事像二加二等于四那样都有公例，都受因果律的支配，实际上，人们习以为常的人生问题就没有一个是非真伪的统一标准，因为虽然同为人生，但由于彼此观察点不同，得出的意见也就必然各异。故“天下古今之最不统一者，莫若人生观”。

为了进一步说明人生观是没有公例可循的，他指出：“人生观之中心点，是曰我。与我对待者，则非我也。”我与亲族，我与异性，我与财产，我对社会制度之激渐态度，我的内在心灵与外在物质，我与所属之全体，我与他我，我对世界的希望，我对世界背后有无造物主义信仰，都有种种区别，如大家族主义与小家族主义，男尊女卑与男女平等，私有财产制与公有财产制，守旧主义与维新主义，物质文明与精神文明，个人主义与社会主义，为我主义与利他主义，悲观主义与乐观主义，有神论与无神论。“凡此九项，皆以我为中心，或关于我以外之物，或关于我以外之人，东西万国，上下古今，无一定之解决者，则以此类问题，皆关于人生，而人生为活的，故不如死物质之易以一例相绳也。”

在说明了人生观何以没有公例可循的原因之后，张君劢对科学与人生观的特点进行了一番比较。第一，“科学为客观的，人生观为主观的”。科学之最大标准，即在其客观的效力。甲如此说，乙如此说，推之丙丁戊己，无不如此说，换言之，一种公例，具有推诸四海而皆准的意义。如英国发明的物理学，同时适用于全世界。德国发明的相对论，同时也适用于全世界，所以世界上只有一种数学，一种物理学，一种化学……而没有中国数学、中国物理学、中国化学，或英国数学、英国物理学、英国化学。但人生观则不然，孔子之行健与老子之无为，其所见不同，孟子之性善与荀子之性恶，其所见也不同，其他如杨朱之为我与墨子之兼爱，康德之义务观念与边沁之功利主义，达尔文之生物竞争论与哥罗巴金[①]之互助主义，其所见都是不同的。“凡此诸家之言，是非各执，绝不能施以一种试验，以证甲之是与乙之非。何也？以其为人生观故也，以其为主观的故也。”第二，“科学为论理的方法所支配，而人生观则起于直觉”。科学的方法有二：一曰演绎法，一曰归纳法。归纳法，先聚若干种事例而求其公例。演绎法，则以自明之公理为基础，推演出其他原则。科学家由于受其方法的限制，如果既采君主主权说于先，就不能再采国民主权说于后；既主张社会主义于先，就不能再主张个人主义于后。但人生观则不同，或为叔本华、哈德门的悲观主义，或为兰勃尼兹[②]、黑格尔的乐观主义；或为孔子的修身齐家主义，或为释迦的出世主义；或为孔孟的亲疏远近等级分明，或为墨子、耶稣的泛爱，都任人采纳，而不受论理学之公例的限制。由于“无所谓定义，无所谓方法，皆其自身良心之所命，起而主张之，以为天下后世表率，故曰直觉的也”。第三，“科学可以以分析方法下手，而人生观则为综合的”。科学关键，厥在分析。如分物质世界为三种元素，曰阴电，曰阳电，曰以太。而人生观则为综合的，包括一切的，若强为分析，则必失其真义。譬诸释迦牟尼的人生观，曰普渡众生。苟求其动机所在，认为这不过是印度人好冥想之性质决定的，或印度之气候决定的，并以此断定佛教的内容不过如此而已，那就不可能对释迦牟尼的人生观有一真正的了解。因为“人生观者，全体也，不容于分割中求之也”。第四，“科学为因果

---

① 今译克鲁泡特金。

② 今译莱布尼兹。

律所支配,而人生观则为自由意志的”。物质现象之第一公例,就是有因必有果,如潮汐与月亮的关系,丰歉与水旱的关系,衣食足与盗贼少的关系,等等。但人生观则不同,如孔席何以不暇暖,墨突何以不得黔,耶稣何以死于十字架,释迦何以苦身修行,“凡此者,皆起于良心之自动,而决非有使之然者也”。乃至个人的所谓忏悔,所谓改过自新,所谓责任心,也都非因果律所能解释的,因为“为之主体者,则在其自身而已”。第五,“科学起于对象之相同现象,而人生观起于人类之单一性”。科学的一大原则,曰自然界变化现象之统一性,同类事物的变化现象前后是一贯的,有其公例可求。但人类社会中,如智与愚,贤与不肖,身体健康与身体不健康,虽然可以进行测验和统计,但此类测验和统计,只能施之于一般群众,而不能施之于特别人物,如哥德[①]的《浮士德》,但丁的《神曲》,莎士比亚的剧本,华格那[②]的音乐,就很难用测验或统计的方法解释其由来。“盖人生观者,特殊的也,个性的也,有一而无二者也。见于甲者,不得而求之于乙;见于乙者,不得而求之于丙。故自然界现象之特征,则在其互同,而人类界之特征,则在其各异。”

通过比较,张君劢得出结论:由于人生观具有主观的、直觉的、综合的、自由意志的、单一性的等五个特点,“故科学无论如何发达,而人生观问题之解决,决非科学所能力,惟赖诸人类之自身而已”。否定科学对人生观的指导作用,强调主观意志的绝

---

① 今译歌德。

② 今译瓦格纳。

对自由，宣扬和提倡自由意志的人生观，这就是张君劢《人生观》演讲的要旨所在。他后来在总结这场论战时也曾明确指出：这场论战“若去其外壳，而穷其精核，可以一言蔽之，曰自由意志问题是矣！”

张君劢对这种自由意志的人生观赞赏有加，认为它是文化存在的基础，精神思潮和物质制度变迁的根源，“思潮之变迁，即人生观之变迁也”，古今中外的思想家所以会对人类历史作出重大贡献，原因就在于他们对人生观提出过不同的意见。“譬如扬朱为我，墨子兼爱，而孔孟则折衷者也。……亚丹斯密[①]，个人主义者也；马克思，社会主义者也；叔本华，哈德门，悲观主义者也；柏刺图[②]，黑智尔[③]，乐观主义者也。彼此各执一词，而决无绝对之是与非。然一部长夜漫漫之历史中，其秉烛以导吾人之先路者，独此数人而已”。他甚至以中西思想家对人生观的不同意见，来说明中西文明的差异以及产生这种差异的原因。他说：“自孔孟以至宋元明之理学家，侧重内生活之修养，其结果为精神文明。三百年来之欧洲，侧重以人力支配自然界，故其结果为物质文明。”

片面夸大人生观在社会历史发展中的作用，否认人类社会发展的客观规律性，这显然是一种典型的主观唯心主义历史观。因为人生观是人们对人生的目的和意义的根本看法，从本质上

---

① 今译亚当斯密。

② 今译柏拉图。

③ 今译黑格尔。

来说它属于思想意识范畴，是一定社会经济基础在意识形态上的反映，因此，不是它决定着精神思潮和物质制度的发展变化；决定精神思潮和物质制度发展变化的是社会的经济基础，并且它本身也是由社会的经济基础所决定的。

张君劢进一步指出，人生观既然没有是非真伪的统一标准，不受科学的支配或指导，因此，人们对于人生观所涉及的问题，如“精神与物质”、“男女之爱”、“个人与社会”和“国家与世界”等，“惟有返求之于己，而决不能以他人之现成人生观，作为我之人生观。”就“精神与物质”而言，科学之为用，专注于向外，朝作夕辍，人生如机械然，精神上得不到丝毫安慰。因此，欧战以后，素来重视科学的欧洲人，已对物质文明不胜务外逐物之感，厌恶之论。我们应该吸取欧洲的教训，在发展科学、兴力工业的同时，注意纠正重物质而轻精神的偏向。从男女之爱来看，方今国内，人人争言男女平等，恋爱自由，这对于反抗旧家庭制度，使妇女获得解放，无疑具有积极意义，但“一人与其自身以外相接触，不论其所接触者为物为人，要之不免于占有冲动，存乎其间，此之谓私。既已言私，则其非为高尚神圣可知”。故此，我们不应向欧洲人学习，将男女恋爱作为人生第一大事。自个人与社会言之，世间本无离社会之个人，亦无离个人之社会，但是个人与社会却成了“古今最不易解决之问题”，不是“重社会则轻个人之发展”，就是“重个人则害社会之公益”，两者很难求得平衡。譬如，教育过于一律，政治取决于多数，则往往特殊人才为群众所压倒。生计组织，过于集中，则小工业容易为大工业所压倒。而理想的原则，是“知识发展，应重个人；财产分配，应均诸社会”。

至于国家与世界的关系问题，由于我国向重和平，素爱大同，因此自无走入褊狭爱国主义之危险，然而因所谓国货说、收回权利说的高涨，对于国家主义与世界主义之争，也应引起我们的高度重视。张君劢最后强调指出：

> 方今国中竞言新文化，而文化转移之枢纽，不外乎人生观。吾有吾之文化，西洋有西洋文化。西洋之有益者如何采之，其有害者如何避之；吾国之有益者如何存之，有害者如何革除之；凡此取舍之间，皆决之于观点。观点定，而后精神上之思潮，物质上之制度，乃可按图而索。此则人生观之关系文化者所以若是其大也。

丁文江（1887—1936）

张君劢的这篇演讲刊载在《清华周刊》第 272 期上。他的好友、地质学家丁文江（字在君，1887—1936）读后不禁“勃然大怒”，以为科学如果像张君劢所说的那样不能支配人生观，那科学还有什么用处？两人面对面的辩论了两个小时，但谁也没有说服谁。于是，为了证明“玄学的鬼附在张君劢身上”，更为了“提醒没有给玄学鬼附在身的青年学生”，丁文江先后在《努力周刊》发表了《玄学与科学——评张君劢的“人生观”》和《玄学与科学——答张君劢》两篇长文，对张君劢的观点提出了反驳，并因此而成了人生观论战中的一方——科学派的主将。概而言之：

首先，丁文江反驳了张君劢所宣扬的科学不能支配人生观的观点。他指出：“所谓科学方法，不外将世界上的事实分起类来，求他们的秩序，等到分类秩序弄明白了，我们再想出一句最简单明白的话来，概括这许多事实，这叫做科学的公例”。诚然，由于事实比较复杂，科学目前对人生的一些问题还不能“分类”，求得“它的秩序”，找出一个“概括的公例”，但这并不能说明科学方法“不适用于人生观”，因为科学认识有一个发展过程，目前还不能认识的东西，随着认识的发展、深入，总有一天会得到认识，“我们现在所已知道有限，将来所知道的无穷”，所以张君劢以科学现在还不能完全认识复杂的人生问题为理由，认为科学不能支配人生观的观点似是而非，科学完全可以支配人生观。

其次，丁文江反驳了张君劢对科学功用的责难。他针对张君劢所散布的科学的特点是向外的、物质的、机械的观点，指出：“科学不但是无所向外，而且是教育同修养最好的工具”，因为科学的目的是要破除个人主观的成见，求人人所能共认的真理，这不仅可以使学科学的人有求真理的能力，而且也有爱真理的诚心。他也不同意把欧洲文化破产的责任算在科学的身上，他说：“欧洲文化纵然是破产（目前并无此事），科学绝对不负这种责任，因为破产的大原因是国际战争。对于战争最应负责的人是政治家同教育家。这两种人多数仍然是不科学的。”

在反驳了张君劢对科学功用的责难之后，丁文江进一步阐述了“在知识里面科学方法万能”的观点。他指出：“科学的万能，不是在他的材料，是在他的方法。我还要申说一句，科学的万能，不是在他的结果，是在他的方法。”既然科学方法是万能的，因此他极力提倡科学教育，认为“科学教育能使宗教性的冲动，从盲目的变成自觉的，从黑暗的变成光明的，从笼统的变成分析的”。他还主张推广科学的势力范围，将它从自然界扩广扩充到人事界，“使他做人类宗教性的明灯，使人类不但有求真的诚心，而且有求真的工具，不但有为善的意向，而且有为善的技能！”

第三，丁文江反驳了张君劢对宋明理学家以及所谓“精神文明”的肯定。他针锋相对地指出：崇尚理学的南宋士大夫“没有能力”，“没有常识”，“令人骇怪”，并因此而断送了宋朝江山，使中国受蒙古族统治达一百多年。而明代的理学家，“置四海之困穷不言，而终日讲危精微益之说”，既“不知古，又不知今”，“有起事来，如痴子一般，毫无办法”，结果是明朝灭亡，满清成了中国的统治者。他问道：这种连国家都不能保的精神文明有什么价值？配不配拿来做招牌，攻击科学？他对“宋元明言心性的余烬”因受欧洲玄学之余毒的传染，“又有死灰复燃的样子”提出了警告。他责问张君劢一班玄学家，“不肯承认所谓‘经济史观’也还罢了”，难道“也忘记了那‘衣食足而后知礼节，仓廪实而后知荣辱’的老话吗”？

面对丁文江的反驳，张君劢又撰《再论人生观与科学并答丁在君》的长文，刊载于北京《晨报》副刊上，就他的自由意志的人生观作了进一步的阐述。

首先,为了论证科学与人生观的区别,在此文中,张君劢采纳了德国构造心理学家翁特[1]对科学的分类法,即分科学为"确实科学"(EXaKte Wissenschaf,为了对称起见,张称"确实科学"为"物质科学")和精神科学(Geistes Wissenschaf),物质科学包括数学、物理学、化学和生物学,精神科学包括心理学、历史学、文字学、文字历史学、社会学、法律学和生计学。他认为,这两类科学中,物理学、生物学和心理学是最基本的科学,物理学研究的对象是死物,生物学研究的对象是活物,心理学研究的对象是活物中之心理现象。"故物理学、生物学、心理学之区别,乃科学之鸿沟,而不容抹杀者也"。

张君劢指出,物质科学如物理学经过认真地观察、比较、假设和试验后可得出一定的自然公例。"自然公例之特征有二:一曰两现象之因果关系,有甲象起,则乙象随之而至,如物之运动,必起于外力之加,故运动与外力则有因果关系者也;二曰已成公例者,可以推及于一切新事实,如克魄雷[2]之公例,可适于无论何种天体,是其例也"。所以,自然公例一旦成立,就是"牢固不拔"、"一成不变"的。但精神科学或社会科学则没有如同物质科学那样的"牢固不拔"之公例可求。以政治或生计而言,"甲国之政制,不必适于乙国,甲国之政策,不必适于乙国,乃至同在一国之内,忽而君主,忽而共和,果有一定之公例乎?忽而资本主义,

---

① 今译冯特。

② 今译开普勒。

忽而社会主义，果有一定之公例乎？无他，精神科学无牢固不拔之原则，且决不能以已成之公例推算未来也”。精神科学之所以不能推算未来，像物质科学那样得出一个“牢固不拔”的公例，原因就在于社会是不断发展变化的，“其进步既已过去，似有公例可求，当其进也，决非人所能预测，此则精神科学所以与物理学迥不相伴者也”。既然没有“牢固不拔”的公例，因此依据严格的科学定义，精神科学或社会科学就不能算为科学，“与物理学、生物学同类而并观”。

张君劢进一步指出，如果说精神科学或社会科学没有“牢固不拔”之公例可求的话，那么，与精神科学或社会科学“相表里”的人生观就更是“不可测度”的了，因为“人生者，变也，活动也，自由也，创造也。唯如是，忽君主，忽民主，试问论理学上之三公例，曰同一，曰矛盾，曰折中，何者能证其合不合乎？论理学上之两大方法，曰内纳，曰外绎，何者能推定其前后之相生乎？忽而资本主义，忽而社会主义，试问论理学之三大公例，何者能证其合不合乎？论理学上两大方法，何者能推定其前后之相生乎？”据此，张君劢认为，科学上之因果律，只能限于物质科学，而对于与精神科学或社会科学“相表里”的人生观，则因其“顷刻万变”，由良心所命而起，是无能为力的，“决不为科学所支配”。

科学不能支配人生观，那什么能支配人生观、解决复杂的人生问题呢？张君劢认为，“科学决不能支配人生，乃不能不舍科学而别求一种解释于哲学或玄学中（或曰形上学）。”张君劢所说的“玄学”，包括两方面内容，一是中国传统的儒家人生观，尤其是宋明理学家的心性之学。故他大力宣扬、提倡孔孟和宋明理学家的修心养性、内求于心的思想，认为“所谓明明德，吾日三省，克己复礼之修省功夫，皆有至理存乎其中，不得以空谈目之”。他并且强调指出，在“国事鼎沸、纲纪凌夷之日，则治乱之真理，应将管子之名言而颠倒之，曰‘知礼节而后衣食足，知荣辱而后仓廪实’”。二是19世纪末叶以来西方的柏格森、倭伊铿、詹姆士等人的“新玄学”。张君劢对西方的“新玄学”评价甚高，认为“盖振拔人群于机械主义之苦海中，而鼓其努力前进之气，莫逾于此”。

张君劢还将孔孟思想尤其是宋明理学家的心性之学与柏格森、倭伊铿等人的“新玄学”进行了一番比较，认为二者颇多吻合之处，如柏格森的“直觉主义”，倭伊铿的“精神哲学”，都“与我先圣尽性以赞化育之义相吻合”。故此，他得出结论：“吾则以为柏氏、倭氏言有与理学呈资发明者，此正东西人心之冥合，不必以地理之隔绝而扩（抛）弃之。”由此可见，张君劢所说的“玄学”其实质是中国的孔孟儒学尤其是宋明理学家的心性之学与19世纪末叶以来西方柏格森、倭伊铿等人的“新玄学”的混合物，他称这种混合物为“新宋学”。

张君劢这时大力提倡“玄学”或“新宋学”，据他自己所说，是出于对第一次世界大战之教训的总结。他在文中指出，现代欧洲文明之特征，一是国家主义，二是工商政策，三是自然界之知识。然而今日之人类，却生活这“三种网罗”之中，这也是“人类前途莫大之危险”。而要冲破这三种网罗，则“尤觉内生活修养之说，不可不竭力提倡”。

张君劢的这些表述说明，他反对科学支配人生观，提倡“玄学”或“新宋学”，旨在为世界文化尤其是中国文化寻找新的出路。当然，由于他把西方现代文明的基本特征看成是必须冲破的“网罗”，而他用来冲破这些“网罗”的武器又是中国封建社会所产生的意识形态——孔孟儒学，尤其是宋明理学与19世纪末叶以来西方柏格森、倭伊铿等人的“新玄学”之混合物——“新宋学”，因此，就实质而言，这是一种“东方文化救世论”。

“东方文化救世论”是第一次世界大战结束前后所出现的一股带有国际性的社会文化思潮。本来自19世纪70年代西方资本主义进入垄断阶段后，西方社会所面临的文化危机就日益严重起来，第一次世界大战在西方文明发祥地欧洲大陆的爆发和它所造成的人类空前规模的相互残杀，更使西方资本主义文化固有的弊端暴露无遗，这就使得一些知识分子（包括不少西方的知名人士）认为，西方文明已经破产，只有东方文明才能解救其弊，并取代西方文明，成为世界文明的新的归趋。关于这股“东方文化救世论”，我们同意论者的如下评价：“第一次世界大战是资本主义制度各项矛盾极端尖锐的产物。资产阶级的思想家们提出‘东方文化救世论’表现了他们对资本主义的失望。……可是他们视为良药的‘东方文化’实质是封建主义制度下形成的意识形态。从没有竞争的封建制度进到以竞争为特征的资本主义制度是历史的进步。资本主义应该发展成为更高的社会形态，应该由社会主义制度取而代之。如果冀图以提倡一种文化道德观念去限制和削弱它的本性，这不仅是一种软弱无力的幻想，也是一种与社会发展方向背道而驰的主张。”

张君劢主张的这种“东方文化救世论”的性质，也体现在他对西洋三百年来之文明是“物质文明”的说明及其否定上。认为近三百年来之西方文明是“物质文明”，这是五四前后非常盛行的一种文化理论。当时持这种理论的文化保守主义者主要是从人类生活方面或物质生活与精神生活的分裂方面来说明为什么近三百年来之西方文明是“物质文明”之理由的。如《东西文化及其哲学》一书的作者梁漱溟所以视西方近代文明为“物质文明”，就是在他看来，人类生活可分为“内在的”与“外在的”，“精神的”与“物质的”，“灵的”与“肉的”这样两个明确而又对立的层面。西方人注重的是“外在的”、“物质的”和“肉的”这一层面，而对“内在的”、“精神的”和“灵的”这一层面较为忽略，因此，他们虽然征服了自然，发达了科学，成就了辉煌的“物质文明”，然而在精神生活上却存在着种种疏离、困惑和痛苦，用他的原话来说，西方人“外面生活富丽，内里生活却贫乏至于零”。但张君劢说明西方是“物质文明”的理由则不仅仅限于指出西方人的物质生活与精神生活的分裂，而且涉及到资本主义的政治、经济、思想文化和科学技术等各个领域。这表明张君劢所非议的“物质文明”的内容是非常广泛的。

与五四前后的文化保守主义者一样，说明西方近三百年来之文明是“物质文明”，这并不是张君劢的目的，张君劢的目的是要否定西方的现代文明，反对中国走西方现代文明的发展道路。故此，他写道：“物质文明之内容定矣，吾乃发问曰，苟今后吾国以西方文明之四大特色为标准，从而步趋之，则其利害当如何？以言乎思想上之唯心唯物与夫目的机械之争，今日欧美之迷信科学者，已不如19世纪初年之甚。故欲以机械主义支配吾国之思想界，此必不可得者矣。若夫深信富国强兵之政策者则国中尚不乏人，而国家前途最大之危险亦即在此。"既然"富国强兵之策"是"国家前途最大之危险"，那么，中国今后只能继续以农立国，走传统的"寡均贫安"的路子。

就在张君劢和丁文江这两位玄学派和科学派的主将你来我往，围绕科学与人生观的问题展开激烈论战的时候，学界的其他名流也纷纷介入战斗，站在丁文江一边的有胡适、吴稚晖、王星拱、朱经农，支持张君劢的有张东荪、林宰平、瞿菊农、屠孝实和梁启超。梁启超虽然发表声明说，由于论战双方都是他的好朋友，他两边都不加入，"也不想斡旋两造做'调人'"，但就他参战的文章来看，是很明显地站在张君劢一边的。

这场被胡适称之为"空前思想的大笔战"，主要是围绕科学方法是否万能、能不能支配人生观这一问题而展开的。就玄学派和科学派所争论的主要问题来看，发生在五四新文化运动后期的这场论战，实际上是现代西方以科学—逻辑为重心的实证分析哲学和以人文—历史为指向的人本哲学这两大哲学思潮的争论在中国的延伸和继续，但由于种种原因，其争论的水平远远没有达到同时代西方有关争论的高度，双方除了直接引用、介绍或转述西方近现代思想家的思想外，并没有提出什么新的见解或理论创见，这正如张君劢所说的那样："今国中号为学问家者，何一人能真有所发明？大家皆抄袭外人之言耳。"玄学派抄袭的主要是柏格森、倭伊铿的生命派哲学，科学派抄袭的主要是马赫主义和杜威的实用主义。

因此，尽管科学派和玄学派围绕科学方法是否万能、能不能支配人生观的问题争论十分激烈,但由于他们"抄袭"的都是"外人之言",而无论生命派哲学,还是马赫主义,抑或实用主义,本质上都是开始走向没落的欧洲资产阶级的意识形态,同时作为中国资产阶级及其知识分子的一员(有人认为玄学派代表封建地主阶级,这是值得商榷的,因为无论其出身、经历、社会地位和政治倾向,他们与科学派并无本质区别),他们共同面对的是日益壮大和觉醒起来的无产阶级,因此,他们在以下两个方面有着惊人的一致性。首先,他们都是唯心主义者。陈独秀在《〈科学与人生观〉序》中就明确指出,科学派"主将丁文江大攻击张君劢唯心的见解,其实他自己也是以五十步笑百步"。因为他所使用的武器,和张君劢的一样,也是唯心主义的。譬如,丁文江自称是"存疑的唯心论","这是沿袭了赫胥黎、斯宾塞诸人的谬误",即"承认宇宙间有不可知的部分而存疑"。再就欧洲文化破产的责任而言,张君劢把它归之于科学和物质文明,"固然十分糊涂",但丁文江把它归到玄学家、教育家和政治家身上,这也"离开事实太远"。事实上,欧洲大战的爆发是英、德两大工业资本相互争夺"世界市场"的必然产物。所以,丁文江对欧洲文化破产的原因的解释虽与张君劢不同,但实质一样,都"离了物质的即经济的原因",来解释历史现象,是一种唯心主义的历史观,正是在这个意义上,我们同意论者的如下评价:"从本质说,这场论争并非科学与玄学的论战,而是一派玄学唯心论与另一派玄学唯心论的争吵。"其次,他们都反对马克思主义的唯物史观。比如,陈独秀的《〈科学与人生观〉序》发表后,不仅张君劢在《〈人生观之论战〉序》中对陈独秀所宣传的马克思主义的唯物史观进行了批评与攻击，胡适也写了《答陈独秀先生》一文，批评陈独秀宣传马克思主义的唯物史观，并公开声称："我们虽然极欢迎'经济史观'来做一种重要的史学工具，同时我们也不能不承认思想知识等事也都是'客观的原因'，也可以'变动社会，解释历史，支配人生观'。所以我个人至今还只能说，唯物（经济）史观至多只能解释大部分的问题。"

当然，这并不是说科学派与玄学派的论争就毫无意义，事实上，在当时中国科学十分落后、封建主义文化非常盛行的情况下，科学派反对玄学派贬低科学方法，提倡"玄学"或"新宋学"，而主张"科学的人生观"，无疑有利于科学技术的发展和人的思想启蒙，这也是科学派在这场论战中所以能得到广大知识青年的支持或同情的重要原因。正如李泽厚在评价这场论战时所指出的那样："科学的、理性的人生观更符合当时变革中国社会的需要，更符合向往未来、追求进步的人们的要求。承认身、心、社会、国家、历史均有可确定可预测的决定论和因果律，从而可以用以反省过去，预想未来，这种科学主义的精神、态度、方法，更适合于当时中国年轻人的选择。不愿再'返求诸己'回到修心养性的'宋学'，也不能漫无把握、不着边际地空喊'意志自由'、'直觉综合'；处在个体命运与社会前途休戚攸关的危机时代，倾向于信仰一种有规律可循、有因果可寻从而可以具体指导自己行动的宇宙——历史——人生观，是很容易理解的事。18、19世纪西方近代的科学及其精神和方法，对落后的中国，还是新鲜的和先进的东西,人们欢欣鼓舞地去接受它,是很自然的。"[1]

因此,尽管这场论战最后没有人判定谁输谁赢,但实际上是科学派打赢了这场战争。和科学派得到广大知识青年的同情或支持相反,玄学派则被人们唾骂为"玄学鬼"。这可从日后成为现代新儒家代表人物的徐复观和张君劢学生的杨允元身上得到有趣的证明。徐复观晚年回忆说:"忆余年少时在沪购一书曰《人生观之论战》,于京沪车中总读一过,内容多不甚了了,唯知有一派人士斥君劢、东荪两位先生为'玄学鬼',玄学鬼即系反科学、反民主,罪在不赦。自此,'玄学鬼'三字,深入脑际,有人提及二张之姓名者,辄生不快之感。"[2]杨允元也有类似的经历和感受。他说:"中学时代读到'科学与玄学'的论战,才知道张君劢之名。大概当时一般青年像作者一样,都是赞同当日新文化运动的领袖胡适和地质学家丁文江所倡导的'科学的人生观',尤其是为胡适所特别称道的吴稚老的嬉笑怒骂的文章所激动。对于张君劢呢,只知道他是讲甚么莫测高深的倭伊铿和柏格森的哲学的,我们好像觉得丁文江骂他为玄学鬼,似乎是一点也不冤枉的。"[3]

张君劢及其支持者虽然被人唾骂为"玄学鬼",但他们在论战中提出的一些问题并非完全没有价值。从当时中国社会发展的趋向上看,从发展社会生产力、实现国家现代化这一历史的要

---

① 李泽厚:《中国现代思想史论》,东方出版社,1977年,第59页。

② 转引自江勇振《张君劢》,《张君劢传记资料》(五),第140~141页。

③ 允元:《在印度讲学时的张君劢》,台湾《传记文学》第19卷第1期。

求上看，他们的主张和观点无疑是错误的，是落后的，甚至是反动的。但“如果纯从学术角度看，玄学派所提出的问题和作的某些基本论断，例如认为科学并不能解决人生问题，价值判断与事实判断有根本区别，心理、生物特别是历史、社会领域与无机世界的因果领域有性质的不同，以及对非理性因素的重视和强调等等，比起科学派虽乐观却简单的决定论的论点论证要远为深刻，它更符合于20世纪的思潮。”实际上，随着科学技术进步所造成的工具理性与价值理性的严重分离，人们越来越认识到，无论科学如何发展，也无论科学方法如何完善，人和人生问题始终都是一个独特的领域，它不是科学发展所能完全解决得了的，人的情感的慰藉，也不可能于科学中求得，世界上没有也不可能只有一种主观愿望而已。而这正是张君劢及其支持者在人生观论战中着力论证的东西。

由张君劢在清华学校的演讲而引起的这场人生观论战，在现代中国思想文化史上有着重要的影响和地位。首先，它是唯科学主义思潮和人本主义思潮在中国的第一次正面交锋，在交锋中科学与人生观问题被凸现了出来。此后，中国现代资产阶级哲学明确区分为两大阵营，两条路线，一方走的是科学的、实证的道路，另一方则走的是人本的、形而上学的道路。其次，由于中国早期马克思主义者的介入，以及他们对玄学派、科学派的批评和对马克思主义唯物史观的宣传，扩大了马克思主义的影响，人生观论战之后，马克思主义在青年中得到更广泛的传播。第三，它是现代新儒学发展历程中的一件大事，张君劢的演讲以及他后来的论战文章，从某种意义来说，形塑了现代新儒学的致思方向，张君劢本人也因此而成了现代新儒学的"开启者"之一。

第三节　批评国民党

在人生观论战快接近尾声的时候（1923 年 9 月底），应江苏省省长韩国钧的聘请，张君劢自北京抵上海，主持创办"国立自治学院"。两年后，奉北洋政府教育总长章士钊之命，"国立自治学院"改名为"国立政治大学"，张君劢任校长。

先是八团体国是会议前后，江苏省省长韩国钧向张君劢询问江苏省省政意见，张建议设立自治学院，以"发达人民政治品格及行政知识"，培养地方自治人才。张的这一建议得到江苏名流张謇、袁浠涛、沈恩孚、黄炎培等人的支持。韩国钧于是决定从 1923 年起每年从江苏省年度预算中拨出 8 万元作为学院常年经费，并请张君劢任院长，主持学院的创办工作。张君劢走马上任后，即着手解决学院的校址问题。初始，学院打算借南京公立政法学校的校舍，但该校的校舍自用都不够，哪还有外借的。后欲附设于东南大学，而东南大学校长以该学院程度应较大

张君劢（出自 1925 年《中国名人录》第三版）

学为高，故不相宜为辞，婉言拒绝。最后决定将一年前中国公学在吴淞狮子桥征收手续已办而地价未付的120亩地购买过来，作为建设校舍之用，而购地所需的2万元巨款，则由张謇等人捐助，校舍未建好之前，暂借爱文义路与麦德赫斯路路口转角处的一栋旧洋房作校舍。由于学院经费比较紧张，其第一次的房租，是由史量才代付的。

经过几个月的筹办，1924年初，学院正式招生开学。第一年招收学生共120人，其中江苏籍学生占总数的三分之二，外省籍学生占总数的三分之一。招生的对象为旧学制中学毕业领有毕业证或新学制高中修学一年领有修学证者。考试科目有国文（作文）、英文（翻译一段文章）、数学或物理（两项中任选一项）、历史地理和口试。口试由张君劢亲自考试，非常严格。学院比较注重培养学生各方面的才能，其必修课有数学、科学概论、哲学概论、政治地理、论理学、心理学、社会学、伦理学等，此外，还对学生进行民主政治实践的训练，设有议会实践的自治会和辩论会。张君劢本人经常以主持人的身份，参加学生的辩论。当时在上海的一些著名学者，如张东荪、罗文干、瞿世英、陈霆锐、刘英士、潘光旦、朱亦松、吴经熊、闻一多等均先后被张君劢聘请到该校任教，章太炎、蒋百里则被邀请到学院作学术报告。

学院还设有“本国实在情形之调查会”，对各省财政预算、地方自治等情况进行调查。1924年1月9日的上海《申报》刊登有张君劢为征集江苏各县财政预算案致上海知事的一封信，信中张希望该知事将上海县“十二年预算表、业经公布之财务法规租法或其他种附属文件，录赐一份，藉供参考”。

出长国立政治学院（大学）期间，或许是张君劢一生最繁忙的时期之一，除了处理校务、筹集资金、规划课程、聘请教师、考选学生这些日常事务外，他还主讲唯物史观批判、英伦政治、时事研究等多门课程。尤其是经费，经常弄得他焦头烂额，心力交瘁。因为开办时韩国钧虽然决定每年从江苏省预算中拨出 8 万元作为学院常年经费，但实际上是经常不到位，甚至还有人从中作梗，几次要取消给学院的经费。为此事张君劢不得不终日奔走不停，四处游说。他在给未来的妻子王世瑛的信中曾就此事诉苦道："院中事以银钱为穷苦，月终尤甚。以吾侪画天指地之才，而必苦之以琐务，恐非天之困人，乃人以自困耳。"因为太忙，他自 1923 年 9 月 15 日开始天天写的"灵光室日记"，也只坚持到 1924 年的 1 月 23 日，便没能继续坚持下去。

然而忙里偷闲，张君劢在任政治大学校长期间初尝了恋爱的滋味。

我们在第一章中已经提到，1906 年张君劢 21 岁时，在家乡嘉定与沈氏结婚。但婚后不到一个月，他就赴日本求学去了。从此，他为了求学和国事，经年在外。本来，他就是遵父母之命与沈氏结婚的，夫妇之间缺少共同语言和兴趣，没有多少感情可言，加上又殊少相处，常年不在一起生活，其婚姻在很大程度上不过是一种名义而已。

当然，和普通人一样，张君劢也食人间烟火，也需要爱情和家庭。因此，当 1923 年在北京筹备印度诗人泰戈尔访华的招待会上，经郭梦良和黄庐隐[1]的介绍，认识了来自福州、毕业于北京女子高等师范国文系的王世瑛后，不禁萌发了爱慕之情。翌年6月，王世瑛率领福建女师学生到上海、南京、杭州等地参观访问，俩人终于获得相处了解的机会。当时，正值国立自治学院经费遭受否决而需要张君劢全力争取之际，尽管他特别忙，有时连饭都顾不上吃，但每日的约会是不能取消的。经过十几天的相处，彼此都有了一定的了解。此后，福州、上海两地的情书往返不断，年届不惑的张君劢终于品尝到了恋爱的滋味。在一封信中他写道："以孔德、柏格森、倭伊铿、爱因斯坦为例，颇希望有贤内助。世瑛、世瑛，我所思所书，得与君一一讲习讨论，我之幸运为何如哉！"也许是因为爱情的作用，向来不善于作诗的张君劢竟也突然作起诗来了。1925年，在张君劢与元配夫人沈氏正式离婚后，王世瑛接受了张的求婚，婚礼在福州举行。这年张君劢39岁，新娘26岁。

婚后，张君劢和新夫人的感情甚笃，王世瑛除主持家务外，还像张君劢所期望的那样，在文字上和思想上成了他的得力助手。张在后来不久出版的译著《政治典范》的译者侧言中曾这样写道："译书之苦，在译者拘于原文字句，不欲稍有出入，而读者转觉其意义晦塞，文字生涩。本书每章译成，请内子释因[2]先读，认为文义不显豁者即加笔削，赖氏[3]于序中声明得夫人之助，我

---

① 即黄英，庐隐是其笔名。

② 王的笔名。

③ 指《政治典范》原作者赖斯儿。

亦之然。”为了感谢夫人的“校稿之劳”，他在《政治典范》译本的扉页上特写了“谨以此书献于释因女士”几个大字。

张君劢与妻子王世瑛

王世瑛不仅是“贤妻”，也是“良母”，她一共给张君劢生了五个孩子，即老大国浏（子）、老二国超（子）、老三敦华（女）、老四敦复（女）和老五国康（子）。由于张君劢一生忙于政治和学问，不是活跃于政坛，就是埋首于书斋，几乎没有时间管教子女，据敦华回忆，她们小时候和父亲说话的机会都很少，所以管教子女的任务基本上是由王世瑛一人承担的。王教育子女很有方法，疼爱而不溺爱，严格而不苛求。除老五国康早夭外，其余几个孩子后来都学有专长，成了社会的有用之才。

张君劢夫妇俩共同生活了 20 年。1945 年王世瑛因难产在重庆去世。是时张君劢正在美国旧金山出席联合国成立大会，得夫人去世的噩耗，他“伤心惨绝”，为失去这样一位于自己“非徒夫妇，实谊兼朋友”的“贤内助”而痛苦不已。1946 年底，王世瑛的灵柩自重庆运回上海，安葬于真如。尽管当时张君劢正忙于领导民社党参加国民党一党包办的制宪国大，但他还是抽时间写了一篇感情真挚的《亡室王夫人告窆述略》，来悼念自己去世的夫人。此后，张君劢没有再娶，满怀着对亡夫人的无限思念而孤独地度完了余生。

1926年7月，国共合作的广东国民政府誓师北伐。在人民群众的支持下，北伐军势如破竹，一路过衡阳，下长沙，于10月初攻克武汉。急剧变化的军事形势可能引起的政治变动，这是张君劢所急欲了解的。10月中下旬，他独自一人秘密地赴武汉考察。校方和家人都以为他失踪了，十分惶恐。10天后，他却从武汉安然归来。次日，他即召集全校师生，就他这次赴武汉的考察，作题为《武汉见闻》的演讲。

演讲分两部分，第一部分介绍他在武汉的所见所闻，第二部分是对国民党种种措施的评价。他认为，北伐军所以能一路势如破竹，取得重创北洋军队、攻克武汉的重大胜利，其原因有三：

一是“主义之昭示”。他指出：“天下之至强者，莫过于理想，理想者藏于无形，而团结人群，以同出一途者也。”北伐军就是一支有理想的军队，知道为谁而战。虽然军人之间、政客之中未尝不存在着个人功名利禄之争，然而由于有共同的理想，所以，“人人知其何为而出师，何者为军队与文人在地方上应采之态度”。

二是“军队之政化”。和北洋军队无主义、无理想，士兵只是为了饷银，军官只是为了功名而战相反，北伐军由于自军部、师部下逮团部都设有政治部，负责对广大官兵进行党义和理想的教育，故广大官兵“有正确之政治知识，立于党之指导下，努力作战”。正因为北洋官兵只是为了个人利益而战，而北伐官兵是为党义、为理想而战，所以，北洋军“其所至之地，虏掠奸淫，图一时之欲”；而北伐军“则虏掠之行，不待告戒自不发生”。

三是“民众之合作”。北伐军所到之处，有政治部随行，一方面负责训练士兵，一方面向群众宣传党义，并把他们用农会、工会的形式组织起来。“如是，党义普及于民众，而民众之与党部、党军，无扞格之弊；乃至行军之际，伕子之召集，粮食之供给，无往而不得地方之助”。这与北洋军队所过之处，人民坚壁清野，不给北洋军队一粒粮食吃、一滴水喝的状况形成了鲜明的对比。

就张君劢对北伐军队所以能取得胜利之原因的分析来看，应该说是相当深刻和正确的，有主义，有理想，知道为谁而战，组织纪律严密，并得到人民的支持和拥护，这的确是北伐军所以能战胜北洋军的重要因素。

张君劢在肯定广东国民政府发动北伐战争之正义性并分析其取得胜利之原因的同时，又从自由主义的立场出发，对国民党提出了批评。

第一，批评国民党没有尊重自由意志。他指出：“革命者，以达人类之自由平等为目的也。目的既在自由平等，故不可不从尊重人群之自由平等下手。其要义安在？曰：容许个人之意志自由而已。”但国民党则排斥异己，视他党和他种学说为己党之最大障碍。他认为在这方面国民党人应该向德国社会民主党人学习。后者竭50年之力，在各党竞争的基础上，于1918年发动革命，推翻君主统治，建立起纯粹的民主政治。革命成功后，立即制定宪法，一切国民都享有选举权和言论、集会等各方面的自由。尽管德国新宪法给了人民各种自由权利，但德国革命的成果——魏玛共和国——并未因此而遭颠覆。就此，张得出结论：“可知以不欲速为心，在尊重人民自由之基础上，未见革命之果不能成功也。反是者,横一党专制之念,若他党他说之存在足为我之大害者,是不知革命之目的,成于强力,成于一党之专制者,则强力与专制之局,永不解除,名为革命,实则去旧式之专制而代以新式之专制,复何民众解放之有哉!”

第二,批评国民党不允许异说存在。他指出:“一群之内,人各异说,乃事实无可逃避者也。善为政者,尊重人人之自由,听其各信所信,政治上则各党分立,迭代以执政柄;言论上则容许思想自由,不以异言为忤,而一国之文化,得力于此类特立独行之士者,于是乎独多。”比如,当整个欧洲尊信君主主权学说之时,则有卢梭倡导国民主权论,于是开辟了19世纪主权在民的政治。这是异说有裨于人类的一个例证。再如,19世纪初,世界不知共产主义学说,不晓得劳动阶级的权利,有马克思其人起而攻击私有制度,发表《共产党宣言》,组织劳动团体,社会主义由此勃兴。这是异说有裨于人类的又一例证。又如,当1914年英德在欧洲大陆相互厮杀,以争国家之生死存亡,凡英人莫不认为只有战争而已时,则有罗素以贵族子弟的身份,独持非战之论。为英国计,虽少一随声附和之人,但从世界范围来看,则战祸酷烈之说,由此昌明。这是异说有裨于人类的第三个例证。“自此三者观之,一国一世之进步与异说之关系若是,惟有异说,而后人类不至蹈常习故,相激相磨,以自达于进步之途”。然而国民党人却不作如是观,他们自己相信一党专制,也不许别人持两党或多党对抗之说;他们自己相信口号的号召力,也不许别人劝以学识之培养,实力之预备;他们自己相信党化教育,也不许别人持教育超于党派以上之论。“总而言之,必求异己尽除,乃能唯我独尊。”张君劢认为，“此种思想，此种态度，与近代民主政治之根本原则，大相剌谬者也。”

第三，批评国民党不承认共同基础。张君劢指出：“国民之与国民，党派虽偶有异同，其为人类一也，其为同国之民一也。惟其然也，就党派言之，虽有政见之异，就其为国民之资格言之，自有其互同者在，故谈政治者，必先承认此互同，然后政治乃有坚强基础。”以打网球为例，两人对垒，共献其艺，然他们都在同一草地上打球，要遵守共一规则，而不能有任何差别。政治也是一样，居于同一领土之上，属于同一国的人，应同有选举权，受同种教育，同立于政治舞台上，守同一竞争规则。只有这样，才称得上“真自由，真民主”。但国民党则不然。一国之内，先分两派：与我同者，曰革命派；与我异者，曰反革命派。对反革命派，则诬以种种恶名，称他们是军阀的党徒，帝国主义的走狗，一句话，是政治上的败类，故必铲除之，使之不得有发言权及一切政治上的权利。这纯粹是“帝王之专权”，哪有什么“自由与民主之可言”。因为，“依世界民主先进国之例言之，选举也，教育也，思想言论也，人民之分党也，皆天赋之权利，有不容剥夺者。在此互同之基础上，而后党派之为保守、为激进可也，为共产、为私产可也，决无以党派之政见为前提，而定人权之予夺，与夫教育之种类者也。”

第四，批评国民党不从事积极条件的培养。张君劢认为，一种政治的推行，排除障碍固然十分重要，但创造积极条件更是不可或缺。所谓“积极条件”，概而言之不外有三，“曰彼此之善意，曰光明之手段，曰长期之忍耐”。如果甲党以乙党为败类，乙党以甲党为败类，双方互攻，以驱逐他方为快，这怎么能立于同一舞台之上，而彼此对垒呢？“此彼此善意之不可缺少者一”。政党之竞争，相互应使用同一手段，甲以言论，乙也应以言论，甲以演说，乙也应以演说。假如甲的手段公开，乙的手段隐秘，或甲乙之中，飞短流长，专以推翻他方为能事，那么除增加双方的仇恨外，并不能给政界带来安宁。“此光明手段之不可缺少者二”。各党欲以本党的政策立即付诸实行，这是人之常情，但新说初创，往往不易得人同情，需要长期不懈的努力，以平和手段，求人理解。否则，如果甲党欲以其政策实行于年月之间，乙党亦欲以其政策实行于年月之间，那么必然会采取非常之手段，其结果法治基础永远因此而不能建立。“此长期忍耐之不可缺少者三”。张君劢指出，西方所以能实行民主政治，其原因就在于具备了这三个积极条件，而中国所以不能实行民主政治，其原因也就在于不具备这三个积极条件。因此，中国的当务之急，在“提倡政治教育”，以“补救此缺陷”。但国民党人则不作如此打算。他们虽然勇气十足，敢于作为，尤善于鼓动群众，然而对于真正的政治能力，则毫不关心，从不从事于上述三个积极条件的培养。他们只重视党义的宣传，以集会演说为能事，而于“民主政治地下之源泉，绝不知开浚而疏导之”。就此，张君劢写道：“如是而谓新政治有实现之日，吾不信也。”

第五，批评国民党人缺乏西方政治家的气质。在张君劢看来，同党结合，不独持党纲，而尤贵于有西方政治家之气质。“容忍也，调和也，轻感情而重理智也，尊信党义，而持之以恒也，皆西方人所以能于同一旗帜下，共同奋斗，以达公共之目的。若夫政策之为保守，为急进，为私产，为共产，则号召国人之具耳，非所以粘合同党者也。”而国民党人则因年少气盛，往往因个人利益，攘臂而争，缺少西方政治家的上述气质，所以他们能否以大局为重，俯首从人，这是值得疑问的。故此，他认为，要在中国建立民主政治，国民党人“非先以气质之变化不为功，气质一日不变，则破坏之日党徒虽盛，而建设之时又兆分裂，旧军阀虽去，而新军阀复生，吾不知中华民国之何日而统一、而治安也”。

依据他对国民党的观察，张君劢认为，在打倒北洋军阀之后，国民党可走的道路不外三条：一是召集国民会议，二是实行一党专制，三是因招降纳叛，使内部意见不统一而发生分裂，陷全国于混乱状态。召集国民会议，其动机虽然不错，但在“国民无知识、无组织，未有如吾国之甚者”的情况下贸然召集，其结果只能重演民国初年之国会选举为袁世凯所操纵的故事。而实行一党专制，或因内部意见不一致发生分裂，都与建立以人民自由为基础的西方民主政治南辕北辙。故此，他希望国民党花大力气教育国民，提高国民的政治能力，同时，“于革命旗帜下，以缓和之手段，求得国人同情，宁可拓地稍迟，不可招纳腐败军人，宁可收效稍迟，不可以一党专制为快意。”他并且强调指出，只有这样，所建立的政治才“是真民主也，经久之民主也；反是者，假民主也，不经久之假民主也”。

张君劢最后表示：“吾爱善政，吾尤爱以人民自由为基础之善政。”而要实现这种以人民自由为基础的善政，吾人“唯有举其政治信仰，以图民主政治之建设，而武力一时之成功，曾不足以动摇吾心于万一”。[①]

《武汉见闻》的演讲不及半年,1927年3月,北伐军又先后攻克了南京和上海。不久,蒋介石发动“四一二”政变,疯狂地屠杀共产党人,在血泊中建立起南京国民党政权——南京国民政府。

北伐军攻占上海后,由于张君劢长期追随梁启超反对国民党,并且于不久之前还公开发表过批评国民党的言论,被国民党视为进步党的“余孽”,加上他又拒绝执行国民党要求各学校念“总理遗嘱”的命令,所以不久政治大学即被国民党关闭,学校图书也全被中央政治大学接收。张君劢执掌政治大学的生涯就此结束。

政治大学从创办到停办,虽然前后不过三年多一点的时间,也没有学生从学校毕业,但它对于张君劢日后的政治活动却有着重要意义,他在三四十年代组建中国国家社会党和中国民主社会党时,其基本干部就是政治大学的学生,如蒋匀田、冯今白、王世宪等,这些人后来都成了他的左膀右臂。

第四节　翻译《政治典范》

国立政治大学被查封后,张君劢在上海一时无事可做,于是深居简出,开始翻译拉斯基[②]的《政治典范》[③]一书。拉斯基是英

① 以上引文见《武汉见闻》,国立大学1926年。

② 张译为赖斯儿,Laski Harold,1893—1950。

③ The Grammar of Politics,1925年出版。

国政治学家，毕业于牛津大学，先后在加拿大蒙特利尔的麦吉尔大学和美国哈佛大学任过教。除《政治典范》外，他还有《现代国家中的权力》（1919 年）、《论主权的基础及其他》（1921 年）等著作。

张君劢虽然早就知道拉斯基其人，但从未与他见过面。1921 年讲学社委托在德的张君劢聘请欧洲学者来华讲学，所开名单中，列有拉斯基。张托人向拉斯基转达过聘请之意，拉氏因当时正忙于著述，不愿远行而谢绝。后来张的朋友、中国留美学者金岳霖、张奚若和徐志摩都曾向张介绍过拉斯基及其学说。徐志摩在美时还给张赠寄过拉氏的《现代国家中的权力》一书。张君劢说，这是他与拉氏神交之始。

拉斯基（1893—1950）

张君劢对拉斯基的政治学说评价甚高。他在书前所作译序《赖氏学说概要》中写道："一时代之政象，有其一时代之学说为之先后疏附，以陆克之《民政论》为 17 世纪英国政治之代表，以边沁之《政治零拾》[①]与穆勒之《自由论》、《代议政治论》为 19 世纪上半期政治之代表，则现代之政治家可以代表英国者，舍菲滨

① 今译《政治片论》。

协会[1]之槐伯夫妇[2]、工党之麦克洞纳氏[3]、基尔特社会主义者之柯尔氏,与新进学者赖斯几氏外,无可他求矣。我所以独好赖氏者,槐氏等专为政治上一种主义鼓吹,而赖氏于政治学有全系统之说明,故继承陆克、边沁、穆勒之正统者,殆赖氏矣乎。"在这里,张君劢将拉斯基同费边社、工党乃至基尔特社会主义的思想家相提并论,这说明拉斯基的思想中具有社会主义的思想因素,另一方面,他又认为拉斯基的思想与费边社、工党和基尔特社会主义的思想有别,而与洛克、边沁、穆勒等英国古典自由主义思想家的思想是一脉相承的,换言之,拉斯基的思想是社会主义与自由主义的结合。

依据上述认识,张君劢在《赖氏学说概要》中,分以下几个方面着重对拉斯基的政治思想进行了介绍和评价。

第一,多元主义的国家论。他说:"现代之政治思潮,反对主权论之思潮也,反对国家之强制权,反对主权之表示曰法律,反对国家在国际间主权之无限……赖斯几氏尤称此运动中之健将也。"拉斯基所以反对国家主权论,而主张多元主义的国家论,其理由有三:一是认为近世国家中,有种种社团,这种种社团都是应人民之需要而自然产生的,非因为得到了国家的许可才存在。既然社团的存在不要经过国家的同意,国家也没有能力取消这些社团,那么国家主权论不能成立。二是认为有关全世界利益

---

① 菲滨协会,今译为费边社。

② 今译为韦伯夫妇。

③ 今译为麦克唐纳。

的国际事务都应由各国公决,“如是国与国互相对待,其权之行使,自不能无限制”。三是认为国家之运作,离不开人,如果自以为居于主权地位的政府违背了人民的意愿,人民就有可能发动革命将其推翻。持此三条理由,拉斯基坚决反对国家权力的无限扩张,认为近代民主政治既然承认各社团的自主权,则国家为强制式的社团主义当在取消之列。张君劢就此评价道:“其所想望者,在合国家与各社团而为平均分权之联邦组织,故曰一国之权力应为联治的,即此意也。彼名其政治学说为多元的,犹之美国哲学家詹姆士氏名某宇宙为多元的,意在打破此至尊无上之主权,而造成各个人各社团自发自动之习尚也。”

拉斯基虽然为打破国家主权说,而降国家于社团之列,但事实上国家和社团还是有区别的,这种区别在张君劢看来,主要表现在两个方面:(一)社团出于各个人之自由组织,而国家则不然;(二)社团之目的限于一部,而国家之职业范围甚广。所以,主权之全部“即令施行职业自治、地方自治等方法分配于各社团,而国家之地位,亦未必果与社团等也”。拉斯基后来也认识到了国家与社团的这种不同,于是在《政治典范》中,他对早年自己极端否认国家地位的观点作了修正,认为国家的地位凌驾于一切之上,人之所以为人之需求,皆在国家的掌握之中。对此,张君劢写道:“赖氏于本书中①,以平均酌剂之地位,属之于国家,是以多元主义者之资格,隐示对于一元主义之让步矣。”

第二,权利为自我发展之条件。拉斯基既不承认国家主权,

---

① 指《政治典范》。

也就自然否认先有国家而后有权利的观点，认为“权利非国家所造成，乃国家所承认”，实际上不是先有国家后有权利，而是先有权利后有国家，因为国家不过是社会的一部分，“社会之所以成，有社团，有个人，此辈常以其心力左右国家，则国家背后之动力自有所在矣”。但他又对19世纪人权论者以力和利益来解释权利之性质的做法感到不满，认为以一方为有力，必以他方为无力，在一方为利益，必在他方为损失，这样将引起权利相争，无助于社会的长治久安。于是，他一变其说，提出权利是社会生活之条件，如果缺少的话，则人类不能发展自己到最善的程度；人所以有权利，原因就在于他是国家的一分子。同时，他又指出，权利和义务是紧密相连的，“人之所有权利，所以使吾人所特具者，在此国家组织之下，得以贡献于公众”。换言之，社会以各尽所长为原则，国家恐怕人的自我发展受到妨碍，故设为条件以为保障，这就是所谓的“权利”；国家又恐怕一部分人不尽职尽责，故设为条件以强制之，这就是所谓的“义务”。在拉氏看来，以如此条理组织起来的社会，必能达到共有共荣之大目的，而决不会有所谓有力、无力与利益、损失之问题产生。

张君劢认为，拉斯基关于权利为自我实现之条件的理论，体现了拉氏政治思想中的个人主义的色彩。他在引述了拉斯基的“人之贵为政治家，与贱而为皂隶，要皆使其立于同一水平线上享受同一权利，由彼自身寻其经历之意义”一段话后评价道：“此实承认个人在社会中之最高地位也。”但实际上，就上述拉斯基关于权利与义务之关系的论述来看，与其说拉氏的权利为自我实现之条件的理论，体现了他政治思想中的个人主义的色彩，还不如说更反映了他企图调和个人主义与集体主义的思想倾向。

拉斯基在《政治典范》中列举了人民所应享受的种种权利，如工作权、教育权、参政权、财产权、合理工时权、适当工资权等等，特别对教育权和财产权，拉氏“言之尤为剀切”，认为只有国民的知识、财产约略平等，然后才可以语夫政治生计上的自由平等，否则的话，虽有美制，也只能成为一纸具文。拉斯基这一抬高国民地位的思想，在张君劢看来，是“治国之唯一方针”，“此外无他巧妙也”。

第三，新财产制度论。一般来说，自由主义的思想家，从洛克到边沁，都承认私有财产之神圣不可侵犯。但拉斯基受战后欧洲社会主义思潮高涨影响，对资本主义社会贫富悬殊的现象“攻击甚烈”，并提出了建立新财产制度的主张。他认为个人可以保有财产，但必须符合以下三个原则：一、财产应出于自己的努力所得，如医生、航海家、发明家之薪金；二、财产与个人身心必须有密切关系，如图书、玩物等；三、遗产只能用于赡养寡妇、教育子女的开支上。拉斯基指出，只有符合这三个原则的私有财产才是道德的。

在拉斯基看来，资本主义社会贫富悬殊之现象的产生，不仅仅是财产遗承引起的，与平日人们报酬的多寡也有很大关系。故此，他主张对分配制度进行改革。第一，立一最低限度的需要，为一切国民所共享。第二，非尽力于有用工作的人，不得享受报酬，而对于尽瘁于有用工作的人，其报酬应能保障他们的健康，发展他们的天才，并保证一家衣食不虞匮乏。第三，除第一项最小限度的享用为一切人所同之外，应视人们对社会贡献的多少分别给予报酬，用我们现在的话说，应贯彻多劳多得的原则，不能吃大锅饭。

拉斯基进一步认为，即使分配制度进行了改革，但如果工厂管理制度不改革的话，新财产制度也不可能建立起来。那么，应该怎样对旧的工厂管理制度进行改革呢？他提出了三种办法：第一，厂主之地位由所有者，降为领受股利的股东，换句话说，厂主不得对工厂有绝对管理权。第二，按工厂人员职务之高下，定权限之大小，所有参加管理生产的人都有权预闻厂事。第三，凡关系国计民生的大工业，应收归社会所有，其管理方法应分多种，如生产合作社、消费合作社、1919 年德国的煤业调查委员会，等等。

就拉斯基的上述主张来看，他的新财产制度的社会主义倾向是十分明显的，但由于他是一个改良主义者，所以他不赞成在财产制度的改革上采取过激手段，尤其反对用没收的方式将大工业收归社会所有，而主张给被收归社会所有的企业主以经济赔偿。拉斯基的这种改良主义与张君劢的思想不谋而合，故此得到了他的高度赞赏：

> 赖氏对于财产之没收，主张予以赔偿，于改造后之工业，反对其悉隶属于政府与夫方式之管理。此所云云，视白朗氏①所谓各尽所能，各取所需之空泛论相去何如，视俄国之顷刻没收顷刻破产相去又为何如，要之在此条分缕析之研究中，乃有贫富不均之解决，而标语之号召，则已成过去矣。

① 即法国空想社会主义者路易·勃朗。

第四，关于政治和经济的改革。在一战后对19世纪以来西方民主制度，尤其是议会制度的批评声中，英国基尔特社会主义者柯尔提出取消议会制度，而代之以职业代表大会的主张。对此，拉斯基从自由主义的立场出发表示反对，指出，议会制度是民主政治的重要特征之一，代表人民的消费方面，决非职业代表所得而取代。具体而言，(一)全国之人，居斯食斯，同享保护，同受教育，具有共同的利害关系，所以讨论问题，莫若以区域为单位选出代表，组成议会。这是职业代表大会不能取代议会制度的原因之一；(二)议会以普通选举为基础，一人一票，故简而易晓，而职业代表之数，以职业的大小强弱为基础，则人的资格隐于职业之后，故曲而难明。这是职业代表大会不能取代议会制度的原因之二；(三)职业代表只能对有关本职业的利害问题发表意见，而不能讨论全国的社会政治问题，因为，"以社会问题属之各业联合会，彼等自其本业以立言，仅一部分人利害之见而已，势不为人所重视，若弃其本业之地位，自远大之点以发言，则又失其为职业代表之资格"。这是职业代表大会不能取代议会制度的原因之三。(四)以职业为单位，其大政方针，实操于少数职业领导人手中。所以，要能直接反映民意，与其以职业为单位，还不如采用一人一权之制，同时辅之以政党公开竞争。这是职业代表大会不能取代议会制度的原因之四。拉斯基虽然不赞成以职业代表大会取代19世纪以来的议会制度，但他主张对议会制度进行一些改革，以便使它能更好地代表民意。其方法就是以职业代表参与国家大政。他指出，职业代表不必集会为大机关，但可以就有关大政方针，或有关系之利益，为专家之陈说，

"如是政府方针集合专家意见而后成,其所行所为,庶可谓合于责任政府之原则矣"。就此,张君劢评论道:"赖氏心目中之政府,视今日无大异焉,曰立法机关为一院制,曰行政机关为英之内阁制。"赖氏所以"仍今日之众议院而不废者,以其为全国之代表,可以议全国公共之利害"。他并且指出,赖氏所坚持的英国之内阁制,"以其政府领导政策,集中事权,自胜于美之分权制与法之多党制,真能贯彻主张而负实行之责任者也"。

经济上,拉斯基在《政治典范》中对资本主义多有攻击,"然就其所采机关言之,于旧制未尝一切舍弃也,其心力之集中,则在生计方面"。他主张,凡具有独占性质的工商业,如矿业、铁路、航业、银行、石油等,应由政府以公债收买为国有,设局管理,中央设总局,地方设分局,每矿每厂设经理一人,置于议会监督之下。为了防止官僚政治之丛脞,管理局中准公众代表参加,并设工务委员会以反映工人意见。凡人生日用必需品,如衣履、牛乳、面包、肉食、家具等,可以大量生产者,归之于消费合作社,目的不在营利,而在于生产事业之民主精神。除上述两类,其他一切工商业都允许私人经营,但国家应制定工资、工时等条例,以保护劳动者、消费者和投资者的利益。他强调,对生计的改造,只能采用这种温和的方式,而不能像俄国人那样,采用革命的方式,因为采用革命的方式不特原有目的不达,而且为害将会更甚。张君劢对拉斯基只主张温和改革而反对激进革命的理论,佩服得五体投地,他写道:"盖冥心孤往,视天下事物如翻手者,俄人之心理也。脚踏实地,得寸进寸者,英人之心理也。读赖氏书者常觉其理想之标准与社会之指斥,不殊共产党人,而就其所提出办法观之，无一非循序渐进之语，此皆英人心习之支配为之也。”

从张君劢的上述介绍可以看出，拉斯基政治思想的核心是要求国家、社团、个人“相剂于平”，其实质无非是调和社会主义与自由主义的矛盾，在贯彻社会主义理想的同时，又以个人主义为终极目标。拉氏的这一思想对张君劢影响甚深，直到晚年他在新加坡作社会主义的演讲，还专门讲了“国家、社会、个人”一节，谓这三者是一个国家的“三项”，而非“三层次”，其地位是平等的，否则便不符合拉斯基的“国家、社团、个人”三者“相剂于平”的思想。

张君劢指出，拉斯基政治思想中的自由主义虽然源于英国传统，与洛克、边沁、穆勒等自由主义思想家的思想一脉相承，但由于所处时代的不同和面临问题的变化，他又在以下几个方面对洛克等人的思想作了修正或进一步发挥。

第一，关于代议政治。张君劢指出，洛克是英国政治学说史上最具权威的思想家之一，其思想影响英国政治最大者莫过于他首倡的以立法机关为主权机关之说。但拉斯基则从任何权力不受人民监督，易流于专擅，唯有监督之后，乃有良政治这一理论前提出发，认为政治的中心问题，不是国家主权问题，而是政府行为问题，因为国家何在，不可见焉，人民每天所接触的，只是政府而已。张君劢十分赞同拉斯基的观点，他说：“国民对于此少数人之政府，唯有常目在之，不容一刻怠忽，而后政府不至因私忘公。然则政府之良否，不在政府自身，反在监督之国民矣。于是个人之智识与个人之权利，乃为政治学中第一问题。”在这里,张君劢根据拉斯基的思想,不是将政府自身是否廉洁奉公、秉公办事,视为民主政治的标准,而是认为民主政治的第一要义,是人民对政府行为的监督,以防止政府滥用权力,而要使人民能有效地行使监督政府权,其关键又在提高人民的知识和保障人民的权利。应该说,这接触到了民主政治的本质和核心。

第二,关于个人主义。张君劢指出,无论穆勒,还是拉斯基,或其他英国自由主义思想家,都十分重视个性发展和个人权利。穆勒的《论自由》一书,就对个人特性作过深切精辟的说明,认为各人之天性不同,发展的道路,宜于甲者不宜于乙,宜于乙者不宜于丙,宜于丙者又不宜于丁,故国家应听从各人之自由发展,而社会就是由这无数不同的个人组成的。拉斯基在《政治典范》中对个性发展也有大量论述,并强调:“吾人所以为国民之人民者,非达国家之目的也,乃达吾人自身之目的。”但是,拉斯基和穆勒虽然都重视个人,然其侧重点各有不同。概而言之,穆勒强调的是如何发挥少数人之特长,以保护他们的权利,而拉斯基强调的则是如何提高一般民众之程度,使选举权普及于人民。故此,拉斯基十分重视对国民的教育,认为只有待国民的知识得到了充分发展,然后才能使他们“尽公民之责”。否则的话,“号为人类而缺乏教育常识,非为人奴隶不止矣”。拉氏的这一思想得到了张君劢的充分肯定,认为“赖氏之重视教育如此,无非欲挽此蠢如鹿豕之群众,以自奋于是非可否之场,故谓穆勒氏为特殊的个人主义者,则赖氏为民主的个人主义者可焉”。

第三,关于改良主义。张君劢指出,拉斯基虽然“推崇个人,则穷至其极,非承认国民有革命之权利不止”,但如果据此“遂谓赖氏为纯粹之革命党则非也”。因为他和洛克、边沁、穆勒等英国自由主义思想家一样，在“政策上(也)主张积渐之试验”，而反对社会的根本变革。然而，和洛克等英国自由主义思想家不同的是，拉斯基的改良主义思想是以美国詹姆士、杜威的实用主义为其理论依据的，“其多元的国家之名，即本于詹姆士氏多元的宇宙之语，又曰多元的国家论之内容，即杜威氏之实验主义也。意谓一切政治之施行，应验之于实际，行之而合于民福者斯为善，不合于民福者斯为恶。故其于生计改造计划中，小心谨慎，提出所谓改良方针，而于革命家之持论，即以为不特不达目的，反以障碍之”。对拉斯基的以实验主义为理论基础的改良主义思想，张君劢深表赞同，并认为“所谓零星改良，所谓淑世主义”，是英美人之国民性的表现。

就其哲学思想而言，张君劢指出，拉斯基与洛克、边沁、穆勒等英国自由主义思想家也有区别，后者的哲学思想大抵据于英国的经验主义传统，而拉斯基的哲学思想除了经验主义的传统外，还有康德的唯心主义背景。所以，尽管拉斯基一再否认有政治的公意说，试图从经验方面确立客观的道德标准，但同时他在书中又屡屡使用“正当生活”、“合理工时”等概念和名词，这说明他并不否认先验的道德标准的存在。[①]

很显然，张君劢是依据自己之思想来理解拉斯基之思想的。他自己曾再三声明，“哲学喜欢德国的，政治喜欢英国的”。换言

---

① 以上引文见张君劢译《政治典范》译序《赖氏学说概要》，商务印书馆，1930年版。

之，在政治思想上他接受的是英国自由主义思想家的影响，而在哲学思想上他认同的是大陆理性主义哲学。所以，当他着手翻译《政治典范》时，深谙英国自由主义政治学说的金岳霖就曾撰文指出，张君劢必然会将拉斯基康德化。尽管张君劢极力否认金岳霖的说法，但事实是，张君劢对拉斯基哲学思想之介绍，的确存在着将拉氏康德化的倾向。

第五节 《新路》的创办与查禁

在张君劢翻译《政治典范》的过程中，一个偶然的机会，张君劢结识了以青年党代理主席的身份在上海主持青年党党务的李璜，两人一见如故。鉴于当时国民党鼓吹“以党治国”、“党外无党”，并实行严格的书报检查制度，不允许异党或异己分子公开发表言论，张便约李共同创办一份地下刊物，用非法的手段来宣传自己的政治主张，他负责杂志的筹款和印刷，李璜则负责杂志的发行，文字则以他们两人为主，此外，再各找同志作者。

李璜（1895—1991）

经过一段时间的筹备，1928年初，《新路》在上海秘密创刊。每期印3000份，除在租界内送阅外,外埠则以特种邮寄的方式,用《新申报》等报纸裹着,分别寄赠各地友人。张君劢和李璜两人每期为杂志各写一篇长文,偶尔外加一篇短文。李璜的文字主要是“正告政府当局去反共,要将共产党专横跋扈的主张与作法反掉,而不是专反其人而用其言行其政策,那就叫割疮而不消毒,其毒仍将害人。而君劢文字则多系说明党外无党,则党内必有派;听任党内有派之暗斗,最为恶劣;尚不如党外有党,两党或三党公开明争,反足以互相竞赛,收彼此监督之效”。为了不引起国民党当局的注意,他们用的都是笔名,张君劢多署“立斋”,李璜则称“春木”。

张君劢发表在《新路》上的第一篇文字是《发刊辞》。《发刊辞》提出的杂志立言的四个标准是:一、持论务求平实;二、手段必加选择;三、立法期于久远;四、主张持以坚定。上述四个标准集中反映了《新路》论政的两个突出特点:一是坚持和平改良的社会改造方案;二是坚持走民主宪政道路。“本此四义,而又外察大势,内审国情”。接着《发刊辞》提出了12条具体的政治主张:

一、主张民主政治,反对帝制及一阶级专政、一党专政。

二、主张以自治精神谋统一,反对一切征服式之武力统一。

三、主张军队应用于国防,反对军队供私人或党派之用。

四、主张确立文官保障制度,反对事务员之任意进退及党化。

五、主张实施预算与财政统一,反对无预算之浪费及横征苛敛。

六、主张司法完全独立，反对司法之党化及军法裁判之滥用。

七、主张言论结社等自由，反对以党治或军治之名义剥夺人权。

八、主张教育在养成健全国民，反对教会教育及党化教育。

九、主张开发生产，改进农工生活，反对阶级斗争及其他妨碍经济发达之运动。

十、主张国家在国际间之独立与平等，反对外力侵略及一切卖国与误国之举动。

十一、主张昌明本国文化，发挥科学精神，反对漫无别择之守旧与生吞活剥之骛新。

十二、主张国家进步，应注意平和建设，反对只图破坏革命。

从杂志后来所刊载的文章来看，几乎都是以这十二项政治主张为立论之中心的。因此，这十二项政治主张既可看作是《新路》同人的政治宣言，也可看作是杂志的办刊宗旨。

针对国民党所鼓吹的“以党治国”、“党外无党，党内无派”之一党专制理论，张君劢在《发刊辞》中明确指出：“立国原则，在乎两党或多党政治；各出心思，以待判决于国民，则人人有所贡献；彼此互相监督，立朝之党，有所惮而不敢为恶，在野之党，有所待而展其怀抱，诚各方心思才力有所发抒之良制也。反是者，以一党秉政，而他党在排斥之列，则一部分之民意，郁而不抒，一党自居天上地下唯吾独尊之地位，而国事之贻误者必不少矣。”他并表示，“同人等不忍国家之危乱，将竭其言论之力，以为挽救万一之计，其以为莠言乱政耶，其以为干犯‘以党治国’之原则耶，虽冒万死，所不辞焉”。因为“全国之自由，实一二争自由者之牺牲有以启之，自由国者，自由人造之也”。

随后，在《新路》第2期上，张君劢发表了《一党专政与吾国》一文，指出国民党上台一年来的政绩，不外“失败”二字而已，而失败的原因，在于它实行一党专政，因为“凡施行专政者，未有不蹈此覆辙者也”。具体来说：第一，专政不许旁人反对，政策易反覆；第二，专政无国法上之根据，易起国内武力之争；第三，专政不知责任之所在，导人于无耻；第四，专政下之民意出于操纵，故人民政治能力无发展之可能。

据此，他认为，国民党要想不失败，唯有实行民主政治，而要实行民主政治，就必须“停止党部独占的活动”和“废止训政”，同时“保障人民言论自由”和“结社集会自由”，“速议地方制，施行地方自治”；“速议国宪，实行政党政治”。

在是文中，张君劢还着重批评了国民党的训政理论，他指出，所谓训政，一方要有能训者，一方要有被训者，“今以同时代同地位之国民，徒以其追逐党后之故，而令其为训政者，而令国民为被训者，真所谓腼然面目而已”。西方有谚语说：“学游泳者必入水池”。政治也是如此。与其空言教人选举，不如使人直接行使选举权，与其空言议会之议事，不如令人民直接参加议会，积以岁月，人民之政治能力自可养成。“此可以知训政之无用，而民治之应及早开始”。

紧接着下一期，张君劢又发表了一篇题为《现时政潮中国民之努力方向》的文章，进一步对国民党的一党专制提出了批评，要求国民党给予人民言论结社的自由，允许反对党的存在，实行“两党或三党对抗之政治”。他强调指出：“真正民主国家之建设”，就在这种“言论结社之自由中”，就在这种“两党或三党对抗之政治中”。因为，第一，真正的民众运动，起于人民的自觉，而真正的自觉，生于两种或三种是非之比较，有比较，才能有差别。第二，如果没有反对党的存在，政府在提出主张时就易犯轻易决定或自信过强之弊，相反，由于有反对党的辩难和民意的判决，则非者自无以自存，而是者因民心之归向，政府可以放胆做去。第三，政治上、社会上、学术上的真理，开始都是少数人发现的，只有在言论结社自由的保障之下，此少数人才有可能宣传其学说，以取得社会的同情，而进于多数。第四，政党之主张的是非以及是在朝党还是在野党，是随时代的变化而变化的，如果只有一个政党，那就不管其主张合不合于时代，都处于在朝的地位，这不仅于人情为不顺，而且也会给国家造成危害。

张君劢还严厉批评了国民党以高官厚禄吸引人民入党，以强制措施要求全国学校诵习三民主义的做法。他指出，国民党的这种做法易使人民养成攀龙附凤、奴颜婢膝的心理，而这种心理“以之建设帝政之新朝则可，以之创造民治之国家则不可”。故此，他希望那些“有志国事与愿为国家立不拔之基”的人，不要做“国民党之应声虫，以自了其一生”，而应“根据立国之原理，争人权，争法治，以挽专政而进于民主”，他并视此为“今后救国之至计”。

除上述这几篇文章外，张君劢在《新路》上还先后发表了《辟训政说》、《吾民族之返老还童》、《当代政治哲学之趋势》、《一九一九至一九二一年旅欧中之政治印象及吾人所得之教训》、《二十世纪革命之特色》等文章，与此同时，其他一些作者也先后有《党国内容分析》、《民主政治是乎？一党专政是乎？》、《训政回头》等文章在《新路》杂志上发表。这些文章从不同方面批判了国民党的“以党治国”，“党外无党、党内无派”之一党专制理论。

就目前所见到的资料而言，张君劢等人在《新路》上发表的批评国民党一党专制的文章，是1927年大革命失败后，中国资产阶级及其知识分子批评国民党一党专制的第一声，它要比后来以胡适、罗隆基为代表的“人权派”在《新月》杂志上发表批评国民党一党专制，要求切实保障人权的文章整整早一年时间。

《新路》对国民党一党专制理论的批判，必然要引起国民党的攻击与镇压。《新路》杂志发行两期后，国民党中央政治会议于1928年2月29日通过《反革命治罪条例》，送经国民政府于3月9日公布，改为《暂行反革命治罪法》，共计13条，其中第6条规定：“宣传与三民主义不相容之主义及不利于国民革命之主张者，处二等至四等有期徒刑。”其适用范围甚广，又无明确解释，易于罗织，入人于罪。此条文虽非专指《新路》，但《新路》绝难幸免。此后不久，《新路》即遭上海特别市政府查禁。查禁的理由是说它“言论反动，主张乖谬，意在危害党国，破坏革命”。

查禁令下达后，张君劢、李璜没有屈服于国民党的镇压，将《新路》停刊，而是继续在《新路》上发表文章，批评国民党的一党专制，并在第4期上刊登了张君劢以“君房”笔名写的《新路禁止发行令书后》一文，对国民党所罗织的《新路》“言论反动、主张乖谬、危害党国、破坏革命”16 字罪状，逐一加以驳正。

关于“言论反动”。张君劢指出，要判定一种言论是否反动，首先必须弄清反动所指的涵义是什么。如果以国民党所标榜的三民主义作为划分反动与否的标准，那么所谓反动，指的是反民族主义、反民权主义和反民生主义。“夫与民族主义相反者为媚外，为卖国；与民权主义相反者为专制，为独裁；与民生主义相反者为破坏，为屠杀”。以此来检查《新路》的言论，是根本不能称之为“反动”的。当然，《新路》对国民党的一党专制进行过批评，这也是最足以招致当局忌恨的事情。但“专制之与民权，皎然若黑白之不相蒙，虽三尺童子皆能知之，党国要人度亦无不知之。一面诵言民权，一面昌言专制，在理论为矛盾，在主义为不忠”。《新路》从爱党爱国的立场出发，欲使真正民权思想普及于中国，势不得不对此与民权思想绝对不能相容的专制恶潮流加以抨击，这与昔日国民党先总理孙中山倡言民权主义，反抗满清专制具有同样的意义。中山而是，《新路》亦是，中山而非，《新路》亦非。国民党如果欲科《新路》以“言论反动”之罪，那么就应“先取首倡民权主义于中国之中山先生科之以罪”。

关于“主张乖谬”。张君劢指出：主张乖谬为笼统之名词，何者为乖谬，何者为非乖谬，国民党中央宣传部对此无一字解释，而遂以轻轻一纸覆呈，将人民言论自由之公权剥夺殆尽，这与“莫须有”三字之断狱辣手如出一辙。《新路》的主张已披露于《发刊辞》所举 12 条之中，就这 12 条的内容来看，“吾人诚不知在民权主义之下，主张民主政治，反对专政有何乖谬？吾人诚不知在民族主义之下，主张国家之独立平等，反对外力侵略有何乖谬？吾人诚不知主张言论、结社等自由有何乖谬？吾人诚不知主张以自治精神谋统一有何乖谬？吾人诚不知主张开发生产、保护农工有何乖谬？吾人诚不知主张昌明文化、灌输科学有何乖谬？吾人诚不知预算之实施、教育之改进、文官保障之确立、司法独立之维持等等主张有何乖谬？吾人诚不知尽此12条主张而一一检讨之，有何乖谬？”为了达到查禁《新路》的目的，国民党在不能切实举出其罪状的情况下，于是乃有“主张乖谬”之四字“糊涂考语”的成立，结果使“国民之公权遂不知不觉断送于此四字之中矣”。

关于“危害党国”。张君劢指出，就爱党爱国而言，《新路》同人虽然不是国民党员，但爱党爱国之真诚并不稍后于忠实的国民党分子。同人所惴惴为虑者，以为国事至此，已如黄台之瓜，不堪数摘，已成政党苟有挽回时局之力，同人亦未尝不愿拭目以乐观其成。然欲求以革命势力改造时局，革命党之一切措施就必须能够餍服天下人心，这样群情归之才能如水之就下。可是自北伐成功以来，国民党徒欲以暴力统一天下之人心，钳制社会之舆论，“一切措施，人所共见”。《新路》以往数期所抨击的仅限于国民党的一党专政。“即以一党专制政策而论，在国家因一党之把持，无宪政轨道可循，则政治易趋于腐败。在政党因异己之消灭，易启傲慢自大之习，而成党内之纷争”。这也是历史上专制政府无不以灭亡告终的根本原因。因此，如果要说“危害党国”，再也没有比国民党的一党专制对党国危害之甚者。

关于“破坏革命”。张君劢指出，所谓革命，原指的是反抗专制政治，为人民争自由之权利的行为。所以，判断一种行为或言论是革命还是反革命的标准，是看它是立于民权的地位，还是立于专制的地位。就《新路》杂志而言，自出版以来就以拥护民治政体、发挥人民言论自由之正当权利，以反抗专制恶潮流为宗旨，并发表了一系列批评国民党一党专制的文章，因此，要说革命，《新路》“可谓代表革命精神之最著者也”。实际上，破坏革命的不是《新路》，而是“擅专之军阀，投机之政客，贪财好色之官僚，与夫把持中央各部机关肆行压迫民众之小党员小同志耳。此辈不除，革命事业终无成功之希望”。这是历史一再证明的事实。《新路》言论之所以不肯同流合污，正是出于对革命事业的真正爱护。而国民党对这样一份真正爱护革命事业的杂志必欲查禁而后快，“孰为破坏革命事业者乎？人亦曷自反矣！”

张君劢对国民党查禁令的批驳，可谓义正词严，掷地有声，在当时的环境下，这是需要政治勇气的。

尽管张君劢和李璜决心将《新路》办下去，但由于国民党查禁甚严，杂志既不易寄出，印刷厂亦不敢承印，于是出版到第10期，他们不得不将《新路》停刊。

《新路》杂志被查禁不久（1929年春），由李璜负责筹办的中国青年党干部训练学校——“上海知行学院”——在上海英租界内正式开学，张君劢、张东荪、梁实秋、潘光旦、罗隆基以及青年党的左舜生、诸青来、常燕生等人被李聘请为学院教授，每人每星期义务讲学一两次，每次两个小时，没有任何报酬。张君劢教的是欧洲政治思想史，张东荪教的是哲学概论，梁实秋教的是英文文选，潘光旦教的是文化与优生学，罗隆基教的是行政学，左舜生教的是中国近代史，诸青来教的是经济学，常燕生教的是西洋史，张梦九教的是近代欧洲外交史，李璜本人教的是社会学。

当时张君劢家住英租界的西摩路，距“知行学院”所在地的威海卫路、同孚路路口很近，他每次都是徒步去上课。1929年端午节前的一天，下午约四点钟左右，他和平常一样，讲完课后步行回家。行至途中，突然从后面开来一辆汽车，在他身边“嘎”的一声停下，他还没弄清是怎么一回事，就被车上下来的两个大汉挟入车中，绝尘而去。这时他才意识到被人绑架了。张君劢被囚的地方就在上海警备司令部附近，每天清晨，他都可以清楚地听见警备司令部的号声。

张君劢被绑架后，绑匪天天给他家里打电话，要他家里赶快拿出巨款赎人，若拖延时日，将割下张的耳朵，以作回报。当时大家都主张准备巨款赎人，但被李璜称之为“态度大方，头脑冷静，较君劢尤有党魁的坚强明朗”的张夫人王世瑛则认为，张君劢是一介穷书生，绑匪绑架他肯定不是为的钱，而有其政治意图，即以为知行学院系张君劢所办，想通过绑架，加以恫吓，使之自动解散学院，因此送钱也无济于事。绑匪见张家不理，便威胁说，如再不送钱来，便砍下张的头，弃之大西路旁，但王世瑛还是不为所动。如此僵持了二十多天，绑匪终于在张君劢发誓“倘我素有积贮，不与君等共之者，则我一家三儿定遭天殃，自绝人世”之后，将张释放，并赠金60元。张君劢虽重新获得自由，但他的腿则因遭绑架时被车门撞成重伤，没有得到及时医治，而落了一个终身残疾。

以上有关张君劢被绑架的情节是根据李璜的《敬悼张君劢先生》一文和张君劢的《亡室王夫人告窆述略》写成的。另据张君劢的学生杨永乾说，张君劢曾告诉过他，绑匪将他挟持上汽车后，双眼即被蒙着，车子绕了好多圈子，才停下来，把他推到一间房子内，到晚上才有人来询问。询问时命他跪在一条铁链上，所问的内容，大多是关于为何批评国民党一类的话，如此连续有多日，后来是由其九弟张禹九托章太炎和杜月笙向绑匪交涉，花费3000元才获得释放。据此，杨永乾断定，绑票者是国民党人，因为："一、章太炎与杜月笙皆系上海名人，且与国民党当局有很深的关系，尤其杜月笙为中国最大帮派之首领，由他俩人出面所交涉之对象，当然不是一般性纯土匪类之绑匪。甚且负责此绑票之人，与杜月笙之帮派有关，因国民党内有些人系出身于杜之青帮者。二、被绑架时，先生[1]虽被蒙着双眼，但他每日早晨可听到上海警备总部士兵集合的号声，而且询问他的绑匪，亦多是关于为何反对国民党一类的问话，释放的地点，也是距离警备总部不远的一条街上，由此种种迹象显示，此一政治性的绑票案，上海警备总部人员涉嫌最大，而当时警总负责人是杨虎，此人亦系杜月笙的青帮之人。"[2]

无论上述两种说法谁更符合事实，但都可以肯定，这纯粹是一起政治性的绑票案，其绑匪为国民党人无疑。

是年秋，张君劢因在上海人身安全得不到保障，乃赴沈阳寄居于朋友罗文干家。不久得友人资助旅费，旋回上海，与夫人孩子一起去了德国。

---

① 指张君劢。

② 见杨永乾《中华民国宪法之父——张君劢传》，台湾唐山出版社，1993年，第78～79页。

第三章

探索民族复兴之路

第一节　组建国家社会党

1929年秋，张君劢再度因政治原因，第三次去德国，在耶纳大学谋得一个讲授中国哲学的教职，教学之余，则潜心研究康德哲学。1931年8月，因张东荪的介绍，燕京大学校务长司徒雷登致电张君劢，邀请他回国任燕大教授。张携妻儿起程东归，途经莫斯科时，小住月余，考察苏联第一个五年计划的实施情况，直到"九一八"事变前一天，他才回到北平，旋即正式接受燕京大学的聘请，并授黑格尔哲学。

张君劢回国前后，国际国内形势发生了重大变化。先是1929年秋，资本主义各国陆续卷入了经济危机。这场危机持续达四年之久，是资本主义历史上一次最严重、最深刻、持续时间最长的世界性生产过剩危机。经济危机大大激化了帝国主义国家之间、帝国主义与殖民地半殖民地之间、帝国主义国家内部资产阶级与无产阶级及广大劳动人民之间的矛盾，资本主义制度的政治危机因此而更加严重。为了摆脱严重的经济和政治危机，各主要帝国主义国家都加强了国家对经济生活的干预，加速国家垄断资本主义的发展，强化对劳动人民的专横统治。当然，由于各国的具体情况不一样，其采取的对策也有所不同。有的是在资产阶级民主范围内，实行改良主义措施，如美国的“罗斯福新政”；有的是抛弃了资产阶级民主，实行赤裸裸的法西斯恐怖统治和疯狂的对外侵略政策，如意大利、德国和日本，尤其是后两个国家，它们先后成了两个新的世界战争的策源地。

自甲午战争以来，日本就一直想征服中国，称霸亚洲。1929年的资本主义世界经济大危机发生后，日本加快了其扩军备战的步伐，决心再次发动侵略战争，向外寻找出路。为此，它制造了举世瞩目的“九一八”事变，并于1932年初占领了东北全境。

日本帝国主义的侵略激起了中国人民的强烈民族义愤。在中国共产党的号召和组织下，全国各阶层人民，为挽救民族危亡，积极投入了反对日本帝国主义侵略的斗争洪流。然而与中国各阶层人民群众积极开展反日斗争相反，国民党政府却不顾国家民族安危，实行对日妥协政策，不作任何抵抗，就拱手将东北让给了日本。国民党政府的对日妥协政策，不仅断送了东北的大好河山，而且也进一步助长了日本的侵略野心，在吞下了东北这块肥肉后，其侵略的魔爪又伸向了华北，中华民族所面临的亡国灭种的危机更加严重起来。

在民族危机空前严重的同时，国内阶级关系也发生了新的变化。国民党政府的对日妥协政策，使本来就尖锐的无产阶级、农民和城乡小资产阶级与大地主、大资产阶级的矛盾更形激化，就是1927年后曾一度跟随大地主、大资产阶级反对革命的上层小资产阶级和民族资产阶级及其知识分子也开始改变了政治态度，他们对国民党政府的妥协政策以及所实行的一党独裁表示强烈不满，要求国民党进行政治、经济和教育的改革。

中国国家社会党就是在这样的历史背景下秘密成立的。还在张君劢回国之前，张东荪、胡石青、汤住心等人在北平曾商议过组建“宪政党”事宜，并且草拟好了党章、政纲的初稿，只待张君劢回国后作最后决定。组建一个新式政党，这可以说是张君劢多年的夙愿。早在1921年他就提出：“今后吾国应有着手改造运动的团体，尽人所同认矣。改造之大本大源，曰去人的结合，而代以主义的结合；曰去政客之播弄，而代以群众运动；曰去人的起伏，而代以制度的变更。诚本此三点为信仰中心，结合团体，如英之菲宾会①（Fabian Society），以下所谓浸灌工夫（Permeation），不独解目前纠纷已焉，坦坦荡荡一条大路，于是在乎。”他并为此写了《悬拟之社会改造同志会意见书》，发表在《改造》第4卷第3号上。1923年9、10月间，他又与张东荪、郑振铎、陈霆锐等人商议，打算办一份以宣传唯心史观为宗旨的杂志，并以此广结同志，为日后组党做好准备。但因种种缘故，他组党的计划一直未能付诸实践。后来他在和李璜共同创办《新路》杂志时，虽然以青年党实行“民主集中制”为由，拒绝了李璜希望他加入青年党的邀请，但他赞同李璜提出的由梁启超出面担任党魁，将各种既反对共产党，也不满于国民党一党独裁的力量加以整合的计划。同时他也在积极活动，力图促使章太炎与梁启超联合，进而在章梁联合的基础上组建一个新党。但一来因梁启超患病，二来因章太炎头脑太旧，他的活动归于失败。

既然组建一个新党是张君劢多年的夙愿，所以，当张东荪等

---

① 今译费边社。

人前来征求他的意见时，他即表示赞成，不过他认为“宪政党”的名字过于陈旧，不如仿德国纳粹党的名字，改称“中国国家社会党”。他的建议得到张东荪等人的同意，并共同作为中国国家社会党的发起人。鉴于当时国民党实行独裁，不允许其他政党存在，他们商议组党的工作秘密进行，在组党的同时，发起组织“再生社”，并发行《再生》杂志，以所主张悬诸国门，汇成公开的意见，再纳之于党中而为党之纲领。

发起组建国家社会党不久，即有罗隆基、罗文干、诸青来、黄炎培父子、陆叙白、胡子笏、梁实秋、万武等人先后加入。1932 年 4 月 16 日，中国国家社会党在北平北海公园内的松坡图书馆秘密成立，参加成立大会的约二三十人。由于当时党禁甚严，为了避免引起国民党的注意，与会者皆事前约好，分批三三两两前往，人到齐后，立即宣读党的宣言，宣言读过后，即行散会，又三三两两的陆续离去。同一天，宣布成立“再生社”。5 月 20 日，《再生》月刊在北平创刊。其创刊启事明确提出以指示新途径、谋中华民族的再生为宗旨，认为 20 年来所有建国方案，如君主立宪、共和、专制等历试殆尽，而皆无所裨益。现在中国民族国家内忧外患已濒绝地，所以“提出另一方案，以为唯循此途可致中华民族于复生”。这“另一方案”，就是《再生》创刊号上发表的《我们所要说的话》。

《我们所要说的话》长三万余言，署名记者，实由张君劢、张东荪和胡石青三人共同写成，其主要观点则是张君劢的。这篇文章全面阐述了国家社会党对于中国政治、经济和教育的主张，并提出了 98 条纲领。

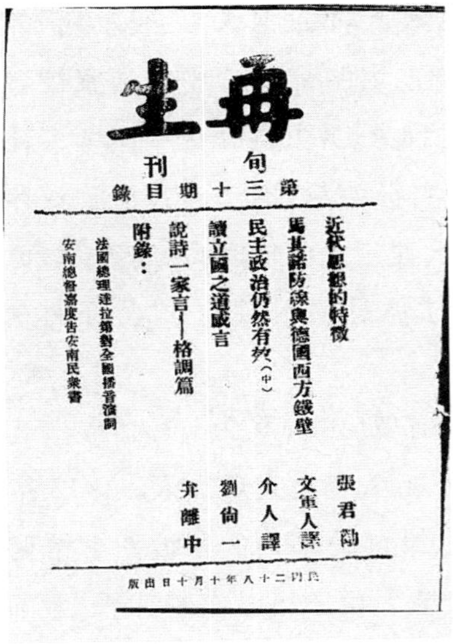

再生

旬刊

第三十期目錄

近代思想的特徵　張君勱

馬其諾防線與德國西方鐵壁　文重人譯

民主政治仍然有效（中）　介人譯

讀立國之道感言　劉倘一

說詩一家言——格調篇　弁離中

附錄：

法國總理達拉第對全國播音演詞

安南總督嘉度告安南民衆書

民國二十八年十月十日出版

再生

在政治上，张君劢等表示，他们虽“不同于无条件主张民主政治的人们，却也不同于主张中国不适于民主政治的人们”。他们对国民党的训政理论提出了严厉批评。他们指出，国民党所以主张训政，一个重要理由是说“中国人民知识能力不够实行宪政”，倘若国民党说的是事实，那必然是全国的人民都如此，决不能有一部分人民被训，另一部分人民能训。被训的人民因为没有毕业，所以必须被训，能训的人民又于何时毕业过呢？为什么同一人民一入国民党党籍便显分为能训与被训呢？由此可见，训政理论是不值一驳的。实际上，人民程度只能作为实施民主政治时“酌量的根据”，而绝不能作为“反对或延缓”民主政治的“口实”，因为“民主政治仅仅是一个原则”，人民程度高，实施的可以多些；人民程度低，实施的可以少些，但不能说实施得少就不是民主政治。

张君劢他们也批评了那种以世界政治潮流正趋向于专制为理由而反对在中国实行民主政治的观点。他们承认由于“普通的民主政治诚有效率迟缓与力量分歧的弊病”，所以自第一次世界大战以来，不少国家为了解决自身的困难，纷纷加强了政府的权力。但我们不能因此得出结论，说这种政府是反乎民主政治原则的，相反可以说这样的政府所以能集中权力，正由于根据了民治主义的真精神，因为权力的集中，或行政效率的加强，与民主政治的基本原则并不违背，既然世界政治潮流并没有趋向于专制，那么，以此为理由反对在中国实行民主政治也就是荒谬的。

张君劢他们认为，普通的民主政治所以会有"效率迟缓与力量分歧的弊病"，这与人们的这样一种认识，即认为党派的存在是民主政治的必然原则大有关系。实际上，他们指出，党派的存在仅仅是运用民主政治时一种不得已的办法，民主政治不在于有没有党派，而在于民意能否始终压倒党派意志。因此，他们既反对一党独裁，也反对多党纷争，而主张建立一种在原则上完全合于民主政治的精神，在实施上必须使党派的操纵作用不能有所凭借的政治制度，"在平时，不拘两党或多党都能运用，即假定无党也可运用，而在紧急时候，立刻可以集中全民的意识与力量，不分党派"。他们称这种制度为"修正的民主政治"。对于"普通的民主政治"而言，"修正的民主政治"只是"去其偏枯，救其过甚"，而没有改变其民主政治的基本原则。并且他们相信，"修正的民主政治"一旦建立起来，"普通的民主政治"所具有的"效率迟缓与力量分歧的弊端"便可"减去殆尽"。

与此相适应，张君劢他们主张行政专门化，借重专家的知识和技能，使他们占有地位，既不为党派的势力所左右，也不因政潮的起伏而更迭，真正做到政治的大部分由专家来设计，政务各部门由具备专门知识的人来处理，从而在不违背民主政治之基本原则的前提下，实现行政的"专门化、稳定化、敏活化与统一化”。

在主张行政专门化的同时，张君劢等还主张改良选举制度，“将县的被选者与省的被选者以及中央被选者须各编成册，都依其资格定之”。其资格的规定以经验和学历为标准，同时加用测验的方法予以甄别。他们特别强调指出，选举在民主政治是绝不可免的，“我们只可改良选举，而不可轻视选举”。在他们看来，中国的政治所以会败坏到如此地步，原因就在于20年来从未有过真正的选举，所以，他们要求“把藐视选举的心去掉”，使人民懂得选举是一种神圣不可侵犯的天职和权利，同时在制度上保证选民投的票都能发生影响，“纵使一票之微”，也有它的价值。

张君劢等还主张发挥司法对政府的“钳制”作用。他们指出，中国最大的问题是官吏的贪墨，差不多没有一个官吏不是贪赃舞弊的，这是中华民族衰老的重要象征。国民党之所以为全国人民所唾弃，亦正是由于其党员自身的贪墨和招纳无数只知弄钱的官僚。他们认为，如果不能把此弊彻底铲除，那么无论何派组织政府，亦必等于建筑高楼于沙漠之上，而要彻底铲除此弊，“又舍诉之于司法没有别的径途”。他们赞成平衡与钳制的原则，但不赞成不信任投票与弹劾制，认为立法监督往往把行政的稳固化与计划化“减低了”，因而他们主张平衡与钳制的作用“宜由司法任之”。

在经济上，他们认为，当时中国唯一重要的问题是如何增加国家民族的富力，而要增加国家民族的富力，就只能“凭借国家的力量”，而不能“听人民各自企业”。因为中国的民族经济非常落后,“听人民各自企业必不能与外来的压迫相抵抗”。所以,他们反对中国走资本主义的放任经济的道路,而主张把国家社会主义的要素加入到中国的经济中,使国家资本的经济与私营的经济、合作的经济按一个相当的比例,在统一计划之下得到发展。而要做到这一点,他们认为国家就必须具有国际贸易管理权、一切生产通盘计划权和吸收一部分社会生产剩余价值以充国家资本权。

在他们看来,国家社会主义与共产主义的根本区别之处就在于:国家社会主义的凭借是民族主义,“以民族的团结一体来作一切的根据”,而共产主义“以阶级斗争为立场”。他们认为,共产主义由于过于重视阶级斗争,所以往往“把经济与政治冶于一炉”,这虽然“于发展经济上较现行的资本主义国家为优”,但它同时又“因为注重阶级斗争的缘故,把国内的一部分元气栖牲了”。据此,他们坚决反对中国走俄国人的道路。

他们除不赞成共产主义以阶级斗争为立场外,还不赞成共产主义将一切生产工具收归国有和废除私有财产制度的政策,认为将一切生产工具收归国有后,势必都变为官营。而官营则易孳生官僚政治,造成企业的腐致。至于私有制度,在他们看来,它并不是“资本制度所以发生以及其所以演成现在的畸形”的原因,资本制度所以发生的原因是“由于放任状态”,换言之,“即有了私产再加以放任,乃始有资本主义”。既然私有制度与资本主义没有必然的因果联系,因此“资本制度的动摇不必完全连累私产的存在”,相反保留私有制度还有利于“奖励人们从事于生产的努力”。

张君劢他们虽然主张保留私有制度，但他们同时又认为私有制度如果像资本主义那样听任其放任发展，就会产生其“偏枯”，这就是社会的贫富不均。为了救其“偏枯”，他们主张实行“普产主义”，即在农业上划定耕作单位，将佃农变为自耕农，使人人都有一份土地；在工业上，分给工人股票，使人人都有一份私产，都是股东。他们相信，如此就可以杜绝放任经济下的贫富两极分化现象的产生。

在张君劢他们看来，实行“普产主义”，必须有国家公有的财产作为必要的“调剂”，公产可以在两个方面发挥作用：一是防止私人对某些产业的垄断，二是保证一些无利可图因而私人不愿投资的产业有人（国家或地方）创办。他们还主张将科学技术应用于农业生产，改良种子、农具和土壤，兴修水利，发展副业；通过承认罢工权、团体承顾权和在工厂设立工人代表会议，决议一切厂政等办法，来提高劳工的人格；同时彻底改革租税制度，使租税第一必须合于经济学的租税原则，第二必须能藉此以达到社会的经济公平，第三必须不妨碍企业的发展，第四必须兼能吸取私有产业的剩余价值以归公，为再生产之用。

在教育上，张君劢他们认为当时的教育制度在放任状态下有三大弊端：一是数量的漫无标准与分配的毫无比例。二是教育受财产制度的支配，不能使人各尽其财。三是教育的内容不适应于现实立国造产的急切需要。因此他们主张对教育进行改革，变放任教育为“有计划的教育”，“其精神尤在把教育认为是造成民族团结之唯一方法与再造国民经济之最好途径”。他们希望通过改革教育，达到三个目标，这就是军事训练的普遍化，生产能力普遍化，和共同生活的新道德习惯的创造与养成。

与教育相关的是思想问题。张君劢他们认为，就思想问题而言，第一，宜仿照欧美各国的通例，做到学术独立。所谓学术独立，不仅须以法令规定，而且于事实上要养成自由讨论的学术风气，尤其是要让学术机关自己堆持秩序，而不受外来力量的干涉。第二，做到言论自由，允许人民自由发表舆论，不可随便立法加以限制。

张君劢他们特别看重思想自由，认为“思想自由是人民的根本”，如果政治效率与思想自由发生冲突，“亦断乎不可牺牲自由而迁就效率”；为政治的效率增高起见，政府权力当然宜于集中，但集中的限度只能以行政为界，断不容侵犯到社会上去，危害人民的思想自由。在他们看来，“政权务求其统一，行政务求其集中，而社会务使其自由，思想务听其解放”这是人类达到幸福的“最良途径。”。

概而言之，张君劢等认为，人类文化有三个不可或缺的要素，这就是进步、公平与自由。为进步则不能不讲效率，否则，人类必将常流于贫困疾病的状态，但讲效率不能以牺牲公平和自由为代价，因为“没有自由，则国家便常在变态中，纵有效率得不到真进步。没有公平尤是一种社会的病态”。就中国而言，由于当时国家面临着严重的民族危机，所以提高效率、促进进步是当务之急，但提高效率、促进进步“不可有亏于公平与自由”，换言之，“即必须在不丧失公平与自由之范围内来提高效率，促进进步”。故此，他们“于政治是把根据效率的科学与个性差别的科学与站在平等原理上的民治主义调和为一；于经济是把易于造产的集产主义与宜于分配的普产主义以及侧重自治的行会主义调和为一；于教育是把淑世主义与自由主义调和为一”；并基于“（甲）确立平等基础；（乙）保持个性自由；（丙）力求效能增进”的原则，提出了98条纲领，其中总则2条，政治27条，经济43条，教育26条。98条纲领把他们的上述主张进一步具体化了。

就《我们所要说的话》的内容来看，反映了“九一八”事变后，上层小资产阶级和资产阶级及其知识分子不满于国民党的一党独裁，要求改革中国政治、经济和教育的愿望，其实质是要变专制独裁为资产阶级的民主政治（这种民主政治与传统的议会民主有所区别），变思想统治为思想自由，同时在维护私有财产制度的前提下，实行国家资本主义政策，以加强国家的经济竞争能力。当然，他们的具体主张也反映了严重的民族危机和国际政治思潮的变化对他们的影响，这就是张君劢他们在坚持民主政治之基本原则的同时，又具有浓厚的认同极权主义的倾向。

紧接着，在《再生》第1卷第2期上，张君劢又发表了《国家民主政治与国家社会主义》一文，进一步就“修正的民主政治”和“国家社会主义”的问题作了阐述，提出了组织政府的11条原则，其主旨是要打破国民党对政权的垄断，建立起举国一致的联合政府，从而使资产阶级及其政党能进入内阁，改变在野的地位，有机会参政议政。他再次严厉批评了国民党的训政理论，指出：实现民主政治的根本条件有二，一是全国治安基础的奠定，二是人民独立自由之心习的养成，但在国民党的训政下，这两个条件都无法达到，所以国民党的“训政”名为替下一步的宪政创造条件，实际上是要使民主政治永远不能实行于中国。《我们所要说的话》和《国家民主政治与国家社会主义》两文，可以说是中国国家社会党的政治纲领。

《再生》出版不久，驻北平的国民党宪兵队即派员赴社中调查，认为《再生》为反动期刊，准备查封。黄郛时任国民党北平政务委员会委员长，张君劢找到黄，说明《再生》的宗旨、内容，对宪兵队准备查封《再生》提出严正抗议。经黄出面，《再生》才免被查封，人员亦未被逮捕。

1934 年 7 月在天津召开了国家社会党第一次全国代表大会，会议通过了政纲、党章，并选举产生了中央领导机构。就政党所应具备的基本条件而言，第一次全国代表大会的召开才是中国国家社会党正式成立的标志。

国家社会党组织系统分为中央、支部和分部三级，最高权力机关为全国代表大会，由全国代表大会选举产生中央总务委员会，设总祕书一人，执行总务委员会的决议，并分设文书、财政、组织和宣传四处，主要任务是执行党章、筹划财政以及决定该党对政局的态度。此外，中央还常设有纠察委员会和政务研究委员会，政务研究委员会下，又设政治、军事、外交、经济、文化等组。第一次全国代表大会选举张君劢、张东荪、胡石青、徐君勉、黄炎培、罗隆基、汤住心、梁秋水、陆叙白、诸青来、胡子笏等 11 人为中央总务委员会委员，汤住心兼组织部长，罗隆基兼宣传部长，梁秋水兼财务部长，张君劢兼总秘书，主持中央日常工作。总务委员会设在张君劢居住的石板房甲 23 号。

第一次全国代表大会后，在张君劢的领导下，国家社会党在党派关系上采取多面出击的政策，它批评国民党“腐化”、青年党

“顽固”,攻击共产党“强化”;批评三民主义失之“混”,国家主义失之“旧”,攻击共产主义失之“激”;批评国民党为“前期革命”,青年党为“过渡时代的点缀品”,攻击共产党为“混时代的牺牲品”,宣称“收复东北,再造中国”,列强、政府、国民党、共产党均“不可靠”,“可靠者,惟有中国国社党”。

由于国家社会党既反对共产党,又反对国民党的一党独裁,所以不仅受到共产党人的批判,也迭遭国民党的打击,其机关刊物《再生》被国民党指定为“反动刊物”,严加查禁。1934 年 12 月 2 日,国民党北平市当局查抄所谓“反动书籍”12819 册,其中有《再生》3120 册,并于同月 26 日由国民党市党部代表“在场监视”之下烧毁。连张君劢译著的书国民党也将它们一一“收集起来,搭了七个塔,一举而焚烧之”。直到抗日战争全面爆发后,国民党才承认国家社会党的合法存在。

第二节　民族复兴之学术基础

在国家社会党成立的前后,日本帝国主义进一步加紧了对中国的侵略,继“九一八”事变和“一·二八”事变后,日本又于 1932 年 3 月 1 日利用废帝溥仪充当自己的傀儡,成立了伪满洲国。面对日益严重的民族危机,为激励中国人民的爱国精神和民族自信心,张君劢开始着手翻译德国著名古典哲学家菲希德(一译费希特)在拿破仑称霸欧洲、占领德国时,不顾个人安危,对德意志国民发表的爱国主义演讲。张君劢认为:“数千年之历史中,大声疾呼于敌兵压境之际,胪举国民之受病处,而告以今后自救之法，如菲希德氏之《对德意志国民之演讲》[①]，可谓人间正气之文字也。”他指出：1806年“拿氏合兰因河之十六小邦为兰因河同盟，实为法国之一部，犹今之日寇擅割吾东三省而称之曰‘满洲国’焉。”张君劢相信，既然菲希德的演讲“药亡国破家之德国而大收其效”，那么，把它翻译过来介绍给中国人民，也一定会成为激励中国人民爱国精神和民族自信心的“苦口之良药”。张君劢根据倭伊铿的节本翻译的《菲希德〈对德意志国民演讲〉摘要》，自1932年7月20日起开始在《再生》月刊上连载，是年底，他又将其汇成一书，交由《再生》杂志社正式出版。张君劢的好友教育家瞿菊农和哲学家林志钧分别为该书作序。此书出版后，颇受人们欢迎，不久即销售一空。翌年春夏，又两次再版。

在书的译序中，张君劢对菲希德十分推崇，认为他是19世纪初领导德意志民族从事“复兴运动”的最杰出人物，“盖菲氏学说，超于军事、政治与教育三者之上，为之建立其最高纲领，乃其所以成为德意志民族复兴之经典也。”他指出，菲希德“演讲之精神，皆本诸其哲学中之所谓自我之精义。此自我之感觉锐敏，乃能辨别耻辱与光荣，此自发于外而为行为，乃尽其职分之所为，试问全国人人能尽自我之责任，而国焉有不强者乎？”当然，张君劢承认，菲希德演讲的每一句话并非都完全正确，但我们读其演讲辞应“略其文字之迹，而会其立言之意”。他认为菲希德在其演讲中阐述了民族复兴的三个重要原则：第一，在民族大受惩创之日，必须痛自检讨过失；第二，民族复兴，应以内心的改造为唯

① 今译为《告德意志国民书》。

一途径;第三,就民族在历史上的成绩,发扬而光大之,以提高民族之自信力。"此三原则者,亦即吾国家今后自救之方策也。世有爱国之同志乎!推广其意而移用之于吾国,此则菲氏书之所以译也"。

张君劢虽然十分重视提高民族的自信力,但他同时又指出,由于具体的国情不同,此点在他国言之甚易,而在我们国家言之甚难。因为在心地纯洁而积弊不深之民族,如果赞扬其祖宗之言行,可以增其自信心与前进之勇气。但在我们国家要作此举,则容易益其骄气,而使之流于顽固保守。为什么呢?"心理上垢污积累者甚多,势不免于扶得东来西又倒也。"故此,他提出在提高民族自信力的时候,应注意防止片面性。既要"以分析的方法,将祖宗之成绩表而出之",同时又须将"其旧日之积弊,亦明白指出之,庶几不因表彰过甚而长其骄气,亦不至因自贬太重而增其媚外之心。"

应该说,张君劢对提高民族自信力应防止两种片面性的强调是正确的,也很有针对性。但遗憾的是,张君劢要别人在提高民族自信力时,应注意防止片面性,但他自己后来在批判胡适的思想时却犯了与一切文化保守主义者相类似的错误:即对"祖宗之成绩"表扬有余,而对"旧日之积弊"认识不足。

张君劢进而指出,无论检讨民族的过失,还是提高民族的自信力,"皆以菲氏之所言,移用于吾国,其要点不外一义,即养成四万万菲氏之所谓'自我'已。此自我感觉锐敏,能识耻辱,能负责任,则敌国虽强,又何患无所以对敌之方法乎?"

为了检讨自己的过失,提高民族的自信力,张君劢风尘仆仆，数次赴山西、山东、广东、广西、云南等地，演讲和发表了《民族复兴运动》、《思想的自主权》、《学术界之方向与学者之责任》、《科学与哲学之携手》、《中华民族复兴之精神的基础》、《中华新民族性之养成》、《中华历史时代之划分及其第三振作期》、《历史上中华民族中坚分子之推移与西南之责任》、《山西对于未来世界战争之责任》等文章。后来他将这些演讲文章汇集成书，以《民族复兴之学术基础》为名，于1935年6月由再生社出版。

在是书中张君劢把民族主义视为立国的基本原则，他认为近代欧洲国家所以强，原因就在于国民民族主义思想发达；中国近代所以弱，原因亦在于国民民族主义思想淡薄。他把日本帝国主义的侵略看成是中华民族复兴的一大转机，认为形成民族主义的外部条件，因日本侵略的刺激已经成熟，当今的根本问题是如何“从教养入手，俾三万万九千万人民咸认识甘为中华民族之人民”，具有发达的民族思想。

张君劢认为，要使“三万万九千万人民咸认识甘为中华民族之人民”，具有发达的民族思想，首先必须从培养他们的民族意识入手。所谓民族意识，又称“民族自觉”，即民族自知其为民族之谓。他指出，民族犹如个人，个人生于天地间，不能离物质与精神，民族亦然，一方为地理气候之所造成，他方则有其宗教学术与政制方面的精神产物。人之所以异于动物者，在有意识；民族之所以为民族者，亦在有意识。故民族意识乃民族之第一基本要素。民族意识虽然如此重要，但由于自古以来环我国四周而居住的都是一些比较落后的“蛮夷”，其宗教政制远不如吾族，文化亦不能与我相提并论，而我之对待他们又复以宽大为怀，故在长达几千年的历史期间，养成民族意识的环境始终未能具备，我国人民头脑中充满的是“天下”观念，而非民族意识，对民族之间的界限，中国人划得不清。

与中国不同，欧洲国家，到处可见发展水平相差不多的民族。因有外民族之故，所以本民族的认识就显得特别亲切。如德意志人与法兰西人世代相抗，举为劲敌，德人自知其为德人，并相信日耳曼民族为世界上最优秀的民族；法人自知为法人，以为世界各民族唯法兰西民族最强。由于国民的民族意识如此强烈，故外人不敢轻侮这两个民族。由此可见，民族意识的有无，是一个民族能否立于世界民族之林，实现民族的强盛或复兴的重要前提。

张君劢进一步指出，除民族意识外，民族思想还表现于情、智、意三方面。所谓情，即民族情爱，也就是对本民族的感情。就中国人对本民族的感情而言，张君劢写道，一方面自“九一八”事变以来，海外华侨，男女学生，乃至一般闺秀，对于抗日将士，踊跃输浆，或捐资，或缝衣，寄往前线，以励士气，其情感之热烈，可谓无以复加；另一方面又因某些统治者及残暴军人对广大人民施以暴政，逼得他们走投无路，致使一些人走上投降日本、背叛祖国的歧途。故此，张君劢指出，欲救中华民族，并使之得到复兴，“唯有提倡民族的情爱而已”。

所谓“智”，即“民族智力”，亦就是民族的聪明才智。张君劢认为，一个民族的智力发达与否，是这个民族能否战胜其他民族、实现民族富强与复兴的关键。他说，凡是一个民族，一定准备有一种自己的力量，可以有恃无恐，为他人所不及的，方才能够占得优势。假使甲国有这样的力,乙国也有同样的力,甲国便不能战胜乙国。推而至于智力也是如此。如果你的智力能够超过他人,你就自然能战胜他人。他举德国为例,1806 年拿破仑割莱茵河为独立国,并限制德国军队不得超过四万人。但后来普鲁士想出办法,实行征兵制度,居然把法国人打败,这是智力胜人的一个例证。据此,张君劢要求大力开发民族智力,并对国民党当局不注重民族智力的开发,而只想依赖外人的援助而苟延残喘提出了严厉的批评。他指出:"以上各例,可以证明凡是一个民族要独立,就要开发自己的智力,若是整天是依赖外交,联美,联俄,亲日,这是做奴隶,而不能做独立国家。"

所谓"意",即"民族意力",张君劢又称之为"民族意志",也就是"民族之所欲云云"。他指出,民族有统一"意志",然后乃能立国。卑士麦时代的德国人,求统一而已。玛志尼[①]时代的意大利人,求复国而已。全体人心既向于一,自能牺牲小我而成其大我,而政治才能安定,社会才有组织,外交才能发展。否则,各吹各的号,各唱各的调,民族意志不能统一,结果必定亡国。就目前中国而言,张君劢认为,民族意志是民族复兴、统一建国,全体中国人,无论其阶级、党派、政治信仰如何,都应该服从这个民族意志。对内,人人立于平等地位,一体自觉;对外,停止内战,统一阵线,共同抗敌。他批评了国民党当局违背民族意志的对日政策,指出:"自九一八迄今,当局(对日)之对策,可以'不战不和、亦战亦和'八字括之,如此,能谓之有意力乎?"

---

① 今译马志尼。

张君劢特别强调，实现民族自救、民族复兴的关键，是大力提高民族的自信力。所谓“自信力”，他解释说：“即自己相信自己能居人上，能有作为。”“凡我之所能，为他人所不及；他人所能者，我无一而不能，是为民族之自力。”在一篇题为《欧美派日本派之外交政策与吾族立国大计》的文章中，他特别强调了提高民族自信力对于一个国家的重要意义。他写道：国之立于大地者，必其国人有其民族自信力。英国所以能够富强，称霸世界，以其国民自信其航海通商与夫运用之技，为他国所不及；德国所以能仆而复兴，以其国民自信德意志民族具有菲希德所说的原初性；日本所以能连战连胜，以其国民具有武士道精神。“虽各族各有特性，其政治、军事、文化之表现，因之而大异。然其为自信力则一。”但反观今日中国，则“唯外人马首是瞻”，外国人怎样说，我们就怎样做，甚至连外国学者之权威，也认为高于国人一等。这正是媚外之心日强，民族自信力日弱的体现。张君劢认为，如果一国的国民缺少民族自信力，事事都要以别人的马首是瞻，那么，作为一个国家就没有“立国之资格”。相反，只有先存争强好胜之心，而后政治、经济、军事等才有可能与人并驾齐驱，而国亦才能与人平等。他在引用了孟子的“士何事？曰：尚志”这一段对话后写道：“民族之所以为民族，亦若此而已。”

张君劢认为，要提高民族自信力，首先必须尊重本国的历史文化，尊重自己的老祖宗，否则，“便等于自己不相信自己，自己不相信自己，则不能为人，岂有一国人民不尊重自己文化而可以立国的？”据此，他对当时思想界出现的那种数典忘祖，全盘否认中国历史文化，“视吾国所固有者皆陈规朽败”的现象提出了批评。他指出，中国文化的落后只是近百年的事，但我们切不可因近百年的落后而妄自菲薄，责骂我们的祖宗，更不可将中国历史文化说成一无是处，一团漆黑，好像都是陈旧朽败的东西，没有半点保留的价值，其实，“每天骂祖宗的，不是好子孙；看不起自己历史的，不是好民族”。一个民族“总得先有自尊心和自信心，然后才可以立国”。否则，“自尊自信之心不立，则万事都无从说起，不仅学术不能自主，即政治亦无希望”。

同时，张君劢又指出，尊重表彰本国历史文化，提高民族自信力，“非谓吾国文化已臻绝顶，而无求于外人，科学不必言矣，即以政治制度论，应步超人后而力求改进者，不可以数计”。所以今后我们应大力采用西方之长，以改进我国的政治制度和科学文化，这是“必然之趋势，无可逃避者也”。但这种学习必须以思想自主为原则。所谓思想自主，用张君劢的话说，就是保持民族的本来面目，或民族文化的独立性。他说，犹如《论语》所说“人心之不同如其面”一样，各人之思想与行为，各有各的特色，甲的思与行不同于乙，同时乙的思与行又不同于丙，依此类推于各民族，亦复如是。甲民族在世界史上有甲种贡献，乙民族在世界史上又有乙种贡献，此可称之为民族文化。一个人的思想，不免为环境所影响，然亦不害其为思想的自主。一个民族的思想，亦不免受地理、历史的影响，然亦不害其各民族文化的独立。唯其思想有自主权，而后各民族在世界上乃有特殊的文化，各民族的这种特殊的文化也就是各民族对于人类的特殊贡献。

思想自主权虽然如此重要，但自1840年鸦片战争以后，尤其是“五四”新文化运动以后，思想界出现了一种特殊现象，“即总觉得自己不如人家”,开始的时候觉得我们不如人家的是“船坚炮利”,继之又认为我们不如人家的是“政治法律”,到了现在则进一步以为我们的伦理,我们的社会,我们立身处世的态度以及学术方法,“一切都不如他人”,都应“弃其所固有,唯外人是从”。张君劢指出:“甘心为外人奴隶,思想自主之权之扫地以尽,未有如中国今日之甚者。”他认为,放弃思想自主权,而“专门追逐外国思想之后”,这是不可以立国的,更无法实现民族的复兴,因为,第一,一个民族的思想决不能离开本民族的历史地理风俗与人情,一个民族无论如何的追随外人之后,决不能离开本国的本来面目。比如,同是社会主义,但在英国、俄国和中国表现各不相同。第二,唯有自己的思想,乃能有自己的发明,自己的选择,否则只能落在别人之后,永远都不可能与欧美这些先进国家并驾齐驱。因为人家是先觉,我只是模仿。尽管中华民族自号为独立的民族,但如果思想上绝不自求为独立,只是一味地追逐模仿别人,那只是有独立之名,而无独立之实,与亡国灭种相差无几。职是之故,张君劢再三强调,处于今日之落后地位,中国必须向西方国家学习,但这种学习要以思想自主为原则,以人家的好处来作参考,来消化它,尔后自出心裁地提出一种合乎自己国家社会的主张来。

要实现思想自主,在张君劢看来,一是要提高对本民族文化的自信心,并在此基础上对“吾国文化仓库里”的财产作“一番审查的工夫”,看何者宜于现代而应提倡,何者不宜于现代而应暂搁,从而“确立本国人民之信心与中心思想”。二是运用自己的思想力,在苏俄和欧美的夹缝间,“求吾国自己所以立于大地之政策”，并创作出合乎国家社会的“独立的”思想学术来。

张君劢特别看重独立的学术创作对于民族复兴之积极意义。他写道，三四十年来我国之维新派、革命派都自政治下手以图建设国家，然政治上之用力尤多，而派别尤歧，内争尤烈。其结果为全国之分崩离析，而外敌乘之。他认为如果移一部分全国之心力于文艺上、哲学上和科学上之创作，必大有裨益于民族建国之业。因为：第一，我国思想正处于新旧交替之际，唯有以本时代的中国人自创一种哲学上、社会上、政治上之学说以解决人们所面临的种种问题，积日稍久，自为人们所公认而奉为圭臬。这是学术创作有裨于民族复兴者一。第二，三四十年来的我国高等教育，以派遣留学生为唯一长策，因所留学的国家、居住的环境、受教的师说、闻见的风俗人情等都不相同，各挟其不同之印象以归，故我国思想界中隐然有美、英、法、德、俄、日的势力范围的存在。诚欲补救，唯有奖励国人的自主的思想，国族本位的学说，这样才能合此众多的以国为别之学说而冶于一炉之中。这是学术创作有裨于民族复兴者二。第三，科学虽无国界，但一个国家的科学水平如何，体现的是这个国家的智力和综合国力，我国今日科学界如果能出现德国的洪蒲尔氏、黎比希[①]氏和印度的拉曼氏那样的科学大家，世界各国也必为之肃然起敬。这是学术创作有裨于民族复兴者三。第四，理智的表现为学术，情绪的表现为诗文，当民族复兴运动尚未成立之际，尤贵有文学

---

① 今译李比希。

家将此愿望形诸诗歌之中，如意大利之但丁，德国之阿恩脱[1]，就是其例证。近年印度诗人泰戈尔在国际上声名大振，并因此而引起世人对印度独立的同情，这决非偶然的事情。这是学术创作有裨于民族复兴者四。张君劢指出，上述四端，“合而言之，不外乎民族理智、民族情感、民族意志之融化”。他并且相信，今后我国哲学界诚有如康德辈之大创作，社会科学与自然科学界诚有如黑格尔、李斯德[2]、洪蒲尔辈之大创作，文艺界诚有如但丁、歌德辈之大创作，那么全国思想就会有所折衷，人民情绪就会欣欣向荣，民族复兴、民族建国的大业就一定能完成。故他把合乎于国家社会的独立的学术创作视之为“民族复兴的基础”。

既然合乎于国家社会的独立的学术创作是民族复兴的基础，故张君劢以创作合乎于国家社会的独立的学术为己任。在《民族复兴之学术基础》中，他讨论了中西文化的比较，科学与哲学的关系，中国新哲学的创造，当代政治思想以及黑格尔哲学等一系列学术问题。就中西文化比较而言，他认为“以孔孟以来之学术与西方近代科学相对照，则吾国重人生，重道德，重内在之心；西方重自然，重知识，重外在之象。因此出发点之不同，亦即两文化之所以判然各别”。在科学与哲学的关系上，他反对科学万能论，但也对以前所持的科学与哲学截然二分的观点进行了修正，主张“科学与哲学之携手”，即“在科学家的立场，用不着排斥哲学家；哲学家当然亦不必排斥科学家，且应引为好友”。关

---

① 今译阿恩特。

② 今译李斯特。

于中国新哲学的创造，他指出，中国哲学不能只停留在翻译介绍西方各派哲学的阶段，“仅以依样画葫芦了事，而应有独立自主的思想”创造出自己的新哲学。具体来说，他认为，以后中国新哲学应具有如下几个特征：（一）吸取英、美、德、法等国哲学之长；（二）富于调和性，不走极端；（三）关切伦理、教育、政治以及社会其他方面的实用问题；（四）注重冥想，承认形而上学。至于当代政治思想，他以“混沌”二字括之，指出，欧战以后政治思想存在着英美的民主政治与俄意的独裁政治的对立，并认为中国今后的政治出路，第一，先应顾到国家与民族利益，而将阶级斗争放置于后；第二，应于自由与权力之间求得平衡。

张君劢在《民族复兴之学术基础》中还依据“民族活力”的盛衰对中国历史进行了新的分期。所谓“民族活力”，“即民族的生存力”。他认为那种拿秦朝作为分界线，此前为上古时代，此后为中古时代的旧的历史分期法，“把中华民族发展力澎涨力之一点完全忽略了”，这是不对的。在他看来，如果以“民族活力”为标准，那么秦汉可以划入中国历史的上古史内，为中华民族振作的第一期；经过魏晋南北朝长达300多年的民族大融合后而建立起来的隋唐和宋朝，是中华民族振作的第二期。“我们民族今后所当努力者，为第三振作期。”在不久出版的《明日之中国文化》一书中，张君劢对中华民族历史的划分又作了进一步的阐述。

第三节　明日之中国文化

大约是《民族复兴之学术基础》出版的前后，张君劢应主掌粤政的国民党地方实力派人物陈济棠的邀请，再次南下广州，主持明德社。不久，在陈济棠的支持下，创办学海书院。

但书院没有存在多久。1936 年 6 月，与蒋介石矛盾甚深的国民党西南地方实力派人物陈济棠、李宗仁、白崇禧等，不满于蒋介石的对日妥协和剪除异己政策，揭起反蒋抗日旗帜，“两广事变”发生。结果，陈济棠被蒋介石用大军压境和分化收买其部下的手段赶下台。陈下台后，学海书院因陈的关系而被国民党关闭，张君劢则于书院关闭的前夕离粤北归。

书院关闭的前后，商务印书馆出版了张君劢的一部很重要的文化哲学著作——《明日之中国文化》。这是他在广州主持明德社和学海书院期间，在明德社学术研究班与青年会所作《中国与欧洲文化之比较》系列演讲和旧作《中华民族文化之过去与今后之发展》合印而成。

在《明日之中国文化》一书中，张君劢首先探讨了文化的起源问题。他不同意传统的地理说。传统的地理说主张文化起源于河流附近，如中国文化发端于黄河流域，埃及文化滋生于纪罗河①畔，巴比伦文化繁荣于欧佛兰梯斯河②沿岸。但他认为，“此仅为数个特殊现象之偶同，不能即据之以为定论曰：凡属大江流域皆为文化发生之区也”。欧洲的多瑙河，北美的密西西比河，非洲的刚果河以及南美的亚马孙河等诸大川，亦皆源远流长，沿岸草木蕃殖，风物宜人，但为什么这些地方没有产生文化呢？尼

---

① 今译尼罗河。

② 今译幼发拉底河。

罗河流经了数千年，但为什么埃及文化会中途衰落呢？希腊文化的产生多赖于海岸线之曲折，但为什么马基顿[1]帝国之后又会寂然无闻呢？由此可见，不能把自然与文化的关系估计过高，视地理环境为文化产生的唯一原因。

他也不同意传统的人种说。他指出，人种说认为文化产生与人种之优劣有密切关系，有优秀的人种才会产生伟大文化。例如法国人哥比诺[2]（Gobineau）在其《人类之不平等》一书中就声称，文化之产生，由于血统优秀之人种，是为阿利安[3]人种。对此张君劢批评道："哥比诺氏之说，即为今日德国希忒拉[4]党人排斥犹太人政策之张本，自希忒拉组党，以保持血统纯洁为立国长久之道，訾犹太人之轻义重利为非日耳曼人之同类。"英人张伯伦韪哥氏学说，更取哥氏学说而狭之，专以推崇北方人种为事，亦即以条顿族、日耳曼族、盎格鲁撒克逊族以及挪威瑞典人为北方民族，所以别于阿尔卑斯山与地中海之拉丁族。实际上有的欧美学者就已指出，这种推崇北方人种的看法并没有事实的根据，而仅"逞感情"而已。在张君劢看来，哥比诺、张伯伦所以要主观地将阿利安人说成是世界文化的创造者，"意在提高阿利安人之地位，然后以其他文明民族为附庸也"。

张君劢赞成英国学者汤因比（Toynbee，张译陶尹皮）的"挑战与反应说"，认为这种"谓环境向人类挑战，人类必须谋所以应

---

① 今译马其顿。

② 今译戈比诺。

③ 今译雅利安。

④ 即希特勒。

之，然后方能发生文化”的“挑战与反应说”，较之“谓地理环境为文化产生唯一之原因”的“地理说”，和“谓文化产生与人种之优劣有密切关系”的“人种说”，“为合于事理”。因为“挑战与反应说”先以两种因子为前提，一曰人，二曰地理。故汤因比强调，文化产生的原因，非单纯的，而是复杂的，既不能仅仅求之于人，也不能仅仅求之于地，而应求之于二者之关系。张君劢特别赞赏汤因比从“挑战与反应说”出发，得出的“文化非人类中一部分之特权，而为全人类与生俱来之权利”的结论。他写道：“由此简短而有力之文中，陶氏对于哥比诺氏之推崇阿利安种与夫其他欧美人之主张北方人种说者，立于反对之地位，可以见矣。”

张君劢虽然赞成汤因比的“挑战与反应说”，但他对汤氏依据这一学说将有史以来的人类文化划为21种单位提出了批评，认为“其中重复之处颇多”。在他看来，与其将有史以来的文化划分为21种单位，还不如“归纳为四较为方便”：（一）欧洲；（二）小亚细亚；（三）远东；（四）南美。

在探讨了文化的起源问题后，张君劢分论了印度、欧洲和中国文化。

关于印度文化，张君劢指出，印度人的第一个显著特点是无历史观念，“非独史乘之记载不明，且直不要，即偶有叙记，时期与记事亦多颠倒殊误”。印度人的第二个显著特点是政治组织能力不强，他们不仅对欧洲的民主政治望而却步，就是对中国式的封建专制的大一统之局也弃而不用，所以，数千年来的印度从没有统一过北自喜马拉雅山、南达印度洋这一大块领土，一遇外敌，无不败北。印度人的第三个显著特点是宗教观念发达，其人生观“以天上为最乐，以世间为痛苦也”。张君劢指出，虽然印度佛教对中国古代文化产生过重要影响，但时至今，印度文化与中国文化的关系已不占重要位置，占重要位置的是欧洲文化。

就欧洲文化而言，张君劢认为，其重要元素有三，这就是古代之希腊罗马文化，中世纪之耶教文化和文艺复兴以至于今日的现代文化。如果说古代希腊文化是欧洲文化之母，那么古代罗马文化对于欧洲文化的贡献，则第一，在其所谓帝国组织，欧洲之君主如神圣罗马帝国的皇帝，如德国的 Kaiser，俄国的 Czar，皆得名于罗马的 Caesar；第二，在其罗马法以及法律名家能遵守论理规则加以解释，以立解释法律之轨道，从而养成了欧洲今日的法治精神。至于中世纪的耶教文化，张君劢不同意那种仅视耶教为迷信，认为它对欧洲历史只具有负面影响的观点，指出：“耶教虽以迷信始，然其既受政权庇护之后，渐知尊重学术，自操农工业。在中世纪黑暗之时，独由彼等维持学术上之一线命脉；更对于贫苦人民予以安慰，不可谓非大有造于欧洲也。”另外，从宗教改革对欧洲政治和学术的影响来说，“耶教之为欧洲文化中不可分离之部分”，也是无可怀疑的。

在三大元素中，张君劢重点考察了欧洲文艺复兴以来的现代文化及其特征。他认为欧洲文艺复兴以来的现代文化的特征主要体现在四个方面：

一、“民族国家之成立”。张君劢指出，虽然早在 10 至 15 世纪，欧洲就有少数几个民族国家出现，但那是一种不自觉的民族运动。作为一种自觉的民族运动，欧洲民族国家的成立则是文艺复兴以后的事。他对欧洲民族国家的成立予以很高的评价，认为它的价值“实远在文艺复兴与科学发展之上”，因为在世界实现大同以前，“民族国家实为各民族之最高组织，有之则存，无之则亡，欧洲各民族对于现代文明之贡献，自不能离弃其各族所爱护之国家”。故此，他要求国人不要“但知以发展科学发展文艺为事，而忘民族国家之要求”，如果这样的话，就会重蹈15世纪后意大利的覆辙，科学和文艺发展了，但民族的自由与独立则无法实现。

二、“民主政治之发展”。欧洲的民族国家成立之后，其政治制度经历过由君主专制到君主立宪或民主共和之民主政治的转变。就现代欧洲民主政治的内容而言，张君劢认为，它不外两点：“第一，人民各种自由之保护；第二，人民得参加政治，在选举时表示其赞成或反对，其表现于政治组织中者，为议会，为选举，为预算制度，为责任内阁，为政党。”他还对现代西方民主政治与东方式的专制政治、欧洲中世纪的帝政和古希腊罗马的民主政治进行了一番比较，认为“现代之民主政治皆胜于以上三种政治”。因为东方式的专制政治和欧洲中世纪的帝政皆以一人之好恶为转移，而现代民主政治下各人生命财产皆有法律为其保障；在古希腊罗马的民主政治下有三分之一的人民为奴隶，而在现代民主政治下所有国民享有同等的公民权利。故此，张君劢指出，尽管欧战后欧洲渐有离民主政治而趋于独裁政治、离法制而趋于党治、离容忍而趋于不容忍之势，其政治前途能否胜于百年来之民主政治，尚在不可知之数，但就民主政治百余年的成绩而言，不能不谓为人类历史中的伟大成功。

三、“知识之爱好”。张君劢指出，文艺复兴之后，科学有了很大发展，与古代希腊罗马时期相比，文艺复兴后科学发展所取得的成绩主要体现在两个方面："一曰方法之精密超乎古代之上"，除论理学上归纳与演绎两大方法外，更有所谓求同求异求变余同诸法；"二曰观察实验，不仅限于试验室中，且择世界上最适宜地点以行之"，如达尔文自坐船以考察南美洲及其各地之植物，近年为证实爱因斯坦的相对论，而有观察日食之探险队，这些都是古代无法比拟的。

四、"道德观念之变更"。张君劢指出，现代欧洲文化的一个重要特征是功利主义，这种功利主义强调的是个人自利，而不是大我利益，是有形的数量计算，而不是无形的善恶是非。他并举英人颉特氏（Kidd）著《西方文明之精义》一书，以说明功利派的学说在英国的盛行。但和英国不同，德国由于国家之困苦频连，长期落后于英法，故康德、黑格尔辈所提倡的哲学不在功利，在道德，在形而上学，在黑格尔的"以国家为精神之表现"。就此言之，张君劢指出，欧洲现代文化虽以功利主义为特征，但如果据此以为欧洲人都是功利主义者，那就大错而特错了。

就英国的功利派学说和德国康德、黑格尔的道德学说比较而言，张君劢认为，正处于国难之中的中国人所需要的是后者而不是前者，他写道："吾以为西洋道德之可贵，在乎个人之自尊自立，不依赖家族；在乎人民爱国心之强烈，无所畏缩；在乎个人之互相合作，绝不自以为是，标高立异；此吾人所当效法者也，而功利学说不与焉。"

总之，张君劢认为，从上述欧洲文化中的三大元素以及后一元素的四大特点观之，"欧洲民族对于世界文化之贡献可以举要言之者凡二点”：第一，欧洲人长于建设国家，其组织在于各人于享受自由之中，而有运用敏捷之政府，自由与权利得保持其平衡；第二，欧人求知欲之旺盛，不仅有正确之方法，而且还有探奇索幽之兴趣。他并强调指出：“吾国今日处于救死不暇之地位，自不必以议论他人长短为事，自不必高唱欧洲衰亡之论，但问吾人如何采人之长补己之短，此吾望于国人者也。”

就张君劢对欧洲文化的三大元素尤其是对欧洲现代文化的四个特征之分析来看，应该说是比较深刻的，也具有许多合理因素，如他赞赏希腊罗马文化的民主传统，适当肯定耶教文化在欧洲文化中的位置，把民族国家的成立，民主政治与科学的发展，看成是现代欧洲文化的重要特征等，这比起梁漱溟在《东西文化及其哲学》中把西方文化笼统地概括为“意欲向前要求”无疑前进了一大步。

在《明日之中国文化》中，张君劢着重对中国过去文化进行了考察，他以“民族活力”为“透视线”，把中国过去文化分为三个时期，即秦汉以前为第一期，自晋至宋为第二期，自元至清为第三期。

在秦汉以前这一时期，张君劢主要讨论了三个问题：（一）指出中国文化来源于汉族自造，反对西方部分学者所散布的“中国文化外来说”，认为“创造吾族之文化者，为尧舜禹汤文武周公”。（二）指出春秋战国是我国封建时代文化大发展的时代，“此时代之文物，自其朝聘会盟之礼观之，可谓灿然具备”。在政治制度上，封建时代的官制、兵制、税制、家族制度都已基本形成；在思想文化领域，儒、道、墨、法、名诸家并起，自成学派，形成了百家争鸣的局面;在自然科学方面,古代相传的天文学和医学等有了很大发展。(三)肯定秦汉时期的统一业绩。张君劢一反过去史学家对秦始皇的否定评价,认为“秦始皇并吞六国,成一统之业,是为古今升降之一大关键”。他充分肯定秦始皇废封建,建郡县,废井田,开阡陌,书同文,车同轨,统一度量衡以及降百越,服南粤,削匈奴,筑长城对中华民族大一统之业的重要贡献。就是被历代史学家视为暴政的秦始皇“焚书坑儒”,“以吏为师之令”,在张君劢看来,它也与汉武帝时董仲舒“罢黜百家,独尊儒术”的建议一样,“无非求国民思想之归于一是,以奠定文化统一之基石耳”。总之,张君劢认为,秦汉时期“因内部统一,乃能立功异域,举塞外与西域诸国而臣属之,实为汉族全盛之日”。

自魏晋迄宋末,这是我国民族文化发展的第二时期,其文化特点有二:一是民族血统的融合;二是外来思想的侵入。“质言之,五胡乱华以后之汉族,绝非秦汉时代之汉族,此时代之文化,亦非秦汉之嫡传,而为混血后汉族之新产物”。

首先,就民族血统之融合而言,张君劢指出,早在周末春秋时期,汉族就已开始与周边少数民族发生血统融合,到了魏晋以后,由于少数民族内迁,统治黄河流域达270余年之久,汉族与少数民族医杂居一处,血统融合有了进一步的扩大。

其次,自外族文化的侵入来看,张君劢指出:“凡政治上大乱之日,宗教思想之易于侵入,自为意中事。佛教自魏晋以后,大盛于中国,即由当时人心厌乱而求归宿之所致。”佛教传入中国后,中国的民族文化因受佛教的影响而有了新思想新活动的产业,这种新思想新活动表现在学术方面,即有第一时期,国人赴印度研究佛法，如法显玄奘赴印度满载佛经而归；第二时期，佛教在中国得到自然发展，并形成天台宗、华严宗、法相宗、南派禅宗等中国化的佛教宗派。佛教的传入与盛行，最终引起了儒家的觉醒与反对，于是先有唐代韩愈的谏迎佛骨，后有宋代孙明复的儒辱论和欧阳修的本论，这些"同为儒教思想复活之表现"。唐太宗命孔颖达等编纂《五经正义》，其目的和汉武帝表彰六经一样，也是为了"以儒教正定人心"。

张君劢进一步指出，经过民族血统之融合的中国民族，在隋唐两代其活力得到大的发挥。隋之年代虽短，然炀帝武功大可称道。唐代不仅民族向外之膨胀达于极点，东至朝鲜，西至印度，皆为中国属国，武功之盛，为秦汉所不及，而且民族情感之发端于诗歌文化者也臻于极盛，故有李、杜、韩、柳之诗文和王维、大小李将军之绘画。宋承唐极盛之后，在武力方面虽不及唐，但在思想上则有超过之处，如理学之成立，宋画、宋瓷与宋版书籍之脍炙人口，这些都是"民族活力之表现"。

我国民族文化发展的第三时期起于元朝，终于清末。在这三代（元、明、清）约六百年间，"吾国土全部两次灭亡于外人"。元朝以蒙古人统治中国，汉族丧失了文化、政治的统治权，其民族思想无从表现，虽有姚枢、吴草庐诸人传授朱陆学说，然不过宋朝之余绪。由于这时的读书人在政治上无从发挥，乃走入小说、戏曲一途，于是产生了《西厢记》、《琵琶记》、《水浒传》、《三国演义》等名著。明太祖朱元璋推翻元朝后，本来可以有一番大的作为，使中华民族的活力得到充分表现，然而他为了巩固明王朝的统治，在政治上，鉴于宋代外轻内重之弊，大封诸王，恢复封建制度；在思想上，崇尚儒术，下令编订《五经大全》、《四书大全》、《性理大全》等书，“凡应科举者，皆以大全之文为根据”。因其“见解之陋”，有明一代，其思想文化并没有得到发展，只有王阳明“在政治黑暗与‘此亦一述朱，彼亦一述朱’之环境中，勉强另辟途径，创所谓‘致良知’、‘知行合一’之学说，稍破沉寂之空气”。除此之外，明代学术上之成绩，鲜有值得称道的。满清乘明末之乱入主中国，在其长达260余年的统治中，哲学上没有新的创造，学术上为近代学者所称道的是考据学。而考据学，在张君劢看来，不过是一种文字学，对于民族思想之发挥实无用处。此外，清代的书法和绘画亦“规行矩步，绝少创作天才”。总之，和元代一样，我国民族活力的消沉，在清代也“达于极点”。

张君劢以“民族活力的盛衰”为“透视点”，从纵向上对我国三千年文化史进行了较为系统全面的考察，指出了不同历史时期的不同文化特点，为中国文化思想发展史描绘了一个基本轮廓，应该说这是一项很有意义的工作，他得出的一些认识与结论也颇有见地。比如，他一反长期以来人们对秦始皇的否定评价，充分肯定他统一中国的历史功绩；认为隋唐两代中国民族活力的极大发展，是魏晋以来民族血统长期融合的自然结果。他指出，民族文化的兴衰与民族活力有着密切关系，有活力则有文化，无活力则无文化。当然，由于阶级和时代的局限，张君劢对中国三千年文化史也存在着不少错误的认识，最突出的表现是他具有浓厚的大汉族主义思想，因而不能正确对待我国少数民族的文化。如他讲的“民族活力”，主要指的是汉族的民族活力，而众多少数民族的民族活力则没有纳入他的视线之内；他错误地认为元清两代为“非我属类，吾人今日断不能引之为光荣”，甚至称元清王朝的建立是“真正国耻”；另外，他从现代新儒家的立场出发，过多地宣扬儒家，尤其是宋明理学，视儒家的盛衰为中国民族活力盛衰的主要表现。

从纵向上考察了中国三千年的文化史及其特点之后，张君劢又从横向上分五个方面对中国文化作了一番总的评判。

第一、政治方面。张君劢指出，中国政治上人所共见的特点是君主专制，以一人高拱于上，内则有六部九卿，外则有封疆大吏与府县亲民之官，此一人贤明则国治，此一人昏愚则国乱。这种大一统的君主制政治，自其所统治人民之众，地域之广，及其在司法与行政上能保持相当之秩序言之，可称得上是人类的一大成绩。然而这种成绩与其说是政治上的，还不如说是文化上的。因为这种君主专制政治，君主一人高高在上，以考试制度取士，以四书五经为基本典籍，令全国人童而习之。所以凡想当官的人，都必须读四书五经，参加科举考试，受朝廷的任命。由此之故，孔孟思想乃广及全国，而成为思想之中心。且由此方法，乃有全国四万万书同文之同胞。但另一方面，由于这种君主专制政治经常引起篡弑之祸、宦官之祸、宫戚之祸、王室子弟相残之祸、流寇之祸、群小包围之祸，因此造成国民愚昧无知、奴颜婢膝、胆小自私、敷衍塞责等不良恶习，“凡西方所谓独立人格，勇于负责与为国牺牲之精神，在吾绝无所闻，绝无所见”。

第二，社会方面。张君劢认为，中国社会上的特点是“家庭主义”。我国自周秦以降，就已形成敬宗尊祖的风气，更以丧服之制定其亲疏之差，以姓氏为社会分子团结之唯一基础。这种以血缘关系为纽带的家庭制度，其优点是家族成员彼此间能互助，有利于维护社会稳定，其弊端，一是家族由男子继承，子孙多，族人众，足为同族光宠，由此造成人口增长过速。同时，一家之中因人口太多，关系复杂，婆媳姑嫂妯娌的不和成为常事。二是既以家族为单位，个人便失其独立之价值。在刑法上，有所谓夷三族、夷九族之刑，至明方孝孺乃举十族以殉一人，可见家族制度是何等的残酷。三是子弟既与父兄同居，以有父兄可依，于是人人不务正业，浪费家财，所以和欧洲贵族能传数百年之久不同，中国的名门贵胄，传一二世之后没有不衰落的。

第三，学术方面。张君劢指出，春秋战国是我国学术的"勃兴时代"，当时儒、墨、道、法、名、兵、阴阳诸家各立门户，各张己说，相互驳难，学术空气十分活跃。如果"循此轨道而发挥之，吾国学术或可不至如今日之落后"。中国学术之所以会落到今天这种半死不活的田地，其原因不外两个："一曰文字之障碍；二曰论理思想之缺乏"。

就"文字之障碍"而言，张君劢指出，我国古代文字有所谓蝌蚪与大篆，小篆出于秦时，至汉代更有隶书八分与真行草诸体，因此字体的不同，乃生许多"鲁鱼亥豕"之误，于是便有了校勘学、训诂学、音韵学和考据学。两三千年来，全社会的心力都消耗在文字训诂之中，到清中叶，更视此为人间唯一学问，但有支离破碎的考据，缺少伟大天才与伟大思想系统。据此，张君劢对胡适、梁启超等人推崇清代的考据学提出了批评，他写道："吾常以为一国中必有若干思想内容之学，即曾文正所谓义理之学，而后可以立国；若专以此等支离饾饤之学为学问，吾恐其因考据而亡国矣。”

从“论理思想之缺乏”来看，张君劢认为，其表现主要在五个方面：(1)不知有概念。清代汉学全盛之日，虽然有“不通文字不能穷经”之言，但不知文字为言语的单位，与概念之为学问的单位完全不同，通其文字，未必能知概念之内容，知概念之内容，未必能通文字之来源。这是论理思想之缺乏影响我国学术的第一个表现。(2)既然不知有概念，也就不知道对于一个概念下定义，因而亦就无法确定此学问与彼学问的界线，从而引起种种辩论，种种新意见、新观点。这是论理思想之缺乏影响我国学术的第二个表现。(3)自《墨子》一书沉埋后，中国即无再谈论理学的书，而论理学则为“学术之母”，因此，“论理学之消亡，即成为一切学术知识之消亡。吾国既为缺乏论理学之民族，其自然科学自亦无由而发展”。这是论理思想之缺乏影响我国学术的第三个表现。(4)中国的儒、墨、道、法诸家自发端之始，即以人事为中心，以君臣子关系如何归于正道为目的，而人事问题则存之于内心。正因为“吾族思想局促于人事问题”，所以自然问题、宇宙问题没有得到应有的重视。这是论理思想之缺乏影响我国学术的第四个表现。(5)我国古书上就有神农氏尝百草，羲氏和氏治历象以齐七政的记载，但由于缺乏论理思想，“无论理方法验其为学之标准”，因而“后代对于天文地理医学与动植物均流于医卜星相之手，而不能提高之以成为学术”。这是论理思想之缺乏影响我国学术的第五个表现。

第四，宗教方面。张君劢指出，中国人自古以来就有所谓“天人合一”思想，论人不离天，论天不离人，言人事必推本于天道，言天道必求其效验于人事，因此，和西方思想中将上帝与人类划为两界大不相同，在中国人的思想中，天人之间不存在大的鸿沟，这是中西思想最大不同之点。由于中国人的这种“天人合一”思想合于阴阳五行之说，于事物一阴一阳一动一静之两面，皆认为可以并存而不可偏废，故民族兼容并包之量最大，对各种宗教，如道教、佛教、喇嘛教、耶教以及卜筮风水之说，都能坦然迎之，绝不认为彼此有何冲突。这是中国人的宗教态度之好的一面。坏的一面是杂乱无章，由于平日言天事而不离人事，因而缺少事天的诚敬，陷于信仰上的不专一，人们所以信仰宗教，只是为了“益寿延年”，“有求必应”，这与西方人对于上帝但求悔罪赦免大不相同。对于宗教的这种不同态度，反映在人事上，西方人处事有诚意，能率直而不失其真，并在政治上有一种不屈不挠的气概，而中国人则专以敷衍应酬为生。

第五，艺术方面。张君劢指出，“吾国艺术之长，不仅以‘真’为务，兼具天道于其中”，也就是说，它处处表现了“天人合一”这一中国人的基本思想，“以天地纳入于山水之中，则山水自具有一种穆然意远，与天地为俦侣之意；如深山流水旁高僧修道之像，立意即超绝人寰，则意境自深远矣”。王维、米南宫的画所以淡墨数行，而富有宇宙无穷之意味，原因就在于达到了“天地与艺术合而为一”的境界。

以上张君劢比较客观地对过去中国文化进行了分析和评判，尽管这种分析和评判是粗线条的，有失肤浅与简单，有的观点也过于偏颇，如他认为一国之中必有义理之学而后才可以立国，与这种过分肯定义理之学相反，对于考据之学他则予以全盘否定，认为它是造成中国今日学术落后的障碍之一，而没有给予义理、考据之学以实事求是的客观评价。但我们也应承认，他的有些看法是很有见地的，例如，他指出，在君主专制政治之下，国民思想受到禁锢，这是造成国民缺少独立性的重要原因；家族制度易养成人们的依赖心理，从而使个人失其独立之价值；我国论理思想之缺乏，应对我国今日学术落后负主要责任等，这些都充分显示了张君劢思想的深刻性。

当然，无论是从纵向上考察过去中国文化的发展，还是从横向上对过去中国文化作出总的评判，张君劢的目的都是为了回答"中国文化向何处去"这一自鸦片战争以来中国无数的思想家、政治家都曾试图回答，而又都未能回答，并且引起过无数次争论的既老且新的问题。就中国未来文化的发展而言，张君劢指出，其根本问题在于树立民族的自信心，"民族而有自信心也，虽目前有不如人处，而可徐图补救；民族而失其自信心也，纵能成功于一时，终亦趋于衰亡而已"。而要树立民族自信心，首先就必须克服那种认为"民族对外成功之日，自信心自易于确立；对外屡次失败之余，虽日日叫喊自信心，有何用处"的思想。他举菲希德为例。昔德国被拿破仑战败之后，菲希德常举德国之语言诗歌宗教以证明德意志民族之为原始民族，菲氏之意，无非谓此民族精神大有过人之处，一旦内心发动，即不难转弱为强。"吾人根据菲氏之言，移而用之于吾国，则以吾民族之能自创文化，……不可以当原始民族之名而毫无愧色乎？此吾民族之所当念念不忘而引以自豪者也"。

为了树立中国人民的民族自信心，张君劢在此书附录《中华民族文化之过去与今后之发展》一文中，重点论述中国文化的特点以及对世界文化的贡献。他指出，除了指南针、火药、造纸术、丝、茶、瓷器等等这些为西人所津津乐道的东西外，中国文化在宗教、社会、学术和美术方面也具有自己的特点，并取得了举世公认的成绩，如浩繁的史籍，为他国所罕见，美术、文学被西方人视为神品。尤其值得中国人骄傲的是，“中华文化之生命，较他族独长。与吾族先后继起之其他文化民族，已墓木高拱矣，而吾华族犹巍然独存”。他并就此与古印度、古希腊、古罗马文化进行了一番比较，以说明中国文化所以历久长存之故。他指出：中国人“人种语言之纯一，文事武功之双方发展(印度为单方)，文化根据之深厚，均有独到之处。虽云理智稍逊于希腊，然亦非全不发达，其性情又宽厚而能持久，且善于蕴蓄实力，以图卷土重来，此殆吾族所以历四千余年之久而犹存欤”。我们决不可因今日中国的失败，而否认历史上中国文化所取得的成绩，失去民族自信心。实际上，与古代各民族相比，中国民族“不特无逊，且时有过之者”。

张君劢虽然主张大力表彰中国文化过去之成绩，以树立国民的民族自信心，但他反对复古，而力倡创新。他指出：“复古之说，甚难言矣。”同为儒家，有的主宋学，有的主汉学；汉学之中，有的主古文，有的主今文，有的主郑玄，有的主王肃；宋学之中，有的主程朱，有的主陆王。儒家各派的优劣得失，虽然有所不同，但“不能对于现代之政治、社会、学术为之立其精神的基础一也”。如果说复古之说，只是劝国人多读古书，阐发固有道德，以唤醒国人，使其不至于忘本，“此自为题中应有之义，与吾人之旨本不相背”，但要是谓今后全部文化之基础可取之于古昔典籍之中，“则吾人期期以为不可”。因为“自孔孟以至宋明儒者之所提倡者，皆偏于道德论。言乎今日之政治，以民主为精神，非可求之古代典籍中也；言乎学术，则有演绎归纳之法，非可取之于古代典籍中也”。故此，他认为：“与其今后徘徊于古人之墓前，反不如坦白承认今后文化之应出于新创。”

张君劢进一步阐述了创新的必然性及其重要意义。他说，一时代之社会，自有一时代之哲学为背景。中国民族今日所处之时代，所遇之邻国，既与昔异，除吾族具有一种勇气，另辟途径外，别无可以苟且偷生迁延度日之法。其在政治上，当有卢梭、陆克①辈之理想，以辟政治上之途径；其在哲学上，当如笛卡儿及康德辈，以立哲学之系统；其在科学上，当如加利雷②、奈端③、达尔文之勇于探求真理，与夫19世纪初年德国科学家于各方面之努力。诚能如是，则创新文化之基础，自不难于成立。同时，张君劢强调指出，文化上之创新并不是要抛弃“祖宗之遗产”，与传统决裂，相反是为了更好地保存“祖宗之遗产”，因为“祖宗之遗产”只有在创新之中才能得到保存。他举英德两国为例。德国人在科学哲学上时有发现，而对于路德、歌德、俾士麦④等，未尝少减其崇拜；英国人之科学哲学同在创新之中，而米尔顿⑤、莎士

---

① 今译洛克。

② 今译伽利略。

③ 今译牛顿。

④ 今译俾斯麦。

⑤ 今译弥尔顿。

比亚与夫休谟、穆勒之书,未尝不家喻户晓。就此,他得出结论:“可知在日新之中,而古亦自能保存。换言之,在创造之中,则继既往而开将来,自能出于一途也。”“否则,则新者不能创造,而旧亦无由保存。”

张君劢力倡创新,以建立新的文化基础,但他同时又认为,如果仅只学习西方的科学、西方的实业、西方的军事,或西方的民主政治制度,新的文化基础仍将建立不起来,因为科学、实业、军事和民主政治制度只是西方文化的“优长”,而不是“优长”的由来。在他看来,西方文化之“优长”的由来是“精神之自由”,而中国文化所缺者也是“精神之自由”。据此,张君劢认为,未来中国文化的新方向,应以“造成以精神自由为基础之民族文化”为“总纲领”。

所谓“精神之自由”,张君劢指出,有表现于政治者,有表现于道德者,有表现于学术者,有表现于艺术、宗教者。“精神之自由”表现于政治上,必须改变几千年来在君主政体下形成的那种“命令式之政治,命令式之道德,与夫社会类此之风尚”,使国民能像西方人那样,“于自己工作,于参与政治,于对外时之举国一致,皆能一切出自于自动,不以他人之干涉而后然”。同时,切实保障人民的生命、财产、言论、结社以及参政议政之权力,一切政治上的设施都要以民意为前提,努力铲除“几千年来人民受统治于帝王,政治上之工作,等于一己之功名,故有意于致身显要者,争权夺利,无所不至”的现象。

“精神之自由”表现于学术上,则不能像过去那样,专以利用厚生为目的,而缺乏游心邈远之精神自由,相反,应对于宇宙一切奥秘皆认为负有解决之义务;同时在思想上自受约束,而守论理学之种种规则,并使学问家具有高远的想象力,以促进高深学术的发展。

"精神之自由"表现于宗教上,应从一人一宗教下手,改革僧道习惯,养成真正的宗教信仰。

"精神之自由"表现于艺术上,除继续保持旧日的成绩外,应努力扩大新的领域,创作出如但丁之《神曲》、歌德之《浮士德》那样的长篇诗文,使西方所具有的艺术形式,中国也具有之。

张君劢强调指出,上述精神上的种种个人自由,只有在民族大自由中乃能养成,乃得保护,否则,民族大自由若失,则各个人之自由亦无所附丽。所谓政治、学术、宗教、艺术,皆发动于个人,皆于个人以发展之机会,而同时即所以范围个人,所以奠定民族之共同基础。"故个人自由之发展之中,不离乎大团体之自由。唯有在民族大自由巩固之中,而后个人自由始得保存"。

本来在西方早期自由主义思想家那里,个人自由与国家(或民族)的利益(或自由)是一对难以均衡和协调的矛盾。但在张君劢这里不仅不构成矛盾,而且是相得益彰、互为条件:精神上的个人自由能促民族文化的发展和民族生存的巩固,而民族(或国家)的自由则是个人自由存在的前提,只有在民族自由的巩固之中,个人自由才能养成,才能得到切实保护。

张君劢相信,只要以"造成以精神自由为基础的民族文化"为未来中国文化之新方向的"总纲领",并循此总纲领"以养成四万万独立人格为祈向,其终也,人人以诚恳真挚之心,形诸一己之立身,形诸接人待物,形诸团体生活,形诸思想与政治,形诸国际之角逐”,那么,又“何患吾族文化之不能自脱于沉疴而臻于康强逢吉乎?”

就张君劢对“中国文化向何处去”这一问题的回答来看,他确实提出了一些值得我们认真总结和借鉴的有益思想,如他对提高民族自信心的强调,对文化创新与文化保存、个人自由与民族自由之关系的论述,对中国未来文化既非西化也非复古,而是创新的选择,对精神自由于文化发展、文化繁荣之积极作用的肯定,以及认为学术研究不能完全以利用厚生为目的,等等,无疑都是正确的,至少亦具有其合理的因素。如果与同时代的西化派代表人物陈序经、胡适提出的“全盘西化论”比较,与文化保守主义代表派别本位文化派提出的“本位文化论”比较,张君劢的主张无疑更正确和深刻一些。它说明发端于“五四”时期的现代新儒学,经过十多年的发展,在民族危机的刺激下,理论上已开始走向成熟。

《明日之中国文化》出版不到一年,“七七”事变爆发,中国历史进入全民抗战时期。张君劢也积极投身到抗战行列。

第四章

投身抗战与建国主张

第一节 投身抗战

1937年"七七"事变前夕，国民政府邀请各界代表分批举行"庐山谈话会"，商讨国是。张君劢作为第一批代表应邀参加。他在会上表示，本举国一致之义，拥护政府抗战，并表示如果政府讨论宪法问题，他愿意对宪法的制定贡献意见。会后，他仍然留在山上避暑。不想形势变化极快，7月29日北平弃守，30日天津陷落。8月13日，张君劢匆匆下庐山，准备自九江搭乘江轮赶回上海，布置一切。但就在这一天，日本侵略军对上海发动大规模进攻，淞沪抗战爆发。由于江阴要塞已被封锁，张君劢只得在南京登岸，打算改走陆路。京沪间的陆路交通这时也遭到日机的狂轰滥炸，不能通行，他只好暂时留在南京。此后，由南京而武汉，而重庆，张君劢随国民政府步步西迁，他的妻儿则留在上海，三年后，即1940年，王世瑛才历经艰辛，带领五个孩子中的老三敦华和老五国康由上海辗转飞到云南，与张君劢团聚。

面对日本帝国主义的大举进攻，为挽救中华民族的危亡，与日寇作殊死的斗争，国内各阶级、阶层和政治势力开始结成广泛的抗日民族统一战线。"七七"事变发生后的第二天，中共中央即发表《为日本进攻卢沟桥通电》，呼吁"全中国同胞、政府和军队团结起来，建筑民族统一战线的巩固长城，抵抗日寇的侵掠！”“国共两党亲密合作抵抗日寇的新进攻！”接着，中共中央又在7月15日向国民党递交《中国共产党为公布国共合作宣言》，提出三项主张和四项保证。与此同时，其他在野党派和爱国人士也纷纷发表通电、宣言和谈话，要求全国团结一致，共同抗敌。在中国共产党和其他在野党派、爱国人士的要求和推动下，8月11日，国民党中央政治会议决定撤销五届二中全会和三中全会后组织的“国防会议”与“国防委员会”，而设立“国防最高会议”作为全国国防最高决策机关，并在其下设立咨询机构“国防参议会”，由国防最高会议主席蒋介石、副主席汪精卫聘请“在野党派、社会人望和具有专长的人”担任国防参议会参议员。

张君劢（出自日本1941年出版《最新支那要人传》）

张君劢是首批被聘任的参议员，与他同期被聘任的还有张耀曾、梁漱溟、曾琦、胡适、蒋百里、陶希圣、傅斯年、张伯苓、蒋梦麟、李璜、沈钧儒、黄炎培、马君武、毛泽东、晏阳初。以后又陆续增补9人，加上第一批的16人，参议会参议员共25人。从这25人的政治背景来看，他们多为中国共产党、青年党、国家社会党、救国会、职教社、乡村建设派等主要在野党派和社会团体的代表人物及社会名流，即使是少数国民党员，用梁漱溟的话说，也多是“不接近中枢”的人，如张耀曾、马君武。所以，尽管参议员是以个人身份受到聘任的，但就实质而言，如同研究者所指出的那样，国防参议会“实际上已具有了团结各党各派的意义”，是“统一战线初期的一种组织形式”，是“国民党在抗战初期对于政治制度的一种改革”。[①]

参议员以个人专长爱好分为政治、经济、外交、教育四个小组，每个小组指定两名召集人，张君劢是政治组的召集人。该组的另一召集人是曾任过北洋政府司法总长的张耀曾。名义上虽分为四组，但由于不少参议员缺席，开会时常常只有十几个人，所以因人太少并没有分小组活动过。8月17日，国防参议会举行第一次会议，以后大约每周举行一到两次，有时为每周四次。

据李璜晚年在纪念张君劢的文章中回忆，在国防参议会第一次会议上，张君劢与国民党方面发生了件很不愉快的事情。那次会议由汪精卫主持。会议开会之前，汪精卫的心腹周佛海忽然拉着胡适低头说了两句话，胡适便过来向参加会议的人说：“国民党开会，主席照例要念一遍总理遗嘱，在座客人也照例要站起来恭听，始能就座开会。”胡适把这个规矩向参加会议的非国民党人一一运动，都没有提出异议，但到张君劢面前，张表示拒绝，他声明，如果要他守这个他一向反对的规矩，站起来恭听他所反对的这个不合理的“遗嘱”，他就退出会议，只好有负于国民党相邀的厚意了。胡适再三说，这是等于基督教徒请客吃饭，

① 闻黎明：《国防参议会简论》，《近代史研究》1995年第1期。

饭前主人要祷告一样，与来客并不相干的，张君劢就是不同意。胡适运动无效，只好回复周佛海，周佛海又转告汪精卫。这本来是个僵局，幸好汪精卫乖巧，他立刻说道："请各位就座，就开会了。"坐定后，汪精卫一人站着，匆匆的默念"遗嘱"一遍，才打开了这个僵局。但是有了张君劢的这一次严行拒绝，此后国防参议会乃至后来的国民参政会再开会时，便不再全体起立恭读"遗嘱"了。

根据国民党制定的《国防最高会议国防参议会组织要纲》的规定，参议会的职权是"听取政府关于军事、外交、财政等之报告"，并"得制成意见书于国防最高会议"。尽管职权有限，条件也很简陋（因日机空袭，会议常在夜间举行，会场设在中山陵旁丛林中的一座临时建筑内），参议员们还是积极为政府抗战出谋划策，如建议政府立即组织国防研究所，以收集战时情报；派胡适、蒋百里、孙科分别赴美、德、苏等国开展外交活动，以争取国际的同情和支持；组织"袖珍政府"，以提高政府办事效率；成立一个担负全国动员的系统机构，以发动民众，应付大战，等等。有的建议被政府采纳，对于抗战起过较好的作用。张君劢也在会上提出过不少好的意见。例如，当时后方好几个省的政府主席都空着，或本人留京，或旁人兼代，张君劢便提请政府注意，大局严重时不宜如此，"政府于是就调动补充，或令本人回任了"。他还和黄炎培、李璜、沈钧儒联合提出《关于财政金融两案紧急建议》，要求"向华侨劝募战费"，"组织委员会防止资金外逃，并利用关税政策限止消耗品输入"。

国防参议会作为"统一战线初期的一种组织形式"，虽然对于团结在野党派、社会团体和社会名流共同抗日起过一定的积极作用，但一来由于它的人数太少，无法包容广泛意见，甚至一些重要党派和社会团体（如中华民族解放行动委员会）都没有其代表；二来它的职权十分有限，仅能听取当局的报告和表达对报告的意见，充其量只是一个咨询机构，而不是民意机关，所以很不符合当时的实际需要。因此它成立不久，包括共产党在内的在野党派、社会团体和不少社会名流即纷纷要求国民党或重新成立民意机关，或改组国防参议会，扩大其人数和职权，使它真正具有民意机关的性质。1937 年 11 月 9 日上海失陷之前，张君劢和梁漱溟、左舜生、黄炎培、沈钧儒、罗文干、马君武、李璜、杨赓陶等 9 人联名向当局呈递四点建议，其中之一就是认为仅仅设立国防参议会还不够，还应成立有各党各派和各方代表参加的民意机关。国民政府迁武汉后的 12 月下旬，周恩来在与蒋介石面谈中亦郑重表示愿协助政府扩大国防参议会为民意机关。次年 1 月，中共中央于国民党临时全国代表大会召开前夕，再次向国民党建议成立包括各抗日党派、各军队及群众团体代表参加的、统一战线的“民意机关”，特别指出，目前“健全民意机关的设立已经成为刻不容缓的当务之急”，而其民意机关的形式，“或为更扩大的国防参议会”，“或为国民大会，或为其他形式，均无不可”，但是，“此机关要真有不仅建议和备政府咨询的作用，而且能有商讨国事和谋划内政外交的权力”。[①] 与此同时，全国各界

① 《中共中央对国民党临时全国代表大会的提议》，《中共党史参考资料》（四），人民出版社 1979 年版，第 26 ~ 27 页。

救国联合会、中华民族解放行动委员会、中华民族革命大同盟等在野党派和社会团体以及宋庆龄、邹韬奋等著名的民主爱国人士，也强烈呼吁国民党尽早成立“一个各党各派的合作抗日会议”，或“召开国民大会”，作为民意机关。

迫于各在野党派、社会团体及社会舆论的要求，1938 年 3 月国民党临时全国代表大会通过的《抗战建国纲领》和大会宣言决定组织国民参政机关。4 月 12 日，国民政府又公布了由国民党五届四中全会制定和通过的《国民参政会组织条例》。条例规定：“国民政府在抗战期间，为集思广益，团结全国力量起见，特设国民参政会。”同时规定了参政员产生的条件、分配名额，以及参政会机构的权力等。与此前的国防参议会相比，无论其人数还是职权，国民参政会都有所扩大。

首先，就人数来看。国防参议会参议员共 25 名，而《国民参政会组织条例》规定的国民参政会参政员的人数是 150 名。1938 年 6 月国民党又对有关条款进行修正，规定国民参政会参政员的人数为 200 名。以后又于 1940 年 9 月、1942 年 3 月和 1944 年 9 月三次对有关条款进行修正，最后参政员人数总额达到 290 名。由于人数扩大，其代表也就比国防参议会广泛得多。不仅各党派[①]、重要的社会团体和社会名流有代表，而且各省市、蒙藏地区和海外华侨也有代表。

其次，就选任来看。国防参议会参议员由国防最高会议指

---

① 《国民参政会组织条例》称之为“文化团体”，这反映了国民党表面上仍不愿正式承认其他党派合法存在的顽固立场。

派或聘任,而国民参政会参政员虽然按《国民参政会组织条例》的规定,概由各省市政府及各省市党部联席会议和国防最高会议提出候选人,然后送报国民党中央执行委员会审批,但实际上各党派的参政员由各党派自己提名,报国民党中央执行委员会审批,至少第一届参政员的选任是如此。

第三,就职权来看。国防参议会只有听取当局报告的听取权和对报告的意见权,而按照 1938 年 4 月 12 日公布的《国民参政会组织条例》的规定,国民参政会具有决议权①、听取权(听取政府施政报告)、询问权(向政府提出询问案)和建议权(向政府提出建议案)。1940 年 9 月修正公布的《国民参政会组织条例》,又规定国民参政会具有调查权(调查政府委托考察事项)。1944 年 9 月修正公布的《国民参政会组织条例》,再次增加国民参政会的职权,使之又具有了初审国家总预算的"审议权"。

尽管由于国民参政会没有立法权和监督政府、对政府提出弹劾不信任案权,其参政员也不是由民选产生,所以它和西方的议会不同,还不是一个代议机关,和各在野党派、社会团体和社会舆论关于成立真正的民意机关的要求也还相差甚远,但与国防参议会比较而言,"在原则上,我们应当承认,这是相当民意机关的初步形成。"②它的成立,不仅有利于集思广益,更好地团结全国人民共同抗战,而且也表明国民党对其他党派的存在在事实上采取了默认的态度。因此,1938 年 4 月 16 日的《新华日报》

---

① 决议政府对内对外之重要施政方针,并形成决议案。

② 《新华日报》1938 年 4 月 16 日"社论":《论国民参政会的职权和组织》。

在评论国民参政会的成立时指出："虽然国民参政会产生方法和人员成分不能完全如国人所希望，可是这一战时相当代表民意机关的产生，的确是政治上一个进步的现象。"

由于国民党临时全国代表大会所通过的成立国民参政会的决议在事实上已默认了其他党派的合法存在，于是，此次大会不久，便有国民党与其他政党交换文件的事情发生。4月13日，亦即国民政府公布《国民参政会组织条例》的第二天，张君劢代表国家社会党致函国民党总裁蒋介石和副总裁汪精卫，认为国民党临时全国代表大会所通过的《抗战建国纲领》和大会宣言乃为代表中华民族"中庸性之重要文件"，并强调国家社会党的"国家民族本位"、"修正的民主政治"和"国家社会主义"的主张，与"孙中山先生民族、民权、民生之三大主义措词内容有不同，而精神则并无二致。良以中山先生之三大要义，固已确定吾国立国之大经，而莫能出其范围。然立说内容间有出入，则以政象因时而异，药石自难尽同，此环境使之然也"。他希望国民党能遵守《抗战建国纲领》，"在抗战期不违反三民主义最高原则及法令范围内，对于言论出版集会结社当予以合法之充分保障"。同时，他表示"愿本精诚团结、共赴国难之意旨，与国民党领导政局之事实，遇事商承，以期抗战中言行之一致"。15日，蒋介石、汪精卫复信给张君劢，对张"拥护政府，维系民国"的态度极表赞赏，并保证遵守《抗战建国纲领》，保障"言论出版结社集会之自由"，愿与各界人士"本此方针，共相策勉"。从此，中国国家社会党乃由秘密组织而公开活动。

张君劢旋即将《再生》创刊号上《我们所要说的话》改名为

《中国国家社会党宣言》重新刊行，同时在《再生》武汉版第1期上发表《关于中国国家社会党成立感想》一文。张君劢首先介绍了他组建中国国家社会党的经过，他写道："我个人对于学问兴趣一向浓厚，假定国内政治已上轨道，我亦不想从事于政治活动。'九一八'以后，日本把东三省一朝抢去，试问我有几个东三省任侵略者予取予求。我觉得我们今后的责任不在争取政权，而是救国。可是那时国内无言论结社之自由，有了言论行动，就得受冒犯'党国'的处分。'九一八'以后，我们也顾不了那许多了，于是我和几位主张相同的朋友负责起草中国国家社会党党纲，……'九一八'之翌年我党在北平开成立大会。"在谈到国家社会党的党纲时，他认为在基本原则上与孙中山的三民主义并不冲突，但由于所处的时代不同，孙中山既没有看到苏俄之计划经济与德意之法西斯主义，也没有看到第一次世界大战后欧洲国家对传统的议会政治信念的动摇，所以国家社会党党纲中的若干具体原则是孙中山所没有说过的，而这也正是国家社会党党纲的价值所在。

1938年7月6日，国民参政会第一届第一次会议在汉口召

第一届国民参政会全体参政员合影

开。会议共开了10天,7月15日闭幕。出席会议的参议员共136人,张君劢以及由他提名推荐的国家社会党参政员孙东荪、胡石青、罗隆基、梁实秋、陆鼎揆等出席了此次会议,他并且被会议选为大会宣言起草委员会委员、大会休会期间驻会委员会委员和第一审查委员会召集人。由张君劢参加起草的会议宣言郑重宣布,要团结一致,抗战到底,"在政治上,须本抗战建国纲领,力求庶政之革新,树立民主政治之基础";"在经济上,则务须厉行节约运动及劝募公债运动,一面集中一切智力资财,增进生产,加速建设,务期巩固金融,开发资源,以求军需之自给并为民生之保障"。这次会议还通过了《拥护政府长期抗战国策案》、《调整民众团体以发挥民力案》、《拥护抗战建国纲领案》等一些有利于团结抗战的提案。

会议闭幕后,张君劢作为休会期间25个驻会委员之一,每周参加一次驻会委员会会议。按照1938年4月12日公布的《国民参政会组织条例》的规定,驻会委员会"由参政员互选15人至25人组织之,其任务以听取政府各种报告及决议案之实施经过为限"。根据其排名来看,张君劢是以最高票数当选的。在后来的第一届第二至第五次会议上,张君劢继续被选为驻会委员会委员。从此,他在国民参政会里积极为抗战建国,为民主宪政而奔走呼号。

第二节　立国之道

国民参政会第一届第一次会议闭幕不久,张君劢的一部重要著作——《立国之道》在桂林出版。此书是他在武汉期间，由他口授、冯今白笔录而成的。就其内容来看，实际上是张君劢对自己自30年代初以来有关政治、经济、文化主张的系统整理和总结，书中的不少章节在以前就发表过。

在是书的"绪论"中，张君劢开宗明义就指出，这次中日战争对于中国来说，关系到"民国之存亡"，"四千年历史之中断"和"东方文化之消灭"的大问题，所以我们必须持久抗战，以期于胜利，以保持国家之独立与文化之延续。但此任务不是单单疆场上所能解决，还视今后建国工作的成绩如何。

何谓"建国工作"？就是如何使中国早日成为一个"近代国家"。张君劢认为，日本何以敢于进攻中国，而不敢进攻俄、英、法、美呢？原因就在于中国还不具备"近代国家立国的要素"，这就是强厚的国防，充实的富力，内政修明，工商发达，教育普及，学术进步。因此，要想战胜敌人，并使敌人永远不敢生谋我之心，抗战就应与建国并进，二者缺一不可。关于抗战，"因土地被占领，人民被蹂躏"，各党各派很容易得到一致的态度。然而至于建国方案，则由于政见不同，各党各派对此问题就很难取得共识。自30年代以来，围绕建国方案就发生过三次大的争论：一是民主与独裁之争；二是社会主义与资本主义之争；三是固有文化与西方文化之争。他写作《立国之道》的目的，就是要本着国民的责任，"一方为保存民国缔造之传统，他方为不断注意世界思潮，于斟酌去取之中，指示我们的出路"。故此，张君劢以《立国之道》为该书书名，并在其"凡例"中一再声明：此书"非一种学理的著作"，而是"关于今后建国方案的陈述"，希望"海内读者勿视为一党一人的私言,而视为全国讨论政治出路的公共草案”。

张君劢认为,在国际思潮和国内论争分歧的背景下,要完成建国工作,必须站在国家民族本位的立场上,坚持以下两项原则:第一,要有民族自信心,相信“其自身有生存之价值,或自己生存后对于世界上可以有所贡献”;第二,以公平的眼光观察欧美国家的制度,并斟酌本国的国情自定取舍或加以修正。基于国家民族本位立场上的上述两项原则,张君劢提出的建国方案是:(一)修正的民主政治,所以解决政治上的纷争;(二)国家社会主义下计划经济的建设,所以解决经济上的纷争;(三)既发扬传统特点,又吸取西方长处的文化政策。

“修正的民主政治”,最早是张君劢在《我们所要说的话》中提出来的,后来在《国家民主政治与国家社会主义》、《民主独裁以外之第三种政治》、《法治与独裁》中,又对它作了进一步的阐述。主张“修正的民主政治”,这是30年代初以来张君劢政治思想的一个重要内容。

张君劢主张“修正的民主政治”,旨在调和个人、社会、国家(政府)三者之间的关系,“于政府权力与个人自由之间求一种调和方案”。他依据英国政治思想家拉斯基的观点,认为国家成分不外乎三,“曰个人,曰社会,曰国家”,三者的关系是“国家(政府)握有权力,社会维持公道,个人享有自由”。他指出,欧洲社会,第一次世界大战前侧重民主与自由,故为议会政治;第一次世界大战后侧重于权力,故为俄之无产阶级专政、意之法团国家和德之希特勒的领袖独裁。侧重自由者,各个人之自由得到伸张,但国家权力则被忽视;侧重权力者,政府之行为敏活切实,但各个人之个性则被毁灭。在他看来，权力与自由各有其范围，只要划分适当，就既可得一敏捷政府，又可保障个人自由，二者之间完全能够兼容并存，而不会陷入欧洲国家那种“有自由则无权力，有权力则无自由之两不相容”的困境。

关于权力和自由的范围，张君劢指出，权力是用来便于行政之执行的，故应归于政府，而自由是用来保障社会文化与个性发展的，故应属于个人。张君劢特别强调人民享有自由的重要意义，认为它是国家的命脉所系，一国文化所以进步的大因，如果对人民的自由加以拘束，“虽欲言而不能言，所不欲言者而不能不言，欲有所思而不能思，所不欲思而不能不思”，令全国服从于一种思想、一种学说、一种主义之下，那必陷全国于“雷同附和”和“不自由”的地步，“欲求国性民俗之进步，不可得焉”。张君劢还把人民是否享有自由看成是一个国家是强盛还是衰弱的关键。他指出，国家的力量是建筑在国民身上的，国民不健全，国家不会强盛，犹之乎细胞不健全，身体不能健康一样。而国家要养成健全之国民，非得使他们发展其能力的机会不可，应允许人民有自由。如果国家限制人民，不让人民有判断是非之自由，则无异乎桎梏身体，使之不能发展，那国家非弱不可。

张君劢虽然特别强调人民享有自由的重要意义，但他并不赞成那种毫无限制的个人自由，更不主张以个人自由来削弱政府的权力。他指出：“我们国家处在生死存亡之秋，自然不能像19世纪之欧洲专门侧重于政府权力限制之一点，须得顾到国家全体之利益。”在张君劢看来，对于一个国家来说，自由与权力，仿佛人之两足，车之两轮，缺其一即不能运用自如。因为作为一个国家，(一)国家行政贵乎统一与敏捷，尤须有继续性，故权力为不可缺少之要素；(二)一国之健全与否，视其各分子能否自由发展，而自由发展中最精密部分，则为思想与创造之能力，所以自由发展亦为立国不可缺少之要素。

既然自由与权力都十分重要，都是立国不可或缺的要素，因此，张君劢主张，中国在确立自己的政治制度时，就既不能像第一次世界大战后欧洲出现的独裁国家那样，一味地强调政府的权力，而忽略人民的自由；也不能像18、19世纪的欧洲民主国家那样，一味地强调个人自由，而忽略政府的权力，使政府各方受掣肘，行政难以做到统一与敏捷，而应在"自由与权力之间求到一个平衡"，一方得敏捷之政府，他方得自由发展之个人，从而实现国家的正常动作。他并且相信，中国民主政治之一线光明，即在自由与权力平衡之中。

张君劢进一步以心物关系来说明"自由与权力"之"平衡"的重要性。他说：权力与自由，权力是一架敏活机器之运转力，这是属于物的一方面；自由是人类前进的动力，这是属于心的一方面。权力是计划，是系统，是轨道；自由是意志，是机动，是精神。没有系统与轨道，将无以端其方向，结果不免于乱；若无机动与精神，将无以促其向上，结果不免于残废。

那么，怎样才能做到自由与权力的平衡呢？张君劢认为，必须"政权务求其统一，行政务求其集中，而社会务使其自由，思想务听其解放"。具体来说，在自由方面，要保证人民享有身体不受限制的公民自由，享有宗教不受限制的信仰自由，享有参与政治、过问政治的政治自由，以及享有思想、言论、著作和加入社团不受限制的思想、言论与结社的自由。他说：以思想自由而言，如哲学上某种主义，政治上某种信条，均为一国内精神发展之要素。因为有了这种自由，学术思想才会发达。试问天文学之发达，不要教会要压制，而格里雷氏争得来吗？至于言论结社自由，所以实现国民良心之所信，而不专以阿谀为事，然后国民对于政府所为方能出于诚恳坦白的拥护。

在权力方面，保证权力集中统一，不能政出多门，影响行政效率。他指出，不同时代的国家虽然权力各有不同，但其为发号施令则一，以现代国家来说，有维持治安之警察，有安内攘外之军队，有户口土地之登记，有租税之征收，有人民之教育，"此等等事归政府执行，其所以执行之者，不能不靠权力"。

张君劢进一步指出，在当时国难日益严重、民族危亡迫在眉睫的关头，加强政府权力更有其重要性和必要性。就世界各国政制变化发展言之，当一个国家面临对外战争、大灾难发生和社会彻底改造这三种情形时，没有不增强政府之权力的。"本此原则，以论吾国今后民主政治下之政府，就外交言之，大敌当前，所以待之者，当如欧战时各国集中心力以对待德国然；就内治言之，大好河山已成破碎之局，非整齐而划一之，则国且不国，尚何对外可言，况今后为彻底改造计，非集中资本，采用计划经济不可"。而这些都只有增强政府的权力才能做到。

张君劢认为，要增强政府的权力，就必须对传统的议会政治的"流弊"进行"矫正"，以减轻议会对政府的监督之权。在他看来，传统的议会政治有四大"共通"的"流弊"：（一）"空言多而实行少"；（二）"各党间之磋商，类于买菜之论斤论价"；（三）"政府更迭频繁，不能久于其任”；（四）“党派之私利，重于国家之公利”。为了增强政府的权力，纠正传统议会政治的上述“流弊”，他提出了组织政府的 11 条总原则，其要点有六个方面：

第一，成立举国一致的联合政府。张君劢指出，成立政府是为了国家的利益，但政党政治下之政府，往往由各党自为主张，或上或下，以致党重而国轻，失却了政府所以为国之意。今日的中国已处于艰难困苦之中，唯有大家牺牲党见，以一心为国之精神，组织“举国一致之政府”，所有政党的领袖都进入内阁，“厉行欧洲所谓政党间休战”，这样，中国才能实现民主政治下的国家安定。

第二，确定五年以内之行政大纲。张君劢主张召开国民代表会议，“由全体公民每若干万选出代表一名组织之。凡党纲公开、行动公开、不受他国指挥之政党，一律参与选举”。国民代表会议的主要任务之一，就是“议决五年以内之行政大纲，此大纲与宪法有同等效力，非行政院所能变更”。由于五年以内之行政大纲是由各党共同议决的，各党间在政府上就不会发生争执，“各党所应负责者，为五年以内之行政问题，而非政策问题”。政策问题既经解决，“则阁员人选即令有所变更”，也不会“妨碍政策之继续”。

第三，限制立法，加强行政权。张君劢主张明确划清立法权与行政权的权限，“抬高行政权之重要性，而以国民代表会议之立法辅助之”。由公民选举产生的国民代表会议不得像英法议会那样有权弹劾政府，提出对政府的不信任案，它只具有通过每年预算、监督财政收支和议定法律权。同时，它议定五年之内行政大纲交政府执行,而政府可以要求议会授以“便宜行事之权”。张君劢认为,如此就能做到政府不因立法权而受动摇,议会不因行政权而被取消。

第四,建立文官制度,严格区分政务官和事务官(文官)之界限。政府阁员(政务官)由各党洗派,但文官(事务官)必须超然于党派之外,常任次官以下官员,不因部长的辞职而变动,也不因政党地位的变化而受影响,从而提高政府的办事效率,保持行政的相对稳定性和连续性。

第五,加强专家在政府决策中的作用。张君劢认为,今后国家行政上关于管理和经营的事项会越来越多,非专门家不足以讨论和解决技术方面的问题,因此他主张,在国民代表会议中,精通农工商业的技术专家应占有一定的比例,此外,政府在制定和执行行政与经济计划时,必须与专家共同协商,听取他们的意见,以保证计划的科学性。

第六,阁员进退取决于行政效率。张君劢指出,行政效率已成为欧美各国的专科之学,并已找到所谓行政效率的单位,我们可以据此单位来定各部的行政效率,凡效率高的,其部长应许以留任,否则,则请他去职。他还主张各部部长得根据行政大纲自行宣布于国民代表会议,在若干期间内可获得某种成效。譬如教育部长,自己宣布在若干期间内可办国民小学1000所,经济部长自己宣布在若干期间内可办若干工厂。此学校,此工厂,在其若干期间内,由国民代表会议或其他公民团体联合推举人员,检查其实施事项和所宣布的数字是否符合。若言行相去太远,自宜令其去职。他认为,“此责任非政策上之责任,乃行政效率上之责任”。

就张君劢提出的11条组织政府的原则来看,其实质,一是通过组织全国一致的联合政府,使中国的资产阶级及其政党能进入内阁,从而改变在野的地位,有机会参政议政,以打破国民党对政权的垄断;二是通过划分立法权与行政的权限,以及提高行政效率,建立起强有力的统一政府,以应付严重的民族危机。张君劢称此为“修正的民主政治之精神”。他写道:“国人所应深思者,即议会政治之病,在意在德,以议会权力行使之不当,致陷议会于灭亡。我人求一两得其平之法,即政府不因议会而动摇,议会不因其权力之过渡而自取灭亡。此即我人所谓修正的民主政治之精神。我人处于今日之中国,虽不敢自诩对于制度上有所发明,然经多年之思索,以为除在此权力主义与议会政治之纷争中,求得一中道外,别无可以安定国家之法”。犹如张君劢所言,他的“修正的民主政治”,的确既不同于德、意的法西斯独裁政治,也与传统的议会民主政治有别,而是在传统的议会民主政治的框架内,向德、意的法西斯独裁政治的方向修正。

一如他在政治上反对照搬西方传统的议会民主政治一样,在经济上,张君劢也反对照搬西方传统的放任经济模式。因为在他看来,西方传统的放任经济模式虽然具有“政府不加干涉,听人民自由处理;人民自负责任,因而私人自动力发展;人民自负盈亏之责,故经营事业的方法,合于经济原则”等显著优点,然而它同时又具有“财富集中于少数人,酿成贫富不均;无统筹全局之计划,流于生产过剩;私人互相竞争,因竞争而生浪费”等显著缺点。中国在选择自己的经济发展模式时,应“舍短而取长”,

而不应把它全盘照搬过来。

张君劢进一步指出，从中国的实际情况来看，中国也没有照搬西方传统的放任经济模式的可能。因为，第一，英国花了近一百年的时间才实现资本主义的工业化，而现今的国际形势不可能允许中国以如此漫长的时间从容地从事经济建设；第二，西方传统的放任经济不仅不能代表社会利益，相反与社会利益有直接的冲突，而且也不能维持社会经济的长期平衡发展，而当时中国迫切要求实现社会公道和经济的平衡发展；第三，在西方传统的放任经济下，私人企业的最大原动力是利益，有利可图则生产，则建设，无利可图则一切都谈不到，而中国的当务之急是发展重工业，重工业不仅投资大，见效慢，而且为了扶持其他工业发展，必须廉价出售其产品，所以私人企业对无利可图的重工业不会发生兴趣。据此，张君劢得出结论：因以上情形，我国今后若采用放任政策，可以断定此路不通。

其实，张君劢在20世纪初是主张中国应向西方学习，“以奖励资本家为第一义”。到了1919年他游历欧洲，耳闻目睹了第一次世界大战给欧洲带来的破败景象，他才开始怀疑起资本主义制度来，而对德国社会民主党人的民主社会主义产生了兴趣。1929年资本主义世界发生的前所未有的经济大危机，更使他对资本主义的放任经济的弊端有了进一步的认识。如果说他以前只是认为资本主义的放任经济存在着分配不公，因而造成社会的贫富悬殊之“弊病”的话，那么，在1929年的经济大危机中西方资本主义世界所出现的失业工人增加、生产大量过剩、物价金融动摇和工厂纷纷倒闭的现象，则使他进一步认识到，资本主义的放任经济不仅在分配领域，而且在生产、流通领域也是弊端丛生。

与资本主义世界经济大危机形成鲜明对照，同一时期的苏俄却取得了第一个五年计划的伟大胜利，经济“安稳进行，既无失业问题，且工厂与交通事业更形繁荣”。为什么会出现这种完全相反的经济现象呢？张君劢认为，“此即由俄实行者为有计划的经济，而资本主义国家所实行者为无计划的经济之故”。由于苏俄实行的是计划经济，因此，“甲，苏俄为一国独立自足之经济单位，不受世界市场的牵制；乙，苏俄对外贸易，以一国全体之农工商为单位，故盘旋之余地广；丙，苏俄之经营工商，由国家为之统一设计，自不致陷于生产过剩；丁，苏俄合全国之心力，以实现其一定之计划”。和苏俄正相反，由于西欧资本主义国家实行的是放任经济，因此，“甲，西欧工商业国与夫欧洲外之农业国之货物，受世界市场之支配，其货价之或高或低，大影响于国民之生业；乙，欧洲之资本家各自独立，彼此不相为谋，视其资本之大小，以定其在市场上之胜负；丙，西欧资本家之企业属于个人，故有过之不及之病，因此造成经济的无政府状态；丁，西欧资本家之经营，以谋利为第一目的，虽保护政策之下政府为之调剂，然国家支配力不强”。简而言之，“俄立于计划经济之下，故能通盘筹划；加以其工业本不发达，故不致有过剩之病；且合公私力量之土地、资本、劳力三项，以实行其建设计划，自比英美两国一任私人各自为政为有效”。张君劢并因此而对社会主义的计划经济产生了浓厚的兴趣，他指出：俄国给予我们的教训不仅是思想上的新趋向，而且是在实际上指示许多实施方法与经验。我们认为这个有计划的经济之实施在经济上与方法上是人类最宝贵的一件事。

尽管张君劢对苏联的社会主义计划经济产生了好感和兴趣,但他并不主张以社会主义计划经济为中国经济建设之模式的选择。因为在他看来,和西方传统的资本主义放任经济一样,苏联的社会主义计划经济也有其"得失优劣",它的长处在于"财富集中于国家,可以矫正贫富之不均;国家得以统一计划,经营各种事业;一切经济事业集中于国家,故易于抵御外国之工商竞争"。而它的短处一方面是"国家自从事于经济事业,须多设官吏",而官吏"不长于经营工商";另一方面是"国家权力过大,足以妨害人民自由"。这是中国不能以苏俄的社会主义计划经济为自己经济发展模式的重要原因。同时,张君劢指出,由于中国工商业发展不充分,在客观上也没有实行苏俄的社会主义计划经济模式的可能。他写道:

> 自19世纪以来,社会主义运动各有其背景,如殖民地之开拓,如工业革命后,金融权集中于少数人。而我国自与外人通商后,方始感觉工业之重要。通商口岸有若干工厂,号称东方之纽约之上海,合中外人之资本不过数十万万元,以与英美之工业资本相比,不啻沧海一粟。情形如此,犹不在生产上着想,而但求分配之平均,不明资本之重要,而但说资本主义之可恶,以此态度而谈经济建设,不啻缘木求鱼。[①]

① 《立国之道》,第226~227页。

中国既不能照搬西方传统的资本主义放任经济的模式,也不能以苏俄的社会主义计划经济作为自己经济发展模式的选择,那么,中国在经济上究竟应该走什么样的道路,选择什么样的经济发展模式呢? 张君劢在提出自己的主张之前,确定了今后中国经济建设的两大目标:一曰“民族自活”,二曰“社会公道”。

所谓“民族自活”,就是实现中国经济的自给自足。他指出,由于连年内战,使农夫不安于垄亩,工商不安于市肆,结果造成了中国经济的大破坏,不仅机器、化工和枪炮需要进口,就是四亿五千万人日常所需之消费品也不得不依赖于外国,“所衣之衣,为外国织品;所居之屋,为外国木材;所食之食,为洋米美麦”。这种状况如不改变,中国将永远不可能在经济上自立于世界。所以,张君劢认为,为今后民族自活计,在今后十到十五年内,“(一)须办到食品的自给,米面鱼介之类完全禁止入口;(二)求棉纱毛织物的自织;(三)同时着手基本工业如钢铁、电气、化学工业之类”,从而达到“经济完全自足”。

如果说“民族自活”是实现经济的自给自足,那么,“社会公道”则是限制私人利益,私人所有权不取消,但其经营权归国家支配,得取其部分盈余为发展全国事业之用,以避免社会严重的贫富悬殊之现象的发生。

张君劢指出,要实现“民族自活”和“社会公道”这两大目标,今后之经济建设就既不能如英国之放任主义,以私有企业之主体建设国民经济,亦不能采取共产主义主张,以阶级斗争为手段,将私有企业制度整个打倒,代之以整个的国有企业,而“唯有采取国家社会主义而已”。

犹如“修正的民主政治”,“国家社会主义”也最早是张君劢在《我们所要说的话》中提出来的,后来在《国家民主政治和国家社会主义》、《经济计划与计划经济》等文中,张君劢又对它作了进一步的系统阐述。“国家社会主义”是张氏自30年代初以来对于中国经济发展道路的一贯主张。根据张君劢的解释,“国家社会主义”是“将公私经济立于国家计划之下,以造成我国之集合的经济”。具体来说,它包括以下四大原则:

(一)“为谋个人生存之安全,并改进其智能与境况计,确认私有财产。”

张君劢反对废除资本主义的私有经济。他认为,私有制虽不能说是根于人类的天性,但至少不是从资本主义制度才开始的,是资本主义制度所固有的现象。尽管私有制总有被废除的一天,然而只有当科学进步到生产工具绝对不能由个人处理的地步时,这一天才会到来。目前“科学的应用尚未充分、生产的工具还十分幼稚”,真正的问题不是废除资本主义的私有经济,“乃在如何利用科学的发明以逐渐减轻私产的需要”。此外,张君劢反对废除资本主义私有经济的另一理由,是保留私有经济,有利于“奖励人们从事于生产的努力”。

(二)“为社会谋公共幸福,并发展民族经济与调剂私人经济计,确立公有财产。”

张君劢主张在保留资本主义私有经济的基础上积极发展公有(国有)企业。之所以要积极发展公有(国有)企业,其原因有三:首先,当时中国处于工业过剩之欧美日本和农业过剩之欧洲以外的农业国的夹攻之下，无论资金、设备，还是技术、人才，都不能与别人相比，加上各国工业又已形成垄断局面，中国的私人企业根本无法与之竞争，唯有在保留私有企业的基础上，积极发展公有（国有）企业，集合全国的人才财力，才有可能与之抗衡，实现国民经济的自给自足。其二，国民经济中的一些产业投资大，而利润轻，很难激发起以追求利润为目的的私人企业主的投资热情，而这些产业却又是国民经济中不可缺少的，“所以这一类产业必须属于公有，因为公家的企业，无论由国家抑由地方，总是不以营利为目的”。其三，积极发展公有（国有）企业，有利于打破少数人对财富的垄断，实现“社会公道”。

那么，在国民经济中，私有企业和公有（国有）企业究竟各应占多大比例，哪些企业应该私有，哪些企业应该公有呢？对此，张君劢提出了一个总的原则：“凡私人自谋而无害于国家之公利者，一任私人办理；其有害于国家公利者，由国家办理之。”依据这一总原则，张君劢主张，手工业或小型企业“一任私人为之”；中型企业和部分大工业，如纺纱棉织，既可由私人经营，亦可由合作社或地方团体开办；其他如对国计民生有重大影响的公有事业、独占企业和重工业，如铁路、通讯、煤矿、电力、钢铁等，“应由国家经营”。

（三）“不论公有与私有，全国经济须在国家制定之统一计划下，由国家与私人分别担任而贯彻之。”

为了避免西方资本主义的放任经济所产生的种种弊端，更为了集合全国资本与外国资本竞争，张君劢主张采纳社会主义经济之有计划按比例发展的政策，将公有私有企业都置于国家计划的统一支配之下，“工业上所需之资本几何？人材若干？农业应需之公私资本与人材又几何？农工两业应孰先孰后，一切由国家通盘打算”。为此，他建议成立国家经济计划局，负责制定经济计划。他还主张在制定经济计划的过程中，首先应由专家分门研究，然后以研究之结果广泛征求各地工业家、银行家的意见，一旦计划决定公布后，那么无论公有或私有企业，都必须努力遵守执行，不得违反。

张君劢在这里还提出了所有权与使用权或经营权之分离的设想。他主张工厂的所有权尽可属于厂主，“但工厂须依照国家计划办理，则工厂之经营方针已立于国家支配之下，而不必问其所有权之如何”。也就是说，国家有了工厂的使用权或经营权。所以，不需要废除资本主义的私有经济，将其企业收归国有，也可以实现国民经济的有计划按比例的发展。

（四）“依国家计划，使私有财产渐趋于平均与普遍，俾得人人有产，而无贫富悬殊之象。”

张君劢虽然反对废除资本主义的私有经济，将其企业收归国有，但他也承认资本主义私有制有它的“偏枯”，主要表现为“贫富不均”。为了纠正这种“偏枯”，他主张推行一种“普产主义”，即普遍的私有制。在农业上，划定耕作单位，规定一人所占土地的限额，从而将佃农变为自耕农，大农变成小农，使人人都有一块土地；在工业上，则分给工人以股票，使工人人人成为工厂的股东。

就以上四大原则来看，张君劢所谓的“国家社会主义”，就是在保留资本主义私有制的基础上，采纳社会主义的有计划按比例发展经济的政策，使之成为国家资本主义。因此，尽管张君劢本人一再声称，他的“国家社会主义”是对资本主义的“超越”，但究其实质，只不过是在资本主义的框架内，对资本主义模式的一种改良而已。当然，他提出的一些思想和主张，如公有（国有）私有经济并存，所有权与使用权或经营权分离，等等，在今天看来有其某些合理的因素。

和他在政治上主张修正的民主政治、经济上主张“国家社会主义”相一致，在文化上张君劢提出的政策是：“对于旧文化之特长，要宣扬并加以发挥，对于欧西文化，不仅学其表面，当求其深处，但此‘借材异地’之心，并不动摇吾人对本国文化之信念”。[①]

张君劢首先对那种因中国近百年的失败而在一部分人中滋长的民族文化自卑心理提出了批评。他指出，由于地理环境的不同，人文历史的差异，世界文化分成为西方、印度和中国三大系统，这三大文化系统各有其特点，概而言之，“欧洲人所重为科学，印人长于冥想，我们则专讲人伦”，各有其伟大之处，很难比较它们之间的高下优劣。我们决“不能因印度中国之削弱，而轻视自己文化。须知文化之特点不在一时之成败利钝，而在其对人类之永远贡献。国人不可因目前之失败，而遂看轻自家文化”。

张君劢进一步指出，西方文化、印度文化和中国文化就特点而言，虽然各有其伟大之处，我们不能因一时的失败而妄自菲薄，然而“以时代论”，我们又必须承认，“西方文化实为天之骄

① 《立国之道》，第 7 页。

子”,而中国文化是个落伍者。自鸦片战争后,无论从政治制度,还是科学技术,或学术方法上看,中国都远不能与西方相提并论。故此,他认为,中国文化要想立于世界文化之林,在激烈的国际竞争中不重蹈古代其他文明如古埃及、古印度、古两河流域和古希腊、罗马文化灭亡的覆辙,就必须向西方文化学习,“以欧洲之新思潮,从宗教革命起到民主政治止,以其理性发展,为吾们文化前进之方向”。但这种学习并不像西化派所主张的那样,是对西方文化的照抄照搬,全盘移植,而是根据中国的需要,有所选择。具体来说:“(一)科学方面之实事求是与其正确性,大可纠正我们‘差不多’之恶习;(二)哲学方面之论理学,大可纠正我们议论纵横、漫无规矩之恶习;(三)至于政治社会方面,应尊重人格,抬高民权,一方解除平民痛苦,一方许人民以监督政府之权利,使政界污浊风气可以廓清。”他相信,只要把西方的科学、哲学和民主政治这三样东西学习过来,“中国之进为近代国家,一定可以成功”。

学习西方文化需要解决和中国文化的关系问题。当时以胡适、陈序经为代表的西化派认为,西方文化是新文化,中国文化是旧文化,而新旧文化犹如水火冰炭,不能并存,要想引进西方新文化,就必须打倒中国旧文化不可。对于西化派的这种看法,张君劢是不赞成的。他承认西方文化是新文化,中国文化是旧文化,但新旧文化并不像西化派所认为的那样,是水火冰炭,不能并存的,相反在张君劢看来,“旧者并不妨碍新者之发生”,所以,我们“尽管采取新文化,旧文化不妨让其存在”。

张君劢进而指出,引进西方文化不仅无须排斥中国文化,

"动摇吾人对本国文化之信念",而且还应以本国文化为根据,为本位,看它是否符合中国的国情,反之,"则新制无从运用",西方文化会成为无根浮萍。

如果从纯文化理论的角度来分析,张君劢提出引进西方文化必须以本国文化为本位,符合中国的具体国情,这没有错,问题的关键在于他所讲的"本国文化"是什么。张君劢所讲的"本国文化",即是我国古代孔子创立的儒家文化。他说:"中华民族中,欲求一可以范围百世之思想家,不能不推崇孔子。""孔子思想迄今两千余年,犹能支配人心。"这主要表现在五个方面:(一)因孔子天道观的影响,中国人不信有造物主之说,但信有主宰之天;(二)孔子敬祖尊宗之说,为后来人敬祖尊宗之根据;(三)现在社会上所流行的三年之丧,即根据《论语》中所谓"三年之丧,天下之通丧"一语;(四)中国人的基本道德观念,是孔子确定的;(五)中国政治之基本观念,在乎孔子所主张的"德治",中国社会之基本观念,不出孔子所谓"君君臣臣父父子子"的范围。张君劢的以"本国文化"为本位,也就是以孔子所创立的儒家文化为本位。要求引进西方文化以儒家文化为本位,这反映了张君劢的现代新儒家的立场和保守主义的文化心态。

实际上,鸦片战争后不久,中国就开始了学习西方的历程,但为什么学习总不成功,西方的社会政治经济制度在中国始终未能真正建立起来呢?张君劢认为,除了未能正确处理好西方文化与中国文化的关系外,另一重要原因是中国人没有养成与新的社会政治经济制度相适应的生活习惯。中国一方面采纳西方的制度,但另一方面又保存了几千年沿袭下来的旧生活习惯,这样就形成了制度自制度，习惯自习惯，二者不仅不能一致，相反还相互冲突的局面。比如，欧洲的现代国家，无一不是以法治国，不管是宪法，还是命令，一字即有一字的约束力，任何人都必须遵守，不得违背。而中国人向来对于政府所颁布的法律法令，视若具文，当成官样文章，而政府自身也只执行那些对己有利的法律、命令和公文，对于那些于己无利的法律、命令和公文则想方设法，“以舞文的手段把搁开”。在此生活习惯之下，又怎么能使西方的法律制度在中国真正建立起来呢？再以议会政治为例：本来以公忠精神为前提的议会政治在西方是件好东西，尽管各党各派为了获得政权，贯彻其主张，彼此斗争十分激烈，但无论何党何派都要遵守议会规则和程序，不能超出宪法许可的范围，更不能不顾到国家大体。到了国家对外作战之日，党派之争，无不偃旗息鼓，而一致为国努力。但议会政治搬到中国后，由于中国人的自私自利的习惯尚未消除，所以虽然有议会，有政党，而各党各派却与议会以外之军人彼此相互勾结，以致造成常有以武力解散议会的局面，不但不遵守议会规则，反常有破坏宪法之举。画虎不成反类犬，这就是中国在未养成新的生活习惯之前，就采纳西方政治制度的必然结局。故此，张君劢认为，“今后要改造中国政治经济，其下手处应先从人生态度着手，或曰人生观应彻底改造，由此生活态度之改造中，乃生我们所要之新文化。有此新文化，不怕无新政治制度与新经济建设”。[①]

那么，应该怎样对中国人的人生态度或生活习惯进行改造

① 《立国之道》，第274页。

呢？对此，张君劢提出了改造的六条标准："（一）由明哲保身变为杀身成仁；（二）由勇于私斗变为勇于公战；（三）由巧于趋避变为见义勇为；（四）由退有后言变为面责廷争；（五）由恩怨之私变为是非之公；（六）由通融办理变为严守法令。"此六条标准中，每条的上半句指的是国人之通病，下半句指的是改造的方向。这六条标准又可简化成为五项原则，这就是"（一）由私而公；（二）由巧而拙；（三）由虚而实；（四）由懈怠到不懈怠；（五）由通融到守法"。①

张君劢认为，关于国民的生活习惯，只要按照以上五条原则办事，再加上一种组织，就不怕我国的风气不能改造。在改造国民的风气时，应注意以下两点：第一，让社会自动的提倡，而不必由政府办理。因为一旦由政府经手，则又成了官僚的、形式的了，这样人们会把它当作官样文章看，而生轻视的态度。第二，此新生活的规则，应无党派的界限，不论其为极右派或极左派，大家都应共同努力，共同来提倡，而不为一党一派所包办。这样可免彼此倾轧的恶习。

张君劢在这里还讨论了新生活的标准与旧道德的关系问题。他对当时一些人要求恢复礼义、廉耻、忠孝、和平等固有道德之说提出了异议。因为在他看来，道德的本质虽然是亘古不变的，但道德的名词，是随时代而变化的。我们现在所处的是一个日新月异的时代，欲以几百年前的旧道德名词，以招魂的方法，使其复活于今日，虽煞费苦心，怕也终无实效。他认为与其

---

① 《立国之道》，第 312 ~ 313 页。

恢复所谓礼义、廉耻、忠孝、和平这些旧的道德，还不如就现时代的要求上，定出现代的标准，如国家民族应高于党的利害，如国家对外作战之日，应该举国一致，如各党相互间应守公平竞争原则，等等，要求大家共同遵守。"唯如此，乃能奠定新生活风气的基础。"

张君劢进一步指出，只要奠定了新生活风气的基础，西方的社会政治经济制度就能在中国真正建立起来，而"奠定新生活风气的关键"，是发挥优异分子亦即政治精英的表率作用，他认为，政治精英的表率作用可以变更天下风气。

这种对政治精英之表率作用的强调，很自然地使张君劢将政治精英的品格和能力视为国家兴亡的决定因素。他指出，须知新文化的本身，虽有极其宝贵的价值，但不能认为只要有了新文化，就可解决国家之存亡问题。"盖一国之存亡，在乎政治家之深识远见，懂得世界潮流之趋向与夫本国人情风俗邪正之故，自可使国家由衰而盛，由亡而存。不然，仅仅先辈知识阶级鼓吹大炮飞机之购买与民主政治等之重要，则此国家如轮船在海上乱航，依然不能得一定方向之所在。"①

既然政治家的品格和能力关系着一国的强弱兴亡，因此，张君劢对政治家提出了很高的要求。他认为，作为一个政治家，必须具有过人的体力（或精力）、非凡的智力和高尚的德力。具体来说，在体力或精力方面，应像拿破仑那样，不断的骑马而不疲倦，睡不择地、饥不择时，任何时皆可睡，任何食品，他的胃部都

---

① 《立国之道》，第 322 页。

能消化。在智力方面，要能先见、博大、定识、深谋和知人。在德力方面，要有仁爱、真诚、公忠、度量和壮烈的品格。

一个国家的兴亡强弱，除了需要具有过人的体力、非凡的智力和高尚的德力的政治家外，也还需要有健全的国民，因为国家的力量是建立在国民身上的。为此，张君劢主张对国民进行教育，以“养成民众为国家主义之资格”，而教育的原则是“爱”、“养”“教”。张君劢虽然借用了儒家牧民思想下的这个三概念，但他赋予了它们以新的内容。所谓“爱”，就是解放民众，使他们真正成为国家的主人，而不继续把他们作为牛马对待。所谓“养”，就是发展经济，提高人民的生活水平，使他们能够“暖衣、饱食与安居”。所谓“教”，就是启蒙民众，使他们具有健全的知识，懂得公民的权利和义务，并能判断政治上的是非得失。

鉴于我国政党利用民众从事党争的风气，张君劢希望以战时举国一致的合作态度，解决民众的领导问题，他还提出了三条原则：第一，所以领导民众之法，在养成人民，使之为国家主人翁，勿以之为工具；第二，各党灌输人民以内政外交的知识，是要扩充他们的眼界，不是要他们听信一偏之见；第三，政党所采用之手段，处处以提高人民道德知识为念，不可使之堕落。张君劢最后强调指出：“我们上层要有道德有知识的政治家，下层要有自动、自发、自己辨别、自己判断的民众，上下能同心协力的工作，是为今后国家之唯一出路。”①

《立国之道》出版一个月后，武汉失守。国民政府和国民参

---

① 《立国之道》，第 368 页。

政会于武汉失守之前已迁往重庆，张君劢亦随国民参政会迁到了这座战时中国的陪都。

第三节　创办民族文化书院

1938 年初，张君劢在武汉出席国防参议会时，蒋介石曾让人询问他拟办理何种事业，张告以志在办学。随国民政府西迁来到重庆后，张即开始了筹办民族文化书院的工作。1939 年 4 月，时任国民政府交通部长的张君劢之弟张公权赴滇视察滇缅公路，张君劢与之偕行，并游览仰光、曼谷、西贡、河内等地。5 月下旬，回到昆明，着手翻译英人台维斯的《云南》一书。滇缅之行归来，张君劢决定将拟议中的民族文化书院设在云南洱海边上的大理县才村。是年冬，大理民族文化书院宣告成立。陈布雷任董事长，张群、朱家骅、周煌甫、张公权、张道藩、卢作浮任董事，张君劢自任院长，并亲撰《民族文化书院缘起》，就书院成立的理由、宗旨、德性四纲、治学方法和研究工作等问题作了介绍和说明。

张君劢指出，今后之中华民族，是甘于随人俯仰陵夷而不知所极，抑或奋然兴起以保其四千余年文化上独立之地位？这是关系吾族生死存亡的大问题。有人以为这个问题将随国际势力而解决，而不知以实现吾族心思才力所集中者如何来决定。两千五百年前的中国，正处于封建制度之下，内而诸侯互争，外而戎狄交侵，孔子生于其间，删定古籍，以存古圣贤所垂之统绪，明君臣父子之分，以立政治上社会上之基础，标德性学问两大纲领，示人以格致诚正之方，因此中华民族文化的形成，其得力于孔子人格之昭示者至大，这是后世谤孔者所否认不了的。

接着，他概述了自秦汉到明清中国文化之发展衍变的历史。他写道："凡此二千五百年间，其形成时代，有孔、孟以立文化之基础，经两晋、南北朝衰落时代之后，有唐、宋之儒者，重建思想之系统，以恢复文化之主权。中原板荡，读书明理之儒，念念不忘胡人入主之耻，虽流离颠沛艰难险阻之中，犹力于复国之业，事虽不成，而民国成立之种子，于焉培植。"

张君劢进一步指出，虽然"吾国立国精神与其学术思想有不可磨灭者在"，但以之与欧洲现代文化比较，则不免"相形见绌之讥"。第一，就学术言之，欧人上自哲理，下至万物，中为人事，无一纲一目不加以精研覃思。其智范围之广博，绝非我国所及，就是欧人素不相识之文字，如埃及文，如梵文，他们也能寻其锁匙而通晓之，自万物初生以至人类进化，欧人都能一一列举其种类，以成一联系之线索。由于"有名教以立其基，有证据辨伪之法以定其是非黑白，因而其学者之所成就，实有震古铄今之效"。第二，就政治社会现象言之，其最显著的特点，曰各人饱食暖衣，曰各人之读书明理，曰各人之独立自尊，曰各人责任心之发达，曰各人爱国心之强烈，曰治者与被治者从容揖让于根本大法中，曰战时之举国一致。张君劢认为，文化系统在人类历史中为屡见不鲜之现象，无论古今中外，"每一民族中不能免于外来元素之侵润"。所以，"吾人处于今日，唯有坦白承认欧洲文化之优良，而大开心胸以招来之，俾欧洲文化之移植，成为吾族虚弱之补剂，因以促进吾新文化之举"。他认为"此乃学术上、政治上至显之途辙”，是大势所趋，任何人也不可能逆流而与之抵抗。

张君劢认为，要引进西学，“促进吾族新文化之兴起”，就离不开教育机关，而就西式的大学制度和传统的书院制度比较而之，后者更有利于上述目的的实现。因为，第一，昔日书院录取士子，各给以饘食，月考季考，更发奖金，因此，士子有想进取者，生活安定，得以请教名师，从容就业。而今西式大学虽遍于国中，然很少有大学设有研究生之制。一个人如果想使自己的学问臻于成熟，必自大学毕业后，再经四五年之潜心思索，或埋头著述。所以，若于大学之上更设书院一级，资以膏火，庶几大学毕业诸生，从容从事于学问研究，而不必为了生活问题四处奔波，这无疑有利于高级人才的造就。第二，书院中的教授法，重在因人施教和师生问题，与大学的班级教学迥然不同。虽现时大学中，于最后一二年学生起草毕业论文时，师生之间也经常相互论难，然亦仅以毕业论文完成为止。这与昔日书院师生相教，如所谓立雪程门，或一举一动之注意，如陆象山责弟子饭次之交足者，根本不能相提并论。而师生相知相爱之深，提撕警觉之严，乃是人才所以养成，而学统之所以维系于不替的根本保证。第三，今日西式大学的教育方针，在发达理智，在增进知识，而将个人道德之修养委之于宗教，委之于家庭，委之于社会风气，而未列为大学教育的目的之一。然而我国士子处社会中，关于待人接物之法，与夫辞受取予之节，与其说是得之于家庭，得之于社会，还不如说得之于师友。所以，采纳昔日的书院制度，实为转移风气之关键。第四，昔日书院则德智并重，实则侧重于德。今日所谓学术研究，重在本客观态度以求真理，自不应以道德价值夹杂其间。至于个人修省,完全可以于理智之旁,兼顾德性之存养。况治社会科学的人,历平日留意于一己之器局度量,惩忿窒欲,与云正人正己之要道,小之一身,大之天下,必能有所裨益。基于以上四条理由,张君劢极力主张恢复清末就已废除的书院制度。

张君劢指出,民族文化书院虽然在形式上与宋明书院相同,但其设教治学之方,则不能不与之大异。因为自欧洲文艺复兴以降,知识之范围已大为扩展,学问之种数和德性之本性虽同,而其侧重点因之以异。所以,今日而言书院制度的恢复,“非有一种新白鹿洞之规则不可”。

基于以上认识,张君劢为民族文化书院所规定的根本宗旨,“曰德智交修,诚明并进”。他写道:昔日书院与今日西式大学所不同之处,一为重德性,一为重智识;一为识仁定性与知行合一诸说的发见,一为科学方面探幽索隐的成功。而吾辈今日之百德,不能但记识仁定性或致知主敬之言,而自谓已尽格致诚正之能事。同时亦不能步趋西方学术机关之后,但以宇宙现象之观察研究为事,而置身心问题于不顾。因为如果重德性而轻知识,则科学不会发达,反之,如果重知识而轻德性,则必陷于转以智力为戕贼同种之利器。故此,他主张民族文化书院,“既不学宋人视读书为玩物丧志,而以静坐为善学,凡关于国故与西方哲学、科学原理、社会科学均列诸科学之中,以为学者研究之资。同时列举德性纲目,以为存养之鹄”。

在他看来,德性与知识,二者都是人类得之于天的能力,使之平均发展而同等表现于人类社会之中,乃是学术上不偏不倚之善德。但遗憾的是,除孔子一人外,古今中外所有的思想家和教育家都对此没有足够的认识,更谈不上严格遵守了。

张君劢为民族文化书院所定的德性纲目,分为“立己”、“达人”、“爱国”三大项,每大项又分为三小项,曰“诚朴”、“仁勇”、“公忠”(此为立己);曰“敬人敬事”、“胞与为怀”、“集团纪律”(此为达人);曰“爱护本国历史”、“养成法治习惯”、“履行国民义务”(此为爱国)。

张君劢视“立诚”为德性修养的根本方法。他写道:宋、明时代的儒者,有约为一二言之讲学宗旨,如程伊川之所谓“致知主敬”,王阳明之所谓“知行合一”。今日似不必如昔日圣贤探索心性精微神妙之地,而但取足于平日生活所必须之道,其根本所在,莫要以诚。张认为,“诚之在一身,为无自欺,为不愧屋漏。诚之推己及人,为居处恭,执事敬,与人忠。诚之在穷理方面为慎思明辨。诚之在言行方面为言忠信,行笃敬。”所以,他对于民族文化书院学生的第一要求,“曰立诚而已”。

就治学方法而言,张君劢认为,中国远不能与西方相比。中国的所谓学术只有求之于书本,除书本外,则几无学术可言。因此,为了矫正这种不正常的学风,而树立今后新精神,他主张学者求知,在积极方面,一应仰观俯察,二应力求正确知识,三应养成协作思想,四应博通约守;在消极方面,一应力戒门户偏私,二应力戒人身攻击,三应力戒随俗浮沉;四应力戒抄袭。他尤其强调学者为学应自勉以实际、正确、诚实与自出心撰为原则,并认为“今后新学术能否开创,即视吾人对此原则之能否遵守而已”。

在《民族文化书院缘起》一文的最后,张君劢把民族文化书院的宗旨与工作概括为四句话:(一)发挥吾族立国之精神;(二)采取西方学术之精神;(三)树立吾国学术之精神和新方向;(四)教育学子从事于学问深造与德性修养。

民族文化书院的成立,是现代新儒家发展历程中的一件大事。在它成立的前后,另两位现代新儒家,马一浮在四川乐山乌尤寺创办了复性书院,梁漱溟在重庆北碚金刚碑创办了勉仁书院。这三大书院的宗旨都在弘扬中国传统文化,重振传统书院制度下的人格与生活教育,以培养现代新儒家的接棒人。这也是现代新儒家对宋明自由讲学精神的一次实践。

经过几个月的紧张工作,1940 年秋,民族文化书院正式招生开学。书院共分四个系,即经学(附子学)系、史学系、社会科学系和哲学系。招生对象主要是大学毕业生和具有相等学历者,学制为二年,但可缩短和延长。其研究有相当成绩,并提出著述,经审查合格者,发给推荐证而不发给文凭。为了保证学院的教学质量,张君劢想方设法将不少知名学者聘请到学院任教师。如哲学家施友忠当时正在美国,民族文化书院成立后,张君劢便不断写信给施,邀他回国参加。施是张的连襟,施的妻子是张的夫人王世瑛的胞妹。张的一再邀请,施友忠感到盛情难却,终于离开美国,回到大理。

尽管大理民族文化书院的条件较差,"只木屋数椽,设备亦简之又简",但由于书院供给学生膏火,加上学院又有一些知名导师,所以不少学生前来报考。第一次招生招了 13 名。关于学院的招考情况,苏莹辉在《师门忆往》一文中曾有过介绍。1940 年 9 月下旬,当苏长途跋涉从上海到达大理报考民族文化书院时，张君劢告诉他："本院在渝、蓉、昆、港四考区招考的时间已过，不过，你既从上海长途跋涉而来，又经贵校长唐蔚芝先生的郑重推荐，可以通融录取，但在三天以内应缴作文两篇(《述学》及《沪滇纪行》)，作为笔试，以凭核定研读科系。"他聆听之余，喜不自禁，赶紧写了两篇文章如期交卷。卷子先由经学系的彭云生教授评阅，最后由院长张君劢亲自复审通过后，进入经学系研读。

民族文化书院正式开学后，张君劢除到重庆出席国民参政会会议外，其余时间大都住在书院①，主持书院的日常工作，从事讲学和著述。他上的课程有宋明理学和西洋哲学史。讲学之余，每日早晨写字读书，午后休息，骑马散步，欣赏大理风光。大理濒临洱海苍山十九峰，展开天际，常年积雪，气势恢宏。大理邻近，有风(上关风)、花(下关花)、雪(苍山雪)、月(洱海月)四景，迷人的风光，常使张君劢流连忘返。

但好景不长，书院开办一年后，太平洋战争爆发。宋霭龄用国民政府派到香港撤退人员与物质的飞机运狗到重庆，消息传出，引起西南联大学潮。当局指控张君劢和罗隆基为学潮的幕后指使者，于是乘张君劢到重庆出席国民参政会会议之机，将其软禁于重庆南岸汪山。大理民族文化书院也因此而被蒋介石下令停办，时在1942年春夏之间。关于此事的经过，张君劢后来在他所著《中国第三势力》一书中作了记述："笔者昔日离开大理

---

① 这时他的夫人王世瑛也带着五个孩子中的老三敦华和老五国康从上海到了大理。

府，前往重庆参加国民参政会，住在胞弟嘉璈家。他当时任交通部长。一日，内阁会议后，蒋（介石）出示电报一函，谓昆明发生学生示威，幕后主持人即为笔者。笔者立刻对胞弟否认，并函请在昆明的政界朋友查究。当嘉璈向蒋转达这意见时，蒋立即下定论，谓是笔者在昆明搅政治的朋友所为。笔者当时在昆明的代表人物为罗隆基，他回信谓示威前十日，已因伤寒症进入市立医院314室休养，故对示威一无所知。因为当时笔者所主持的民族文化书院在大理府设立，乘公共车往昆明需两日，所以不相信学院内的13名研究生与昆明示威有何关系。一星期后，笔者往见学院的董事会主席陈布雷。陈出示蒋介石所写的一张便条，指令关闭该学院。笔者前往拜访国民参政会的秘书长王世杰，希望他能发给一张机票，以便往昆明大理府主持解散该校，王一口应允。当起行前两日，已接到机票时，作者问王是否一定可以成行。王世杰称：'你既然已收到机票，还怀疑什么？'行前一日，王世杰饯别时，笔者不厌其烦的问王是否此行一定无问题，王深觉笔者不应有此一问。但当笔者在嘉璈家出发前往机场时，王世杰来电话，谓奉蒋介石命收回机票，以后便长期在重庆被软禁。"张认为蒋

张君劢之弟张嘉璈(1889—1979)

介石软禁他是“意气用事”，其实是蒋介石深思熟虑后采取的行动。西南联大学潮不过是蒋软禁他的借口，而真正的原因是张君劢积极参与第一次宪政运动和组建中国民主政团同盟。这是后话，于此不论。

大理民族文化书院停办后，张君劢好不容易聘请到的教师及图书资料星散，尚未毕业的学生则自谋生路，有的追随他到了重庆，经他的介绍在重庆找活做。不久，王世瑛在处理完民族文化书院的停办事宜后[①]，也带着孩子们到重庆与张君劢团聚。

---

① 由于张君劢不能回大理，民族文化书院停办的善后事宜由王世瑛处理。

第五章

致力于民主宪政运动

第一节　参加第一次宪政运动

国民参政会成立之初，非国民党籍的参政员对国民党期望甚大，希望乘此民族危难、人心振奋之机，厉行政治改革，以期实行宪政，建立起民主制度。因此，第一届第二次会议①和第三次会议②上，参政员们提出了不少要求改革内政，保证人民思想、言论、结社、出版等自由的议案，如第二次会议上，张君劢等提的《刷新政本以利抗战案》，邹韬奋等提的《请撤销图书杂志原稿审查办法以充分反映舆论及保障出版自由案》，王造时等提的《改善保甲制度案》等，第三次会议上，董必武等提的《加强民权主义的实施，发扬民主以利抗战案》，周览、张君劢等提的《请确立民主法治制度以奠定建国基础案》，曾琦等提的《克期成立县参议会案》等。但这些提案经大会通过，转交国民政府办理后，基本上是不了了之，这使非国民党籍参政员，尤其是介于国共两党之间的中间党派参政员大失所望。更使他们感到不安的是，1939年1月在重庆召开的国民党五届五中全会制定了"防共、限共、

---

① 1938年10月28日至11月6日在重庆举行。

② 1939年2月12日至21日在重庆举行。

反共、溶共"的政策，设立"防共委员会"，接着又颁布了《限制异党活动办法》和《共产党处置办法》等法令，将抗战初期共产党和各中间党派争得的一些民主权利一概取消。从此，国共两党的磨擦不断发生，各党派联合抗日的局面受到严重威胁。与此同时，1938 年底叛国投日的原国民党副总裁汪精卫及其同伙，于 1939 年 8 月底召开汪记国民党第六次代表大会，为混淆视听，以实行所谓宪政相号召。在此形势下，为了加强团结，坚持抗战，推进中国政治民主化的进程，挫败汪精卫集团的阴谋，共产党和各中间党派的参政员以及部分社会贤达共同掀起了一场要求结束党治、实行宪政的宪政运动。张君劢在这场运动中起了重要作用。

1939 年 9 月 9 日，国民参政会第一届第四次会议在重庆开幕。出席会议的参政员共 172 人，中共和各中间党派的参政员除毛泽东等个别人外，都出席了会议。会议开幕的前一天，即 9 月 8 日，中共参政员毛泽东、陈绍禹、秦邦宪、林祖涵、吴玉章、董必武、邓颖超等七人发表了《我们对于过去参政会工作和目前时局的意见》，提出要加强战时政府，容纳各派人才；实行战时民主，保障人民各项权利；取消各种所谓限制异党活动办法等多项要求。会议开幕后，中共参政员陈绍禹等又根据《我们对于过去参政会工作和目前时局的意见》的基本精神，提出《请政府明令保障各抗日党派合法地位案》，在陈述了各抗日党派之精诚团结的重要意义和《限制异党活动办法》等法令对各党派之精诚团结的巨大危害后，强调指出："为巩固民族团结，以利坚持抗战国策，必须使抗日各党派间之关系，得到公平合理之解决。"为此，提案要求国民党必须(一)明令保障各抗日党派之合法权利;(二)明令取消各种所谓防制异党活动办法,严令禁止借口所谓"异党"党员或思想问题,而对人民和青年施行非法压迫之行为;(三)在各种抗战工作中,各抗日党派之党员,一律有服务之权利,严禁因党派私见,而摒除国家有用之人才。

各中间党派的参政员继共产党参政员的提案后,也先后提出了五个要求结束党治、实行宪政、改革现行政府的提案。其中包括青年党参政员左舜生、国社党参政员张君劢和第三党参政员章伯钧等提的《请结束党治实施宪政以安定人心发扬民力而利抗战案》,职教社参政员江恒源等提的《为决定立国大计解除根本纠纷谨提具五项意见建议政府请求采纳施行案》,救国会参政员张申府等提的《建议集中人才办法案》,救国会参政员王造时、沈钧儒等提的《为加紧精诚团结以增强抗战力量而保证最后胜利案》,以及张君劢、左舜生、章伯钧等提的《改革政治以应付非常局面案》。其中张君劢领衔的两个提案的内容如下:

《请结束党治实施宪政以安定人心发扬民力而利抗战案》的内容分为两个部分,第一部分是理由,第二部分是办法。理由共分五点:第一点着重政治改革,指出:自抗战以来的我国政治,虽有一枝一节的改观,但规模终未树立,人心终有未安,殊无以奠定抗战建国之基础。"欲完成此基本工作,要以结束党治实施宪政为第一义。"第二点注重应付敌伪,指出:"以敌人挑拨搆煽之故,汪逆精卫等复假借名义,有伪党部之产生,如不毅然结束党治,则汪逆等以伪扰真,内以淆乱国人之视听,外以供残暴敌人之驱除。前途演变,至堪忧虑。"第三点阐明宪政与抗战的关系,指出：世界各国，并无借口战争而脱离宪政常轨的例子，有的国家甚至还变更政党政治之常态，以便使所有党派都能参加政府。“可见借口抗战而谓宪政未可立即实行者，其理由自不成立。”第四点着眼动员人民抗战，指出：在现行党治之下，政府仅能对党负责，而对全国人民则无任何责任可言，如不改变这种状况，而要人民为国家效死恐后，“于义终有未安”。第五点着眼巩固团结，消除摩擦，指出：如国民党继续实行党治，对其他党派采取限制和“防闲既严”的政策，随时随地的摩擦就不可避免，这“不仅为抗战时期之损失，实亦建国前途之隐忧。”

该提案提出的具体办法共三项：（一）由政府授权国民参政会本届大会，推选若干人组织宪法起草委员会，以制定一部可以使全国共同遵守的宪法；（二）在国民大会未召开以前，行政院暂时对国民参政会负责，省、县、市政府对各级临时民意机关负责；（三）于短期内，颁布宪法，结束党治，全国各党各派一律公开活动，平流并进，永杜纠纷，共维国命。

《改革政治以应付非常局面案》开宗明义地写道：“国家抗战，今日已至一特殊严重关头，乃不可掩饰之事实。目前环境，有三种至大难关：欧战发生，英法在远东有不得不向日寇暂时退让之势，此其一；法币跌落，国家财政与人民生计，陷入极端困难之境，此其二；汉奸猖獗，汪精卫等加紧扩大傀儡组织，予敌人以政治进攻之机会，以达其‘以华制华’之目的，此其三。此三者，吾国今日外交、经济、政治上三种重大难关也。”提案认为，要渡过这三大难关，就必须采取“非常之步骤”：第一，立即结束党治，实行宪政，以求全国政治上之彻底开放；第二，立即成立举国一致之战时行政院，以求全国行政上之全盘改革。

该提案指出，上述两个“非常之步骤”所以是“今日扶危救急之道”，其原因就在于“国家应付此非常局面，首在收拾人心与集中人才”。而就“收拾人心”言之，“今日唯一收拾人心之道，即在明示国人‘国家为公’”。所谓国家为公，就是国家为全国国民之国家，而非一党一派之国家；政府为全国国民之政府，而非一党一派之政府。只有国人能共有共享国家政权，而后国事危急，国人才会感到自己与国家休戚相关。所以今日中国，实现民主，其理由万端，而“综为一点，即扶危救急之道，在明示国人‘国家为公’”。从“集中人才”来看，“以今日之严重局面，虽全国人群策群力，犹恐未必有济，而政府对于人才，目前犹复以党派而划分畛域，因畛域而加以歧视，其或投闲置散，其或相抵相消”，这是自己减削抗敌建国的力量。故今日中国只有政治上彻底开放，人才才始有集中的可能，亦只有政治上彻底开放，人人为国胜于为党，人人爱国胜于爱党，而后国家各真才才始有可能真为国用，“同人等主张立即结束党治，实施宪政者，此也”。

如果说只有“结束党治，实施宪政”，才能“收拾人心，集中人才”的话，那么，也只有“建立举国一致之战时行政院”，才能提高“行政效率”。提案指出：国家在对外作战时期，政府行政机构，必须运用灵敏，人事必须才识相称，而后前方军事、后方政治始可相辅而行，相得益彰。提案进一步写道：“我国行政院两年来在战事上之成绩如何，国人自有公论。社会各方传言，谓抗战两年，机关化简单为复杂，人才变有用为无用。诚如此言，则人民对后方政治，愤懑哀痛之情，可见一斑矣。”提案对行政效率低下的状况提出了严厉批评："言调整机构，叠床架屋，依然如故；言调整人事，滥竽充数，依然如故。事权不统一，职责不分明，兼差累累，包而不办，会议重重，决而不行。如此行政，以应付20世纪之现代战争，实戛戛乎难矣。"该提案认为，要想改变上述状况，"振刷精神，一新耳目，恢复民信，矫正风气，则人事之更张，实为刻不容缓。同人等主张成立举国一致之战时行政院者，此也"。

在共产党和各中间党派提出结束党治、实行宪政、改革现行政府的提案之前，国民党籍参政员孔庚等也提出了一个不到百字且内容空洞的《请政府遵照中国国民党第五次全国代表大会决议定期召开国民大会制定宪法开始宪政案》。

本来，在国民参政会一届四次会议的开幕式上，国民党总裁兼国民参政会议长蒋介石为会议定的调子，是讨论解决"集中人才，建设后方"，"加强军事，争取胜利"和"注意国际形势，推进战时外交"这三个问题，但共产党和各中间党派的提案提出后，要求结束党治，实行宪政，改革现行政府，则成了会议的主题。根据《议事规则》，上述七个提案[①]由第三审查委员会讨论审查。后因各中间党派有强烈要求，改为"扩大会议"，全体参政员均可自由参加讨论。"扩大会议"于晚间在重庆大学的大礼堂举行。会议由第三审查委员会召集人、职教社参政员黄炎培主持，尽管在白天大家已被各种大小会议开得头昏脑胀，但是那天夜里都"如潮水般地涌进"大礼堂参加讨论。据邹韬奋在长篇回忆文章《抗战以来》中的记述，那天夜里，国民党方面"出马参战"的有李中

---

① 即共产党一个，各中间党派五个，国民党一个。

襄、许孝炎、陶百川、刘伯闵等，共产党方面有陈绍禹、董必武、林祖涵等，青年党有曾琦、左舜生、李璜等，国社党有张君劢、罗隆基、徐傅霖等，第三党有章伯钧“匹马当先”，此外还有救国会派、职教派、村治派和无党派的参政员。会议开得非常激烈，“你起我立”，“没有一分一秒的停止”，各方都有“大将出来交战数十合”，从晚上七八点钟一直开到凌晨三点。曾参加过无数次各种各样会议的邹韬奋认为，“那热烈的情况虽不敢说是绝后，恐怕可算是空前的”。

舌战主要在国民党参政员和非国民党参政员尤其是中间党派参政员之间展开，争论的焦点是两个问题，一是“关于抗日各党派的合法保障问题”，这也是除国民党外的其他党派的提案集中提出的问题。国民党籍的参政员“一致大发挥其‘不必要论’”，而其他党派的参政员则“一致认为有必要”，他们并举出许多国民党如何压制迫害“异党”和热血青年的暴行的例证。邹韬奋质问国民党参政员，我们许多党派领袖在这里开会，“被允许开口共产党，闭口青年党，似乎是允许党派公开存在似的，但同时何以又有许多青年仅仅因为党派嫌疑，甚至仅仅因被人陷害，就身陷囹圄，呼吁无门。敢问这究竟是怎么回事?”他悲愤地指出：“承认有党派就老实承认有党派，要消灭一切党派就说明要消灭一切党派，否则尽这样扭扭捏捏，真是误尽苍生!”国民党参政员被质问得无言以对。也有的国民党参政员“心中明知是根据事实，不胜同情，在表面上也不得不悻悻然”。

争论的第二个焦点是“结束党治”，这也是双方辩论的高峰。非国民党籍的参政员一致认为有此必要，一定要把这几个字写入决议案，而国民党参政员又一致大发挥其"不必要论"，反对决议案中写入这几个字。国社党的罗隆基和青年党的李璜发言最多，最激昂。国社党的老将徐傅霖也挺身而出，大呼"一党专政不取消，一切都是空论！"由于双方互不相让，"当时空气已紧张到一百二十分"，唇枪舌剑，各显身手，好像刀花闪烁，电掣雷鸣。国民党参政员被驳得理屈词穷，便仗着人多势众，大呼"付表决！付表决！"主席势将表决，李璜见势不妙，跳脚突立，大喊"'表决'是你们的事，毫不相干，敝党要找贵党领袖说话！"国民党参政员"于是不敢付表决"。

舌战到凌晨三点钟，大家还不想睡觉，最后由主席宣布，当将当夜各人意见的记录，汇交第二天第三审查会再行开会时慎重考虑，务使得到合理的结果。于是关于宪政提案的一场舌战才告结束。

第二天又经过一天的激烈辩论，大会终于通过了《召集国民大会实行宪政决议案》。《决议案》提出两种方法，(甲)治本方法：(一)请政府明令定期召集国民大会，制定宪法，实行宪政；(二)由议长指定参政员若干人，组织国民参政会宪政期成立，协助政府促进宪政。(乙)治标方法：(一)请政府明令宣布，全国人民，除汉奸外，在法律上，其政治地位一律平等；(二)为应战时需要，政府行政机构应加充实并改进，借以集中全国各方人才，从事抗战建国工作，争取最后胜利。

显而易见，这是一个互相斗争与妥协的产物。决议案要求国民政府"明令定期召集国民大会，制定宪法，实行宪政"，这无疑是共产党和各中间党派及无党派参政员斗争的胜利，但决议案抽掉了共产党和各中间党派提案中提出的一些具体要求，“把具体的事实或问题尽量抽象化，变为八面玲珑、不着边际的东西”。比如，“结束党治”是中间党派的具体要求，但决议案却讳言“结束党治”，只空空洞洞地说“实行宪政”。再如，中共和各中间党派的提案都一致要求对各抗日党派予以“合法保障”，但决议案则将这样一个很具体的要求，变成了抽象的“请政府明令宣布，全国人民，除汉奸外，在法律上，其政治地位一律平等”。又如，中共和各中间党派要求“集中全国各方人才”的具体内容是，“政府用人行政，不能因党派关系而有所歧视”，“但问其材不材，不问其党不党”，但决议案则去掉了这一具体内容，只保留了空洞的“集中全国各人才”的要求。又再如，决议案将“立即建立举国一致之行政院”的要求（张君劢领衔提出的那个提案提出的），变成了“政府行政机构应加以充实并改进”，前者的实质是像英国那样成立各党联合内阁，而后者则无需改变国民党一党政府的局面。另外，各中间党派要求“立即”实施宪政，而决议案则将“立即”变成了无具体时间限制的“定期”。这正如邹韬奋在《抗战以来》中所指出的那样，“因为定期可快可慢，一年半载是定期，三年五年是定期，八年十年是定期，而且还可改期延期，此中‘方便之门’甚多”。后来国民党也正是在“定期”二字上做文章，一再拖延宪政的实施。

当然，尽管决议案与中共和各中间党派的具体要求相差甚远，但就其性质而言，它“仍不失为进步的决议”。因为它毕竟反映了全国人民的迫切要求，至少反映了各中间党派要求建立西方式的民主政治制度的政治理想。正因此，在投票表决时，中共和各中间党派的代表都投了赞成票。用黄炎培的话说："各党代表争论虽烈，而卒获圆满解决。"他作为讨论提案、制定决议案的审查委员会主席，也觉得自己"总算对参政会尽了一分心"。

《召集国民大会实行宪政决议案》通过后，国民参政会议长蒋介石根据决议案（甲）治本办法之第二条，指定张君劢、张澜、周炳琳、杭立武、史良、陶孟和、周览、李中襄、章士钊、黄炎培、左舜生、李璜、董必武、许孝炎、罗隆基、傅斯年、罗文干、钱端升、褚辅成等19人为国民参政会宪政期成会委员，黄炎培、张君劢、周览为召集人。10月17日，蒋介石又新指派参政员梁上栋、王家祯、胡兆祥、章伯钧、马亮、李永新等6人为宪政期成会委员，从而使宪政期成会委员人数从原来的19人扩大为25人。同年11月，国民党在重庆召开五届六中全会，表示接受国民参政会第一届第四次会议通过的《召集国民大会实行宪政决议案》，并决议于1940年11月12日召集国民大会，"以期早日制定宪法，俾于抗战胜利逶近之日，竟建国工作未完之工"。

国民参政会宪政期成会成立后，由黄炎培、张君劢、周览召集，于1939年9月20召开第一次会议，根据国民参政会第一届第四次会议授予的"协助政府促成宪政"的使命，与会者达成三点协议：（一）"希望最高国防会议提前通过参政会的立宪案，并望在今年的'双十节'政府能公布实施宪政时期"；（二）"打算在'双十节'后有长时间的集会，研究讨论关于宪法本身以及国民大会组织法、选举法等问题"；（三）"希望宪政的实施时间有大致的决定，不能将时间太拉长，暂时拟定至迟不能迟过九个月，就要开国民大会，完成宪政"。同时会议决议请国民参政会秘书处着手搜集关于宪法草案的各项资料，以便讨论。

11月24日，宪政期成会在黄炎培、张君劢、周览的主持下召开第二次会议，听取国民参政会秘书处报告国民党五届六中全会有关1940年11月12日召集国民大会的决议，及参政员许孝炎报告国民政府1936年5月5日颁布《宪法草案》（即《五五宪草》）、《国民大会组织法》、《国民大会代表选举法》以及办理代表选举的经过；决议征集各方对于《宪法草案》等文件的意见，汇合研究，并推选左舜生、董必武、褚辅成、罗隆基、许孝炎拟具待研究的问题，以供下次会议讨论。

国民参政会第一届第四次会议闭幕不久，张君劢联合在重庆的其他中间党派参政员沈钧儒（救国会）、左舜生（青年党）、李璜（青年党）、胡石青（国社党）、江恒源（职教社）、王造时（救国会）、章伯钧（第三党）、张申府（救国会）以及无党派参政员张澜、莫德惠、褚辅成等12人，于1939年10月1日共同发起召集宪政问题座谈会，到会的有各界名流100余人，中共参政员董必武、吴玉章以及《新华日报》社社长潘梓年等也应邀参加。此次会议决定将座谈会经常化，并将发起人从12人增加到25人，其中包括国共两党的参政员。据统计，到国民参政会第一届第五次会议开幕之前，座谈会共举行过8次，对推进宪政运动、宪政与抗战、宪法草案等问题进行过广泛讨论，对国民大会组织法、选举法提出过不少修改意见，并请与《五五宪草》最有关系的立法院长孙科和立法委员张知本分别到会报告。据邹韬奋回忆，参加座谈会的有各界人士，每次座谈会都是“人山人海，会议厅里几无隙地，讨论得非常热烈”。

宪政座谈会开了几次会后，有人建议在宪政座谈会的基础上，发起成立宪政促进会。11 月 30 日，宪政促进会召开筹备会，推定张君劢、沈钧儒、孔庚、董必武、史良（救国会）、沙千里（救国会）、秦邦宪、左舜生、张申府、章伯钧、章乃器（救国会）等人为常务委员会委员，在常委会下设秘书处及宣传、联络、研究三个委员会。12 月 5 日，宪政促进会筹备会举行常委会，决议推举张申府为常委会秘书处主任，沈钧儒为宣传委员会主任，左舜生为研究委员会主任，章伯钧为联络委员会主任。另推张申府、章乃器、于毅夫三人负责起草宪政促进会章程、宣言及工作纲领，推请孔庚、李中襄、张申府、左舜生、章伯钧五人负责办理立案手续。

在张君劢等人推动下，一个颇具声势的要求国民党颁布宪法、实行民主政治的宪政运动迅速兴起。除重庆外，国统区各大城市以及延安也都成立了各种推进宪政的组织。在成都，邓初民联合教育界、文化界著名人士于 1939 年 10 月发起“国民宪政座谈会”，12 月 10 日成都宪政促进会筹备委员会成立；在昆明，1939 年 12 月 11 日，昆明业余联谊会、青年会、教育会等团体联合召开大会，讨论宪政问题；在广西，1940 年 5 月 28 日成立了以李宗仁为主席的广西宪政促进会；在延安，1939 年 11 月 24 日，由毛泽东等 89 人发起筹备成立延安各界宪政促进会，次年 2 月 20 日，延安各界宪政促进会宣告成立，吴玉章被推为理事长。宪政运动的迅速兴起表明：国民党的一党独裁已越来越不得人心。

国民参政会宪政期成会第二次会议后，陆续收到各界人士对于《五五宪草》及国民大会组织法和选举法的意见，其中包括参政员罗隆基、罗文干、陶孟和、周炳琳、傅斯年、钱端升、张奚若、杨振声、任鸿隽等9人提出的《五五宪草修正草案》①，参政员邹韬奋、沈钧儒、张申府以及张友渔、韩幽桐、沙千里、钱俊瑞等对于《五五宪草》的意见，参政员董必武对于《国民大会组织法》、《国民大会代表选举法》和《五五宪草》的意见等。1940年3月20日举行的宪政期成会第三次全体会议，在参考各方意见的基础上，对《五五宪草》进行修改，并拟成修正案，以供行将召开的国民参政会第一届第五次会议讨论通过。

宪政期成会向国民参政会提出的修正草案与原案（即《五五宪草》）最大的不同之处主要有两点：一是于国民大会休会期间设立"国民大会议政会"，②并赋予议政会以下职权：(1)在国民大会闭会期间，议决戒严案、大赦案、宣战案、媾和案、条约案。(2)在国民大会闭会期间，复决立法院所议决之预算案、决算案。(3)在国民大会闭会期间，得创制立法原则并复决立法院之法律案。凡经国民大会议政会复决通过之法律案，总统应依法公布之。(4)在国民大会闭会期间，受理监察院依法向国民大会提出的弹劾总统、副总统以及五院院长、副院长的弹劾案。(5)对行政院院长、副院长、各部部长，各委员会委员长提出不信任案，不信任案如获通过，即应去职。(6)对国家政策或行政措施，得向总统及各院院长、部长及委员会委员长提出质询，并听取报告。(7)接受人民请愿。(8)总统交议事项。(9)国民大会委托之其他职权。就其职权言之，正如张君劢代表期成会向国民参政会

① 因上述9人都住在昆明，故又称《昆明宪草》。

② 原案没有这一规定，这主要采纳的是《昆明宪草》的意见。

所作《中华民国宪法草案修正草案说明书》中所指出的那样，国民大会议政会“与各国之国会相似”。后来曾任国民参政会副秘书长的雷震，在谈到国民大会议政会的职权时也认为，它大体相当于“在实际政治上能够负起监督政权的责任”的“民主国家之议会”。二是在保持五院制度不变的前提下，对其权限重加厘定，将五院中牵涉行政权之一切事务移归于行政院，同时删去《五五宪草》中某院为行使某权之最高机关的规定。总之，《宪草修正案》与《五五宪草》的最大不同，就是政府行政部门的权力受到了较多的限制，而国民大会因设立休会期间的议政会而职权有了扩大。这反映了中国共产党尤其是中间各党派及部分无党派人士要求推进民主政治、参与国家政权的期望。

1940 年 4 月 1 日，国民参政会第一届第五次大会在重庆召开。4 月 5 日下午举行的本次大会第五次会议的议题，就是讨论宪政期成会向国民参政会提出的《中华民国宪法草案(《五五宪草》)之修正草案》。出席此次会议的参政员有 147 人。除此，还有不少特别来宾、新闻记者。国民党党政要员于右任、孔祥熙、许世英、叶楚伧、张群、朱家骅、吴铁城、何应钦、周钟岳、翁文灏、邵力子等 30 余人也出席了此次会议。会议由国民参政会议长蒋介石亲任主席。首先由立法院院长孙科报告立法院制定《五五宪草》起草经过，并对《五五宪草》的内容进行说明。继由会议宣读蒋介石以国民参政会议长身份交议的期成会所拟《中华民国宪法草案(《五五宪草》)之修正草案》(以下简称《修正草案》)及《报告书》。最后张君劢以宪政期成会召集人的身份说明该会开会的经过和修正各点的理由。他依据《修正草案》的章节顺序，分六个方面对这次修改的内容作了说明。

也许考虑到了《修正草案》关于增设国民大会议政会的条款会引起国民党方面的反对，张君劢对这部分修改内容的说明最为详细。他首先说明了为什么要增设国民大会议政会的理由，指出国民主要是通过审议预算、决算，质询行政方针，参预和战大计以及提出对政府的信任或不信任案来监督政府的。此等事项，亦就是欧美各国所说的政权，“若此等政权人民不能行使，虽谓民国之政权完全落空，固无不可”。而《五五宪草》的最大缺陷，就是人民政权运用不灵。立法院既非政权机关，而国民大会又三年才集会一次，因此政权无从行使。为了补救《五五宪草》的这一缺陷，宪政期成会经过认真讨论，决定采纳《昆明宪草》的意见，在国民大会休会期间增设国民大会议政会（《昆明宪草》中称之为《国民议政会》）。他引用《昆明宪草》注释中的一段文字说，《五五宪草》的上述缺点并非是《昆明宪草》或宪政期成会的同人发现的。其实，“在当年立法院发表宪法征询国民意见时”，就“有人主张将立法院权力扩大，使立法院有裁制政府权”，只是由于作为治权机关的立法院来行使政权，与中山先生政权治权划分之遗教不甚适合，而未被采纳。那时，“另有人主张将国民大会人数减少，会期加多”，但“国民大会每县市选代表一人”，这是孙中山在遗教中规定的，减少代表人数，不仅与孙中山的遗教不符，“且国民大会为代表人民行使四权机关，倘每县市平均不能有一代表亦不甚妥”。然而不减少代表人数，则如此庞大机关会期太多运用又感不灵。由于这些原因，“立法院最初几次草案中，曾有国民大会闭会期间设立委员会之议”，后因一些立法委员“以少数委员代行国民最高统治权似亦不妥”加以反对,而使“此计划终归取消”。

为了争取国民党方面对设置国民大会议政会的同意,张君劢在说明其理由时,特别强调设置国民大会议政会与孙中山的遗教并不违背。他引用《昆明宪草》注释中的话说,国民大会议政会的职权主要有两点:一是复决立法院之决议,二是对行政院可通过不信任案。“复决立法院决议”,如此可使立法院成为立法技术上之专门机关,这与中山先生五权分立之遗教精神相合。立法院决议,再经议政会审核,则法律案等等必有更审慎周详的成绩。立法院有能,议政会有权,又符合中山先生的遗教精神。“对行政院可通过不信任案”,则总统用人必能选贤举能,这样可以使孙中山的“政府有能、人民有权之精神”得到更好的“发挥”。

在说明了为什么要增设国民大会议政会的理由之后,张君劢进一步对比较敏感的国民大会议政会与国民大会和立法院的关系作了说明。就国民大会议政会与国民大会的关系而言,他指出:“依理言之,议政会既为在国民大会闭会时行使权力之机关,则议政会之职权应出于国民大会之委托,且其权力不应超出于国民大会权力之外。”然而按照《修正草案》的规定,议政会有议决宣战案、媾和案、大赦案和戒严案,以及对行政院提出不信任案之权,而这些权力则没有列入国民大会职权之中。所以要如此设计,是由于“国民大会为国家最高权力机关,实包括直接与间接政权”。由两千人以上组成的国民大会行使直接政权尚可,而要行使间接政权在事实上则“不宜”,只能将它划归于议政会。“故权力大小问题,不能以闭会或开会为标准而定其是非”。

如果说作为国民大会闭会期间行使其权力的机关，议政会与国民大会之间不存在“权力大小问题”的话，那么，议政会与立法院则各有其职权范围。就《修正草案》的有关规定来看，立法院的职权比之《五五宪草》中有了较大的变更，不仅本来属于立法院行使的决议大赦案、戒严案、宣战案、媾和案和条约案，一律移给了议政会，“立法院所辖者，独有预算、决算及法律案”，而且由于预算和决算牵涉到政权与治权两方面，所以立法院也只能作出初议，议政会对法律案和预算、决算案拥有复决之权。对于立法院职权的这种变更，张君劢是这样说明的：“国民行使政权之机关，既有国民大会与议政会，若仍《五五草案》中立法院之旧状，不免有叠床架屋之嫌。且立法院为政府之一部，依据中山先生遗教，只能行使治权。因此本会同人对于原有立法院之职权，予以变更。”

张君劢还在说明中指出，国民大会议政会对总统所任命的行政院长及各部部长所拥有的不信任案之权，“仅为消极的限制”，并不影响“总统选贤与能之大权”。因为总统如果不以议政会之所为为然，可召集临时国民大会为最后之决定，假如国民大会不赞成议政会的决议，总统则可解散议政会，另举行新议政会之选举。总之，“总统所行使之职权甚广，自能游刃有余，尽瘁于国家之建设”。此外，张君劢还对议政会的产生与名额等问题进行了说明。

尽管张君劢使尽了浑身解数，力图使国民党蒋介石相信，增设国民大会议政会，只是为了补救《五五案草》的缺失，它不仅不违背孙中山的“遗教”，而且也不会对政府尤其是总统的权力造成任何损害，但他无法改变这样一个事实，即与《五五宪草》相比，《修正草案》中的政府行政部门的权力受到了较多的限制，而国民大会及其休会期间的议政会的职权有了较大的扩大，而这是国民党人和他们的领袖蒋介石所不能接受的。

所以，张君劢的说明报告还未讲完，台下的国民党人就坐不住了，他们不断地往上递条子，“有如雪片”。报告毕，蒋介石起立发言。他说，今天“是一个很难得的机会，全国的学问家同来参加，盼能自由发挥意见，公开讨论，俾得良好结果”。接着他话题一转，说：“有几点意见贡献给大会”，“希望特别注意”，即，（一）中国行宪一定要实行“治权与政权”分开，“民元以来，宪政行不通就是不能切实分开的原故”。（二）希望不要忘记“权与能的划分”是孙中山的“特别发明”。同时，他“力言宪法须富于弹性，使其能推行无阻”。待蒋介石讲完话，已是下午 6 时 20 分。于是他宣布“当日休会时间已到，本案于第二日再行详细讨论”。

6 日下午 3 时，参政会第六次会议继续审议宪政期成会向参政会提出的《修改草案》，蒋介石仍亲任主席。会议一开始，国民党籍参政员与非国民党籍尤其是中间党派参政员就围绕“国民大会闭会期间内”是否需要“设立常设机构问题”展开了激烈辩论。国民党籍参政员刘哲、刘伯闵、黄宇人等坚决反对设立国民大会议政会，认为“将国民大会会期改为每年一次”即可。有一位国民党籍参政员甚至“破口大骂，在实际上简直表示宪政是不必要的”。他的那一顿大骂不仅使非国民党籍参政员“听了为之寒心”，就是参加旁听的国民党中的一位开明分子“也为之摇头叹息”，事后“表示愤慨”。而罗隆基、左舜生、邹韬奋、王造时等中间党派参政员则坚决主张维持原案，认为即使将国民大会会期改为一年一次，也不能使“人民政权运用不灵”的问题得到解决。

正当双方辩论激烈的时候，大会突然宣布休会10分钟。待再行开会，秘书长王世杰未等大家发言，便宣读了蒋的两点提议：(一)本会宪政期成会草拟之《中华民国宪法草案之修正草案》暨其附带建议书，及反对设置国民大会议政会之意见，并送政府。前项反对意见，由秘书处征询发言人意见后予以整理。(二)参政员对于宪政期成会修正草案其他部分持异议者，如有40人以上之连署，并于5月15日以前送本会秘书处，应由秘书处移送政府。根据有关规定，议长的提议即是决议，勿需大会讨论即获通过。随后，蒋介石作一长篇演说。关于演说的具体内容，因无纪录，无从得知，但据参加会议的梁漱溟几年后回忆，演说共分两段。头一段，力斥宪政期成会提出的《修正草案》有关增设国民大会议政会的主张，为袭取欧西之议会政治，与孙中山的遗教(指五权宪法)完全不合；次一段，力言制宪必求其能见施行，勿去事实过远。如宪政期成会提出的《修正草案》，就对执政之束缚太甚，是不能实行之制度。如果强行之，必遭破坏。他并引民国元年临时约法为例，谓当时民国初建，实不该以大总统让予袁世凯，既让袁当总统，又不宜因人立法，将总统制改为内阁制，加以束缚，卒致陷约法于破坏。今后国人如以国事倚畀于我，亦就不要束缚我才行。蒋为人阴险圆滑，城府极深，如此“态度坦率，为何来所少见”。时任参政会秘书长的王世杰的当天的日记中也有的记载：“今日午后国民参政会续议中华民国宪法草案修正案，罗隆基、左舜生、罗文干、周炳琳等主张维持‘国民大会议政会’，本党参政员则大多反对。最后余因请议长提议，将赞成及反对意见并送政府。大会遂如此决定。蒋先生于开会时，对于宪草中章制□新权力之规定表示不满，语侵罗隆基等，国社党及青年党诸参政员颇奥丧。”

张君劢等人怀着极大的热情而辛辛苦苦搞成的《中华民国宪法草案之修正草案》，未经大会表决，甚至未经充分讨论，就被蒋介石的一纸提议和一篇“强有力”的即席演讲而给“无形打消”了（其实，即使付诸表决，在国民党人占绝对多数的国民参政会内，《修正草案》也不可能获得通过。所以梁漱溟认为，蒋用这种“圆滑手段”，使《修正草案》免遭公开否认，还算是给期成会诸人留了一点面子），因为所谓“并送政府”，即等于“不了了之”，故当时人们就“知其无被采用之希望”。果然，不出人们所料，1940年9月，国民政府以交通阻塞，原定当年11月12日召开国民大会实有困难为由，宣布国大延期召开，具体日期另行通知。第一次宪政运动至此宣告彻底失败。

第二节　组建中国民主政团同盟

自1939年1月国民党五届五中全会制定“防共、限共、反共、溶共”的政策以后，国共两党的磨擦不断增多。在国共两党摩擦日趋激烈的形势下，界于国共两党之间的各中间党派领导人深感自己势孤力单，既无力促使国民党实施宪政，也无力在国共两党之间发挥调解作用，甚至连他们自己的前途也岌岌可危，因而他们感到迫切需要联合起来，建立第三者性质的政党，形成“第三者”的立场和力量，以便在国共两党之间求得发展，在国内政治斗争中发挥举足轻重的作用。1939 年 10 月，国民参政会中各中间党派的领导人黄炎培（职教社）、梁漱溟（乡建派）、章伯钧（第三党）、罗隆基（国社党）、沈钧儒（救国会）和无党派人士张澜等人，在重庆发起组织“统一建国同志会”。其宗旨是：“集合各方热心国事之上层人士，共就事实，探讨国事政策，以求意见之一致，促成行动之团结。”11 月 23 日，统一建国同志会在重庆召开成立大会，参加会议的有第三党的章伯钧、丘哲，中国青年党的左舜生、李璜、曾琦、余家菊，国家社会党的罗隆基、罗文干、胡石青，救国会的沈钧儒、邹韬奋、张申府、章乃器，中华职业教育社的黄炎培、江恒源、冷遹，乡村建设派的梁漱溟，以及无党派人士张澜、光升等。会议通过了《统一建国同志会信约》和《统一建国同志会简章》，选举黄炎培、章伯钧、左舜生、梁漱溟等为常务干事，并公推黄炎培为主席。张君劢没有参与统一建国同志会的活动，据梁漱溟在《记中国民主政团同盟》一文的“附记”中说，其原因是他认为“在蒋肘腋之下，言论不自由，故不肯参加”。

统一建国同志会成立后，由于它是一个松散的联合组织，因此并没有起到“第三者”的作用，不久，即陷于停顿。而国共两党的磨擦则不仅没有减少，反而进一步加剧。同时，国民党方面还加强了对一些中间党派领导人和无党派人士的排挤和迫害。更有甚者，这月 24 日，国民政府公布的国民参政会第二届 240 名参政员的名单中，许多原就是参政员的中间党派领导人和无党派人士，如第三党的章伯钧、救国会的张申府等榜上无名，而大量国民党人则被塞了进来。国民党的这种排挤和迫害中间党派领导人和无党派人士的做法,不能不使中间党派领导人感到心寒和不满。梁漱溟就曾回忆当时的心情说:第二届参政会参政员名单的公布,“引起我对国民党一种非常大的悲观,因为参政会本来形同虚设,若多罗致几个党外人物,在国民党至少亦可装点门面,偏偏连这一点作用都不留,而给大量党内闲人挤进来吃闲饭,国民党的没出息可算到家了。大难当前,大局靠什么人支撑呢?”

就在国民政府公布第二届国民参政会参政员的那天早晨,梁漱溟、左舜生和黄炎培三人不期而会于重庆新村四号张君劢家(确切地说,是张君劢弟弟张公权的家,张君劢在重庆时,住在他弟弟家中)。“四人聚谈,同声致慨。”黄炎培兴奋地站起来说,中间党派不应妄自菲薄,而应当自觉地负起大局责任来才对。在互相勉励的气氛中,张君劢提出,像“统一建国同志会”这样的松散联合,很难起到“第三者”的作用,各中间党派必须进一步联合起来,另外成立一个统一的组织。他还建议,先秘密进行活动,布置一切,同时在国民党所控制不到而又极接近内地的香港建立起言论机关,然后以独立姿态出现,不必向政府当局取得同意。梁漱溟、左舜生、黄炎培都一致同意张的意见。后来的事情也正是按照张君劢的建议办的。这天他们四人从早晨一直讨论到晚上,“多所决定”。第二天,黄炎培、左舜生、梁漱溟再次在张君劢家中续商昨日讨论的事情,午后,四人又偕沈钧儒、邹韬奋、张申府和周恩来到章伯钧家会谈。27 日,黄炎培又约来冷遹、江恒源一同参加讨论。梁漱溟先出示前几天的讨论纪录让大家看，“众人为无误”，并决定将计划中的新组织命名为“中国民主政团同盟”。鉴于不久左舜生要去成都，张君劢要回云南大理，梁漱溟要返回璧山县来风驿，他们商定暂不活动，待第二年2月来重庆出席国民参政会第二届第一次大会时“赓续进行之”。[①]

第二年（1941年）2月，张君劢、梁漱溟、左舜生等人为出席即将于3月1日召开的国民参政会第二届第一次大会来到重庆。按照先前的商定，他们这次来重庆将致力于中国民主政团同盟的组建工作，但不料是年1月发生“皖南事变”，国共两党冲突因此而达到高峰。中共参政员毛泽东等八人致函国民参政会秘书处，提出解决皖南事变善后12条，要求国民党采纳，并声明在未予裁夺前，碍难出席即将召开的国民参政会第二届第一次大会。而国民党则拒不接受共产党提出的先决条件，形势十分紧张，大有国共两党完全决裂、爆发内战的危险。面对如此严重的局势，张君劢、梁漱溟等便在从事组建中国民主政团同盟的同时，与其他中间党派领导人和无党派人士一起，以第三者身份，奔走于国共两党之间，从事调停工作。但调停工作最后以失败而告终。

国共争端的加剧以及第三方面调停的失败，加快了张君劢等中间党派领导人组建中国民主政团同盟以形成“第三者力量”的进程。2月25日，张君劢、梁漱溟、左舜生、黄炎培、李璜、江恒源、罗隆基、罗文干、张澜、冷遹等在张君劢家举行第一次集会，商讨组建民主政团同盟的具体办法。3月12日，他们又聚集于张君劢家中讨论一次，并公推黄炎培为主席。13日，通过政纲12

① 梁漱溟：《记中国民主政团同盟》，《梁漱溟全集》第6卷，第963页。

条。18 日，黄炎培提议同盟非准备妥当不宜公布，但可先发表同人对时局的主张。大家又就梁漱溟起草的宣言加以修改补充。19 日，在重庆上清寺特园(民主人士鲜特生寓所)召开成立大会，到会者共 13 人。会议讨论了政治形势和组织机构等问题，通过了《中国民主政团同盟政纲》、《敬告政府与国人》和《中国民主政团同盟章程》，并成立了中央领导机构。会上推举张澜、黄炎培、张君劢、左舜生、梁漱溟、李璜、章伯钧、罗隆基、江恒源、冷遹、杨赓陶、丘哲、林可玑等 13 人为中央执行委员，黄炎培、左舜生、张君劢、梁漱溟、章伯钧 5 人为中央常委，并推举黄炎培为常务委员会主席(同年 10 月，因黄出国辞去主席职务，由张澜继任)，左舜生为总书记，章伯钧为组织部长，罗隆基为宣传部长。沈钧儒本为同盟的发起人之一，但因为部分发起人认为沈及其领导的救国会与中共关系密切，容易引起国民党方面的反对，故建议沈和救国会暂不加入。这样，包括中国青年党、国家社会党、第三党、中华职业教育社、乡村建设派以及无党派人士在内的中国民主政团同盟便在重庆秘密成立了。1942 年救国会加入后，号称"三党三派"。

同盟的筹备及成立都是秘密进行的，但在成立的第二天即被国民党方面觉察。3 月 21 日，蒋介石在餐桌上当众责问张群，张群即打电话询问张君劢，张则矢口否认。第二天，张群又亲访张君劢，正好张君劢外出，张群便对其弟张公权说，已探得宣言全文，又知有政纲 12 条而未得其文，并指出迭次聚会的地点在特园某号。张君劢回家后，张公权便将张群的话转给张君劢。张君劢立即与黄炎培、梁漱溟等人商议，一致认为成立同盟的事无

特园

论如何也不能承认，就推说迭次聚会无非为奔走中共参政员不出席国民参政会第二届第一次大会一事，实秉最高领袖意旨而行；所谓组织，即经蒋介石同意成立的统一建国同志会；所谓12条，即经蒋介石审查过的统一建国同志会信约；至于宣言，则同人屡承蒋介石要他们出来说公道话的责任而有此拟议。经过这一番天衣无缝的解释，当局即未再追问。

中国民主政团同盟秘密成立后，根据原先张君劢等人的商定，即派梁漱溟去香港建立言论机关，以宣传同盟的政治主张，争取社会舆论的同情和支持。1941 年 5 月初，梁漱溟携带张君劢、黄炎培、左舜生、章伯钧、龙云、刘文辉以及他本人的捐款，抵达香港。经过一段时间的筹备，在中共香港地下组织的帮助下，

9月18日,同盟机关报《光明报》在香港创刊。10月10日,《光明报》发表“启事”,向中外宣告中国民主政团同盟已在重庆成立,并公布了《中国民主政团同盟对时局主张纲领》和《中国民主政团同盟成立宣言》,同时,由陈友仁、陈翰笙等将中国民主政团同盟的上述文件翻译成英文,向英美各国在港的通讯社记者作了介绍,引起国内外注意。

中国民主政团同盟的政治纲领原为12条,后经过修改,发表时缩减为10条,称“十大纲领”。其主要内容是:(一)“贯彻抗日主张,恢复领土主权之完整,反对中途妥协”;(二)“实践民主精神,结束党治,在宪政实施之前,设置各党派国事协议机关”;(三)“加强国内团结,所有党派间最近不协调之点,亟应根本调整,使进于正常关系”;(四)“督促并协助中国国民党切实执行抗战建国纲领”;(五)“确立国权统一,反对地方分裂,但中央与地方须为权限适当之划分”;(六)“军队属于国家,军队忠于国家,反对军队中的党团组织,并反对以武力从事党争”;(七)“厉行法治,保障人民生命财产及身体之自由,反对一切非法之特殊处置”;(八)“尊重思想学术之自由,保护合法之言论出版集会结社”;(九)“严行避免任何党派利用政权在学校中及其他文化机关推行党务”,“政府一切机关,实行选贤与能之原则”,“不得以国家收入或地方收入支付党费”;(十)“厉行后方节约运动,切实改善前方待遇”,“力谋民生之改善”,“健全监察机关,切实为各种行政上弊端之澄清”。

就同盟所揭示的这十大纲领而言,它既要求国民党结束其党治,实现政治民主化,切实保障人民的种种自由,又主张军队国家化，要求共产党将军队交给国民政府，反对以武力从事党争，对国共双方都有批评，也都提出了要求，体现了同盟的“第三者”的政治立场。但总的来看，它更不利于在朝的国民党。因此，中国民主政团同盟成立的消息公布后，共产党立即表示热情支持。中共中央机关报《解放日报》及时作了报道。10 月 28 日，《解放日报》又发表了以《中国民主运动的生力军》为题的社论，称赞民主政团同盟的政治纲领强调了“抗战到底，加强团结，保障人权，结束党治，革新政府的必要”，指出，这是抗战期间我国民主运动的一个新的推动。

和共产党的热情支持相反，国民党则对同盟的成立采取了压制的态度。国民党中央宣传部明令国民党各级报纸不准发表中国民主政团同盟成立的消息和评论。国民政府立法院院长孙科在香港发表演说，称《光明报》宣布中国民主政团同盟在渝成立的消息纯粹是“招摇撞骗”，“在公在私佢绝无所闻”，“绝无其事”，并指使国民党在港的报刊指责所谓“第三者”方面是“第五纵队”，甚至策动港英当局搜查《光明报》。重庆的官员也矢口否认有中国民主政团同盟这一组织，认为对于《光明报》发布的中国民主政团同盟成立的消息可“一笑置之”。

由于国民党方面否认有中国民主政团同盟的存在，张澜、张君劢、左舜生、章伯钧等在重庆的同盟常委经过研究，决定“冒着被打击压迫的危险”，在重庆公开中国民主政团同盟的组织。1941 年 11 月 9 日，蒋介石招宴张君劢、左舜生、黄炎培等，交换对国际国内时局的意见。张君劢证实民主政团同盟确实成立，并向蒋“提出民主政团同盟政纲的各点”。11 日，国民参政会驻会委员会举行谈话会，张君劢在会上严正表示，谓“民主政团同盟确于本年3月在渝正式成立，外间有人诬民主政团同盟为冒名捏造之团体，不值一笑。本人今特向参政会秘书长正式声明，本人即是同盟负责人之一，在座有左舜生、张澜、李璜、罗隆基等参政员，都是同盟负责人，这几人刻下都在陪都，关于同盟事项可负任何责任”。[①]

16日，亦即国民参政会第二届第二次大会召开的前一天，民主政团同盟以主席张澜、总书记左舜生、组织部长章伯钧、宣传部长罗隆基和中常委张君劢、黄炎培的名义，邀请国共两党和救国会的代表在重庆临江路俄国餐馆举行招待茶会。出席茶会的国民党代表有王世杰、邵力子、张群，共产党代表有周恩来、董必武、邓颖超，救国会代表有沈钧儒、陶行知、张申府，加上各大报刊的记者和其他人员，共47人。会议开始，由张澜宣布民主政团同盟确已成立。继由左舜生报告民盟成立的经过及宗旨，他说：“本同盟所主张均系十余年来大家所主张之老调，并非离奇可怪之论，至其内容均可公开，无何种秘密。”接着张君劢发言，指出，中国民主政团同盟在渝负责人招待诸位，向诸位说明本盟宗旨，其目的在于促进民主，实行宪政，以加强抗战力量和建国基础。张君劢等还在会上散发了《对时局主张纲领》、《成立宣言》和《光明报》“启事”等同盟文件。周恩来代表中共、张申府代表救国会也在会上发了言，表示赞同同盟的主张，“愿其早日实现”。

次日，国民参政会第二届第二次大会开幕。张君劢作为大

---

① 梁漱溟：《答读者来信》，《梁漱溟全集》第6卷，第326页。

会主席团五位成员之一出席并主持会议。会议期间，他和民主政团同盟参政员张澜、左舜生等根据同盟政治主张，提出《实现民主以加强抗战力量树立建国基础案》，要求：（一）结束训政；（二）成立战时正式民意机关；（三）不以国库供党费；（四）勿强迫入党；（五）勿在文化机关推行党务；（六）保障人民种种自由；（七）停止特务机关活动；（八）取消县镇乡代表考试制；（九）禁官吏垄断投机；（十）军队中停止党团组织。此提案得到了包括董必武、邓颖超在内的 20 多位参政员的连署，但提交到主席团时，"主席团蒋公颇不乐将其提付大会讨论。秘书长王世杰参酌原提案大意，另行撰拟一案，向同盟方面磋商，以为代替。在磋商时，对于建立党派间合作关系，颇有具体洽谈，极符于同盟纲领第一条'在宪政实施前，成立国事协议机关'之旨。同盟方面乃同意将原案撤回，而王案则以主席团蒋①、张②、左③等五人名义提出，即所谓'促进民治案'也"。此案的内容有四条：（一）加紧促进地方自治，抗战终了时，即召开国民大会，制定宪法，实施宪政；（二）充实战时民意机关；（三）明令各机关选贤与能；（四）维护人民一切合法自由。这一提案"于全场和悦的空气中通过"。从此，中国民主政团同盟由秘密转为公开，以"第三者"的身份活跃在现代中国政治舞台上，并成为一支举足轻重的力量。

国民参政会第二届第二次大会于 1941 年 11 月 26 日闭幕。

---

① 即蒋介石。

② 即张君劢。

③ 即左舜生。

10天后(12月7日),太平洋战争爆发。12月15日至23日,国民党在重庆召开了五届九中全会。全会开幕的第二天,张君劢写了一封《太平洋战起致国民党中执会诸公书》,要求国民党根据变化的国际形势,对外加强与美、英、苏等同盟国的合作,最好能仿上次欧战成例,由各国军事、政治当局组成四国战争最高会议,统一指挥对轴心国德、意、日的战事;对内进行军事、行政、财政、金融和经济改革,实行民主政治。他强调指出,国内措施之善否,视其所集之思之广狭,所集之思之广狭,视其能否采纳民意,“故谓民主政治之精神为胜败之关键,无不可也”。

这封信写后不久,张君劢就失去了人身自由,被国民党软禁于重庆南岸汪山达两年之久。其公开原因是国民党指控他为西南联大学潮的幕后反指使人,但实际上是因为他积极参与第一次宪政运动,尤其是参与组建中国民主政团同盟,触怒了蒋介石。在被软禁期间,他曾作《读史玉言》诗一首,借史讽今,以示对国民党软禁自己的抗议。诗中写道:

昔闻儒家言,斥私因尚公。唯公无所蔽,耳目罔违聪。公能致祥和,举国自从风。此义悬天地,谁敢向之攻?乃考三代下,秦政轨文同,烧书愚黔首,文物付祝融。汉高举义日,三杰宠命隆,一朝天下定,鸟尽先藏弓。下至名宰相,宋代半山翁,书生权在手,目中一切空。旁证西方史,曲异亦同工。亚历山大帝,凿空欧亚通。法国革命日,拿翁吐长虹。一时意气横,举世成沙虫。呜呼!历史大变局,不造自仁民爱物之贤主，反起于私心自用之枭雄。[①]

据当时住在张君劢家中、跟随张君劢读书的杨永乾后来回忆，自张君劢被软禁后，国民党就派特务人员住在张家的对面，监视张君劢的一举一动，其监视之严，出乎一般人的意料，不仅张君劢的外出有特务跟踪，信件要经过严格的检查，才能寄出或签收，而且特务还经常借故到家中盘问，向住在张君劢家中的杨永乾等人打听张的活动，并且警告他们说："你们不要有行动，也动不了。对你们还好，对救国会看的更严。"尽管如此，也有其疏忽的时候。有一次，张君劢患疟疾，病好之后，身体很弱，他的一位住在重庆市郊的四川友人便邀请他到家中休养。当张君劢坐滑竿去的那天早晨，监视他的特务准备不及，迟了一步，加上山地曲折，张君劢坐的滑竿转过山坡就不见了。监视他的特务以为他去了重庆市内，就顺着去市内的路追了下去，然而追到市内也没有看到张君劢。这位特务便慌了神，以为张君劢跑了，按特务的纪律，如果被监视的人跑掉，监视的特务要被枪毙。于是，这位特务马上向上面报告。特务机关得到报告后，立即出动大批特务去找。最后还是张君劢到了朋友家后，通知当地的宪兵队，说他到了这里，宪兵队又立即向重庆方面作了报告，方才结束了这幕闹剧。[②]

被软禁于汪山的两年里，张君劢唯一的政治活动，是积极参

① 程文熙：《张君劢先生之言行》，《张君劢传记资料》（七），第 35 页。

② 杨永乾：《中华民国宪法之父——张君劢》，第 451～453 页。

加第二次宪政运动。

第三节　参加第二次宪政运动

第一次宪政运动流产后，以中国民主政团同盟为代表的“第三者”方面要求国民党“结束党治，实行宪政”的呼声，不仅没有减弱，相反随着对国民党内外政策不满情绪的加剧，这种呼声更加高涨起来。中国民主政团同盟就把“实践民主精神，结束党治”写进了自己的政治纲领中。我们在前一节中所提到过的张君劢、张澜、左舜生、罗隆基等人在国民参政会第二届第二次大会上提出的《实现民主以加强抗战力量树立建国基础案》，和张君劢于太平洋战争爆发后写给国民党中央执行委员会的信，也都要求国民党能审时度势，结束训政，实行宪政，在中国建立起民主制度。与此同时，自太平洋战争爆发后，同盟国尤其是美国也不断向蒋介石施加压力，希望他进行军事、政治改革，推进民主政治，以利于加强同盟国方面对轴心国的作战力量。另外，南京汪精卫伪政权也不断以实行所谓宪政相号召，企图借此来欺骗人民，挖蒋介石国民政府的墙脚。面对如此形势，为摆脱困境，减少压力，国民党在 1943 年 9 月召开的五届十一中全会上，通过了《关于实施宪政总报告之决议案》，宣布“国民政府应于战争结束一年内，召集国民大会，颁布宪法，实行宪政”。9 月 18 日至 27 日，国民参政会第三届第二次大会在重庆召开，蒋介石以国民政府主席的身份[①]在会上发表讲话，提到国民党五届十一中全会的决议，并希望设置宪政实施筹备机构，以帮助政府推进宪政工作，达成宪治。此次大会于是根据蒋介石的讲话精神，决议组织“宪政实施协进会”。10 月 20 日，国民政府公布了《宪政实施协进会组织规则》和会员名单，宪政实施协进会正式宣告成立。

和四年前第一次宪政运动期间成立的“参政会宪政期成会”不同，“宪政实施协进会”直属于国防最高委员会，以国防最高委员会委员长为会长，其会员分为当然会员和由国防最高委员会委员长指定的会员两种。国民参政会主席团成员张伯苓、莫德惠、吴贻芳、李璜、王宠惠、王世杰、江庸为当然会员，指定的会员包括三类，即孔祥熙、孙科、吴铁城、陈布雷、张厉生、张群、熊式辉等国民党中央委员，褚辅成、张君劢、黄炎培、邵从恩、王云五、江恒源、左舜生、陈启元、许孝炎、李中襄、周炳琳、钱端升、董必武、傅斯年、江一平、我公来等国民参政会参政员，以及王造时、周恩来、张志让、萧公权等所谓法律专家。其中孙科、王云五、莫德惠、黄炎培、吴铁城、褚辅成、张君劢、左舜生、董必武、傅斯年、王世杰等 11 人为常务会员，孙科、黄炎培和王世杰为召集人，会长由蒋介石担任。尽管张君劢当时仍在软禁之中，甚至连国民参政会也不允许出席，但由于他是有名的政治学和宪法学专家，又是国家社会党领袖和民主政团同盟的主要领导人之一，并且还是第一次宪政运动中的“参政会宪政促进会”的召集人，所以国防最高委员会委员长蒋介石还是指派他担任宪政实施协进会

① 1943 年 9 月，蒋继因车祸去世的林森，任国民政府主席。

的常务会员。

虽然一开始国民党就力图通过成立御用议宪机构，使此次宪政讨论严格控制在官方主办的范围内，但宪政实施协进会成立后，中国共产党，尤其是以民主政团同盟为代表的“第三者”方面，则巧妙地利用了它的合法性，很快就突破了官方主办的范围，使之成了一次有广大群众参加的要求在中国实行民主政治、反对国民党一党独裁的民主宪政运动。

作为中国民主政团同盟的主要领导之一和宪政实施协进会常务会员，张君劢也积极参加了第二次宪政运动。1944 年 1 月，他和黄炎培、左舜生、沈钧儒、章伯钧等在重庆再次发起“民主宪政座谈会”，呼吁开放党禁，实施宪政，保障人权，改革政治。以后每月举行一次，规模越来越大，很有影响。1943 年 11 月，左舜生主编的《民宪》杂志由中国民主政团同盟接办，张君劢又与张澜、沈钧儒、李璜、罗隆基、章伯钧、张申府、梁漱溟、左舜生组成编辑委员会，使该刊成了当时积极宣传宪政、制造民主舆论的最有影响的报刊之一。他在宪政实施协进会中也相当活跃，不仅出席协进会的每次会议，就所讨论的问题发表意见，而且还先后向协进会提出过《人民基本权利三项保障案》和《扩大国民参政会职权案》。除上述这些活动外，张君劢还撰写和发表了不少宣传民主宪政的文章，这些文章对第二次宪政运动起了积极的推动作用。

张君劢在第二次宪政运动中撰写和发表的第一篇有影响的宣传民主宪政的文章，是呼吁保障人民三项基本权利的《人民基本权利三项之保障——人身自由、结社集会自由、言论出版自由》一文。此文最先发表在1944年元月3日至5日的成都《新中华日报》上，后来他又将此文作为提案交给宪政实施协进会讨论。《黄炎培日记》1944年2月4日记："九时，第四次常务会员会，孙科主席，讨论关于第二次全体会交议各案，对余所提实行约法案，当场修正通过；对张君劢人民之基本权利案讨论颇多。"2月6日和3月21日，《黄炎培日记》又两次提到宪政实施协进会常务会员会讨论张君劢所提人民之基本权利三项保障案的情况。

在是文中，张君劢开宗明义就写道："吾国之语曰：民为邦本。西方之语曰：国之主权在民。然民之所以为民之地位。苟在国中一无保障，而期其成为邦本，期其行使主权，盖亦难矣。"这就是说，要使人民能作为邦本而行使主权，必须先对其地位——"人权"予以切实的保障。而所谓"人权"，张君劢认为包括信仰思想自由，集会结社自由，迁徙居住自由，通信秘密自由，人身安全自由，以及享有选举权和任公职权等等方面，而在这种种人权中，人身自由、结社集会自由和言论出版自由是最基本的三项人权。

首先就人身自由而言，张君劢指出，既为一国公民，理所当然地享有选举权与任公职权。然此选举权与任公职权属于人民对于公共团体活动之权利，如果各个人身体之自由不能获得保障，就是有了选举权和任公职权又有什么用处呢？正因为人身自由是最基本人权，故各国宪法都写有人身自由之限制与剥夺应以法律为根据的条款。换言之，苟无法律之规定，国家不得限制或剥夺人民的人身自由。限制与剥夺人民的人身自由既须以法律为根据，则人民亦只有在违法的情况下才得加以拘捕。但在今日中国，人民的自由权利没有任何保障，政府可以“任意蹂躏人民的人身自由”。他认为政府假如“长此这样”，“实非国家前途之福”。为补救之计，他指出：

(一)政府以明令昭告对于人民之人身自由，予以保障。

(二)非法院命令不得拘捕人民，或限制人民自由。

(三)法院倘对于人民限制其人身自由或拘捕之者，应立即说明理由，通知家属。

(四)政府应许被拘及被限制自由者以申诉之权利。

(五)人民倘果有罪，应限期提审，不得长令其居于囹圄中，而无可告诉。

从结社集会自由来看，张君劢指出，它也是近代西方民主政治的产物。由于结社集会都是集体行为，而且其宗旨又往往“与其服从国家之义务两不相容”，因此，近代欧洲各国的法律对于人民之结社集会“未尝许以无限制之自由，或无限制之权利”，但各国对于结社集会自由限制的标准，“视其目的是否平和而定”，倘其所采取的手段超过平和目的之外，则此种结社集会应受限制，反之，“不以扰乱治安为目的，不以抵触刑法为目的的结社集会”，则允许人民自由组织，政府不得干涉。同时，欧洲各国法律还规定，人民的结社集会是否超过平和的目的之外，是否与刑法相抵触，“应由司法机关审判规定，不容行政机关自由衡量”。张君劢要求国民党当局像欧洲各国那样，制定一种法律，在不扰乱社会治安、不抵触刑法的前提下，允许人民有结社集会的自由，而“结社集会之合法与否，由法庭判决”。张君劢特别强调给人民以政治结社之自由权的积极意义：第一，政治结社可以使人民能集体发抒意见；第二，各种政治结社可以互相切磋；第三，政治结社可以养成民间领导政治人才，使其发为负责的言论；第四，政治结社可以使朝野各党各有互相监督之机会。

基于上述认识，张君劢提出了两条办法来解决中国一直未能解决的结社问题：(一)关于普通结社，国民政府曾颁布有人民团体组织条例，此事既关系到人民的基本权利，应以法律明确规定，以昭慎重。(二)关于政治结社，其宗旨不与民国立国大原则相抵触者，一律许其公开，并由立法院根据宪政精神，制定政治结社法，以昭信守，其要旨有二：(甲)养成各政团的合法活动；(乙)促成各政团在抗战期内及战后对于国事之团结。

至于言论出版自由，张君劢指出，与人身自由和结社集会自由一样，也是民主宪政不可或缺之要素，有之则为民治，无之则为专制。近代以来的欧美各国宪法都有这样一条规定，虽然各国宪法中的具体措辞不尽相同，但其基本精神别无二致。言论出版自由关系着两个方面的利益：一是人民，其根本利益不能不加承认，“苟人民而无言论自由，则学术上无进步，政治上无改良之途径矣”。二是国家，国家为多数人之国家，维持社会稳定是其天职，“倘许多人发□狂无忌之言，则治安混乱而法纪荡然矣”。各国为顾全人民之基本权利和国家之社会稳定这两方面的利益，乃于宪法上准许人民享有言论出版自由，同时又以出版法规定言论出版自由的范围，如言论不得违犯法律，办报须事先得到有关部门的同意，报纸上必须刊载发言人的姓名等等，使其言论自由有法可依。

就具体操作程序而言，欧美各国存在着三种不同情况：一曰言论自由之习惯法，如英美，其言论自由或为习惯法（英国），或为权利宣言之一项，除此，则别无所谓出版法。二曰以出版法为限制之法，如欧洲大陆各国，除宪法上列有言论自由之条文外，常有出版法对言论自由范围予以详细的规定。三是独裁国家的限制之法，如墨索里尼统治下的意大利，将一切报纸视为法西斯主义的宣传工具，凡职业新闻记者皆得加入政府所组织的工会，受其监督，各地报纸之编辑人员须经各省行政当局之批准。张君劢认为中国今后于此三种方法之中，宜采取第二种方法，因为只有第二种方法，才能使人民既有言论自由，同时又必须对自己的言论负其责任，“如有逾越范围之言论，政府自可于事后禁止其发行，如有关战事不许发表之事项，可先交报馆阅览，彼等自知遵守”。

张君劢进一步指出，要采取第二种方法，就必须尽早废除目前的事前监督制度，限制制订出一部新的出版法，此出版法必须经立法院议决，以昭信守。新的出版法一经公布，一切文武机关除通告机密事项不准登载外，不得自定条例强迫人民遵守。张君劢认为，以出版法为限制之法，其利有二：（一）人民因此能养成守法之习惯；（二）在守法之中，由于人民仍有斟酌之余地，故能自知其责任之所在，这与事前监督制度之下一切由政府负其责任相比，其利害得失相去甚远。张君劢建议，在新的出版法尚未制定颁布之前，可采用宪政实施协会正在拟议中的改良图书杂志新闻检查法。

张君劢强调指出，人身自由、结社集会自由和言论出版自由是三项最基本的人权，唯有从此着手，使这三项自由得到切实保障，而后宪政才有基础，这就犹如造屋之应先有石基、治水之应究其源头一样。

为了进一步唤起人们对人权问题的关心与重视，继《人民基本权利三项之保障》后，张君劢又先后发表了《两时代人权运动概论》、《威尔斯氏政治思想及其近作人权宣言》、《法国人权协会之人权宣言》等文章，系统介绍西方的人权思想。他指出，人权运动起于欧洲的文艺复兴和宗教革命，就实质而言，它是对当时专制王权与贵族的反抗，其理论依据是社会契约论，即谓国家由人民同意而成，故政府权力不得超出人民同意的范围之外，其职责在于保障和发展人民的利益。当时参加这一运动的霍布士、洛克、卢梭、孟德斯鸠等人立言虽各有不同，但其要义则一，皆认为人民是国家的主人。此种以社会契约论为理论依据的人权思想的集大成者，则是 1776 年的美国《独立宣言》和 1791 年的法国《人权宣言》。

进入 19 世纪后，随着历史学派的兴起，社会契约论虽被人们所抛弃，但人权思想则更加深入人心，各国宪法无不列有人民权利一章。人权思想所以没有和社会契约论一道被人们所抛弃，在张君劢看来，其原因就在于“社会契约说虽不必与历史上之事实相符，然而立国之正当理由殆无一而能逃出于社会契约与人权学说之范围之外者”。因为：第一，人民如一无权利，像鸡羊牛豕一样任政府宰割，他们又怎能仰首伸眉，成为七尺昂藏之人呢？第二，政府即以鸡羊牛豕对待人民，他们又怎能发达其礼义廉耻之心，成为一个善良的公民呢？第三，人民如果不能辨别是非，认识自己的权利与义务，他们又将何以成其为负责的公民呢？第四，只有国家平日待人民如公民，使之自觉其为国家的主人，而后战时才能指望他们为国效死。第五，政府如果用高压手段使国民都成为阿谀之人，建立于国民知其职责所在基础上的现代分层负责之复杂行政和庞大企业又怎能实现呢？

然而，虽然人权思想没有和社会契约论一起被人们所抛弃，各国宪法都列有人民权利一章，但实际上自 19 世纪以来尤其是第一次世界大战之后，人权不仅没有得到切实的保障，相反受到蹂躏和摧残。张君劢认为，人权之被蹂躏和摧残，起于三个方面，“一曰起于政治，二曰起于经济，三曰起于国际”。

首先，就政治这一方面而言，张君劢指出，这主要是专制政权的建立。专制政权以 1917 年的俄国开其端，而法西斯德意继其后并变本加厉。这两种政权虽然存在着种种不同，但“皆以一党独主国家大政，其不为在朝党之党员或与之意见相左者，则不得有言论结社之自由与夫预闻政治之权利，甚且投之囹圄中，是专政之制毁坏人民自由权利者一。自美国独立、法国革命以来，其最重要之立国原则，曰主权属于人民全体，曰法律为人民总意之表示，今采专政之制者，皆明标一党治国之旨，虽人民尚能投票选举，不过徒有虚名而已，此专政之制推翻主权在民之原则者二。专政制度之下其最大之罪名为政见不同，最恨反对党或主张不同之人，若此人者逮捕之，拘禁之，或置之于死地，彼等本此见地以定人之有罪无罪，则不待法庭之审判而罪案已定矣，此专政之制违反司法独立者三”。张君劢进一步指出，以上三事始见于1917年的苏俄革命，共产党以打倒资本主义为号召，不能不驱逐异己以为逞行己意之地，及夫法西斯主义兴起，既不取消地主与大资本家，又不为无产者抬高其地位，徒凭少数人之私意，但图巩固其地位与逞其侵略野心，而德意两国大多数人民乃在水深火热之中挣扎，不唯德意，全世界人民也深受法西斯主义之害。

其次，从经济这一方面来看，张君劢指出，美国独立与法国革命之发生，在于反抗帝王之专制与贵族之特权而已，以云社会财富之公平分配则未尝梦见。到了19世纪，人们所争的是财产保障、营业自由和放任政策，以为有了从事于农工商业之自由和财产之保护，则全社会人民就能自臻于幸福与欣欣向荣之境。谁知工业革命以还，资源开发矣，富力增进矣，新发明之事物日出不穷矣，然而真正能享受科学与技术上所产生之成果的只是少数资本家，大多数劳工其恃工资度日如故，不能有所蓄积如故，居室之破败如故，生无以养，死无以葬如故。于是社会主义运动勃然兴起，先有第一、第二国际的诞生，后又有苏俄与德国魏玛共和政府的成立，社会主义以思潮变成为实践。谁知苏俄处西欧资本主义国家包围之中，仅仅勉图自保，而德国魏玛共和政府竟为昙花一现。这样使“社会公道之实现，以达于多数劳工之各得其所者，犹甚辽远”。

第三，自国际这一方面来考察，张君劢指出，近代大工业之兴，起于科学的发展，而其出现于市场，则为国际资本主义之垄断，各国之重要物品，如汽油，如钢铁，始也各自为谋，日处于相互竞争之中，继则以利害相同而结合为国际间的垄断组织托拉斯,或曰卡特尔。货物的产额、市价、市场,皆由各大生产者相互协定。结果一方面少数资本家因货物不患无销售之地和亏折之虞而大获其利,另一方面广大消费者则因其货物求多供少而大受其害。那些本来工业生产就比较落后的国家,在此政策的打击下,处境更加艰难,民族工业无以自存而纷纷破产。更为严重的是,为了争夺原料产地和销售市场,各资本主义国家加强了对弱小国家的掠夺和侵略,或把它们变为自己的殖民地,或把它们变为自己的势力范围。这些弱小国家的民族既受人压迫,其人权亦就必然"受人践踏"。

张君劢把1917年俄国十月革命作为第一次世界大战后"专制政权"建立的开端,并攻击苏俄和法西斯德、意一样"蹂躏和摧残"人权,这反映了他自由主义的立场。但他从政治、经济和国际三个方面分析自19世纪以来尤其第一次世界大战之后,人权不仅没有得到切实的保障,相反受到蹂躏和摧残的原因,特别是他对经济和国际原因的分析,显示了他思想的深刻性。经济上少数资本家对广大无产者的剥削,国际上少数资本主义列强对大多数弱小国家的掠夺和侵略,确实应对19世纪以来人权状况的日益恶化负主要责任。

针对上述三种现象,尤其是法西斯主义对人权的蹂躏和摧残,在第二次世界大战爆发前后,一些政治组织和思想家对人权思想又作了新的解释和发挥,从而掀起了一场新的人权运动。比如,张君劢指出,1936年法国人权协会发表《人权宣言》,提出"人权之享有,不因男女、种族、国籍、宗教、意见而生差别",而"人权中之第一要义为生存权"。生存权包括:"第一,为母者应受之体恤；第二，小孩身心两方发展之需要；第三，妇女不受男性凌辱；第四，年老疾病残废者之抚养；第五，一切人应分润现代科学所给予之援助与保护。”除此，工作权也为生存权的重要组成部分，“各人应有定时工作，同时应享受闲暇之时间”。和昔日人权思想强调私有财产权之神圣不可侵犯不同，法国人权协会的《人权宣言》规定，“私有财产之成为权利，限于不侵犯公共利害范围之内”，并要求保护“已受侵略性之财产权（如卡特尔、托拉斯及银行管理制等）之严重威胁”的“各民族各公民之独立性”，“将此被剥夺权利还诸公共幸福”。《人权宣言》还认为，“社会全体之权利之受侵犯，其严重等于个人权利之受侵犯”。所以，该宣言主张社会与个人二者相依为用，互为表里，个人所享有的种种权利，“汇合而为全社会之义务”：第一，反对各种专制；第二，尽力于智德进步与个人及社会之幸福；第三，养成平和与容忍之精神；第四，扩充理性主宰力的发展。

继法国人权协会的《人权宣言》之后，英国著名文学家威尔斯也于第二次世界大战爆发不久草拟了一份《人权宣言》，提出了以下一些重要的人权思想。

第一，人权不仅是一个国家内部的事情，为国内解决政治争执的方案，而且是全世界范围的事情，为国际民主政治的基础，具有国际性。

第二，限制使用暴力，任何人，除其自己自由同意外，不得毁伤其肢体，除其自身之强暴外，不得攻击其身体，或殴打或加体刑。

第三，生存权为最重要之人权，各人不问其族种、信仰与意见之异同，咸享有饱食、邻居、衣着与医药之权利。

第四，在不妨碍集体主义范围之内，应尽量许人自由，保护各人的工作权、财产权和经营商业权。

对于威尔斯的这一人权思想，张君劢评价甚高。他在《威尔斯氏政治思想及其近作人权宣言》中写道：在 20 世纪的今日，知集体主义为社会发展必然趋势的不乏其人，但既同情于集体化，而同时又能了解人权之重要性的则不可多得，威尔斯“本其先知先觉之见，先世人而有所主张”，可称得上是“现代政治学方面大思想家中之一人”。

在威尔斯发表《人权宣言》不久，美国总统罗斯福于 1943 年提出四大自由之说，即：(一)言论自由，(二)信仰自由，(三)免于匮乏之自由，(四)免于恐怖之自由。1944 年 1 月，他在给国会的谘文中又有所谓第二次人权宣言的提出，其主要内容，一曰职业权利，二曰足量生活费用权利，三曰农民收入之权利，四曰商人免受不公正竞争之权利，五曰每人应有住宅之权利。张君劢认为，罗斯福的四项自由和五项权利比 18、19 世纪专以个人自由为出发点的人权思想是一大进步，因为它将个人之生存与国家之安全同时包括于人类应享有的权利之中。

总之，张君劢指出，如果说昔日的人权思想为个人的，为放任的，为国内的，那么，今日的人权思想则为社会的，为计划的，为国际的，这也是旧的人权运动和新的人权运动，或旧的人权思想和新的人权思想之异同所在。就目前中国而言，他认为，既不能以昔日的人权思想为鹄的，也不能以今日的人权思想为唯一依归，而应“合此二者以毕其功于一役”，即在强调个人种种自由权利的同时,不应妨害集体或社会的利益和需要,换言之,在重视集体或社会的利益和需要的同时,也应保障各人的种种自由。

此外,张君劢还先后发表了《邱吉尔氏民主政治标准七事释义》、《英美法德日俄六国制宪由来及宪政实行之条件》、《确立中华民国对于四强系统之关系及其地位》、《大爱国心》和《决战年之一致团结》等文章,这些文章对如何实施宪政提出了看法,并从不同方面阐述了中国要想整顿国防,发展工业,在决战年中实现全国团结,以便最终打败日本,夺取抗战的最后胜利,都必须实行宪政、建立起民主政治的道理。

1944 年 6 月,美国副总统华莱士来华访问。华莱士这次来华访问的目的,是要劝说蒋介石采行民主政治,和平解决日益激化的国共两党冲突,以便集中力量,对日作战,配合盟军的反攻。7 月,国民政府迫于各方面压力,颁布了《保障人民身体自由办法》。9 月 8 日至 18 日,国民参政会第三届第三次大会在重庆召开。张君劢困居汪山两年后终于获得自由,重返参政会论坛,并再次当选为驻会委员。

大会闭幕的第二天,中国民主政团同盟在重庆上清寺"特园"召开了全国代表大会,出席会议的有张君劢以及张澜、沈钧儒、左舜生、章伯钧、黄炎培、罗隆基等同盟中央领导人和各地代表。会议经过讨论,决定取消同盟的团体会员制,以后盟员一律以个人名义加入,盟组织的名称,亦由中国民主政团同盟改为"中国民主同盟"(简称"民盟"),并通过了《中国民主同盟纲领草案》,选举生产了新的中央领导机构,张君劢当选为中央委员、常委和国际关系委员会主任。

1944年12月17日，张君劢与蒋梦麟等人自重庆启程，经印度赴美，出席太平洋学会会议。是月27日抵达美国。这是张君劢生平第一次游历新大陆。

实地考察美国社会，可以说是张君劢多年的夙愿。因此，第一天散会后，他就向一位朋友说，想看看美国乡村政治。这位朋友就带他看了一些地方人口登记与土地清丈局及一所地方法院。此外还参观了某县政府的组织和县中学，并专程到纽约，对纽约州的州政府作了考察。当时正遇纽约下大雪，纽约州州长杜威动员了两万多人扫雪。他问杜威为何如此？杜威回答说：纽约市必须每日供应牛奶给儿童，不能使之中断，所以特别动员大量人员扫雪，以便保证送牛奶的车子能开，儿童喝上牛奶。杜威的话给他留下了很深的印象，到了晚年，他都还清清楚楚地记得这件事。

太平洋会议结束后，张君劢继续留在美国，作为中国代表团成员，出席1945年4月25日至6月26日在美国旧金山举行的联合国成立大会。代表团成员共10人，团长宋子文，团员有王宠惠、顾维钧、魏道明（以上为国民党）、胡适、胡霖、吴贻芳（以上为无党派人士）、董必武（共产党）、李璜（青年党）和张君劢（国社党）。关于张君劢在大会上的一般情形，可由李璜悼念他的文章来说明：

这[①]要算自革命北伐以来，政府做得最民主的一次了！

---

① 指中国代表团人员组成。

然而在内情，执政党当局对于我们在野党三个代表最为紧张，所派的“照料”人员也不少。

本来我知道，这个差事，无非是陪陪场面，摆摆样子，对外表示中国已是个有各党派的民主国家，而并不愿意我们在美出风头或有所活动的。我初到旧金山时即曾试验一下，对来访的美国记者，我稍稍发了一点议论，并且记者问我，何以你们首席代表[①]总不愿接见记者？我答以有些大少爷脾气，从来不耐烦正襟危坐而谈，你应该找个合他口胃的机会，他便愿意谈论的。我这个话，是我与自印度同坐飞机来美所得的一个实感，所以向记者说出这一个实感的真话。但中国代表团中便大为紧张，恐我出岔子，一面警告我以后发言要谨慎，一面“照料”得更紧，从此我便不言不动。

但君劢则不然，他不但研究文件，听取报告，把他自己所参加的一组问题，弄得清清楚楚，以便出席发言。而且还要将其他代表所参加的分组中的各问题，也弄一个明白，表示自己的意见。照例每早八时至八时半，十个代表要聚谈半个点钟，交换意见，以便去分头出席时，各人的意见不会发生矛盾。这一每早会报，本是很重要的。但主席总是一致场，坐不上五六分钟，便要说：“兄弟有事，对不住，请顾少川[②]代表主席”，即起身而走。有两次都正逢君劢发言，表示意见时，也同时起身告辞，君劢先生大不高兴。在第三次君

① 指宋子文。

② 即顾维钧。

劢又在发言中被告辞而打岔了，散会后，君劢先生与我行经主席的房门，他忽然推门进去，主席正扯腿伸卧沙发上在吃花生米，喝白兰地，君劢大声说："先生有事还未出去呢？"主席赶紧站起来说，"就要出去了！"君劢把门一关，反身对我说："岂有此理！"我笑道："他猜不透张先生还有这一手啊！"①

张君劢于会议期间，担任联合国宪章中的大会组的委员。据当时担任他的英文秘书的刘毓棠后来回忆，张君劢曾替中国代表团提出一项备忘录，建议成立国际教育科学文化组织。这一建议为他国代表所接受，于是有后来的"联合国教育科学文化组织"的成立。他还利用会议之便，与各国代表，如美国的范登堡、英国的阿德里、印度的梅农等，进行接触。在会议之外，他最有意义的活动，是支持印度和朝鲜的独立要求。当时印度尼赫鲁的妹妹班第脱夫人为要求印度独立，在旧金山举行对英的示威集会，邀请张君劢前往演讲。中国代表团怕因此而得罪英国政府，便劝他不要出席，但张君劢不予理睬，毅然赴约，在会上发表演讲，支持印度的独立。对于朝鲜脱离日本独立的要求，张君劢也表示支持。所以后来韩国的第一任总统李承晚，于朝鲜独立之日，特致函张君劢，邀请他访问韩国，并表示："此函为永久不变之请柬，至于行期，请自行决定。"

联合国成立大会闭会后，张君劢没有立即回国，而是移居华

---

① 李璜：《敬悼张君劢先生》，《张君劢传记资料》六。

1945 年 6 月 26 日张君劢代表中国出席联合国宪章签字仪式，前坐签字者为董必武，左后立者为张君劢，右后立者为李璜。

盛顿，通过中国驻美大使魏道明的关系，拜访了当时的美国总统杜鲁门。他对杜鲁门说，想研究研究美国宪法。杜鲁门遂在国会里拨了一间房子给他，又指定秘书一人，陪他去国会中各委员会旁听，并提供资料，供他研究。在此期间，他拜会了许多美国著名的宪法学家和政治学家，和他们讨论宪法问题，这对他日后起草《中华民国宪法》曾产生过影响。直到这年年底，他才结束在美国的游历和研究，去了英国，考察英国工党政策。

1945 年 8 月 15 日，日本帝国主义宣布无条件投降，中国人民经过八年的浴血奋战，终于取得了最后胜利。

这年的 10 月 1 日至 12 日，中国民主同盟在重庆召开临时全国代表大会，通过了《政治报告》、《临时全国代表大会宣言》和《中国民主同盟纲领》三个文件，并选举产生了新的一届中央委员会。张君劢虽未出席此次大会，但仍被选为中央委员、常委和国际关系委员会主任。

第六章
卷入政治漩涡

第一节　起草《中华民国宪法》

抗日战争胜利后，国共两党举行重庆谈判，并于1945年10月10日签订了《会谈纪要》，即“双十协定”。根据“协定”，“由国民政府召开政治协商会议，邀集各党派代表及社会贤达协商国是，讨论和平建国方案及召开国民大会各项问题”。

1946年1月10日，政治协商会议在重庆开幕。根据各方达成的协议，出席代表共38人，其中国民党8人，共产党7人，民主同盟9人，青年党（政协开幕前从民主同盟中分出）5人，无党派

1946年1月，政治协商会议在重庆召开，图为会场外景。

社会贤达 9 人。由于无党派代表莫德惠宣慰东北未归和民主同盟代表张君劢正在回国途中,实际出席开幕式的代表只有 36 人。会议在举行了开幕式并听取周恩来、张群、邵力子分别报告停止军事冲突商谈经过和报告国共会谈的经过后,全体代表分成改组政府组、施政纲领组、军事组、国民大会组和宪法草案组讨论问题。会议共开了 22 天,1 月 31 日闭幕,前后开了十次全体会议和多次分组会议,围绕军事问题和政权问题各派政治力量展开了激烈争论,最终通过了关于政府组织、施政纲领、军事问题、国民大会和宪法草案等五项决议。

我们在上一章中已经提到,张君劢自 1944 年底与蒋梦麟等自重庆起程经印度飞美出席太平洋会议后一直未归,政协开会前夕,他正在英伦三岛考察英国工党政策。1946 年 1 月 9 日,亦即政协开幕前一天,他才接到国内电报,促即归国参加政协会议。11 日,他自法启程,15 日回到昆明,16 日抵达重庆。这时政协会议已开了 7 天,代表正分成五个小组讨论问题。由于会议开幕时他尚未回国,所以分组时没有他的名单,因此,他可以选择任何一组参加讨论。他选择了宪法草案组。参加这一组讨论的还有国民党的孙科、邵力子,共产党的周恩来、吴玉章,青年党的陈启天、常乃惠,民主同盟的罗隆基、章伯钧,和无党派社会贤达傅斯年、郭沫若。1 月 19 日的政协第 9 次大会,专门讨论宪法草案问题。大会首先由孙科对国民党 1936 年公布的《五五宪草》虽然有"许多疑问和缺点",也可以修改,但"三民主义的最高原则"和"五权制度"则不能变更。在孙科作说明时,会场中"要求发言的条子即纷纷飞传到主席台"。孙科说明以后,黄炎培、沈钧儒、傅斯年等相继发言，提出各自的主张。

进入小组讨论后，各党派和社会贤达围绕今后中国应采取什么样的宪法问题展开了激烈争论。当时有三种宪法蓝本可供人们选择：一是孙中山的五权宪法，二是英美式宪法，三是苏联式宪法。国民党主张采取孙中山的五权宪法，要求以《五五宪草》为今年宪法的蓝本。民盟、青年党和无党派人士则大多倾向于英美式宪法。共产党根据当时的情况，也希望有一个英美式宪政，“以期打破国民党垄断政权之局”。当时的宪法之争，实质上也就是五权宪法与英美式宪法之争，而解决争论的关键，是如何使这两种宪法得到折衷调和。正当大家为此而争论的时候，张君劢提出了以五权宪法之名行英美式宪法之实的方案。他根据孙中山直接民权的学说批评《五五宪草》的国民大会制度是间接民权，而非直接民权，故他主张把国民大会从有形改为无形，公民投票运用四权（即选举、罢免、创制和复决）就是国民大会，不必另设国民大会；同时，以立法院为国家最高立法机关，行政院为国家最高行政机关，行政院只对立法院负责，而不对总统负责，立法院有权对行政院投不信任票，行政院有解散立法院、重新进行大选之权；限制总统权力，使他仅仅成为一个名义上的国家元首，而不负实际政治责任。张君劢这套方案的实质，是要“把立法院变成英国的众议院，行政院形成英国式内阁，总统相当英国女王，行政院长相当英国首相”。[1]

张君劢的这套方案提出后，“在野各方面莫不欣然色喜，一

① 梁漱溟：《国共和谈中的孙科》，《梁漱溟全集》第7卷，第195页。

致赞成”,周恩来表示“佩服”,国民党代表孙科也表示支持。据参加政协会议的梁漱溟说,孙科所以支持张君劢的方案,有他自己的野心,即“孙科私下安排,他将来是行政院长,当英国式的首相或日本式的首相,把蒋介石推尊为大总统,实际上是英王”,这样他就可以掌管国民党的大权,而置蒋介石于有名无权的地位。由于孙科是孙中山的儿子,在国民党内的地位很高,加上他当时又是国民党出席政协的首席代表,他既然表示支持张君劢的方案,其他国民党代表,包括参加宪法草案组讨论的邵力子也就莫可奈何,不便明言反对。于是,大家以张君劢的方案为基础,结合其他方面的意见,达成了宪草修改的十二条原则。

宪草修改的十二条原则,首先是确立了近代民主的国会制度。原则规定取消大而无用且易于一党操纵的有形国大,代之以全国选民行使四权的无形国大(第1条);立法院为国家最高立法机关,由选民直接选举产生,其职权相当于各民主国家的众议院或下院(第2条);监察院为国家最高监察机关,由各省级议会及各民族自治区议会选举产生,其职权相当于各民主国家的参议院或上院(第3条);司法院为超出党派的最高法院(第4条);考试院为超出党派的考选机关(第5条)。其次,确立了中央政体的责任内阁制。原则规定行政院为国家最高行政机关,行政院长由总统提名,经立法院同意任命之,行政院对立法院负责,立法院对行政院有不信任投票之权,行政院有提请总统解散立法院之权(第6条);总统不负实际政治责任,如果需要依法颁布紧急命令,必须经行政院决议,并于一个月内报告立法院(第7条)。第三,确立了省自治的原则。原则规定省为地方自治之最高单位，省与中央权限的划分依照均权主义原则，省长民选，省得自制省宪（第8条）。另外，十二条原则还对人民的权利义务（第9条）、选民的法定年龄（第10条）、包括国防、外交、国民经济、文化教育等内容在内的基本国策（第11条）以及宪法修改权（第12条）都作了明确规定。总之，宪草修改十二条原则以英美式宪法为蓝本，根本否定了《五五宪草》的“变相一党专政和大总统个人极权独裁”，为“全国人民展示了一个光明的和平民主的政治发展前途”。作为这十二条原则的主要提出者之一，张君劢的作用应该肯定。

根据各方达成的协定，政治协商会议的所有决议都要五方[①]一致同意，而无论各方出席的人数多少，都只有一票表决权。这样一个根本否定了《五五宪草》的“变相一党专政和大总统个人极权独裁”的宪草修改原则之所以能够获得国民党的通过，得到蒋介石的同意，并被写进政协决议案，用梁漱溟的话来说，是孙科钻了蒋介石的空子。事情是这样的：政协会议期间，国民党出席各小组的代表在每次会后都要向蒋介石汇报，唯有孙科心怀鬼胎，不敢面蒋，只把宪草小组会议记录送蒋介石过目，而蒋却未看。当时国民党的其他代表也屡请蒋介石看，希望他看后不同意，加以反对，但蒋则始终没有看。“蒋介石不看，不阻止，正合孙科的意，孙科就按他的办法进行”。到“政协要闭幕了，蒋介石才看文件，一看不对了，就把邵力子找去”，但为时已晚，要想

---

① 即国民党、共产党、民主同盟、青年党和无党派社会贤达。

反对或修改来不及了。于是蒋介石只好先让其通过,以后再作道理。[①]

政协会闭幕后,根据政协通过的《宪法草案案》有关组织宪草审议委员会的规定,于是年2月上旬成立了“宪草审议委员会”,参加宪草审议委员会的各方代表及有关专家共35人,孙科为召集人。该委员会的职责是“根据政协会议拟定之修改原则,并参酌宪政期成会修正案、宪政实施协进会研讨结果及各方面所提之意见,汇综整理,制成五五宪草修正案,提供国民大会采纳”。2月14日,宪草审议委员会召开首次会议,决定成立协商小组,并议定五项程序。但是,还未待宪草审议委员会根据十二条原则对《五五宪草》进行修改,国民党方面就提出了修改十二条原则的要求,“主张维持五五宪草之原则”,“反对政协会议修改宪草修正国大决议之原则”,“反对内阁制,主张总统制”;不同意省长民选,省自订省宪。国民党方面的提议,遭到了中共方面的反对。民盟代表张君劢等人也力主维护政协宪草十二条原则,认为“宪草修改原则与政协全部决议案有连带关系,为协商一大成就,未容变更”。[②]

3月8日宪草审议委员会协商小组举行首次会议,会上国民党代表王宠惠正式提出了三点修改要求:(1)国大为有形国大;(2)采总统制,反对责任内阁制;(3)省不能自制省宪,只能制定地方自治法规。周恩来即席发言,反对国民党三点修改要求,认

---

① 梁漱溟:《国共和谈中的孙科》,《梁漱溟全集》第7卷,第195页。

② 《民主报》1946年2月16—20日新闻版。

为“宪草与政协全部决案有关,不能单独解决,国民党方面是否负有遵守国大及宪草决议的责任,应当明白表示”。张君劢、章伯钧也指出,民盟“坚持一贯主张,认为宪草问题应与其他问题一并解决”。此后围绕国民党的三点修改要求,国共双方多次发生争执,会议陷入僵局。为了打破这种僵持的局面,使宪草审议工作得以进行下去,在3月15日政协综合小组和宪草审议委员会协商小组联席会议中途休息时,周恩来便与张君劢商量对国民党的要求作出一些让步。“君劢说:不能让步,要及早堵住才好。周恩来说:政治是现实的事情,走不通就得设法转圜,不能因此而牵动大局。”经周恩来说服,“张君劢也就活动了”。[①] 周、张商量的结果,同意:(一)国民大会为有形之国民大会;(二)政治协商会议关于宪草修改原则之第六项第二条,即“如立法院对行政院全体不信任时,行政院或辞职,或提请总统解散立法院,但同一行政院长不得再提请解散立法院”之条文取消;(三)省宪改为省自治法,并就此与国民党方面达成协议。这三点协议虽然将国民大会从无形恢复为有形,取消了立法院对行政院的不信任权和行政院提请解散立法院权,改省宪为省自治法,但它并没有改变国会制、责任内阁制和省自治的原则。张君劢后来在《中华民国宪法十讲》中,就明确指出,各党派“同意放弃了不信任投票之制,但并不是放弃了责任政府之制”。

三点协议达成,接下来便是根据宪草修改原则起草宪法条文。当时有分十个委员会起草之议,但张君劢认为这根本不可

① 梁漱溟:《我参加国共和谈的经过》,《梁漱溟全集》第6卷,第904页。

能，因为“宪草有如一篇文章，有如一幅画，不能分散来作。若由十个委员会合作，甲会以乙会为不以，乙会以丙丁等会为不对，将来不知甚么时候才能完成”。于是他便私下动手草拟了一部宪草。他在起草宪草时坚持三个要点：即“（一）欧美民主政治与三民五权原则之折衷；（二）国民党与共产党利害之协调；（三）其他各党主张之顾到”。宪草拟好后，他告诉宪草审议委员会召集人孙科，说他“已草了一部宪草，大家要也好，不要也无所谓。谁想就被接受了，由雷秘书长（雷震）印出来，作为讨论的基础”。①

张君劢起草的宪草共14章149条。宪草审议委员会和政协综合小组在审议这部宪草时又发生了激烈的争论。争论最久也最激烈的是行政院对立法院负责的问题。根据政协通过的宪草修改之十二条原则，张君劢起草的宪草规定“行政院为国家最高行政机关，对立法院负责”（第51条），“立法院对行政院重要政策不赞同时，得以决议移请行政院变更之，行政院对于立法院之决议得移请其复议，复议时，如经出席立法委员三分之二维持原决议，行政院院长应予接受或辞职”（第54条）。“行政院对于立法院通过之法律案、预算案、条约案应予执行，但行政院如有异议，得于该案送达后十日内具备理由移请立法院复议，复议时，如立法院仍维持原案，行政院院长应予执行或辞职”（第55条）。4月13日的讨论会上，国民党代表吴铁城表示，国民党要《五五宪草》的总统制，反对行政院对立法院负责，而主张行政院应向总统负责。吴氏的意见立即遭到了中共和民盟的坚决反对。张

① 张君劢：《中国新宪法起草经过》，《再生》周刊第204期。

君劢即席对吴的意见进行了反驳，并指出根据宪草，“将来用人权归总统，而行政院长非对议会负责不可”，这才符合政协通过的宪草修改原则。

国民党要求取消行政院对立法院负责的条款没有实现，又由王世杰提出行政院对立法院负责要有一定的前提条件，并要求对张君劢所拟的上述条款作如下修改：行政院依下列规定，对立法院负责：（一）行政院有向立法院提出施政方针及施政报告之责，立法委员在开会时，有向行政院院长及行政院各部会首长质询之权；（二）立法院对于行政院之重要政策不赞同时，得以决议移请行政院变更之，行政院对于立法院之决议得经总统之核可，移请立法院复议，复议时，如经出席立法委员三分之二维持原议，行政院院长应即接受该决议或辞职。（三）行政院对于立法院决议之法律案、预算案、条约案，如认为有窒碍难行时，得经总统之核可，于该决议案送达行政院十日内，移请立法院复议，复议时，如经出席立法委员三分之二维持原案，行政院院长应即接受该决议或辞职。显而易见，王世杰所提出的修改之条文，其目的在于加强总统的“核可”权，使立法院受到限制，行政院不能自立，从而失其责任内阁制的基本精神。故此它仍遭到了共产党方面的坚决反对。中共代表李维汉[①]指出：“王世杰修改之条文，与政协所通过的授予行政院之权责的原则不符”，声明保留政协所通过该项原则之立场。据雷震在《制宪述要》中回忆，由

---

① 代替1946年4月8日因飞机失事而牺牲的秦邦宪为中共宪草审议委员会代表。

于中共的坚决反对,王世杰的条文“最后仍未获致协议”。[1]

有关人民自由权利的条款,各方的意见也有分歧。张君劢在起草宪法时,根据政协通过的十二条原则,采用宪法保障主义的形式对人民所应享有的自由权利作了详细规定。然而他在对人民的自由权利作了详细规定之后,又写了这样一条,即“以上各条列举之自由权利,除为防止妨碍他人自由,避免紧急危难,维持社会或增进公共利益所必要者外,不得以法律限制之”。这条条文的用意,用雷震的话说,“显然是要限制上述各种自由权的”,不符合宪法保障主义精神。据雷震回忆,在讨论这条内容时,国民党代表主张这一条应广泛而抽象,以便对人民的自由权利施以各种限制,而非国民党的代表则认为这一条应狭窄而具体。因此,这一条条文的文字曾数次变更,后来虽然民盟和青年党的代表同意在狭窄而具体的条件下将这一条文写入宪草,但共产党代表则始终“未予赞同”。

其他如均田制、省自治地位、民族自治、国民大会及选举制度等重大问题,也因各方“争论不一”,而被搁置了起来,未达成任何协议。所以在 4 月 24 日政协综合小组召开的最后一次会议上,李维汉代表中共声明,“鉴于小组本无协议权,而许多重要争论问题又搁置未议,加以中共负责代表因故未能出席,而由雷震秘书长整理的条文更多不忠实,甚至任意增减,故中共代表团对小组全部工作及雷震整理的全部条文,概采取保留态度”。国民党代表吴铁城也在那次会议上表示,张君劢起草的宪草,对国民

① 雷震:《制宪述略》,第 27 页。

党没有任何约束力。这样，到 4 月底，由张君劢草拟的宪法草案已“成了一种废纸”。

1946 年 5 月初，民盟中央随还都的国民政府迁到南京，张君劢也因此而离渝移居上海。到上海后，他“没事像玩古董似的，把宪草翻成英文，寄给马歇尔看”。马看后即复信要与他谈一谈。张君劢后来去南京，马歇尔派美国驻华大使司徒雷登等四人与张讨论他起草的宪草。经他逐条解释，司徒雷登等人对宪草表示理解。

为了宣传自己的制宪主张和宪草的具体内容，这年的 7 月上旬，张君劢借上海八仙桥青年会就中华民国未来宪法发表系列演讲。在演讲中，他首先回答了“国家为什么要宪法”的问题。他指出，国家所以要宪法，这是由国家的“目的”或“职能”决定的。作为一个国家，第一，它必须保障人民的安全；第二，它必须保障人民的自由；第三，它必须造成一种法律秩序，使人民的安全和自由得到切实保障。要保护人民的安全与自由，就少不了宪法，但“宪法本身所以能存在，并不是一张纸片的文字就够的，而是要靠国民不断的注意，然后宪法的习惯方能养成，然后宪法的基础方能确立”。要宪法靠得住，关键是要看人民对宪法的警觉性如何，“假定人民对自己的权利及政府的不法横行，一切淡然处之，不以为意，人民的心理如此，宪法是决不会有保障”。故此，他奉告国人，“你们对自己之权利有警觉性，自然就有宪法。否则，若是你自己没有胆量维护自己的权利，那么尽管有一篇美丽的宪法，也就是所谓徒法不能以自行了”。

在回答了“国家为什么要宪法”这一问题之后，张君劢接着分析了“中国宪政何以至今没有确立”的原因。他指出:“从民国成立以来,所谓宪法、约法或宪草,已经不止一次,明白一点来说,三四次,或者说七八次,也没有什么不可以。所谓约法,所谓宪法,也不过是一种具文。”为什么会出现这种有法不依,宪政因此而不能确立的政治现象呢?张君劢认为其原因在于国人有下述不好的“心态”或“心习”:第一,“帝制自为”;第二,“割据一方”;第三,“越轨为能”;第四,“舞文弄法”;第五,“治乱循环”;第六,“人民愚昧”。

除上述六种原因外,张君劢认为,中国宪政至今没有确立的另一重要原因,是领导革命的人受欧战以来世界潮流的影响,忽东忽西,举棋不定,“这种自己认识的忽东忽西,也是造成国内政治混乱的一个原因”。

张君劢对“中国宪政何以至今没有确立”之原因的分析,尽管有失肤浅,有的并不正确,尤其是他忽略了封建的经济基础和帝国主义势力对中国民主宪政的影响和破坏,但他从历史文化、社会心理方面着眼,透视“中国宪政何以至今没有确立”的原因,还是颇有见地的。

张君劢进而指出,中国宪政何以至今没有确立的原因虽然看起来很复杂,但实际上国家的治乱兴衰不外乎两种人,一种治者,一种被治者。如果能使这两种人了解其地位以及权利义务,就“不怕国家不上轨道,不怕人民不能安居乐业”。故此他认为,今后中国宪政的补救之道,“在乎改造治者与被治者的资格”,使他们养成新的心理心态。具体来说,一方面要使治者在执行职务时,第一,应该遵守作为国家根本大法的宪法;第二,应忠实执行诸如预算法、征兵法等一切法规，处处依法办事，不得稍有逾越；另一方面要对被治者普及教育，提高他们的知识程度，从而使他们具有参与政治的热情和行使公民权利的能力。而普及教育的前提条件，是实现国内和平。

在演讲中，张君劢特别强调"人权为宪政基础"。他指出，所谓人权，包括人身自由、居住迁徙自由、集会结社自由、思想言论自由、信仰出版自由等种种自由，"这种种自由，假定政府可以随便剥夺了去，譬如说，人民不管他犯不犯罪，可以随便拘囚，乃至于人民要讲话，要办报，政府可以随便禁止，这种种权利的剥夺，就等于'天皇圣明臣罪当诛'的专制政治"，那么在这种政治之下，"谁敢再来对政府有所批评有所争执"。就此而言，"人权运动实在是民主政治最重要的基础，因为没有人权，就没有民主政治了"。张君劢认为要保障人权，就必须，第一，要拿人民当人，不可拿人民当奴隶；第二，要限制政府的权力，"政府权力的限制，即所以抬高人民地位，为国家百年大计考虑，是合算的"；第三，万不可拿一部分人民作为一党之工具，去蹂躏其他人民的权利，政府如果自身采取这种卑劣手段，那只能使国家陷于混乱，而不会实现长治久安。

此外，张君劢还就"未来宪法中之国大问题"、"行政权问题——大总统与行政院"、"立法院问题——英国巴力门与美国国会"、"司法独立"、"立宪国家之财政"、"民主国家之政党"、"地方自治与人民责任"等专题作了演讲。讲毕，他对讲稿略加整理后，即以《中华民国未来民主宪法十讲》为书名，交商务印书馆正式出版。

本来张君劢对自己起草的这部宪草能否被采用没有抱多大希望，但不想到了这年的9、10月间，亦即国民党单方面召开的制宪国大开幕的前夕，为了欺骗舆论，诱使中间党派和社会贤达出席国民党单方面召开的国大，蒋介石决定采用这部宪草，并派王宠惠、吴经熊等人对它加以修改，于是“这部已经扔到纸篓里的宪草又复活了”。1946年12月25日，国民党单方面召开的国民大会通过了这部由张君劢起草，经王宠惠、吴经熊等人修改，并最后由蒋介石删定[①]的《中华民国宪法》，并于次年1月1日正式公布，12月25日起开始实行。

关于这部宪法，新中国成立后出版的民国宪法史或政治史著作，几乎无例外地认为，它的“性质与《训政时期约法》的法西斯法统一脉相承，其内容是早已被人民唾弃的《五五宪草》的翻版”，“是集旧中国反动宪法之大成的一部彻头彻尾的封建买办法西斯宪法”；“一部在‘民有、民治、民享’词句掩饰下的维护封建买办势力和帝国主义侵华势力在中国进行专制统治的宪法”。但实际上，如果我们将1946年《中华民国宪法》与国民党一党制定的《训政时期约法》和《五五宪草》进行比较，就会发现它们之间存在着不少原则性的区别。这些区别说明：1946年的《中华民国宪法》与《训政时期约法》和《五五宪草》不同，它多多少少还具有一些民主性质和色彩。这些性质和色彩是中共、民盟以及全国人民和国民党斗争的结果。

---

① 如删去关于“聚居一定地方的少数民族应保障其自治权”等条款，并将“涉外经济事项”从中央与省共同拥有的权力移入中央专有的权力之中。

首先,从总纲第一条有关国体的规定来看。《五五宪草》总纲第一条规定:中华民国国体“为三民主义共和国”。国民党如此规定的目的,是为了维持其“一党独裁”统治。具有国民党官方背景的萨孟武在《中华民国宪法草案之特质》一文中就毫不讳言地指出:《五五宪草》的特质之一,是“一党专政”,因为宪草第一条开宗明义规定中华民国国体“为三民主义共和国”,凡不信仰三民主义的政党都不能允许其存在。有了这条规定,不仅在宪政开始之前,中国只能有一个政党,即国民党;就是在宪政开始之后,“中国仍只有一个政党,即只有中国国民党”。① 也正是这一原因,《五五宪草》公布后,其总纲第一条受到了人们的激烈批评。批评者一针见血地指出,规定国体为“三民主义共和国”,这只能说明《五五宪草》是“一党制度的宪法”,“是继续党治的宪法”。② 故此,他们坚决要求将“三民主义”四字从总纲第一条中删去。

政协会议宪法小组在讨论宪草修改的原则时,国体问题曾引起过激烈争论。国民党坚持《五五宪草》总纲第一条不能改,要求以“三民主义”为中华民国国体,而中共、民盟和一些社会贤达则坚决反对。张君劢就曾指出:“拿三民主义当为共和国的形容词,而且拿三民主义作为思想的标准,将来法院可以利用‘三民主义’四字为舞文弄法的工具。对于诚心研究三民主义内容的人,要一律加以违反三民主义的罪名,种种情形在以往二十年

---

① 《东方杂志》第 33 卷第 12 期,1936 年 6 月 16 日。

② 《新宪法施行及培植之关键》,《再生》周刊第 184 期,1947 年 10 月 4 日。

中大家是有目共睹的”。故此，他在起草宪法时，遵循“如何使欧美的民主政治与三民主义和五权宪法的原则相折衷”的指导思想，将《五五宪草》总纲第一条“中华民国为三民主义共和国”，改为“中华民国基于三民主义，为民有、民治、民享之民主共和国”。条文中虽然仍保留了“三民主义”四字，但其意思已与《五五宪草》完全不同，用张君劢的话说，“说中华民国基于三民主义，是承认民国之造成由中山先生三民主义为主动，至于今后之民国，则主权在于人民，故名‘民有、民治、民享之共和国’”。经此一改，也就否定了国民党的“一党独裁”。

第二，就第二章“人民的自由权利”来看。各国宪法对于人民自由权利的规定，主要有两种形式：一是采取宪法保障主义，二是采取法律限制主义。所谓宪法保障主义，即在宪法中对人民权利详加规定，宪法一旦公布，人民即享有宪法中规定的种种权利。所谓法律限制主义，即在宪法中只规定人民享有权利的范围或原则，只有待政府根据宪法制定出有关法律后，人民才能享有有关法律所规定的一些权利。比较而言，宪法保障主义显然更有利于对人民各种自由权利的保障。因此，欧美资产阶级民主国家的宪法，基本上采用的是宪法保障主义。尽管国民党制宪当局也知道，“为保障人权利起见”，宪法保障主义比法律限制主义“为佳”，[①]但他们在制定《五五宪草》时，采用的却是法律限制主义，有关条文后都写有“非依法律不得限制”或“停止”的

① 吴经熊：《中华民国宪法草案之特色》，《东方杂志》第33卷，第13期，1936年7月1日。

附加条件。

政协会议期间，共产党和民盟代表坚持宪法应以保障人民的自由权利为目的，而不应以限制为目的，并特别强调指出："《五五宪草》关于人民权利大都规定'非依法律不得限制'字样，换言之，即是普通法可以限制人民权利，这是不妥当的。"[①]政协宪草小组并就此达成协议："凡民主国家人民应享受之自由及权利，均应受宪法之保障，不受非法之侵犯；""关于人民自由，如用法律规定，须出之于保障之精神，非以限制为目的。"这就是宪草修改十二条原则中的第九条第一、二两项内容。张君劢在起草宪法时，则依据这两项原则，对人民的自由权利采取宪法保障主义，不附条件。张君劢特别看重"身体自由"，认为它是人民最基本的自由权利。为了使人民的身体自由得到保障，他从正反两个方面假定情况，予以规定。在条列了人民所应享有的人身、居住、迁徙、言论、讲学、著作、出版、通讯、信仰、集会、结社等自由权，以及生产、生存、工作、诉讼、选举、罢免、创制、复决和考服公职等权利后，他又规定："以上各条列举之自由权利，除为防止妨碍他人自由，避免紧急危难，维持社会秩序，或增进公共利益所必要者外，不得以法律限制之。"（第 23 条）。这条虽不完全符合宪法保障主义精神，因此在宪法讨论会上，中共代表不赞成将它写进宪法，但它和《五五宪草》所采用的法律限制主义还是有区别的。

① 《吴玉章同志关于宪法原则问题的意见》，《政治协商会议资料》，第 244 页。

第三，从中央政制来看。政协通过的宪草修改十二条原则在中央政体上采纳的是责任内阁制。后来政协综合小组和宪草审议委员会协商小组联席会议达成的三点协议，虽然取消了立法院对行政院的不信任投票和行政院解散立法院权，但它并没有改变责任内阁制原则。张君劢根据这一原则，起草了有关条文。如前所述，在宪草审议委员会和政协综合小组审议这些条文时，国民党代表吴铁城、王世杰先后提出修改要求，但遭到共产党和民盟代表的坚决反对。后来王宠惠、吴经熊遵照蒋介石的意旨对张君劢起草的宪法草案进行修改时，偷偷摸摸地将王世杰的修改要求写进了宪法。而王世杰修改要求的实质，在于加强总统的"核可权"，使立法院受到限制，行政院不能自立，从而失其责任内阁制的基本精神。因此，经王宠惠、吴经熊修改后的《中华民国宪法》，形式上采用的是责任内阁制，但实际上确立的则是一种既非总统制，又非内阁责任制的中央政体，用张君劢的话说，是"英（责任内阁制）美（总统制）混合制"。孙科称它为"一种修正的总统制"。

经王宠惠、吴经熊的修改，1946 年《中华民国宪法》虽然违背了政协通过的宪草修改原则，确立的中央政体不是责任内阁制，而是"英美混合制"或"修正的总统制"，但这种"英美混合制"或"修正的总统制"与《五五宪草》确立的总统独裁制还是有所不同的。这种不同主要表现在《中华民国宪法》中的总统权力要比《五五宪草》中的总统权力小得多。在《中华民国宪法》中，总统虽有高级官吏[①]的提名权，但上述提名须分别经立法院或监察院同意；总统虽有“核可权”，但行政院并不对他负责，而是对立法院负责。而在《五五宪草》中，总统有不需立法院或监察院同意、独立任命行政院、司法院、考试院三院正、副院长之权；行政院正副院长及政务委员、各部部长、各委员会委员长均对总统个人负责。因此，那种认为 1946 年《中华民国宪法》与《五五宪草》一样，“规定总统有至高无上的权力”，“既不受任何约束，又不向任何机关负责”一类的观点，与事实不符。

第四，从中央与地方的权限划分来看。中央与地方的权限有三种划分形式：一是中央集权主义，二是地方分权主义，三是中央与地方均权主义。集权主义易形成中央的专制独裁，分权主义易造成地方的分裂跋扈，均权主义介于二者之间，不易出现上述两种弊端。因此，欧美一些资产阶级民主国家，尤其是联邦制国家，对中央与地方权限的划分大多采用均权主义。均权主义也是国民党先总理孙中山的一贯主张。1924 年他手订的《建国大纲》第 17 条规定：“中央与省之权限采均权制度，凡事物有全国一致之性质者，划归中央；有因地制宜之性者，划归地方，不偏于中央集权或地方分权。”然而口口声声要遵照先总理遗教来制定宪法的国民党人，恰恰在中央与地方权限的划分上违背了其先总理的遗教，《五五宪草》采取的是中央集权主义，没有给省规定任何权力，连财政权也集中在中央，省预算成为中央预算的一部分。

① 如行政院、司法院、考试院三院正副院长、司法院大法官和考试院委员。

《五五宪草》在中央与地方权限的划分上所采取的中央集权主义，在政协会上受到了共产党、民盟和一些社会贤达的批评，他们要求未来的宪法在中央与地方权限的划分上采取均权主义。这一要求后来写进了政协通过的宪草修改十二条原则。第八条第二项规定："省与中央权限之划分依照均权主义规定。"张君劢在起草宪法时，依照这一修改原则，列了"中央与地方之权限"一章（第十章），并对中央与地方各自的权限范围作了明确的列举规定。其中规定，由中央立法并执行的 13 项；由中央立法并执行之，或交由省县执行的 20 项；由省立法并执行之，或交由县执行的 12 项；由县立法并执行的 11 项。除以上这些列举的事项外，张君劢在草案中还规定："如有未列举事项发生时，其事物有全国一致之性质者属于中央，有省一致之性质者属于省，有一县之性质者属于县。遇有争议时，由立法院解决之。"

第五，从国民大会的职权来看。《五五宪草》第 32 条规定，国民大会有选举和罢免正副总统、正副立法院长和监察院长、立法委员和监察委员权，创制和复决法律权、修改宪法权。上述国民大会的职权，照《五五宪草说明书》所称，是根据孙中山的《建国大纲》第 24 条赋予的。《建国大纲》第 24 条规定："宪法颁布之后，中央统治权则归于国民大会行使之，即国民大会对于中央政府有选举权，有罢免权，对于中央法律有创制权，有复决议。"换言之，即拟以国民大会代表人民行使所谓"直接民权"。孙中山拟以国民大会代表人民行使所谓"直接民权"的目的，是想在实行代议制的同时，兼采直接民主制来补救代议制的缺点，从而使人民能够真正"直接管理国家的政治"。这反映了这位伟大的民主革命家希望人民当家作主、管理国家的政治取向。然而，孙中山设计由国民大会来代表人民行使“直接民权”，这在理论上是说不通的，因为所谓“直接民权”，顾名思义，就是由人民来直接行使，而不是由少数人民代表来行使，否则，就失去了“直接”意义，仍为“间接民权”。

在中央与地方权限等重大问题上根本违背了孙中山遗教的国民党人，为什么要在国民大会的职权上坚持孙中山的这一在理论上说不通的“直接民权”理论，赋予国民大会选举、罢免、创制、复决等四权呢？其原因就在于：在《五五宪草》的体系中，赋予国民大会四权，有利于国民党对政权的垄断。因为：第一，国民党既以国民大会为民意机关，可以创制法律和复决法律，而同时又在《五五宪草》中规定，立法院为中央行使立法权的最高机关，有议决法律案、预算案、宣战案、条约案等权力。从“五五宪草”的上述设计来看，作为民意机关的国民大会，只能创制立法原则和复决立法院通过的法律之权，而不能具体立法，具体立法权在立法院。这样不仅造成立法程序的架床叠屋，同时也使作为民意机关的国民大会缺少经由具体立法来控制政府的手段。如议决预算案，这是民主政治体制下民意机关控制政府的最重要工具，因为预算案必须一年通过一次，若民意机关不能从预算案来控制政府的活动，那么，所谓政府向民意机关负责，只能是一句空话。第二，国民大会虽拥有四权，但按《五五宪草》规定，它每三年才召开一次，会期一个月，又没有常设机关在闭会期间代行职权，其人数又多达三千人以上。在这样短的会期中，以这样多的人数，它如何能行使四权，监督政府？其结果只能是形同虚设，便于国民党的一党独裁。故此，早年作为蒋介石心腹干将参与制宪工作，50年代后又从国民党营垒中分离出来，成为蒋介石政治对手的雷震，在《制宪述要》中评价《五五宪草》的这一设计时就一针见血地指出："《五五宪草》上所规定的国民大会的权力，在表面上看来似乎很大很大，而实际上什么作用都不能发生。其结果所致，所谓五权必将变为一权，即总统之权变为万能罢了"。[①]

也正由于上述原因，张君劢起草的《中华民国宪法》，只规定国民大会有"一，选举总统副总统；二，罢免总统副总统；三，宪法修改之创议；四，复决立法院所提宪法之修正案"的职权。在讨论张氏起草的宪法时，国民党仍要求国民大会拥有广泛的创制权和复决权，而共产党和民盟则坚决反对。最后国民党代表吴铁城提出一个折衷方案，即关于创制和复决两权的行使，除宪法规定的三、四两项外，俟全国的半数之县市曾经行使创制、复决两项政权时，由国民大会制定办法并行施之。后来王宠惠、吴经熊遵旨修改宪草时，将吴氏提出的上述折衷方案写进了宪法。尽管如此，1946年《中华民国宪法》中的国民大会职权至少比之《五五宪草》中的国民大会职权要小得多，这样也就不利于国民党利用大而无用的国民大会来垄断国家政权。

正由于张君劢起草的《中华民国宪法》与国民党一党制定的《五五宪草》存在着上述几方面的不同，因此，国民党单方面召开

① 雷震：《制宪述要》，《雷震全集》第23卷，台湾桂冠图书股份有限公司1989年版，第17～18页。

的制宪国大对它进行审议时，遭到了国民党内守旧势力的激烈反对。蒋介石本来对这部宪法中的不少条文，特别是对总统权力的限制也非常不满，但迫于各方面的压力，尤其是政协会后国内要求国民党实行政治改革呼声的压力，他没有敢叫王宠惠、吴经熊将这些不满意的条文全部修改或删除，最后还让国民大会通过了这部宪法。但他同时又声明，下届国大可以对这部宪法中"不妥的地方"进行修改，"使之符合我们的理想"。如果像研究者认为的那样，1946 年《中华民国宪法》是"《五五宪草》的翻版"，那为什么国民党内保守派要反对它，蒋介石又要对它进行修改呢？

当然，正如张君劢在《中华民国未来民主宪法十讲》中指出的，有了一部带有民主性质或色彩的宪法，并不一定就有了民主政治，关键是要看统治者是否有实行宪法的诚意。如我们所指出的，蒋介石是迫于各方压力才同意通过这部宪法的，因此，他一开始就没有打算实行它。宪法公布不久，国民党即先后制定和通过了《维持社会秩序临时办法》、《戡乱动员令》和《动员戡乱时期临时条款》，将宪法所规定的人民各种自由权利剥夺殆尽，同时赋予总统，亦即蒋介石本人以不受立法机关限制的紧急处置权，从而使宪法所确立的"英美混合制"成了"总统独裁制"，其权力比之《五五宪草》中的总统权力还有过之而无不及。直至国民党政权在大陆覆灭，1946 年《中华民国宪法》并没有给中国人民带来任何民主，中国仍然是一个独裁的国家。

第二节　调停东北内战

就在国共代表围绕宪草修改原则发生严重争执的同时，国共军队在东北地区的对抗和冲突也在不断升级。

东北地区北靠苏俄，西接蒙古，东依朝鲜，加上其丰富的物产资源，四通八达的交通枢纽和雄厚的工业基础，其战略地位十分重要。抗战胜利不久，国民党即制定了“稳住华北，抢占东北”的战略方针，成立军事委员会委员长东北行营，划东北为九省，并任命了各省的省主席，确定在军队未到达前，先接收东北的行政权。接着美国军舰先后运送国民党军队在秦皇岛、葫芦岛登陆。1945 年 11 月 25 日，国民党军队占领锦州。陆路也由山海关向东北进发。12 月 14 日，美国向长春空运国民党保安部队，月底又有 2000 名国民党陆军进驻沈阳。

同年 9 月 19 日，中共中央发出《关于向北发展、向南防御的战略方针》的指示：“目前全党全军的主要任务，是继续打击敌伪，完全控制热、察两省，发展我东北的力量，并争取控制东北。”“全国战略方针是向北发展，向南防御，只要我能控制东北及热察两省，并有全国各解放区及全国人民配合斗争，即能保障中国人民的胜利。”9 月 21 日，中共东北局正式成立，彭真为书记。各解放区先后调往东北的部队总数约 13 万人，干部约 2 万人。11 月 14 日，进入东北的部队和原东北抗日联军合并组成“东北民主联军”，部队很快发展到 20 余万人，而且在许多市县建立起民主自治政权。

国民党为了实现其“稳住华北，抢占东北”的既定战略方针，拒绝把东北列入1946年1月10日国共双方代表签署的停战令的范围之内，在占领锦州之后，它继续向东北大举调兵，并派部队会攻承德，企图切断东北共产党军队与华北解放区的联系，但被打败。2月8日，周恩来提出建议，东北问题应当政治解决，由国共代表组成小组就地解决军事问题。2月15日，中共中央提出解决东北问题的四项原则，即：(一)改组国民党一党包办的接收机构，吸收东北民主人士与国内各党派无党派人士参加，“使一切民主分子享有公平有效的代表权”；(二)承认东北现有抗日民主部队，“避免军事冲突”；(三)承认东北各县民主自治政府，协商选举扩大其基础；(四)限制国民党进入东北的军队数量，禁止收编伪军去接收东北主权。① 2月18日和21日，中共又两次提出“希望派遣执行小组进入满洲解决争执”。但共产党提出的这些建议遭到了国民党方面的拒绝，同时，它还源源不断地将新一军、新六军等一大批精锐部队调入东北，分头抢占本属共产党军队控制的地区，国共双方军队的冲突由此而日益加剧，“到了3月底，东北内战的烽火已经弥漫天空了”。

国民党拒绝停战建议，自然使自己处于不利地位，因为当时在整个东北地区共产党的力量远在国民党之上。于是蒋介石改变以前不承认东北有国共冲突，宣称东北不在军事调处的态度，3月27日，经马歇尔调停，国共达成关于派遣小组前往东北调处军事冲突的协定。但正如调停过国共争端的梁漱溟所说，蒋只

① 1946年2月16日《新华日报》。

想用此来约束共产党，自己并不准备执行。而这时苏军从东北撤退。“苏军一撤走，蒋就肆无忌惮，于四月初展开激烈的战事。蒋介石破坏东北停战协定而向共方进攻。”[①]国民党既不遵守停战协定，共产党便向北满发展，战略地位得到进一步加强。

在东北停战协定面临全面破坏，可能引发一场全面内战的紧要关头，作为第三者方面的民盟介入了国共争端。在 4 月 9 日政协综合小组和宪草审议委员会协商小组的联席会议上，民盟代表张君劢、罗隆基等人首先发言，提议变更议事日程，将宪草问题暂放置一边，而先商谈停止东北内战问题。民盟的提议得到共产党代表的响应，但国民党代表则以军事问题无具体资料可供参考为理由加以拒绝。事已至此，“民盟代表团就当场邀请国民党和共产党的代表明日再到特园来座谈停止东北战争问题，而当日的联合小组会议就草草地结束了”。[②]

由民盟发起召集的东北问题座谈会于 4 月 10 日在重庆特园[③]如期举行，出席座谈会的有国民党政协代表孙科、吴铁城、张群、王宠惠、邵力子、张厉生，共产党政协代表周恩来、吴玉章、陆定一、邓颖超，民盟政协代表除张东荪、梁漱溟两人当时不在重庆外，其余 7 人，即张澜、张君劢、罗隆基、黄炎培、章伯钧、沈钧儒、张申府全部出席。为了不使国民党代表又以“军事问题无具体资料可供参考”为辞拒绝讨论，罗隆基还把国民党的军事部长

---

① 梁漱溟：《我参加国共和谈的经过》，《梁漱溟全集》第 6 卷，第 906 页。

② 梁漱溟：《我参加国共和谈的经过》，《梁漱溟全集》第 6 卷，第 511 ~ 517 页。

③ 当时民盟主席张澜的住所。

陈诚也拉来了。在座谈会上，民盟提出了一个解决东北问题的三点方案：(一)中共军队先退出沈阳至长春沿铁路线各地，使中央军可以顺利到长春；(二)中央军暂行停止前进五天，俾中共军队有时间退出铁路沿线，以避免冲突，在五天以内，用协商方式，进行解决政治问题；(三)在中央军接收长春以后，双方再进行政治谈判。将东北军事政治问题，依据整军方案及政协会决议，谋求全盘解决。[①] 对于民盟的三点方案，共产党表示接受，国民党则不正面表示意见，而只强调中央军在东北的调动不应受到任何阻拦。调停座谈会在没有达成任何协议的情况下不欢而散。会后，蒋介石继续调兵遣将，向共产党军队发动进攻，并将驻扎在冀东的原伪军姜鹏飞部收编为27军，空运到长春布防。15日，苏军正式从长春撤走。三天后，中共军队向驻防长春的姜鹏飞部发起进攻，并于当天占领该市。随后，共产党军队又相继占领了齐齐哈尔和哈尔滨。

在共产党军队攻取长春当天，蒋介石下令国民党军队猛攻四平。双方为争夺四平都投入了大量的主力部队，东北内战因而进一步升级。

当时，美国的愿望是：既确保国民党的优势，限制共产党在东北的发展，又避免国共冲突的扩大，从而使苏联无法以护路为由在长春以北的铁路沿线驻扎军队。因此，就在共产党军队占领长春后的第三天，即4月20日，美国驻华特使马歇尔便打电话将罗隆基找去，希望民盟出面调停东北内战，劝说共产党自动退

① 《中国民主同盟历史文献》(1941—1949)，第155页。

出长春。22 日,他又邀张君劢、罗隆基面谈调停东北内战问题,并再次要求民盟劝说共产党自动从长春撤出。张君劢和罗隆基认为,如果只要求共产党一方退让,这很难启口,而且共产党也不会答应。于是他们建议马歇尔和他们分头进行,由马歇尔劝说蒋介石停战。从 23 日到 26 日,张君劢和罗隆基往返奔走于国共代表团之间进行调停。27 日,马歇尔又把张君劢和罗隆基请到自己的寓所,商谈通报调停的情况。马对张、罗二人说:"蒋方的关键问题在长春,倘使中央不拿回长春,什么问题都谈不到。倘使中央拿回了长春,我劝蒋停战的话就更有力量,到那时我一定劝蒋停战。至于共产党方面,我同周恩来先生的谈话没有得到要领",周先生"骂蒋介石不遵守政协决议,指责美国帮了蒋介石打内战"。在对美国的行为作了一番解释后,马又说:"现在共产党既然进了长春,我就不便提出具体解决东北问题的方案了。最好还是由民主同盟提出具体方案,不过关键问题还是共产党先退出长春,而后才能商谈停战。如果先停战再谈长春问题,问题就难解决。"[1]张君劢、罗隆基答应就马的建议回去与民盟其他领导人商量,同时他们又再次要求马劝蒋介石下令停战,并且强调,停战必须是"一停永停,全国停,全面停",否则他们就无法向共产党进言。

张君劢和罗隆基随即向民盟的其他领导人通报了进行调停的经过以及与马歇尔谈话的情况,并与民盟其他领导人一起拟

---

① 罗隆基:《从参加旧政协到参加南京和谈的一些回忆》,引自《政治协商会议资料》,第 517 页。

就了一个调停方案：共产党军队从长春撤出，国民党军队也不进去，只派行政人员和平接收长春，在接收长春的同时，国共两党重开政治谈判，依照政协决议和整军方案的精神，解决东北问题。29日，张君劢和罗隆基拿了这个方案去征询周恩来的意见，周表示要请示延安，不能立即答复，但似可望同意。周并告诉了张、罗二人，共产党愿意早日停止内战，恢复和平。张君劢和罗隆基认为，这是个好消息，事不宜迟，必须趁热打铁，促成国共双方政治解决东北问题。他们于是日晚又找到马歇尔，催他立即与蒋介石接洽，并且表示，倘若蒋介石答应和平，接收长春后就立即宣布停战，他们便马上去见周恩来，让他把蒋同意停战的消息转报延安，那么延安必定能同意让出长春。但出乎他们意料的是，一再劝他们出面调停东北内战的马歇尔，这时"却推推托托，说时间太晚，今晚不便去见蒋介石；又说5月5日前，大家都要回到南京，到南京后再谈，蒋的心情必更安定些，必更容易接受劝告些，好在时间只差三四天了"。[①] 张、罗二人无奈，只好乘兴而去，扫兴而归。

其实，马歇尔所以不愿夜见蒋介石，其真实原因并不是由于时间太晚，而是几乎在民盟提出上述方案的同时，蒋介石拒绝了马歇尔本人提出的有关东北停战的建议。就在马歇尔邀请张君劢、罗隆基面谈调停东北内战问题的第二天，即4月23日，马歇尔向国共双方提出了一个《满洲立即停战协议》(草案)，这个协

① 罗隆基：《从参加旧政协到参加南京和谈的一些回忆》，引自《政治协商会议资料》，第517页。

议的基本内容有四点:(一)自本协议签订后24小时内,政府和中共双方应立即发布停战令,并下令停止一切军队调动;(二)根据整军方案重新部署东北的一切军队,特殊地区的占领问题应由三人委员会决定,正在运输途中的政府第60、93两军应即运完;(三)政府军为恢复主权和保卫主要铁路线安全而进行的调动,只能由三人委员会专门授权进行;(四)满洲的政治问题应通过政府代表和共产党代表的谈判来解决,但在政治问题未获解决之前,目前民选的地方政权应予以维持,并不得妨碍和干扰。①就上述内容来看,马歇尔的方案总的来说对国民党方面有利些,因为它同意继续将60、93两军运到东北,以满足蒋介石提出的必须在东北保持9个军的要求。但由于方案承认中共军队在东北的存在以及中共所建立的"地方政府"的暂时合法性,而被蒋介石所拒绝。同时,蒋介石提出了一个表面上妥协,而实际上各方都无法接受的解决东北问题的建议,主张:(一)停战协定及与之有关的附属条款,应在满洲充分执行;(二)根据整军计划重新配置国共所属之一切军队在东北的地位;(三)满洲的长春铁路全线及长春铁路沿线两侧30公里以内地区,应由政府军接收,中共军队不得阻碍政府恢复主权;(四)除上述第三条外,国共代表谈判解决与中共控制地区有关的政治问题。显然,蒋的上述主张是中共根本不会接受的。马歇尔又于4月27日在蒋建议的基础上提出了一个修正案,主张双方军队隔离,铁路线不驻兵,改组

① 《美国对外关系》第9卷,第792~793页,引自杨奎松《失去的机会》,广西师范大学出版社,1992年版,第259页。

东北政治经济委员会为东北临时行政委员会，由国民党、共产党及东北人士三方参加，暂时负责恢复交通及长春线上各大城市的管理。但蒋介石坚持共产党军队先退出长春，然后再来谈判其他问题。马歇尔知道，蒋介石既然拒绝了自己提出的建议，民盟的方案他也不会接受。

5 月初，民盟中央随还都的国民政府迁到南京。从此，调停东北内战的工作在南京、上海两地进行。进入 5 月后，国共双方军队不仅在四平街越打越激烈，而且东北战火已开始向关内蔓延。5 月 15 日，张君劢与民盟在沪的其他政协代表沈钧儒、黄炎培、章伯钧和梁漱溟举行记者招待会，提出对时局的四项主张，号召全国同胞一致起来，制止内战，挽救危局；要求国共双方尊重军事调处执行部停战令之性质，全国各地一律停战；重开政治协商会议，并督促各项协议之实施。17 日，张君劢、黄炎培、沈钧儒、章伯钧和梁漱溟又根据民盟 4 月底的调停方案，提出三条建议，并由张君劢领衔，分电南京的蒋介石和延安的毛泽东。这三条建议是：(一)中共军队退出长春；(二)中央不再进兵长春；(三)东北政务委员会驻长春主持政务，就地组织警察，行使职权，所有委员人选由各方协商，而由中央简命之。其他一切问题，概俟停战后协商解决。① 电报发出后的第三天(19 日)，即收到毛泽东的复电，原则上同意民盟的三条建议，"长春双方都不驻兵"，由"三三制民主政府"主持接收，市长由中间人士担任。但蒋介石对此电没有作出任何反应。

---

① 《中国民主同盟历史文献》(1941—1949)，第 172 页。

收到毛泽东复电的第二天(5 月 20 日),共产党军队撤出了四平街,而且一撤就是 300 里,连公主岭和长春市也一起放弃了。既然如此,国民党方面要求占领长春的目的已经达到,所谓"时局关键"已不复存在,就应该接受民盟的建议,宣布停战。但蒋介石却认为共产党军队从四平街、长春一线撤退,意味着他们已经"溃败",国民党军队不仅不应该就此停战,而应乘胜追击,将东北共产党军队一网打尽,一劳永逸地解决东北问题。因此,5 月 23 日,国民党军队占领长春后,蒋介石不但没有下停战令,反而命令其军队继续分兵两路,北攻哈尔滨,东攻吉林,蒋本人也于前一日带着宋美龄、白崇禧径飞沈阳,给东北的国民党军队鼓动打气去了。临行之前,马歇尔要求他下停战令,他推托说:"等我到东北看看再说。"24 日,他托宋美龄致信马歇尔,①提出了新的停战条件,除要求中共遵守以前达成的停战、复员整军和恢复交通这三项协定外,还节外生枝地提出了所谓接受主权问题②和美方决定权问题③。

马歇尔收到宋美龄的信后,又将它交给了周恩来。为了谋求和平,周恩来在 26 日复马歇尔的信中,作了最大限度的让步,"先表示同意赞成,末后才点出两点不懂的意思,一是关于接受东北主权问题,一是关于美方决定权问题",并就"这两点不懂的意思"作了一些必要的补充说明。

① 此信是 25 日蒋派专机送给马的。

② "中共应不妨碍或阻止中央政府依照中苏条约接受东北的主权"。

③ 在实行停战、复员整军和恢复交通的协定中,"调处执行部及美方军官对执行及解释国共代表意见不一致的问题,有决定权"。

马歇尔当即就把周的复信转给了国民党方面。当时马歇尔和民盟负责人都天天盼蒋介石能很快飞回南京，履行诺言，颁布停战令，以便继续和谈，解决所有争议问题。5 月 29 日，民盟在上海的政协代表张君劢、黄炎培、沈钧儒、章伯钧、梁漱溟等五人，由张君劢领衔，致电蒋介石，催其“早日言旋”。但与马歇尔和民盟负责人的盼望相反，蒋呆在沈阳就是迟迟不归。蒋不回南京，无人敢下停战令，国共军队继续在东北交战，全面内战一触即发。如何使东北内战停下来，成了时局的关键问题。

6 月 2 日，张君劢发表《从外交内政两方面解决东北问题方案》一文。他认为，要解决东北问题，除外交上需“彻底实行中苏条约”和“对于苏联的亲善政策，不可有丝毫忽略”外，就内政方面而言，首先必须立即宣布停战。东北问题不是外交问题，而是内政问题；既是内政问题，那就不存在主权是否由政府接受，而是政府的法令能否贯彻的问题。而要使政府的法令得到贯彻，国共之间就应早日开始协商，而不应彼此诉诸武力。如果“中央以为法令之贯彻与否须视中央兵力达到一村一落为止境，那么收复中东路还不够，还须进兵至穷乡僻壤，甚至东北各县收复亦还不够，更须收复山东、河北两省与延安地区，此种方法便是武力解决而已”。在他看来，“中央政府最初说长春接收后，一切问题可以付诸谈判，现在这目的既达，所以停战令应即日宣布”。在宣布停战令的同时，还“恢复长春路上交通”，并将“两方军队各撤退若干里，以免冲突”。

其次，改组东北政府机构。“假定中国政治局面为一党专政的继续，那么不但东北问题无法解决，即国内政治亦将不免于混乱。我国政治腐败已达极点，经济破产亦将临头，亟须集合全国力量，使国家走上和平途径，而后政治经济两方面乃有解决方法。”为此，他希望国共两党能消除猜疑，真诚合作。而要做到这一点，“首先要除去彼此间军事上的威胁，双方驻军地点、调兵区域，应该明白说定，不可因一团一师的调动，便怀疑对方在发动战事。其次，在共产党占领地区内，各省政府中，共产党究应占若干比例，须予以明白承认。其三，共产区域内地方政治哪几样可以自由实验，哪几种应立于共同法律之下，也应明白说清或承认，或另谋解决方法。第四，人民所享受的基本自由，共产党与其他党派间，不可稍有例外。”他尤其强调改组东北政府机构对于消除国共彼此猜疑，实现真诚合作具有重要意义，而改组东北政府机构的原则有二：(一)东北政治经济委员会，应容纳共产党以及其他方面和东北人士参加，并使之充任省长及厅长；(二)县乡地方政治，按新宪法规定，实行自治。他还主张，只要共产党不妨碍国家主权，就应该给他们在东北“以较大的活动范围”这样不但能“使信仰共产主义者可以行使一种试验，也可以使邻国苏联安心下去”。

第三，调整中央政治。张君劢指出，东北问题与中央问题实是一个问题的两面，绝不是两个分开的问题。所以，要解决东北问题，除应立即宣布停战、改组东北政府机构外，还应调整中央政治，而调整中央政治必须坚持两个原则：一是彻底实施整军方案，以确保军队编制之统一与军令之统一，实现军政分离和军民分治，禁止一切党派在军队中有公开或秘密的活动，任何党派或个人不得利用军队作为政争的工具；二是实现政治民主化，尽早就政府改组、国民大会的召开和宪法草案达成协议。在张君劢看来,实现政治民主化,首先要有一个精神上的前提,这就是国共双方都要有实现政治民主化的诚意。就国民党方面来说,他写道:譬如关于人民基本权利,如言论结社等自由,即使在宪法未颁布前,亦应想出合理的办法,如国库养党之例,应及早废除。大家口中都说到治,那么各政党应同立于同一国法之下,不可借口国民党有功于中华民国,将国库养党拖延下去。日本投降以后,没收民间报纸与敌伪报纸,改之为国民党一党的党报,这也是一种不公道的事情。因为敌伪财产属于国家,不属于一党。以上各事,国民党如能自己更正,而后我们才能认为国民党具有政治民主化的诚意。

张君劢在该文的"结论"部分,还谈到了改组联合政府问题。他认为,各政党如其要求组织联合政府,就必须遵守下列三个先决条件:(一)同以国家为前提;(二)遵守同一法律;(三)陶冶于同一政治风气之中。尤其是执政的国民党应以身作则,"除组织政府之权力以外,其他所享的特殊权益,一律加以限制,然后法律的公道性方能表现出来,各党在法律面前一律平等的精神乃能贯彻。否则,尽管说宪政说民主,恐怕各党不平之气无法消除,而政治上良好风气亦没由养成。"①

如果国民党能够接受张君劢的方案,立即宣布停战,并改组东北政府机构,实现政治的民主化,那么不仅东北问题可望和平

① 以上引文见《民国时期党派社团档案史料丛稿:中国民主社会党》,档案出版社,1988年,第99~112页。

解决,就是所有的国共争端问题都有解决的可能。然而当时蒋介石根本就听不进除武力解决之外其他任何解决东北问题的建议。到6月底,因蒋介石已铁心内战,国共和谈彻底破裂。

和谈破裂后,在全国人民的要求以及马歇尔的调停下,蒋介石同意国共两党举行五人会议进行直接谈判①。自7月初起,五人会议先后举行过五次,因国民党坚持要求中共军队从胶济路沿线、苏北、承德等地撤出而陷入僵局。7月12日,蒋介石下令对共产党军队发动猛攻,并调集50万大军围攻苏皖的中共军队,他本人则于14日上庐山避暑去了。用梁漱溟的话说:"那时天气并不热,(蒋)上山非为避暑,实为避人,他一上庐山,他的部下都知道要大打了。"②不久内战全面爆发,张君劢与第三方面调停东北内战的努力宣告彻底失败。

第三节　组建民主社会党

调停东北内战的努力失败后,张君劢转而忙另一件大事,即中国国家社会党与中国民主宪政党合并为中国民主社会党。

对于中国国家社会党,前几章中我们对它的情况已作过一些介绍,这里不再多说。中国民主宪政党主要活动于海外,其成员多是旅美华侨。从渊源上来说,这两个党都自称源自清末康

① 五人会议由国民党的邵力子、王世杰、陈诚和共产党的周恩来、董必武组成。

② 梁漱溟:《我参加国共和谈的经过》,《梁漱溟全集》第6卷,第921页。

有为、梁启超领导的“保国会”以及后来的“保皇党”、“进步党”和“研究系”。国家社会党在成立之初就公开宣布过：“本党的先进，在清末早已从事于宪政运动，至于海外部分更具有一种浓厚的、悠久的民族革命思想。所以假使欲进溯本党的历史渊源，恐怕比同盟会还要早些，也可以说是中国讲宪政最早的一个政党。研究系、进步党，虽然在名字上、内容上和今日的国社党并不完全有关连，但未尝不可说是一脉相承。任何一个政党，其酝酿似乎都没有我们这样长久，因为我们大概经过了三十个年头，才有正式的组织。”[①]民主宪政党在与国家社会党合并时也宣布自己“发起于康南海、梁任公两先生，实为中国政党史上第一政党，设置报馆，开办学校，使海外同胞热心国政，其成绩乃永可纪念者”。[②] 故此，有人说它们“是‘一脉相承’的两支派，一在国内，一在海外，发源同”，它们联合组成中国民主社会党，“与其说是‘合并’，不如说是‘复合’来得恰当”。[③]

国家社会党与民主宪政党的合并之议开始于1945年张君劢出席在美国旧金山召开的联合国会议期间，当时张君劢与民主宪政党领导人李大明举行过几次合并谈判，双方达成了一些共识。抗战胜利后，李大明与洪门致公党领袖司徒美堂同行归国，与张君劢“重提旧议，便完成了合并的工作”。

---

① 《中国国家社会党简史》，《民国时期党派社团档案史料丛稿：中国民主社会党》，第2～3页。

② 《中国民主社会党组织委员会宣言》，《民国时期党派社团档案史料丛稿：中国民主社会党》，第166～167页。

③ 李家骧：《“国社”“民宪”骨肉团圆》，1946年8月17日，上海《新民晚报》。

1946年8月中旬，两党在上海召开联席会议，会议通过了两党合并改名为中国民主社会党案以及临时组织法和政纲。《中国民主社会党政纲》分为（甲）总则、（乙）政治、（丙）经济、（丁）教育、社会、文化及其他四个部分，共45条。政纲主张以“民主社会主义为今后唯一立国之道”；“根据民主方法实现民主社会主义的国家”；而“民主社会主义之鹄的，在使个人得自由之发展，社会尽分工合作之能事，国家负计划与保护之责任，国际进于各国之协调与世界政府之建立”；同时，“在计划与组织原则之下，以社会全体利益为基本概念，分期确定并实施关于政治、经济、社会、文化之整个计划，以达到革新社会之目的”。

这次会议还选举产生了中国民主社会党中央组织委员会，张君劢、伍宪子、张东荪、汤住心、石志泉、李大明、梁秋水、潘光旦、费青、费孝通、李圣策等72人为中央组织委员会委员，张君劢为主席，副主席由民主宪政党领袖伍宪子担任。根据临时组织法规定，在全国代表大会召开以前，由中央组织委员会“综理党务”。8月13日，中国民主社会党中央组织委员会发表宣言，提出并阐述了中国民主社会党的四大主张：

一、奠定和平。《宣言》指出，和平二字，为目前之口头禅，人人口中都在那里谈话和平。但心中究竟如何，窃所未解。假如所谓和平，是一人一党一阶级独裁之和平，那么此种和平决不能持久，决不能普遍，不仅不能带来和平，相反会延长武力使用，延长纷乱。当然，要革命就离不开武力，唯有武力，乃能将社会之分配、政权之结构，在激烈的手段之下，加以改造，但革命的目的应归于和平，因为只有实现了和平，人民才能安居乐业。《宣言》

在回顾民国建立以来的历史后指出，停止内战，这不仅是全国人民的一致愿望，也是政府义不容辞的责任。“政府能如此，人民自然拥护；不如此，则难免于甲午后朝鲜与波兰之惨局。”对于此种情形，我们不能袖手旁观，而应努力使国内和平早日确立。

二、拥护统一。《宣言》指出，统一的真义，在于不能国中有国，换言之，即国内不能有两种军队。任何国家都不能无武力、无国防，但武力与国防是用来防止敌国外患，而非用来从事国内政争的。“惟其如此，兵力多少，军队指挥，装备如何，须经民意机关之决定，应受民意机关之监督”。假如国中有一政党占有若干省，可以自练军队，联合若干地区，与中央对抗，假割据以遂其私，假革命以逞其欲，决非普通国家所应有的现象。反之假如政府借统一之名，消灭异己，要求他人放弃武力以巩固自己武力。此种统一，与拿破仑的所谓统一无异，与秦始皇的所谓统一无异。统一其名，专制其实，这也是人们所不能赞同的。《宣言》认为，“国家统一之方式甚多，只须国家武力立于民意机关监督之下，较之一人指挥，反易于得到统一”。

三、要求民主。《宣言》既反对“一党之民主”，也反对“一阶级之民主”，认为二者都是假民主，前者“名为民主，实为包办”，后者“名为民主，实为阶级专政”。《宣言》说，“所谓真民主，为尊重人民之人格，养成独立之公民，以教育方法，使之有健全智识，在安居乐业之下，使之足衣足食，人民知荣辱，知廉耻，及至选举时，对于政府自知赞成与反对，各党各派应听从人民命令，非由各党各派自为国家之主翁，利用人民，伪造民意，此种政治，即国家主权属于全体人民之政治”。《宣言》认为，这种真民主虽然非一日所能达到，但只要停止内战，人民安居乐业，教育渐次推广，选举时能尊重民意，则人民主权之实现，自非难事。反之，如果口说民主，但实际上挟其武力以自保，握其财权以自肥，更挟持人民为其工具，那结果不仅民主无法实现，而且还会成为阻碍民主实现的罪人。

四、实现社会主义。《宣言》认为，一国之士农工商，为劳心与劳力之生产者，都应得到最低生活限度的满足，而后才可以相安，从事生产。否则，教师罢课，工人罢工，工厂不能开业，全国生产总量必至减少，这样对内对外都不能自给。为了解决劳资争端，《宣言》主张，政府应推行大工业国有政策，采用累进课税的方法，或组织集体农场，使全国富力操于国家之手，劳资双方同为其雇佣者，并以所得之盈余，除维持生产事业外，悉用之于全国人民之教育卫生与社会保险事业。其余若轻小工业，则让私人自由经营，免得国家行政处处干预人民，以保持人民自发自动经营的精神。“此种国有政策，自以养成廉洁之官吏为第一义，然后其从业之人不致营私舞弊。”《宣言》强调，中国民主社会党实现社会主义的目的不外四点：“一曰大工业国有；二曰国有事业须为社会服务，其为国有事业之负责者，不许其在工商界金融界肆其操纵之伎俩；三曰将所得盈余谋国民福利之增进；四曰劳资冲突必须解除。”

《宣言》认为，只能用政治方式，而不能用战争手段解决政争，实现上述四大主张。而“欲求政争决于选举，不决于疆场，则有必要之前提三”：第一曰真诚，第二曰容忍，第三曰爱民。

《宣言》最后写道：吾国三十余年来，国家制度，始终未定，或宣誓服从共和而帝制自为，或托名民主而实行独裁，因此国家常在纷扰不宁之中。“幸也此次政协会召集，关于立国制度，如政府、军队、宪法等项，各党既以一致之表示，接受协议，立于同一政府、同一军队之下，此乃三十余年来所梦想而达不到之目的，而竟能实现于一旦，故吾人尊重政协之决议，非徒以其为协议之结果，乃以其为建国关键之所在，而吾人平日所祈求之和平统一，正在于是。故实现社会主义之先，尤应努力于国本上之一致。”①

8月29日，张君劢代表民主社会党致函民主同盟秘书长梁漱溟，表示民主社会党继续与民盟合作，是民盟的一个组成部分，同时要求民盟今后如有重要声明和举措，须事先征得民主社会党的同意。

9月6日，张君劢以民主社会党主席的名义在上海国际饭店举行记者招待会，正式宣布中国民主社会党的成立。在招待会上，张君劢除重申中央组织委员会宣言所提出的四大主张以及表明民主社会党对于改组政府、国民大会、整军方案等问题的立场外，他还回答了记者们的提问。

> 记者问：民主社会党与欧美相似之党有何异同？
>
> 张君劢答：民主社会党在第一期着重民主，再以民主方法实现社会主义，认为必须相信人民，人民程度不够，则应以教育的方法努力提高之。

---

① 《民国时期党派社团档案史料丛稿：中国民主社会党》，第167～172页。

记者问：民主社会党与国外相似政党是否将取得联系？

张君劢答：今日国家破碎之中，应站在国家本位，眼往里看，不要往外看，但今日国际关系日益密切，国家尚且需要参加联合国，民主社会党亦不能说绝对不与外国发生联系。

记者问：民主社会党的哲学基础是什么？

张君劢答：中国民主社会党的哲学基础，概括地说，即反对法西斯主义及统制，主张个人自由发展；不赞成阶级斗争，主张分工合作；经济上反对放任，主张计划经济。在国际上，认为世界正在民族主义发展到国际合作的过程中，最后的目的为世界政府。就他个人而言，在哲学上他从前认同的是王阳明，现在是朱熹。

记者问：民主社会党是否已得到政府承认？

张君劢答：政府对于各政党，往往以一己之好恶而定承认与否。是否承认本党，非吾人所知。

自9月起，张君劢就民主社会党的政纲发表“释义”演讲，他本来打算讲16个专题，即第一，民主方法（又名民主与反民主）；第二，民主政治与社会主义；第三，民族主义与国际主义；第四，个人、社会、国家、世界；第五，进化与革命；第六，两时代之人权论；第七，放任主义与计划经济；第八，计划与自由（又名计划的国家中的自由思想）；第九，社会主义与资本主义；第十，公有企业与私有企业之界限；第十一，政党政治与文官制度；第十二，工业与农业；第十三，乡村现代化；第十四，乡土自尊心；第十五，教育为立国大本；第十六，民主政治与儒家哲学。但就目前所看到的材料，他后来只讲了第一个专题《民主方法》。

在《民主方法》中，张君劢首先指出："《中庸》之言曰：'不诚无物。'言乎思辨不明、信心不坚者，在理论上不能构成学说，在历史上不能建立功业。故建国大业之能否成立，视乎其思想之是否真实。然则今日脍炙人口之民主，真乎伪乎，自欺欺人乎，思行合一乎，此应首先以明辨者也。"他认为，欲求民主的真义，应于历史中求之。在他看来，民主政治自始迄今，可分为三个时期，第一，曰民主之发轫期；第二，曰民主之挫折期；第三，曰民主意义之推广期。具体来说，自天赋人权学说之流行到 19 世纪各国宪法之颁布为民主之发轫期。在这一时期中，虽同信仰社会契约之说，而各家之结论各异，但自美国独立战争和法国革命以后，天赋人权学说则被写进了各国宪法。对于人民身体、财产、家宅、通讯及集会结社等自由都有明确的规定。虽然这一时期政治上、文化上、产业上的发展，远远超过了此前专制时代，但自工业革命后，因工商业的发达所导致的贫富两极分化的扩大，促成了工人运动的兴起，于是有第一、第二国际的出现。此时期中人权学说之重个人而轻集体，重竞争而轻公道的流弊已见端倪。

自 19 世纪后半期到第二次世界大战前后是民主的挫折期。法国革命后，各国宪法颁布，议会政治风行一时。期间因选举舞弊，内阁风潮迭起，人们开始起民主政治来，其以右派为立场者，力攻人类平等学说，认为人的智愚不齐，参政的权力也因而无法平等；其以左派为立场者，攻击资产阶级的剥削，要求增加工资，改善生活条件。到了第一次世界大战后，只有英美等少数国家仍然坚持民主宪政的传统，议会政治照常进行。由于人民享有各种基本的自由和批评政府的权力，因此能自动的“各尽其爱国之义务”。这与法西斯国家钳人之口、钳人之手足的现象形成了鲜明的对比。

张君劢指出，民主政治自发轫到第一次世界大战结束，其理论与实践不外以下各点：第一，人格之尊严，以人为目的，不以人为工具；第二，各人既有独立人格，应许以不可转移之权利，此之谓基本权利；第三，人民既有基本权利，故规定于宪法与法律之中，受其保障，此项权利为政府所应尊重；第四，国家之主体为人民，故曰主权属于人民全体；第五，主权既属于人民，故国家所制定的法律及预算案，应征得人民所选代表如国会议员的同意；第六，主权既属于人民，政府由人民代表之依赖产生，政府所作所为，应得人民同意，如果人民依赖，政府可以继续干下去，如果人民不依赖，政府就必须辞职；第七，多数人民的向背，由总选举之结果决定之；第八，政党政治，或为两党之更迭上下，如英美，或为多党之联合政府，如德法；第九，少数服从多数，惟少数派的言论与活动，不受限制。以上这九点是第一次世界大战结束之前欧洲各民主国家所共同遵守的原则。

但第一次世界大战结束后，民主理论为之一变。苏俄共产主义者认为，所谓民主政治不过是资产阶级对无产阶级和广大劳苦大众实行的一种压迫而已，只有无产阶级专政才能给予无产阶级和广大劳苦大众以真正的民主和自由。张君劢指出，苏俄共产主义者的上述认识表明，共产党的立场与人权论的立场是迥乎不同的。[1]

继《民主方法》后，张君劢又相继演讲和发表了《民主社会主义之哲学背景》、《民主政治的哲学基础》和《民主社会党的任务》等，进一步从哲学的高度对民主社会主义作了理论上的阐述。

张君劢首先肯定了人类理性对于民主政治的积极意义，他在《民主政治的哲学基础》的演讲中开宗明义就指出："现代的文化由三个运动而来：第一，宗教革新；第二，科学发展；第三，民主政治"。所谓宗教革新，就是以人为本位，来判断教会的是非，确立《圣经》的解释。所谓科学发展，用中国名词来说，就是物必有质，用西洋名词来说，就是自然公理，是拿人的智慧来研究自然现象。所谓民主政治，就是以人的尊严、天赋人权之说，来推翻当时的专制政治，建设合于人类尊严的政治，从人的尊严，发生人的智慧，人的辨别，人在政治中的地位。所以，宗教革新、科学发展、民主政治这三个运动，都由一个本源而来，这就是文艺复兴"人的发展"。因为从"人的发现"之后，"渐知人是顶天立地的，有自身价值的人。人有其心思，有其才力，可以辨别是非，明白真伪，而且人的价值绝不是教会的迷信，亦不是君主专制政体所能抹煞掉的"。

张君劢进一步说，宗教革新、科学发展、民主政治这个三个运动，从其根本上言，宗教上的可信与不可信，学理上的是非与政治上的善恶，有一客观的判断标准，即"人类的理性"。人类的

① 《民国时期党派社团档案史料丛稿：中国民主社会党》，第 165 ~ 166 页。

这种理性,不仅可以达到客观的真理,成为科学与哲学成立的根据,而且也能够引入到政治思想领域。在这方面,他特别重视康德的见解。他说:康德告诉我们,"自然公理不在自然现象本身,而是人类的思想方式与外界现象的感觉相结合而构成的。从这话中可见科学的构成与人类自己的思想方式有密切关系,即是说人的知识构成科学,科学知识非自然现象中所能发生的。由这个立场,再跨进一步,就可明白天赋人权的道理"。

所谓"天赋人权",即是人人有其尊严的地位。尽管霍布士、洛克、卢梭和孟德斯鸠等人对人权是天赋的还是政府成立之后才有的存在着不同的争论,但他们都承认人有人权。而人权的意义,在哲学上看,即是康德所谓拿人当目的,不拿人当手段、工具,也就是人类有其独立的人格,政府应待其人民为有人格之人民,不待之如奴隶。要使一个人成其为有人格的人,就需要有养有教和政治上的判断能力。虽然这是一件不容易做到的事,但国家如果能向此目的努力,无论如何,最终总可以真正达到各人皆能享受人权的理想。故此,在《民主社会主义之哲学背景》一文中,他要求国民党政府抛弃过去那种愚民或训民政策,而以智民为第一大事,做到"安"(使人民安居乐业)、"养"(使人民有饭吃,有衣穿)、"教"(使人民有知识,有判断能力)、"参"(使人民参与地方自治和国家大政),不应继续蹂躏人民,而应以身教和法治养成人民之独立人格。

张君劢继续写道,从人类所以成其为人的基本观点出发,于是有各种特殊的人权因之而起,如人身自由,政府不可随便拘禁、逮捕、宰杀人民;如宗教信仰自由,教会不可强迫人民入教或改变其信仰;如言论、出版、结社自由等等,只要不违背宪法,政府就不得随意侵入,横加干涉。在政治制度上,规定君主不负实际责任,征税须经议会同意,人民有参政之权利等等。这些都是18、19世纪的人权运动所取得的具体成果。

但是,由于这期间的人权运动偏重于个人主义、自由主义、而未顾及在个人自由、个人幸福之中,全体人民是否能享受自由,享受幸福的问题,所以工业革命后,造成了贫富两极分化的加剧,一方是贫苦的劳工阶级,一方是富裕的资产阶级。于是到了19世纪末叶,社会主义运动勃然兴起。社会主义运动的"大目标"就是在个人自由之外实现社会公道,亦即要求社会对其分子要一律公平的待遇。

张君劢在概述了自法国革命直至今日的民主政治与社会主义运动的大概情况后指出,这种种运动的背后不外乎注重两点:(一)个人自由,(二)社会公道。所谓个人自由,就是说一国之中,有千万人民,各人的才能、思想、职业、境遇各不相同,政府无法以一种统制的方法使其平均发展,因为各人有各人的能力,惟有听其自由发挥所长,倘若政府干涉,才能是无法发挥的,"所以民主政治的第一个条件在发展个人自由"。社会上各种人民,既各有各的职业、境遇,好比工程师、工匠、农夫无法使其一律,但其生活程度、教育机会、求业机会、参政权力,应差不多求其平等,否则,要使教育普及,工会组织普遍是不可能的;压迫无产阶级,不令其得到向上发展的机会,人生乐趣的享受也是不可能的。所以,民主政治的第二个条件是实现"社会公道"。

如果说个人自由和社会公道是民主政治的两个条件,那么,尊重人权,由人民自由决定自己的政治制度与生活方式,则是民主政治的出发点。张君劢在《民主社会党的任务》的演讲中打比喻道:鞋子穿在脚上是否合适,是宽一些,还是紧一些,这只有穿鞋的人自己才知道;牙痛痛到什么程度,也只有牙痛的人自己才晓得。这些浅显的道理说明,“国家的事情是人民的事情,亦只有由人民根据自己的利益来决定,不能由别人来越俎代庖。换句话说,国家重要政策的决定,如果人民有权参加,就叫做民主,不然就是不民主。”这也就是洛克提出的被统治者同意的学说。就此言之,张君劢强调指出:人权是民主的根本,“离开了人权,没有人权的保障,就不是民主。”

以人权作为尺度来衡量英美和苏联的政治,张君劢认为英美是民主的,而苏联是不民主或反民主的。这反映了张氏资产阶级自由主义者的立场和心态,有其认识上的片面性。

张君劢同时又指出,苏联在经济上实行社会主义,反对贫富两极分化,穷人的生活水平有很大提高,不存在失业,人人都有活干,有饭吃,有衣穿,生活有一定保障,换言之,苏联的经济是民主的。而与苏联相反,英美由于实行资本主义,贫富两极分化十分严重,工人面临着失业和失去生活保障的威胁,这也就是说,英美的经济是不民主的,至少缺少民主。

尽管就英美所谓的政治民主和苏联的经济民主的比较而言,张君劢更多肯定的是前者,认为“由政治民主到经济民主很容易,由经济民主到政治民主则很困难”,但他同时又承认,无论是英美单纯的政治民主,还是苏联单纯的经济民主,都不是中国所应采纳的理想的民主制度,理想的民主制度应是政治民主与经济民主的结合。他在《民主社会党的任务》中提出:“我们民主社会党的立场,承认苏联的经济民主,计划经济的实行,穷人生活的提高,是对于世界有所贡献的。”“英美的政治民主,我们觉得不够,而希望能兼而走上经济民主。”

认为英美是政治民主,苏联是经济民主,中国今后的民主制度就是使这两种民主实现结合,这也是抗日战争胜利前后中国各中间党派和广大自由主义知识分子的共识。1945 年 10 月,中国民主同盟临时全国代表大会通过的《政治报告》,在谈到中国应该建立一种什么样的民主制度时指出:英美民主制度上人民享受自由权利,这是树立中国民主的必要条件。但英美的民主政治,也有他们的缺点,但那些缺点不是从那制度本身发生出来的,而在其社会经济制度缺乏调整,社会上贫富阶级存在,人民间贫富的差距悬殊,因此,人民的自由平等权利,在许多方面就成了有名无实。“调整社会经济制度,从政治上的自由平等扩展到经济上的自由平等,这就是所谓经济的民主”。在这方面,苏联 30 年来的试验,是中国建立民主制度的极好的参考材料。“拿苏联的经济民主来充实英美的政治民主,拿各种民主生活中最优良的传统及其可能发展的趋势,来创造一种中国型的民主,这就是中国目前需要的一种民主制度。”

所谓“经济民主”,实际上指的就是社会主义。关于社会主义,张君劢认为,它既不是唯物史观,也不是阶级斗争的理论,而是一种社会经济制度,这种社会经济制度具有三个方面的特征:第一,以全社会各得其所为目的,不以个人谋利为目的;第二,实行计划经济;第三,时时对劳力、资本和土地予以公道的调整,以防止贫富两极分化的发生。

显而易见,张君劢是站在民主社会党人的立场上来理解社会主义的,因此,他不仅反对废除私有财产制度,而且认为私有制的保存"可以增加私人的自动自发性和生活趣味"。他也没有把按劳分配的原则视为社会主义的重要特征。

怎样才能实现社会主义呢?这是张君劢在《民主社会党的任务》的演讲中所着重讨论的一个问题。在他看来,社会主义与英美的民主政治并不构成矛盾,也就是说,完全可以在英美的民主政治之下,通过改良的方式,逐步走上社会主义,而不需像苏联那样通过暴力革命,建立起无产阶级专政,然后运用政权的力量,来推行社会主义。他指出:"社会主义的实现,尽可依民主政治原则行之,不必有无产阶级专政与之相辅而行。"

事实上,认为不必经过无产阶级专政,在资产阶级的民主政治之下就可实现社会主义,这并不是张君劢的新创见、新发明,而是民主社会党人或社会民主党人的一贯主张。早在19世纪中叶,拉萨尔在领导德国工人运动时,就将"民主主义"与"社会主义"两词结合在了一起,这也是民主社会党人或社会民主党人称自己的政党是民主社会党或社会民主党的重要原因。

中国民主社会党成立后,张君劢从此以民主同盟的主要领导人之一和民主社会党党魁的双重身份活跃于政治舞台上。

第四节 "张君卖"及其原因分析

根据政治协商会议通过的决议,应于1946年5月5日由改组后的国民政府召集国民大会，审议和通过宪法。由于东北内战的爆发以及国共两党在改组政府问题上的争议，国民政府未能如期改组，国民大会也就很难按期召集。4 月下旬，蒋介石召集出席政协会议的五方代表①，商议国大召集问题。“大家因为国大问题关系国家统一，如由国民党一党召集，其他党派不同意参加，国家所赖以统一的唯一机会，从此丧失，无法弥补”。于是经张君劢提议，一致同意国大延期，至于以后何日召集，再由五方协商。但到了 7 月 3 日，在隆隆的枪炮声中，国民党违反政协决议关于第一次国民大会召集的程序以及 4 月下旬五方达成的协议，单方面决定于 1946 年 11 月 12 日召开国大，并宣布“如届时有一部分党派代表不参加，国大仍如期举行，决不再有变更”。国民党这种公然违反政协决议，单方面决定召开开国民大会的行为，理所当然地为中共和民主同盟以及张君劢领导的中国民主社会党所拒绝。

8 月 13 日，蒋介石发表“文告”，一方面表示要遵守政协决议，停止军事冲突，但另一方面仍坚持要中共军队从胶济路沿线、苏北、热河等广大地区撤出，坚持如期（即 11 月 12 日）召集国民大会。次日，民盟就蒋“文告”发表谈话，指出，蒋在“文告”中宣布的六项方针，其前三项完全违背了政协决议，“第一项为今年 11 月如期召开国大，此日期系政府自行决定而未经政协协商；第二项为荟萃各方意见供国大参考，制成宪法，此即系政府将自行提出宪草而推翻政协决议；第三项为扩大政府基础，邀请

① 即国、共、民、青和无党派社会贤达。

各党派无党派参加，即政府自行邀请，而取消政协决议，由政协协商改组政府之原则”。[①] 28日，张君劢与在上海的其他民盟政协代表沈钧儒、罗隆基、章伯钧、梁漱溟等就目前形势举行记者招待会，指出：“实施政协决议的步骤，一面全国停战，一面重开政协会议，或重开政协综合小组会议。政协决议不是供政府参考，或采择施行的方案，这不能由一党单独来执行的。”否则，就是“假执行政协决议之名而行破坏政协决议之实”，这不仅不利于国家的和平和统一，相反“足以扩大中国的内战，造成中国分裂，影响世界和平”。对此，“民盟必坚决反对”。[②] 9月6日，张君劢又以中国民主社会党主席的身份举行记者会，就改组政府、国民大会、整军方案和和平统一等问题发表谈话，表明中国民主社会党的态度。关于国民大会，他指出：国家的统一与否，视其能否统一于宪法。宪法是一个，斯国家统一；宪法是两个，斯国家破裂。中国民主社会党愿赞助统一的宪法，以促成统一的国家，“而不愿与闻由分裂宪法的途径，促成分裂的国家”。他还要求国民党以和平统一为重，而对于一区一地或一条文，“或损或益，以容忍态度处之，自易于促成和平统一”。[③] 张君劢的谈话表明，作为民盟的一部分，民主社会党是反对国民党单方面召开国民大会的。

尽管中共和民盟都反对国民党违背政协决议，单方面决定

---

① 《中国民主同盟历史文献》(1941—1949)，第211页。

② 《中国民主同盟历史文献》(1941—1949)，第214~215页。

③ 《中国民主社会党专辑》，第83页。

召开国民大会的日期，但国民党仍然坚持国民大会将于11月12日如期举行，其准备工作也在紧锣密鼓地进行。9月23日，国民党单方面成立的国民大会选举总事务所主任张厉生致函民主同盟，催其将参加国民大会的名单于9月底前交到国民党方面。9月28日，上海、南京各大报纸又刊登国民党中央秘书长吴铁城对法国新闻社记者发表的谈话，称政府方面仍望中共及民盟参加国民大会，邀请书业已发出，中共与民盟均在邀请之列，如果中共与民盟坚持拒绝参加，则无任何理由可言。

收到张厉生的来函和见到吴铁城的谈话后，9月30日，张君劢与其他民主同盟的政协代表联名致电蒋介石，再次反对国民党单方面把国大召开的日期定在11月12日，电文指出："召开国民大会之唯一目的，乃在制定宪法，实施宪政，以奠定中华民国民主统一之基础。然此种大业，必于全国人民、全国党派精诚团结之环境中，始克完成。"而在目前内战爆发、"兵连祸结之情形下，犹谓国共双方代表能平心静气，共聚一堂，以讨论国家基本大法，宁非幻想。若谓国民大会之举行，不求全国各党派之全数参加与合作，而以当权在位之国民党单独为之，一党专政之局不改，全国统一之局不成，则宪法之尊严何在，宪法之效能何在？且事推演所及，万一党派各召会议，各制宪法，各建政府，各成国家，使此11月12日之国民大会，陷国家于长期分裂、永久内战之地，国命民命，万劫不复，此为同人栗栗危惧宁死不愿见者，又岂我公领导建国之本衷耶？"电文表示："凡陷国家于长期分裂、永久内战之举措，见绝于国人，贻祸于子孙，同人不止不敢冒昧从事，且将呼吁国人共起反对而制止之。”[1]次日，张君劢又代表民社党对时局发表意见，指出，在目前国共内战的状态下，其他党派是无法参加国大的，因为这种国大一定是单方面的国大，国民党有国民党的国大，共产党有共产党的国大，其他党派如果参与其间，就等于助甲打乙，或助乙打甲，就等于参加内战，分裂国家。国民党平日口口声声号召统一，此次偏要单独召开国大，这种做法与平日的号召大相违反。他认为，在召开国大之前，必先解决两件大事：（一）停战，（二）政治问题，亦即国府、国大和宪草的协商。他指出，假定政府实现停战，政治问题的谈判必定能在和谐的气氛中完成。如果政府不走这条路，“还是以单方面之意思召开国大”，那只能有三种结果：“（一）单方面之国大，令各党无法参加；（二）延安一定召集解放区人民代表大会，促成中国分裂的局面；（三）我们内部分裂后，俄国拿华北做根据，美国拿中国南部作根据，因我们内部分裂，更促成美苏两国在远东的对立。”为了避免这三种结果的出现，他再次劝告国民党“先行停战，再商量政治问题，达到中国之团结”。[2]

但是，国民党听不进张君劢的劝告，仍然一意孤行决定单方面召开国大。10 月 11 日，国民党军队不顾中共的多次严正抗议，攻占晋察冀解放区首府张家口。被一时的军事胜利冲昏了头脑的蒋介石，即于攻占张家口的当天颁布了国大召集令。攻占张家口和颁布国大召集令是国民党践踏政协决议、决心内战

① 《中国民主同盟历史文献》（1941—1949），第 233 ~ 234 页。

② 《民国时期党派社团档案史料丛稿：中国社会民主党》，第 263 ~ 268 页。

的标志，它使人们对和平存有的一线希望彻底破灭了。当时正为调停国共争端积极奔走的民盟秘书长梁漱溟在得知国民党军队攻下张家口的消息后，曾对记者说过这样一句俏皮话："一觉醒来，和平已经死了。"

10 月 14 日，亦即蒋介石颁布国大召集令后的第三天，民盟主席张澜就时局发表谈话，指出："政协决议，是要停止内战，改组政府，完成宪草，才能召开国大。开国大的意义，是通过宪草。现在内战没有停下来，国民党所谓扩大政府基础，也只是请客，不是联合政府；政治决议要的宪法，是民主宪法，不是《五五宪草》。国民党以一个'战胜者'的姿态来召开国大，是威胁！是利诱！我们民盟不能放弃自己的意见和立场，不怕一切威胁利诱，绝不参加。"[①]同一天，民社党发言人孙宝毅在民社党机关刊物《再生》周刊上发表《万分严重局面下我们的态度》一文，重申 10 月 1 日张君劢代表民社党发表对时局的意见时所提出的那些原则和方案，要求国共双方立即停止军事行动，恢复政治商谈，按照政协决议的程序，先改组政府，后召开国大。10 月 19 日，民社党在对时局的意见中再次要求国共两党实现停战，"遵照政协的决议和程序，解决一切问题"，并且表示，"在炮火隆隆之中，在分裂状态之下，要我们参加改组政府，参加国大，是不可能的"。

为了迫使中共就范，改变全国人民尤其是以民盟为代表的第三方面认为自己好战的看法，并且争取第三方面参加自己单方面召开的国大，国民党在加紧对解放区军事进攻的同时，又发

① 《中国民主同盟历史文献》(1941—1949)，第 241 页。

动了一场和平攻势。蒋介石在颁布国大召集令的当天，假惺惺地敦促第三方面出面调停国共争端，并先后派雷震、邵力子、吴铁城等“肉请贴”赴上海请第三方面劝说中共代表返宁和谈。

第三方面的不少人虽然对和谈前景不很乐观，但他们都愿意充当国共争端的调解人，尤其是张君劢“对和谈是相当热衷的”。他们认为，只要国共双方能坐下来谈判，问题就有解决的希望，谈总比打好；同时他们也希望通过调停国共争端，以发挥第三方面在政治上的影响。另外，美国特使马歇尔和美国驻华大使司徒雷登也极力鼓励第三方面参与国共和谈，并答应与他们密切配合。马歇尔曾提醒梁漱溟等人，“国大开会在迩，这正是你们表现力量的机会”。共产党方面虽然知道所谓和谈只是国民党的一个阴谋，不会取得任何结果，但“为了使第三方面得到教育，懂得谈判不会有结果”，就同意他们调解。于是，自10月中旬到11月中旬包办国大召开之前的一个月时间内，第三方面为实现国内和平作了最后一次努力，他们奔走于国共之间，力图调解双方的争端。在这次和平的努力中，张君劢表现得十分活跃。

10月15日清晨，国民党代表雷震从南京跑到上海，一下火车，即马上邀请民盟留沪的政协代表到愚园路范园张君劢的住所去聚谈。在聚谈会上，雷震向民盟代表说明了他这次来沪的使命，并且希望第三方面多多尽力调停，特别希望民盟多向共产党劝驾。雷震这次来沪，孙科已事先从南京打电话告诉过张君劢，而且在聚谈会开始之前，雷震也同张个别交换过意见。所以，雷震的话一说完，张君劢即首先发言，把向共产党劝驾的任务答应了下来。当天下午，张君劢就邀请黄炎培、沈钧儒、章伯钧、罗隆基、梁漱溟等民盟其他政协代表一同到上海马斯南路共产党上海办事处向共产党代表劝架。周恩来向前来劝架的民盟代表介绍了共产党对张家口问题的严正立场，以及半年多来一切谈判中共产党为和平而向国民党所作的许多重大让步的经过。而张君劢等人则劝共产党以和平大局为重，到南京与国民党重开谈判。他们也商谈到要国民党方面派比较负责的人来上海进一步交换意见，这样才能确定大家的行止。

从马斯南路出来后，民盟代表立即回到张君劢家中，与青年党的左舜生、李璜以及无党派人士胡霖等商谈。张君劢向左舜生等人报告了刚才同周恩来谈话的经过，他认为，周的态度虽然严厉，却没有关闭和谈之门。罗隆基则把从与共产党发言人陈家康私人谈话中所听到的中共代表可能要撤回延安的消息告诉了大家，并引用了梁漱溟的那句“一觉醒来，和平已经死了”的话，认为形势不容乐观。而青年党的李璜则大发了一通“死马当活马医”的议论，强调大家都应到南京去，促成国共和谈。商谈最后达成两点结论：（一）要国民党方面表示永久停战的意思；（二）要国民党方面派更负责的代表来上海进一步表明态度。

张君劢等商谈的第二天，即10月16日，蒋介石发表声明，提出停战的八项具体条件。其要害有两点：一是要共产党承认内战爆发后国民党军队从共产党军队手中夺取的地盘；二是以停战为条件，要求共产党承认国民党违背政协决议，单方面召开国民大会为合法。针对蒋介石的八项条件，中共中央发表对时局的声明，在历述了中共在以往国共和谈中的八次重大让步后，严正指出："今后一切会谈如欲有其真实结果，必须承认停战、政协两协定的神圣效力，即：(一)承认恢复1月13日[①]国共双方军事位置为一切军事商谈的原则；(二)承认实行政协一切决议为一切政治商谈的准则。"

17日，国民党又派吴铁城、邵子力到上海活动。吴、邵和已在上海的雷震首先到张君劢的住所与民盟代表座谈。他们还是希望民盟尽力劝说共产党代表去南京商谈一切。从17日到20日这4天，各方活动十分频繁，差不多每天都有两三个座谈会：南京来的三人分别与各党派代表团座谈，各党派代表团自己分别举行座谈，各方面加上南京来的三人共同举行座谈。再加上各政党举行的各种执行宴会、招待茶会[②]，给人一种气氛融洽的感觉，这使本对和谈前景感到忧虑的第三方面又充满了乐观想法。

但当21日第三方面的张君劢、黄炎培、沈钧儒、罗隆基、章伯钧、梁漱溟、左舜生、李璜、曾琦、陈启天等人陪同周恩来、李维汉乘飞机到达南京后，却被蒋介石"泼了一盆冰凉的冷水"。他们一下飞机，即赶去参加蒋介石的招待茶会。蒋跟来人一一握手后说："我等你们很久了，你们赶快商谈吧，政府方面由孙科作代表。我原定前两天去台湾，为了等你们，今天才能走。"说完他就走了。大家都清楚，蒋不在南京，谈也是白谈，不会有任何结果。

尽管第三方面对和谈的热情因蒋介石的一走有所变冷，但

① 即停战协定生效日。

② 民主社会党的招待茶会是19日下午举行的，到会的有吴铁城、邵力子、周恩来、李维汉以及民盟、青年党和无党派人士代表共19人。

他们仍然想尽最大努力。自23日后，他们多次集会于交通银行在国共间穿梭奔波，“每日上午、下午以至夜间，都在进行工作，碰头后就汇报，汇报后又提出问题，分头接洽商谈，有时还请国民党方面或共产党方面的代表来说明问题，参加座谈”。国民党已提出八条，共产党已提出两条，第三方面要拿出一个双方都能接受的方案实在困难。更使他们感到问题严重的是：国民党军队仍然在向关内外各地的共产党军队发动进攻，并于10月25日攻占了东北重镇安东。如果再不赶快拿出一套折衷方案来，国共代表很有可能会不谈而散。于是民盟秘书长梁漱溟全凭主观愿望提出了一个原则，即抛开国共双方的方案而另起炉灶，把国民党所作所为尽量纳入政协轨道，同时又要双方在利害关系上，平情酌理，互相让步，并且主张用第三方面的力量来压服不肯接受折衷方案的任何一方。

对于梁漱溟提出的这一原则，张君劢表示赞同，他并且将这一原则告诉了马歇尔，马歇尔也极表支持，希望第三方面抓紧时间，把具体方案拟定出来。

到下次集会时，梁漱溟便提出了具体方案，即：(一)双方即日下令全国军队各就现地一律停战，关于停战之执行调处，及恢复交通办法，由军调处及其执行小组依照军事三人小组已有之协议处理之，双方军队应依军队整编统编方案处理，其驻地分配，由三人小组协议决定之；(二)全国地方政权问题，一律由改组之国民政府委员会依照政协决议和平建国纲领之规定解决之，其有争执之地方，并依军民分治之原则，尽先解决；(三)依据政协决议及其程序，首先召集政协综合小组会议，商议政府改组问题，一致参加政府；并商决关于国大问题，一致参加国大，同时尽速召开宪草审议委员会，完成宪草修正案。

在讨论这三条时，尽管大家对第一条提出了一些问题，但由于当时几位家住上海的代表如张君劢、黄炎培等思归心切，青年党的曾琦、李璜、左舜生也要急回上海出席该党会议，再加上蒋介石马上就要回南京，必须把折衷方案提出来，于是“大家就草率地同意了梁提的三条办法”。同时根据梁的要求，又一致推举对东北情况比较熟悉的莫德惠、黄炎培帮助梁漱溟完成第一、二条的详细规定。经莫、黄、梁三人的商定，第一条规定共产党在东北的驻军地点为齐齐哈尔、北安、佳木斯三地；第二条规定政府得派县长带警察接收为共产党占领的中东路沿线各县的地方行政。这就是梁漱溟方案的全部内容。

梁漱溟自认为他搞的方案“大公至正”，没有偏向任何一方，但是他忽略了以下几个事实：第一，自1月13日停战协定生效后，国民党军队先后从共产党军队手里夺取了长春、张家口、安东、苏北和山东等重要城市及大片土地，方案规定“就地停战”，则等于承认这些事实；第二，中东路沿线共41个县，其中共产党占领20个县，国民党占领21个县，方案只规定政府有权派县长带警察接收共产党占领的20个县的行政工作，而对国民党占领的21个县未作任何规定；第三，方案规定中共只能在齐齐哈尔、北安和佳木斯驻军，这等于要共产党向国民党让出包括哈尔滨在内的一些城市和地区。所以，正像讨论中有人指出的那样，梁的方案总的来说有利于国民党，而不利于共产党，不完全是折衷。

28日，第三方面在交通银行再次聚会讨论梁漱溟的方案，虽然有人提出异议,但最后还是一致同意把梁的方案作为第三方面的调解方案向国共双方提出来,并当场复写了三份,大家一一签名后,推定张君劢、左舜生、缪云台三人送一份给国民党的孙科,梁漱溟、李璜、莫德惠三人送一份给共产党的周恩来,罗隆基送一份给美国特使马歇尔。

梁漱溟、李璜、莫德惠来到梅园新村,把方案交给周恩来,并声明这是最后的折衷方案,然后由梁漱溟逐条加以解释。周恩来取出25日他给中共中央的一份电报底稿,上面记有梁漱溟、黄炎培那日与周相约,今后中共、民盟如有新的打算或行动,要相互通报关照的话。周说:“我是信任你们的,你们为什么不在事先关照?”直到这时梁才想起前约,自知理短,茫然不知所措。李璜说:不要紧,赶快把文件从各方收回来再作道理。于是他们兵分几路,以抄写时遗漏了一条为借口,将送出去的文件全部取回,并交周恩来过目。

第二天(10月29日),蒋介石约见第三方面的莫德惠、缪云台和黄炎培[①],蒋对他们说:“你们的折衷方案已经拟好送出,因为共产党不答应,你们又收回去了?这样也好,不然我也不能接受。”他强调指出:第三方面“应当限于他提出的八点或者从共方要求反建议,而不应当提出自己的解决方案”。[②]

第三方面搞出的这套方案,被国共双方所拒绝。当时张君

① 蒋是27日从台湾飞回上海,28日又从上海飞回南京。

② 驻华大使司徒雷登致美国国务卿电文,转引见《中国现代史资料选集》第6册,第87页。

劢已回上海，他得知此消息后，即由上海赶到南京，为打破僵局，提出“不定方案，双方将意见尽量交换”之议。周恩来表示赞同，并到交通银行向第三方面提出军事和政治意见九条。第三方面经过商议，认为停战之议涉及马歇尔与停战小组，应劝马歇尔与司徒雷登同时向蒋介石进言。他们于是找到马歇尔。马歇尔则表示：只有中共承认了蒋介石的八项条件，他才能从中调停。第三方面便到周恩来处说项，“奔走恩来之门两日，恩来始终表示作答之难云，承认不能，拒绝不好”。[①] 张君劢提出的“不定方案，双方将意见尽量交换”之议无法进行下去。其后，第三方面又分别提出召开政协综合小组、国共五人小组和国民党、共产党与美国代表的三人小组会议，恢复直接谈判的建议，但遭到国民党的反对，蒋介石坚持只有共产党全部接受他提出的八条，国共之间才能恢复直接谈判，而共产党则表示不能以接受蒋的八条作为恢复直接谈判的先决条件。

第三方面的方案不能为国共双方接受，国共直接谈判也因国共双方意见相左不能恢复，而国民党单方面召开国大的日期已越来越近。谁都知道，只要单方面的国大一开，国家就不可避免地要陷入全面内战的分裂。有鉴于此，11 月初，张君劢向第三方面建议，劝国民党延期召开国大，“以便腾出时间，促成蒋主席与毛泽东先生会谈，求得圆满结果”。他并且透露：他就国大延期一事与蒋介石面谈过，蒋有可能同意。第三方面接受了张的建议。于是大家又为使国大延期举行而四处奔走，张君劢尤为

① 张君劢：《答复罗努生、沈衡山两君评语》，《再生》周刊第 185 期。

积极。1946 年 11 月 4 日的上海《大公报》刊登有这样一则消息："第三方面代表正从事最后努力，使国大展期举行，社会民主党领袖张君劢奔走最力，期获较充分之时间，以打破国共僵局。张氏于 3 日晨 9 时访立法院院长孙科，一时后，又访司徒大使，下午张氏复偕罗隆基访马歇尔特使，所谈均与国大延期之问题有关。"

大家虽然都同意国大延期，但究竟延期多久，第三方面的意见又不尽一致。有的主张延期三个月，有的主张延期半年，有的主张国大开幕后即休会，等到和谈有了结果，政府改组后，再续开国大，张君劢主张延期到 12 月 31 日。直到国民党原定召开国大的前一天（11 月 11 日），第三方面才最后商定请蒋介石将国大延期一个月，并当场推定胡霖起草函件，大家签名后，由莫德惠、钱新之、王云五、缪云台、胡霖五人于当日下午面交蒋介石。

下午四时，莫德惠等五人拿着有第三方面签名的函件[①]去见蒋介石，力劝蒋将国大延期一个月。但蒋只同意延期三天。当日晚，蒋介石下达召开国大令，宣布国大延期三天，于 11 月 15 日举行开幕式。随后，国民党方面多次催促第三方面提交参加国大的代表名单。

三天的时间很快就过去了。在是否参加国民党一党包办的国大这一原则问题上，本来就是各种力量凑合而成的第三方面，在国民党的威胁利诱下发生了严重分化。11 月 14 日，第三方面在交通银行举行最后一次集会，商讨下一步办法，亦即决定参不

---

① 民盟代表沈钧儒、章伯钧和张申府签名后又将名字涂去。

参加国民党一党包办的国大。青年党的左舜生首先表:“我们青年党参加,我自己也参加。”其他的“社会贤达”也大多表示参加。只有黄炎培、章伯钧和罗隆基三人代表民盟宣布,在政协决议程序全部完成以前,民盟暂不参加国民党一党包办的国大。

张君劢因回沪召开民社党中常委会议而未出席14日第三方面在交通银行举行的集会。在参加或不参加国大的问题上,当时民社党内部存在着意见分歧。李大明、伍宪子、蒋匀田等力主参加,而张东荪、梁秋水、叶笃义等则坚决反对,双方各持己见,互不相让。张东荪曾从北平致书张君劢,谓“民社党参加国大之日,即弟退出民社党之时”。梁秋水还亲自从北平南下上海,向张君劢陈述他们反对参加国民党一党包办的制宪国大的意见。张君劢原也反对参加国民党一党包办的制宪国大,并多次拒绝了孙科、雷震敦请他率领民社党出席国大的要求。但是到包办国大开幕前夕,他的态度逐渐发生了变化,主张有条件地出席国民党一党包办的制宪国大,即只要国民党同意民社党提出的先决条件:国民党保证通过由他起草的《中华民国宪法》,结束训政,实行宪政,民社党就向国民党提交参加国大的代表名单,但他本人不列名其中。后经在沪的民社党中常会开会讨论,最后多数人接受了张君劢的主张,并于11月23日向国民党提交了该党出席国大的40名代表名单。

张君劢为什么会改变初衷,主张有条件地出席国民党包办的国大呢?概而言,以下几方面原因:

第一是国民党对他的拉拢。早在国民党单方面宣布召开国大的日期不久,国民党的孙科、雷震等人就数次找他谈话,希望他率民社党出席国大，赞襄国民党的立宪事业，并许诺给他好处。1946年7月21日，民盟主席张澜在揭露国民党当局对民盟的种种压制和破坏的行为时就曾提到："政府某某要人劝张君劢先生谓，政府一切协助，专以帮助某党团[①]。"据报载，当时张君劢往返上海、南京之间，乘坐的都是国民党提供的专机，且有高级官员陪同。发表在1946年11月15日上海《大公报》上的一篇题为《上海的国大前夜》的文章，曾就此事评论道："政府对张氏倚重之殷，显然与众不同。"国大开幕（11月15日）那一天，蒋介石又派与民社党关系不错的雷震到上海活动，劝说张君劢，同时又将他的胞弟张公权从东北接到上海，做张君劢的思想工作。张氏兄弟自幼一起读书，关系一直很好，张君劢在经济上曾多次得到身为银行家的张公权的帮助，他在重庆时，住的就是张公权的房子，而且彼此都很尊重对方的意见，由张公权出面说服张君劢，这对张君劢改变初衷，主张有条件地出席包办国大不能不起作用。据当时在张君劢左右的杨永乾回忆，包办国大召开前后的一个早上，他照例8点多钟到张君劢家中，张的佣人阿唐告诉他："你老师昨晚同四老爷——公权先生谈到三点钟，现在刚起来"。杨一闻此言，"就想大事——参加制宪国大之事可能已有决定，不期果然，在第二在报上就宣布，民社党提出名单"。[②]

第二是民社党内的压力。我们前面已经提到，民主社会党是由原国家社会党和海外的民主宪政党合并而成的，其成份非

---

① 指国社党。

② 杨永乾：《中华民国宪法之父——张君劢传》，第404页。

常复杂。当时主张出席包办国大的主要是两部分,一是原民主宪政党领袖伍宪子、李大明,二是追随张君劢多年的学生蒋匀田等。这些人所以力主参加国民党的包办国大,主要动机是想从国民党那里分喝一杯羹,捞个一官半职,而当时民社党的经济状况也的确很困难,张君劢想通过民社党参加包办国大来满足这些人的利益要求。他曾对劝他不要率民社党参加包办国大的罗隆基这样说过:"你在民社党不是也搞了一个短期吗?这一伙人跟着我这许多年,好不容易等到了今天,抗战胜利了,国民大会要开了,联合政权就要成立了,我还能够要他们老饿着肚皮跟着我吗?国民党是国库养党,我有什么法子养这些党员。"[①]他后来在与中共代表董必武谈话时,解释自己所以主张有条件地参加包办国大,参加改组政府,是"为安插追随其个人数十年之党员及维持其生活起见"。[②]

在民社党是否参加包办国大的问题上,原国社党元老徐傅霖的态度也起过很重要的作用。据国大开幕前奉蒋介石之命前往上海劝说张君劢率领民社党出席包办国大的雷震后来回忆,他一到上海,即去找蒋匀田,说明来意后,便与蒋同去海格路[③]拜访张君劢。在汽车上,蒋匀田一再嘱咐他要把徐傅霖说服,因为,蒋匀田告诉他,"民社党里,今天除了君劢老师外,就是梦老[④]

---

① 罗隆基:《从参加旧政协到参加南京和谈的一些回忆》,《政治协商会议资料》,第565页。

② 《民国时期党派社团档案史料丛稿:中国民主社会党》,第263~268页。

③ 张君劢的住宅所在地。

④ 指徐傅霖。

的意见，对于参加与否，有着举足轻重之势，所以请儆寰先生[1]要和梦老谈好。如果梦老反对参加，即令君劢老师答应了，民社党也是不会参加的，民社党绝不能因参加了国民大会而把自己的党搞垮了。"蒋匀田还告诉雷震："梦老重感情，喜欢戴高帽子，要摸透他的脾气，顺着他的语调和恭维他几句，倒是不难说服的。儆寰先生，你在国民参政会工作这么多年，经常和各党派周旋，凭你三寸不烂之舌，是不难把梦老说服的。可是你不要顶撞他，不可直接驳斥他，兜上一个圈子，一定可使他就范的。至于其他的人，您可不必去跑。"[2]

依照蒋匀田的嘱咐，雷震在拜访张君劢，劝说他率领民社党出席包办国大之后，即去拜访徐傅霖，并按照蒋匀田介绍的方法，把他说服了，徐并且表示："不仅要张君劢拿出主张，还应该采取积极的行动。"徐傅霖力主参加国民党单方面召开的国大，对张君劢改变初衷起过重要作用。

第三是改良主义思想作祟，即想通过参加包办国大，迫使国民党通过他所草拟的《中华民国宪法》，从而使中国逐渐走上民主宪政道路。张君劢曾对罗隆基说，他唯一的目的，是希望通过参加国大，促使国民党能通过一部民主宪法，从而结束国民党的一党专政，使中国走上民主宪政的道路。1946 年 12 月 31 日，民社党就目前时局发表意见，在谈到民社党所以参加国大的动机时指出："民主政治的实现，决非一蹴可及的。我们的党是一个

---

① 即雷震，字儆寰。

② 雷震：《制宪国民大会始末》，第 20 页。

普通政党，无武力，无地盘，可是我们始终主张政党是不应有武力与地盘的。在此情形之下，唯有就现实状态之下与可能范围内求逐渐接近真正民主之路而已。我们所以参加国大，其动机亦不外此。”[①]而国民党也正是以许诺通过由张君劢起草的《中华民国宪法》，结束训政、实行宪政为诱饵，说服他率领民社党出席包办国大的。据雷震回忆，他15日到达上海后即与蒋匀田赶到张君劢的家里，他对张君劢说，蒋介石请民社党参加制宪国大，并决定提出他起草的宪草为讨论的基础，保证不推翻他起草的宪草的基本原则，只是在文字上作一些修正，诸如采行“内阁制”，总统没有实际权力；行政院对立法院负责；监察院是立法院之外的另一民意机关；考试院不考核“公职候选人”；国民大会现在不行使创制和复决两权；法官须超出党派之外；军队须超出个人、地域及党派关系以外；现役军人不得兼任文官；中央与地方权限之划分，省县实行自治；等等，都依照他起草的宪草通过。经过雷震“三小时的说明，张君劢感到很满意，虽未明白表示，但未拒绝，只说等明日上午召集了中常会再说”。[②] 但后来的事实说明，蒋介石所谓的保证，只是诱使张君劢率领民社党出席国民党一党包办的制宪国大的诱饵罢了。张君劢主张民社党有条件地参加包办国大，不仅未能使中国走上民主宪政的道路，相反自己则成了蒋介石封建独裁统治的装饰和殉葬品，历史和他开了一个大大的玩笑。

---

① 《民国时期党派社团档案史料丛稿：中国民主社会党》，第295页。

② 雷震：《制宪国民大会始末》，第21页。

本来,张君劢在11月15日与雷震交谈时曾说,明日[①]上午,民社党召开中常会就民社党参加制宪国大一事作出决定。但当16日下午三点钟雷震又到张君劢处,询问上午中常会的结果时,张君劢却对他说:“参加与否,尚未定案,明日上午还要举行常会,再作决定。”雷震听了张君劢的回答,犹如冷水浇头,大失所望。

16日的中常会所以未就民社党参加包办国大一事作出决定,有两方面原因:一是部分中常委坚决反对,弄不好民社党有可能发生分裂,这不能不使包括张君劢在内的民社党领导人对此问题慎之又慎;二是张君劢、徐傅霖等人对国民党是否履行诺言还有疑惧,尽管他们对蒋介石通过雷震向他们作出的保证比较满意,但他们知道,蒋介石这个人是不讲信用的,他自己当面说的话都可反悔,更何况是通过雷震向他们作出的保证,谁能保证他不出尔反尔?所以,在国民党尤其是蒋介石向他们作出正式保证之前,他们还不愿冒险公开作出参加的决定,并按国民党的要求提交出席国民大会的代表名单。

对于民社党中常会未能作出参加决定的原因,雷震当然是能猜着的,因为用蒋匀田的话说,他“在国民参政会工作这么多年,经常和各党派周旋”对各党派领袖的动向、心理了如指掌,这也正是蒋介石派他而不是别人到上海劝说张君劢率领民社党参加制宪国大的原因。所以,听了张君劢的回答后,他立即找到蒋匀田,要他在17日民社党举行的中常会上提出以下两点意见,并

---

① 即16日。

作出决议:(一)民社党决定参加国民大会;(二)国民大会要通过政协宪草[①],至少在原则方面,不能变更,否则民社党宁可退出国民大会。其余细节,待到南京后,继续商量,等商量妥当后,民社党再提出参加国大的名单。如商量不妥,民社党可不参加,只算到南京去游览一趟。雷震所以要求民社党代表先到南京去,然后再商量细节,因为在南京商量,他不能答复的问题,可随时向蒋介石请示,比在上海用长途电话向蒋请示方便得多。除此,他还有三点考虑:(一)民社党预定的国大代表既然去了南京,自然不会提出许多难题来增加麻烦。民社党既去了南京,如果谈不妥再回上海,不参加国民大会,在民社党来讲,对外必大失面子,对国民也不好讲话,所以,只要民社党的国大代表去了南京,就等于在事实上已参加了国民大会。(二)民社党如果去了南京,可免除民主同盟的掣肘,因为民主同盟是坚决反对民社党参加包办国大的。(三)民社党当时还未退出民主同盟,如果民社党的代表去了南京,参加国民大会,就等于民盟内部起了分裂,民盟则不解自散,这样就可以达到一石两鸟的目的:既使民社党出席国大,又能搞垮民主同盟。[②]

蒋匀田十分赞成雷震的意见,在蒋匀田答应在17日的中常会上提出他的两点建议后,雷震又立即分访张君劢和徐傅霖,请他们在该党举行的中常会上就他提出的两点建议做成决议,然后该党出席国大代表下午即去南京。经他一一再说明,并保证

---

① 即张君劢起草的宪草。

② 雷震:《制宪国民大会始末》,第26页。

通过张君劢起草的宪草后，张、徐二人终于同意了他的建议。这样，17日上午民社党的中常会根据雷震的建议作出决议，下午民社党出席国大代表24人（总数为40人）即去南京（张君劢没有去），代表团团长是徐傅霖。

民社党代表团到达南京后，又经过与国民党方面的三天商谈[①]，终于到11月20日下午双方就民社党参加国民大会的细节向题达成协议。是日晚，民社党方面向国民党送去早在上海就写好了的张君劢以民社党主席的身份写给国民党总裁蒋介石的信，信中表示："倘宪草能一本政协之决议，而同时政府能迎之于机先，早日自动表示结束党治，一面彻底执行停战命令，一面彻底实现政协决议之精神，则民主社会党同人，虽深以各党不克共聚一堂为缺憾，然在此还政于民之日，自当出席以赞大法之完成。"在此信中，张君劢还就如何彻底执行停战令和彻底实现政协决议之精神提出了具体要求。

关于彻底执行停战令，他要求：

> 第一，三人会议所主持之军事调处执行部，应继续积极工作，力免冲突之扩大，预留恢复和谈之余地。
>
> 第二，依照整军方案，政府应以最大之忍让，求其实现。
>
> 第三，政府迭次声明，以政治方式解决政治纠纷之主张，应坚定不变，庶几达到真正和平，财政得以整理，国力得以巩固。

---

① 其中包括蒋介石与徐傅霖的单独商谈。

关于彻底实现政协决议之精神者，信中要求：

第一，政协宪草审议会所修改之宪草[1]，应在国大之内，各方负责使其通过。

第二，切实保护人民身体、言论、结社、讲学之自由，令人民能畅发扬其心中之抑郁；政府亦因此知民心之向背，而有所鉴戒。

第三，政府既决心实行宪政，应自动早日结束党治。以下数端，宜先实行：

（一）自宪法颁布后，各级党部经费停止由国库开支。

（二）政府改组后，中央既有国府委员会为决策机关，其省市县行政，自应由省市县政府负责，地方党部不得干涉。

（三）学校为养成国民与人才之地，倘令青年学生参加党团政治工作，徒滋纷争，政府应本为国育才之道，明定办法，消除党化教育之嫌。

第四，改组政府，各党合作，旨在刷新政治，应本用人惟贤之宗旨，一新天下之耳目。倘国民党籍之人对于改组后之政府或多方控制，或相互牵掣，则行政机构将益形瓦解而无法运用。

据雷震说，当时蒋介石"如热锅上的蚂蚁，心中很着急"，因为他冒天下之大不韪下令召集的国民大会，不仅共产党反对，民

① 即张君劢所拟宪草。

盟也抵制，青年党虽然宣布参加，并向国民党提交了出席大会的代表名单，但同时又声明，“以民社党出席为先决条件”。所以11月15日的开幕式，除几个无党派人士如莫德惠、王云五、胡霖外，出席者是清一色的国民党人，尽管国民党舆论机构大肆喧嚷国民大会是“多党合作”，但事实上已成为国民党一党独办，这使国民党尤其是它的领袖蒋介石十分难堪。为了挽回面子，将青年党和民社党拉到国民大会中来，国民大会举行开幕式后，蒋便下令休会，虚位以待青年党和民社党人，并派雷震去上海活动，劝说张君劢，因为民社党参加与否，是此次国民大会能否继续举行，或举行继续是一党独办，还是有其他党派参加的关键。正因如此，中共和民盟也在积极做张君劢的工作，希望他不要率领民社党参加国民党违背政协决议而单方面召开的制宪国大。在这样的背景下，无论张君劢提出什么样的条件，蒋介石都会答应的，只要张不要求国民党和他本人下台就行。第二天(11月21日)，张君劢即收到蒋介石的复信，蒋在信中除对张本人极尽恭维之能事外，表示完全接受张君劢提出的所有要求，“函中列举诸端，俱为政府所当为，亦即中正个人所愿竭全力以求实现者”。他希望张君劢率民社党出席国大，“共同参加制宪工作，俾宪政早日实施。”①

对于民社党出席国大一事，时任国民政府外交部长的王世杰曾做过这样的评价：“该党分子大多为旧日不理于人口之政客，实际上彼等参加恐不能有何贡献，唯国民党则可以宣布此次

① 《民国时期党派社团档案史料丛稿：中国民主社会党》，第338页。

之国大并非一党之国大耳。”[①]这是蒋介石所以委曲求全,接受张君劢提出的所有条件的真正原因。

11月23日,民社党向国民党提交了该党出席国大的40名代表名单,名单中没有张君劢的名字。同日,张君劢就民社党出席国大一事向记者发表谈话称:由于国民党接受了民社党提出的一切要求,所以民社党决定出席此次国大,“以赞大法之完成”。至于他本人,则“向来好致力于政治思想与学术研究工作”,不愿在国大中“担任任何名义”。[②]

关于张君劢本人不参加此次国大的原因,张君劢的学生程文熙认为,是“本民主政党在野之习惯”而未参加。但雷震则不同意这种解释,他指出:“民主政党在野时,根本没有这种习惯。青年党是在野的民主政党,曾琦是青年党领袖,不是参加了国民大会吗?”可见程文熙的解释是不能自圆其说的。雷震认为,“张君劢之所以不参加国民大会,并不愿与国民党领袖共集一堂,讨论问题,盖其内心已厌恶蒋中正的为人,不仅独裁揽权和自私自利,还目中无人,只知有自己而不知有他人,所以此生再不愿和蒋中正共事,亦不愿以蒋中正为对手”。据雷震说,张君劢还告诉过他:“蒋中正是过河拆桥的人,有求于你的时候,可以满口应允,等到不需要你的时候,就一脚踢开,完全无视对方的人格”,所以他不愿意“参加国民大会来共同制宪”,并“十分怀疑”蒋介石的“守法的精神”。雷震听了这话后,曾当面责怪他:“你既不

① 《王进杰日记》(手稿本),第5册,1946年11月22日记。

② 《民国时期党派社团档案史料丛稿:中国民主社会党》,第339页。

愿以蒋先生为对手，你为什么要组织政党呢？这不是十分矛盾吗？”张君劢答复雷震，他组织政党（国社党）时“不知道蒋中正是这样一个人，他在参加国民参政会的期间苦头是吃足了，造成了严重的胃病，只是差一点未坐牢罢了，在汪山软禁三年和坐牢三年也相差不甚远”。[①]

上面这两段文字见于雷震的《制宪国民大会始末》。雷震写《制宪国民大会始末》时，因发行《自由中国》杂志，批评国民党一党独裁，和酝酿成立中国民主党等事，已与蒋介石父子闹翻，并被蒋介石父子以莫须有的罪名判了十年徒刑，加上事已过去多年，所以他记录的张君劢的话难免有所出入，如他说张君劢告诉他，张的胃病是在国民参政会期间因受蒋的迫害而得的，这就不确，实际上据张君劢的女儿张敦华说，张的胃病是他1949年后流亡美国时得的。但张君劢对蒋介石的为人极不信任，这是事实，他在《中国的第三势力》一书中就痛斥过蒋介石的为人，这也许是他本人不参加国民党单方面召开的制宪国大的原因之一。笔者认为，张君劢本人所以不参加国民党单方面召开的制宪国大的主要原因，是出于一种策略上的考虑：第一，张君劢是民盟中央常委和民盟出席政协的九代表之一，而民盟已宣布不参加国民党单方面召开的制宪国大，他本人也一再声明在参加国大问题上与民盟共进退，如果他参加国大，不仅是自食其言，而且必遭民盟的坚决反对，从国大前后他的言行来看，他还不想与民盟

① 雷震：《制宪国民大会始末》，第38页。

的关系彻底破裂[①]，因为民盟在当时国内的政治斗争中有着举足轻重的影响。第二，国共和谈虽因蒋介石顽固坚持其八条而没有谈成，但双方都还没有最后关闭和谈的大门，他本人不参加制宪国大，可以为日后调停国共和谈留一余地，因为他知道，他如果参加国大，就等于和国民党一道反对共产党，他也就因此而失去了向共产党说话的资格，他不参加国大，就可以把民社党参加国大说成是迫不得已。后来他也正是以党内困难为由向共产党代表董必武解释民社党所以参加国大的原因的，并请求中共方面的理解。

尽管张君劢本人出于策略上的考虑没有出席国民党单方面召开的制宪国大，但正如罗隆基在劝张君劢不要出席国大时所指出的那样，他与民社党是分不开的，"民社党参加国大，实际上就等于他自己参加"。率领民社党参加国民党单方面召开的国大，这是张君劢一生中的政治污点，无论是对他本人，还是对民社党，都带来了不利的影响和后果。

首先是被民主同盟勒令退盟。由于民社党出席包办国大违反了民主同盟有关在政协决议程序全部完成以前，不参加国民党单方面召开的国大的严正立场，因此，1946 年 11 月 25 日，亦即民社党向国民党正式提出该党出席国大代表名单的第三天，民盟代表在南京举行记者招待会，除再次阐明民盟所以不参加国大的理由外，并宣布"民社党之参加国大，是违背民盟中央规

① 比如，当时蒋匀田等人坚决要求将反对民社党参加国大的民盟中央常委张东荪开除出民社党，但张君劢不赞成。

定条款，实应请其退盟”。12 月 24 日，民盟中央常委会第十一次全体会议正式作出决议，将出席包办国大的民社党党员一律开除出盟，并致函民社党说：“民主社会党违反政协，参加国大，与本盟政治主张显有出入”，“已碍难在本盟内继续合作”，“应予退盟”。[①]

作为一个多党派的联合体，民主同盟自 1941 年成立后，在组织上经历过两次其所属党派退盟事件，一次是政协开幕前夕青年党在国民党的指使下退出民盟，一次就是民社党因出席包办国大而被勒令退盟。毫无疑问，这两次事件都是对民盟的重大打击，但民盟并未因此而像国民党所期望的那样被搞垮，相反，由于清除了内部的右派势力，民盟变得更加团结，反对国民党内战独裁的斗争也更为坚决。1947 年 1 月 10 日，民盟在上海举行了二中全会，会议通过了《政治报告》《政治计划委员会组织章程》《关于目前应采取的政治主张及行动的决议案》和《关于现况下的组织原则的决议案》等。会后，民盟和其他民主党派一道，掀起了声势浩大的反内战、反独裁的政治运动。

民盟反对国民党内战独裁的斗争，当然是国民党所不能容忍的，因此，随着内战的进一步升级和国共和谈的彻底破裂，国民党开始采取种种手段，残酷打击迫害民盟和其他民主党派。1947 年 10 月 1 日，国民政府新闻局局长董显光招待记者，宣布民盟是“中共之附庸”，他说：“民盟分子破坏总动员[②]，参加叛乱，

① 《中国民主同盟历史文献》(1941—1949)，第 250、255 页。

② 指 7 月 4 日国民政府颁布的《勘平共匪叛乱总动员令》。

反对政府”。10月27日，国民政府内政部发言人发表《国民政府宣布民盟为非法团体》，要求“今后各地治安机关，对于该盟及其分子一切活动，自应依据妨害国家总动员惩罚暂行条例及‘后方共产党处置办法’严加取缔，以遏乱萌”。面对国民党即将开始的大规模的镇压行动，为了保存力量，避免众多盟员的流血牺牲，在交涉无效的情况下，11月6日，民盟总部被迫宣布“解散”，并通告盟员“自即日起一律停止政治活动”。

10月29日，亦即国民政府内政部发言人发表《国民政府宣布民盟为非法团体》的第三天，张君劢和青年党的李璜[①]就国民政府宣布民盟为非法团体事联名致函行政院院长张群，信中称：“日来报载，政府宣布民盟为非法团体，现当行宪之际，应保护人民自由，以收揽人心；况民盟既自行宣布停止活动，望政府适可而止，不必株连，以安人心。此事务乞急电蒋主席，通令各省有关机关慎重处置，勿因肃清反动而反驱人不得不入反动之路也。”11月2日出版的民社党机关刊物《再生》也发表了《论民盟事件》一文，指出：“民盟既然已经表示了接受政府命令自动停止活动”，“政府发挥的威力已达到了她所能发挥的顶点”，就“不应该也不可能再有超过这个顶点的行为”。民社党所以“对于这个问题不得不有严正而郑重的表示，为的是‘自由’、‘人权’，为的是民盟盟员作为一个个人的身体的安全与人格的尊严，同时，也是为了政府自身的利益”。[②]

---

① 李也没有参加包办国大和改组政府。

② 《再生》周刊第188期。

其次是民社党内部因此而发生分裂。张君劢率领民社党参加国民党单方面召开的国大，遭到了张东荪、梁秋水、叶笃义等人的坚决反对。张东荪、梁秋水均为国社党元老，民社党中央常委，在党内外有着广泛的影响，尤其是张东荪，无论在党内，还是党外，其地位仅次于张君劢。据国民党中央联秘处关于民社党活动情况的报告称，民社党参加国大后，张东荪、梁秋水等曾打算组织“独立民社党”，以与张君劢对抗。独立民社党虽然没有组织起来，但民社党内部的裂痕却已形成。不久，他们又支持孙宝刚等成立民社党“革新委员会”，民社党从此走向公开分裂。

第三是剥去了张君劢身上的“民主斗士”和“第三方面”的外衣。由于张君劢是民主同盟的缔造者和领导人之一，又长期坚持反对国民党一党独裁的斗争，并受到过国民党的政治迫害，被软禁于汪山达三年之久，因此被人们视为“民主斗士”和“第三方面”的代表人物之一。他 61 岁生日时①，周恩来曾送匾一块，上书“民主之寿”四个大字。1946 年 11 月 8 日，亦即国民党单方面召开的国大开幕前夕，一群大学生上书张君劢，称他和第三方面政协代表“是现中国唯一肯替老百姓着想，肯替中国前途着想的人”，远在战前就“为中国的和平、民主努力”，抗战胜利后，更无日不在为国事奔走，并希望他们“坚守政协立场，努力争取促成一个民主合理的国大”。

然而，他率领民社党出席国民党单方面召开的国大的行为，则使披在自己身上的“民主斗士”和“第三方面”的外衣被剥夺殆

---

① 1946 年 1 月 18 日。

1946年11月17日民盟代表去南京中共办事处梅园新村送周恩来。左起：周恩来、邓颖超、罗隆基、李维汉、张申府、章伯钧、沈钧儒、董必武、黄炎培、张君劢、王炳南。

尽。1946年12月7日的《民主报》曾发表施复亮的《自食其言的民社党》一文。文章尖锐地指出：张君劢不顾自己多次反对国民党单方面召开国大的表态，率领民社党出席包办国大，“甘愿替当权的国民党做伪装民主的‘点缀’”，这“不仅抛弃了政协立场和民盟立场，同时也抛弃了民社党固有的立场，可以说是含有多种意义的食言背信的行为”，这种食言背信的行为，“无疑地是一个大错误和大失败”，它是中国民主运动的“不幸”，是第三方面的“不幸”，同时也是张君劢本人的“不幸”。由于张君劢在参加国大的问题上自食其言，背信弃义，所以不少人后来称他为“张君卖”。就是他多年的老朋友罗隆基也认为，中国“政党政治水平的低落，实为张君劢所造成”。[①] 从此，除国民党和他自己的民

① 张君劢：《答复罗努生、沈衡山两君评语》，《再生》周刊第185期。

社党外，再也没有人把他看成是“民主斗士”或“第三方面”的代表人物了。

这次国大的唯一议程，就是审议和通过由张君劢起草、经王宠惠、吴经熊等人修改的《中华民国宪法》，所以此次国大又被称为“制宪国大”。

第五节　最后一名“头等战犯”

包办国大闭幕后，国民党为了给自己的独裁政权披上一件民主的合法外衣，又紧锣密鼓地开始了“改组政府”的活动。

对国民党的一党政府进行改组，使之成为各党派和无党派人士共同参加的临时联合政府，这是政治协商会议所取得的重要成果之一。政治协商会议通过的《政府组织决议案》规定，国民党在国民大会未举行以前，为准备实施宪政起见，首先必须修改国民政府组织法，国民政府委员会由 40 人组成[①]，其中半数由国民党人员充任，其余半数由其他党派及社会贤达充任，是政府之最高国务机关，拥有立法、施政、军政、财政等决策权，和任命各部会长官、不管部会政务委员以及立法委员、监察委员的用人权；各党派的国府委员由各党派自行提名，国民政府主席选任，不通过国民党中央执行委员会，无党派的国府委员由国民政府主席提名，如已选三分之一府委反对，主席则须另选之；取消国民政府主席的紧急处置权，复议否决权有所折中，由原来的复议

① 内有五院院长为当然委员。

时三分之二以上坚持原案则主席应予执行，改为五分之三以上坚持原案则主席应予执行；国民政府委员会之一般提案以出席委员之过半数通过之，但涉及施政纲领之变动者，须有出席委员三分之二的赞成始得决议；同时对行政院进行改组，增设不管部会政务委员三至五人，所有不管部会政务委员和部会长官中的七至八席由国民党以外的人士担任。

政协闭幕后，与宪草修改和国大召集等问题相类似，国民党与中共和民盟之间在改组政府的问题上也发生了严重争议。

按照政协通过的决议，国民党应在政协闭幕后尽快改组政府，以便由改组后的国民政府下令召集原定于1946年5月5日召开的国民大会。但2月13日蒋介石则宣布："政府改组须待国民党二中全会后始能实行，故一切问题须由二中全会决定。"3月1日至17日，国民党六届二中全会在重庆召开，全会通过的决议则对政协的《政府组织决议案》进行了重大修改。《政府组织决议案》规定：各党派国府委员由各党派自行提名，主席选任，改组后的国民政府委员会为"最高国务机关"，而二中全会则依据《中华民国训政时期约法》以及所谓"法统"、"正统"理论，决议"国民政府委员由国民政府主席提请（国民党）中央执行委员会全体会议选任之"，撤销国防最高委员会，"恢复成立中央政治委员会，为本党对于政治最高指导机关"。

显而易见，国民党六届二中全会对于政协通过的《政府组织决议案》的上述修改，其目的是要"完全推翻政协结束党治和党派平等的基本精神，又重回到国民党党权高于一切的旧路”。[①]因此，它理所当然地遭到了共产党和民盟的反对。国民党六届二中全会结束的第二天(3 月 18 日)，周恩来举行中外记者招待会，就二中全会发表谈话，指出：国民党二中全会决议“要把各党派推选的国府委员拿到国民党中常会去选任，这是完全违反政协决议的”；“国府委员由国民党中常会选任，中政会又要指导国民政府，这说明政府仍是一党的政府，决不是民主的各党派合作的政府”。20 日，民盟主席张澜也就国民党二中全会决议对《新华日报》记者发表谈话，一针见血地指出，二中全会的决议与政协决议是相违背的，“其目的无非在维持国民党一党专政的实质与形式，把各党派参加政府变成请客”，并表示民盟为了对全国人民负责，“不愿贸然参加政府”。[②]

然而，国民党方面却不顾中共和民盟的反对，仍然一意孤行，坚持《中华民国训政时期约法》以及所谓的“法统”、“正统”理论。3 月 19 日，国民党中央秘书长吴铁城在谈话中声称：“依照《训政时期约法》，国民政府委员应由本党中央委员会选任。”[③]不久，在政协综合小组会上，国共双方代表围绕《训政时期约法》的存废问题，以及政府改组应依据政协通过的《政府组织决议案》还是《训政时期约法》发生了激烈争论。在那次会上，吴铁城重弹政府改组必须依据《训政时期约法》的老调，而中共代表王

① 《民主潮》第 4 期，第 9 页。

② 《中国民主同盟历史文献》(1941—1949)，第 153 页。

③ 1946 年 3 月 30 日《中央日报》。

若飞则针锋相对地提出，由训政到宪政过渡时期，训政时期约法应即废止，由各党派依平等合法原则共同参加的国民政府，其组织法应依据政治协商会议通过的《政府组织决议案》制定。王若飞的提议一出，立即遭到另一位国民党代表王世杰的反对。他说，现在的国民政府主席及五院的组织是以约法为根据的，如果约法被废止，就是把政府的法律根据推翻。正当国共双方争论不休之际，参加会议的青年党代表曾琦要张君劢谈谈他的看法。张于是说了下面这一段话：

> 诚如雪艇（王世杰字）先生所说，如其约法无效，那主席及五院的法律根据是没有了。拿法学家的眼光来看，这话是对的。但是再要问约法的基本原则，就是国民党的一党统治，就是中央统治权由国民党一党来行使，如其说约法有效，则党外人士参加国府委员，参加国民大会，完全是违法的。所以王若飞先生主张约法无效，自然有他坚强的根据。我们读过法律的人都知道，法律的变更有两种方法：（一）用明显的条文来废止，或者议会制定新法律以修改旧法律。此为第一法。（二）其次是用隐然的方法，就是拿事实来变更法律。……协商会议开会容许党外人士参加政府，又容许党派代表参加国大，有了这种规定，就是说约法在隐然之中受了一种修改了。①

① 张君劢：《约法存废问题》，《再生》周刊第 111 期。

张君劢这段话虽然没有明确主张废止《训政时期约法》,但他赞同王若飞的观点,认为《训政时期约法》已经失去了其有效性,既然失去了其有效性,那它也就不可能作为改组政府的法律根据。由于国民党方面坚持改组政府必须依据《训政时期约法》,3 月中下旬召开的政协综合小组会议未能就政府改组达成一致意见。

4 月 1 日,蒋介石在第四届国民参政会第二次大会上发表讲话,认为作为国家的"根本大法",《临时约法》在宪法尚未正式颁布之前是"根本有效的",因为"国民政府就是根据《训政时期约法》而成的,而且根据训政时期的约法而行使其职权。倘若宪法尚未正式颁行,而约法先行废止,中国就没有合法的政府,国家就要陷于无政府状态"。他并且公然违反政协决议,提出政府不是改组,而是依据《训政时期约法》扩大其"范围"和"组织"。

在蒋介石发表上述讲话后的第 6 天(4 月 7 日),《新华日报》发表了一篇题为《训政时期约法必须废止》的社论,针对蒋介石的讲话指出:"按照民主政治的原则来衡量,规定以一个政党代替全国人民行使所谓中央统治权的《训政时期约法》的本身就是非法的,它不能成为任何政府的合法根据。"改组政府只能根据政协通过的《政府组织决议案》,而不能根据《训政时期约法》,《训政时期约法》必须立即废止,如果像蒋介石所说的那样,要"拿它作为国家的根本大法,是全国人民所不能承认的"。同一天,中共中央机关报《解放日报》也发表了一篇《驳蒋介石》的社论,全面批驳了蒋的讲话,尤其是他关于约法是国家的根本大法,政府不是改组,而是根据《训政时期约法》扩充组织的谬论。

是废止《训政时期约法》，还是继续把它作为国家的根本大法？是根据政协通过的《政府组织决议案》改组政府，还是推翻政协决议，根据《训政时期约法》扩充政府组织？这就成了国共两党在改组政府问题上的原则分歧。在这一原则分歧上，张君劢的态度又是怎样的呢？

《新华日报》的社论发表不久，张君劢在民社党机关刊物《再生》周刊第 111 期上发了一篇题为《约法存废问题》的讲演稿。他摘引了蒋介石讲话和《新华日报》社论后指出："蒋主席所说国家不可一日无政府，政府不可一日无法律，这句话我们很同意，对于政府维持约法的苦心，我们也很了解，但是蒋主席所谓'《训政时期约法》是根本有效的'一句话，实在十余年来早已成为宪法学家脑中一个问题。"接着他引用了著名宪法学家、时任外交部长的王世杰和钱端升十几年前出版的《比较宪法》一书中对于《训政时期约法》的批评："如就实行而言，则约法未获全部实行的机会。不特'生计'等章的实行，需要充实的经济力量，'人权'章的实行，需要善良的法院，及上下共遵法律的精神，即关于政府组织，约法条文也往往未及遵守。自二十年十二月的《国民政府组织法》实行以来，中央政府的重心在行政院院长，国民政府主席则无提请任命五院院长及各部会长官之权，然而约法第 74 条固依旧存在。自二十一年十月（国民党）中央执行委员会第四届第三次全体会议决令立法院起草宪法以来①，宪法制定的程序，固已与约法所规定者大相径庭，但'附则'亦从未有所修改。

① 指《五五宪草》。

我们须知约法虽已颁布，而党治的制定未动摇，统治之权仍在国民党的手中。在党治主义之下，党权高于一切，党的决定纵与约法有所出入，人亦莫得而非之。”

在引用了王世杰、钱端升对约法的批评后，张君劢指出：这段话是王、钱两先生以宪法专家的姿态经过冷静的思索写出来的，可见得约法的效力如何，在十余年来人民的心目中早有定论，而不是共产党在协商会议后才提出来的。所以，从“未获全部实行”、“约法条文往往未及遵守”、“纵与约法有所出入，人亦莫得而非之”等话来看，明明是有法而未尝实行；既不实行，又如何能说它有效。我们可以断定，这部训政时期的约法说它是根本有效的话，即在身为外交部长的王先生也决不会承认的。

张君劢继续写道：以法律家的观点来说，《训政时期约法》是一党专政时代政府重要的根据，是国民党行使统治权的一种法的根据。因为此项约法第三章“训政纲领”中有一条“训政时期由国民党全国代表大会代表国民大会行使中央统治权”；第八章“附则”中更有一条“本约法之解释权由中国国民党中央执行委员会行使之”。可见根据此项约法，则国家大权完全在国民党之手，而不适用于训政到宪政的过渡时期，就是说不适用于政治协商会议决议事项成立以后的时期。为什么呢？因为照约法规定，中央统治权属于国民党全国代表大会，约法解释权属于国民党中央执行委员会，但是现在国民政府在本约法未修改的情况下，召集了政治协商会议，如果从严格的法律观点来说，是政府自己已将约法摧毁了。同时，照约法第 72 条的规定，“国民政府设主席一人，委员若干人，由国民党中央执行委员会选任之”；而政协通过的《政府组织决议案》则规定，国府委员的半数由非国民党的人士担任，各党派国府委员由各党派自行提名，交国府主席选任，这显然也是与《训政时期约法》的上述规定相悖的。国民党既然召集了政治协商会议，并且在政协决议案上签了字，“回过头来又声明此项约法是有效的，这是自己犯了破坏约法的行为，反而对于向来反对约法的人—即反对一党专政的人—来主张约法有效，试问这种主张合理吗？这种主张在法律上站得住脚吗？”

同时，张君劢又指出：“我们也要顾到从现在起到宪法的完成，所需要的时间也仅仅数月，在这短短的时期内，要废止约法，另外另定一种法来代替约法，实在大可不必。”不过，事实上，政协会议的召开和政协决议案的签字，已经用隐然的方法宣布了《训政时期约法》的作废。

就张君劢的《约法存废问题》的上述内容来看，尽管他不主张立即废止《训政时期约法》，但在国共围绕这一问题展开的争论中，他基本上是支持共产党人的观点的，这就是：《训政时期约法》是一党专政时代的产物，不能用来作为现阶段改组政府的根据，改组政府只能根据政协通过的《政府组织决议案》来进行。这也是民主同盟对待这一问题的基本态度。

除了政府改组是根据政协通过的《政府组织决议案》，还是根据《中华民国训政时期约法》这一原则分歧外，共产党、民盟与国民党在改组政府问题上的另一争议是国府委员名额的分配。

早在政协会议期间，国民党与共产党及其他党派就围绕国府委员名额的分配发生过严重争执，当时国民党为了能使自己继续操纵改组后的国民政府,维持一党专政的局面,要求国民党占国府委员名额的多数(后来又改为半数);各党派国府委员要经国民政府主席向国民党中执会提请选任;国民政府委员仅有决策权而无用人权;国民政府主席有复议否决权和紧急处置权。为了彻底消灭一党专政,共产党则主张国府委员按三三制分配,国民党的委员名额不应超过总数的三分之一;国民政府委员会不仅有决策权,还应具有用人权;反对各党派国府委员由国府主席提请国民党中执会选任;反对国民政府主席有复议否决权和紧急处置权。由于双方距离太大,改组政府的讨论曾一度陷入僵局,直到 1946 年 1 月 26 日,即政协闭幕前四天,国共双方才互相妥协,达成协议:共产党同意国民党在总数 40 名的国府委员中占 20 名,同时声明在原则上中共仍坚持多数党(即国民党)在任何政府机关①中不得超过三分之一的要求;同意保留主席的相对复议否决权,即由三分之二以上坚持原案则主席应予执行,改为五分之三坚持原案主席应予执行。国民党则同意国民政府委员会除决策权外还有用人权,在表决重大问题时应以三分之二通过为有效;同意各党派国府委员由各党派自行提名,国府主席选任;同意取消国民政府主席的紧急处置权和对主席否决权的变通处理。双方还达成默契,国民党同意国府委员中的 14 名由中共(10 名)和中共同意的人士即民盟(4 名)担任,以保证中共拥有对变更施政纲领的提案的否决权。因为根据达成的协议,国民政府委员会表决重大问题需要三分之二以上通过为有效,而

---

① 行政院各部会、军事委员会、各省市地方政权。

14 名正好是国民政府委员总数的三分之一强。

关于国共双方是否有这样一个默契，人们历来有不同的看法，国民党方面在政协闭幕后也矢口否认。那么历史事实究竟是怎样的呢？

1946 年 4 月 4 日，周恩来在对中外记者发表谈话时指出："关于政府改组问题，在政协会议时曾有默契：中共应有国府委员 10 人，并保证在国府会议中中共有 14 人之否决权。"8 月 27 日，《新华日报》载文又指出："政协会议时，中共曾向国民党提出国民党外之 20 个国府委员中须有 14 名为中共所同意，以保证'三分之一'的否决权，此议曾经国方代表口头同意。"这是中共方面的有关记述。再看看非共产党方面的报纸和人士对此是怎么说的。2 月 6 日的《民主报》报道："国府委员分配问题几经协商，已获协议，据悉国民党 20 名，民主同盟和中共 14 名，青年党及无党派共 6 名。"同一天的《大公报》也有类似报道：闻折衷方案可能为中共 8 席，民盟 6 席，青年党及社会贤达各 3 名。10 月 1 日，张君劢代表民社党就时局发表意见时谈到：协商会决定民盟与中共共占有 14 席……当时所以有此否决权之规定，在党外人心理上便是怕三件事：一、内战；二、破坏人民基本权利；三、在政财军事文化各方面仍旧有维持一党专政的行为。10 月 4 日，民盟政协代表在说明对时局的态度时称：在政协开会时，政府坚持在 40 个府委中须占半数，而中共则坚持必须获得三分之一否决权而后可，民盟为缓冲国共起见，息事宁人计，才自动把民盟应有的名额并入中共内，而达成三分之一否决权之目的。6 日，民盟代表在记者招待会上又指出：民盟在政协会当时即称：决不因府委名额而使国家分裂。当时政府坚持(给中共)12 名,而中共坚持(要)14 名,以保证运用否决权。政府不同意中共要求,双方争执不下。民盟为了求得和平,愿意帮助解决这一问题,就是说中共要求的 14 名内,可以有 4 名是民盟的,等于中共放弃 4 名,以使僵局转化。后来政府果然同意。民盟代表的这一说法与前引周恩来的说法完全吻合。

就上述这些材料来看,政协会议期间,国共双方的确达有这样一个默契是无可否认的。

国共围绕国府委员名额的分配的第一回合争议,因双方的妥协而得到了解决,但不料一波刚平,一波又起,政协闭幕不久,双方围绕国府委员名额的分配又发生了第二回合的争议。这第二回合的争议是因国民党不履行与共产党达成的默契而引起的。

前面提到,国民党已在政协会议上口头同意国府委员中的 14 名由中共(10 名)和中共同意的人士即民盟(4 名)担任,以保证中共在国府委员会中拥有否决权。然而政协闭幕后,国民党则利用政协通过的《政府组织决议案》只规定国府委员中的半数(20 名)由国民党人充任,其余半数由其他党派及社会贤达充任,但究竟这半数在其他党派及社会贤达中如何分配,则没有明确说明,只是说“另行商定”,背信弃义地提出了一个“八、四、四、四”的分配方案,即中共 8 名,民盟、青年党和社会贤达各 4 名。国民党的如意算盘是:中共 8 名,加民盟 4 名,只有 12 名,达不到否决变更施政纲领的提案所需要的三分之一强的票数,而青年党是支持国民党的,社会贤达 4 名,按照政协决议案规定,由国民政府主席提请选任,国民党可选任支持自己的人。中共当然不会同意，于是按原来与国民党达成的默契，要求占 10 名。民盟认为自己是两党三派外加无党派的盟员组成的大集体，而青年党只是一个小党，其地位根本不能与自己相提并论，所占国府委员的名额当然也应比自己少，既然国民党给青年党 4 名，那自己就应占 6 名。青年党也不甘居于民盟之后作小兄弟，要求自己所占国府名额应与民盟相等。这样就是不分配给无党派名额，三党所要求的席位亦已超过了 20 名的总数。在协商过程中，国民党支持青年党，中共支持民盟，互不相让，问题始终得不到解决。

到了 3 月 20 日左右，为了打破僵局，周恩来向民盟领导人建议，两党不单独提出名额，而共同要求 14 席。他说这有两个好处：（一）14 名是国民党以前同意的，只要国民党履行诺言，中共和民盟就对国民党方面今后任意修改施政纲领的行为有了否决权的保证；（二）这可使青年党要同民盟的席位相等的要求无所借口。至于这 14 席两党之间如何分配，这好商量，民盟有困难，可以多占些。周的建议当即得到了民盟领导人张澜、罗隆基等人的同意。征得民盟同意后，周即在民盟总部打电话给王世杰，要王将中共、民盟共要求 14 名的方案转告蒋介石，并尽快回电告知蒋的意见。很快王回电说，蒋同意中共和民盟的要求。所以，后来罗隆基在回忆参加国共和谈的这段经历时写道："在'另行商定'的时候，共产党提出要求国府委员 10 名，民主同盟提出委员 6 名，后来共产党和民主同盟合作，共同提出 14 名，这个 14 名数目是一度得到蒋介石本人的同意的”。[①]

罗隆基等人认为,既然蒋介石已同意中共和民盟共占国府委员14名,“改组政府席位的争论可以告一段落了”。但他们万万没有想到,未及半月,国民党又故伎重演,矢口否认自己的领袖曾同意过中共与民盟的要求,而仍然坚持“八、四、四、四”的分配方案。后来在各方的压力下,国民党为了表示让步,又提出一个“十三席”的方案,即除中共8席、民盟4席外,共产党还可以在无党派的4席中提名1席。因13席也未达到否决权所需要的三分之一强的票数,所以再次为中共所拒绝。进入7月后,由于内战的全面爆发,加上国民党又违背政协有关先改组政府,由改组后的国民政府召集国民大会的决议,单方面下令召集国民大会,这就更使中共和民盟失去了向国民党提交国府委员的名单的可能,因此,直到国民党单方面召开的包办国大开幕,所谓政府改组也只是一纸空文。

就像在政府是依据政协通过的《政府组织决议案》进行改组,还是依据《训政时期约法》扩充其组织的争论中,支持中共的立场一样,在国府委员名额分配的争论中,张君劢也是站在中共和民盟一边的。1946年10月1日,他代表民社党就时局发表意见,在谈到政府改组的问题时,他指出:中共和民盟所以坚持要在国府委员中占14席,取得否决权,原因是怕国民党违背施政纲领,继续其一党专政的行为,假如国民党“能一变其平日所为,专

---

① 罗隆基:《从参加旧政协到参加南京和谈的一些回忆》,《政治协商会议资料》,第523页。

心致力于和平建设，拿出公平的精神，执行国家的法律与行政，不要说民盟可以与国民党一致，即中共亦何尝不能与国民党一致。所以政府之中，不要拿14人问题当为难题，只要问他的政策是否民主。政府诚能避免一党专政之行为，各党各派决无与政府为难或在政府中与国民党对立的意思”。同时他也支持共产党的如下主张：即必须遵守政协决议，行政院与国民政府应同时改组，而反对国民党只准备依据《训政时期约法》扩充国民政府组织，对行政院的改组则只字不提的做法。在上引的10月1日的谈话中，张君劢强调指出：行政院是执行机关，国府委员会是决策机关，行政的实权在行政院而不在国府，因此，改组政府就不能只改组国府，而不改组行政院，“国府与行政院的改组不是两个问题而是一个问题”，必须同时进行。①

作为民盟的主要领导人和出席政协的九代表之一，张君劢曾赞同过民盟作出的国民党不全面履行政协决议、不停止内战，“民盟不谈改组政府，亦绝不参加政府”的规定。但遗憾的是，犹如他最终未能坚守住不率领民社党出席国民党单方面召开的包办国大一样，他也最终未能坚守住国民党不全面履行政协决议，不停止内战，就不参加政府的立场，继有条件地率领民社党出席包办国大之后，又率领民社党有条件地参加了国民党的所谓“改组政府”。

包办国大一结束，国民党即派雷震、张群、孙科等先后赴沪活动，会晤或宴请青年党、民社党和民主同盟的领导人，试探各

① 《民国时期党派社团档案史料丛稿：中国民主社会党》，第267页。

党派对于改组政府的意见。民盟明确表示,政府必先恢复与共产党的和谈,实现国内和平,民盟才能考虑参加政府问题。青年党和民社党虽然对和谈不抱有充分的信心,但他们也"希望政府应再作一番'仁至义尽'的工夫,如此一则可对国人有一交代,一则可有充裕时间融洽内部,布置阵营"①。

在参加政府的问题上民社党内部存在着严重的意见分歧。出席包办国大的代表如徐傅霖、蒋匀田等人,力主参加改组政府。他们的理由有三条:(一)政党的目的是实行主义,不取得政权,主义何得实行;(二)为扩展党务,参加政府最为有利;(三)既然参加了制宪国大,就应进而推行宪政,不让国民党的训政继续下去。而原来反对参加包办国大的张东荪、梁秋水以及少数中央委员对参加政府持反对态度,他们的理由也有三条:(一)民社党是一个小党,在未来的政府中不可能分得多少席位,国民党也绝不会让民社党实行自己的主义;(二)参加政府固可有利于扩展党务,但较诸因参加政府而失掉人民的信任,得不偿失;(三)在杀声震天、内战正酣之际,所谓行宪,完全是欺人之谈,事实上绝无可能。因此,反对者认为,非待停止内战,国共双方诚心诚意恢复和谈,组成联合政府体制之前,民社党不能贸然参加政府,否则,不仅对国家现状毫无好处,民社党也将自毁前程。据说,由于民社党内部围绕参加政府问题存在意见分歧,"弄得大家共居一处,相迎白眼以待"。1947 年 1 月 3 日下午,在沪的民社党中央组织委员会委员召开会议,讨论参加政府问题,会上主

① 周雨:《政治商谈在上海》,1947 年 1 月 12 日《大公报》。

张参加与反对参加的双方发生激烈争论。主张参加的一方仗着人多势众,在争论了四五个小时之后,吵着要提付表决,而反对的一方则以退席相威胁。关键时刻,张君劢以主席身份断然决定,暂不作结论,待缜密考虑之后再说。这样才避免了民社党内部两派的公然对立。会后,该党发言人、宣传部副部长孙宝毅和该党发言人、宣传部部长徐傅霖各执一词。孙告诉记者,会上已作决定,非待包括各民主党派的联合政府实现,民社党绝不参加政府。徐则对记者称,会上虽然没有作出结论,但民社党既然已参加国大,制定宪法,就应该参加政府,并斥责孙仅代表个人而已。记者找到张君劢,张对记者说,采访民社党的消息,最好还是去找孙宝毅。

鉴于各党的意见和内部情况,国民党决定采取双管齐下的策略,即一方面放出准备与共产党恢复和谈的空气,以欺骗舆论;另一方面则继续派张群、雷震等人与民盟尤其是青年党和民社党领导人晤谈,利用小范围会晤、集体宴请或个别交换意见等各种形式,"进一步的打进青年党、民社党干部里层,用各个击破的战术,说服反对参加政府的每个人"。对于争取张君劢,国民党"尤其热心",张群、雷震和张君劢的晤谈"几无日无之",就是一再表示来沪只是休养的吴铁城,也"频与张君劢接触",说服张率领民社党参加改组政府。①

针对国民党放出的和谈空气,1947 年 1 月 5 日,中共代表董

① 周雨:《政治商谈在上海》,1947 年 1 月 12 日《大公报》。

必武[①]发表谈话，表示为谋求国内和平，共产党愿与国民党重开谈判，但由于国民党破坏政协决议，单方面召开包办国大，因此，在重开谈判之前，国民党必须：（一）取消包办国大制定的伪宪法，重新制定宪法；（二）恢复1946年1月13日双方的军事位置。他并且建议一旦国民党履行上述条件，即召开党派会议，由各党派协商解决国是争端。

在董必武发表谈话不久，国民党代表孙科也向记者发表谈话，提议召集党派圆桌会议。

对于国共双方愿意恢复和谈的表示，其他党派和社会舆论均持欢迎的态度，并就如何恢复和谈各方发表了许多意见。1月10日，民盟一届二中全会通过的政治报告在谈到民盟对当前时局应取的政策时指出："千言万语，民主同盟今天应坚持我们一贯的主张：反对内战，恢复和平。"而要恢复和平，只有"从恢复和谈入手"。因此，民盟欢迎国共双方恢复和谈，并将尽自己最大努力促成和谈早日举行。但由于目前的环境已与一年前召开政协会议时的环境大不一样，所以，政府如果真要和平，就"应该自动的先切实做几件事，以变换目前环境，以增加各在野党对政府的信心"。第一，政府应首先切实保障人民的自由；第二，政府应首先终止一切长期战争的准备；第三，政府应切实承认并且尊重党派平等合法之地位。[②]

同月13日，张君劢在接受记者采访时，表示赞成举行党派圆

① 周恩来已于1946年11月19日返回延安。

② 1947年1月14日《大公报》。

桌会议,并盼政府对于恢复国共和谈尽速完成准备。他提出,任何一方均不应提出恢复和谈的先决条件,一切问题留待党派会议商谈解决。18日,民主社会党正式发表对于和谈的意见,指出过去一年来国共两党和谈所以不能成功,其重要原因在于双方各有其兵力,一面互相猜忌,以为对方有灭我之心,一面又各自称雄,以为具有消灭对方的机会。因此,今后和谈要想取得成功,国共双方必须遵守政协决议,“切切实实还军于国,还政于民,共同建成一个超然于各党之上公平正直之法治政府”。而要做到这一点,意见认为,国民党应“先从自身做起,现在中央政府关于党与政府之界限尚未明白划清,亦可说党在政府之上,军队属于党,政府受党指挥,今后为免除共产党之猜忌,惟有国民党切切实实还军于国,现役军人完全脱离党籍,国民党退处普通政党之列,同时还政于民,则共产党所以猜忌政府与国民党合二为一的心理或可消除。能如此,国民党方面可以光明磊落要求共产党还军于国”。意见也不赞成共产党提出的恢复和谈的两个先决条件,认为“假令中共亦还军于国,国共两党并非划疆分治,则国军驻扎于彼此共有之国土,便无所谓1月13日以前与以后之分”。[①] 与参加包办国大前比较多的同情共产党的立场不同,这时民社党对国共双方采取的是各打五十大板的政策。

尽管共产党表示愿意与国民党重开谈判,但由于国民党继续内战的方针已定,它放出和谈空气只是为了欺骗舆论,所以国共和谈最终没有恢复。1947年2月27至28日,国民党通知中共

---

① 《再生》周刊第149期。

驻沪、宁、渝三地人员,限于3月5日前撤离完毕,并封禁了中共机关报《新华日报》。3月7至8日,上述三地中共人员全部回到延安。自此,国共和谈宣告彻底破裂。

国共和谈虽然没有像人们所期望的那样能够恢复,但国民党争取民社党参加政府的工作则取得了重大进展。进入1月中旬后,民社党参加政府的态度就已趋明朗。1月12日《大公报》的一篇文章在谈到民社党参加政府的问题时写道:"据记者从各方面所获印象,除他[1]本人淡薄宦途,和少数反对者不肯入套,在众人的怂恿下,民社党参加政府只是时间问题。"1月13日,民社党发言人就时局发表谈话时称,民社党对于时局主张分三个步骤加以解决,首先恢复和谈,其次改革政治,然后改组政府。惟如和谈恢复,而和平无望,民社党仍毅然参加政府,"因和谈主要是国共两党之事,决不能因其无成而令其他重要问题长久搁置。民社党已参加制宪,则依照宪法参加政府,实属义不容辞。"[2]

但是,民社党参加政府的态度虽已趋明朗,然而它却迟迟不肯像国民党所要求的那样明确宣布参加政府,并提交参加政府人员的名单。这其中的原因有两个:第一,1月底前,国共双方都尚未最终关闭重开和谈的大门,在国共恢复和谈尚有一线希望的情况下,明确宣布参加政府,必然会受到除国民党外的其他党派和社会舆论的指责。第二,更为主要的是,民社党想利用参加政府,与国民党讨价还价,提出一些政治条件要国民党接受。

---

① 指张君劢。

② 1947年1月14日《大公报》。

1月18日，在雷震的陪同下，张君劢率伍宪子、徐傅霖、万仞千、蒋匀田等民社党领导人晋京面见蒋介石，并与国民党方面交换对时局的意见。19日，蒋在其官邸设晚宴招待张君劢一行。20日下午，蒋又与张君劢单独会晤了一小时。蒋告诉张君劢，国民党决定开放政权，希望他率民社党应邀参加政府。而张君劢则希望国民党尽速履行民社党参加国大时所提六项条件，并表示在国民党尚未改变一党治国的作风之前，民社党暂不考虑参加政府。

此后，国民党加快了所谓改组政府的步伐，多次派人与张君劢及其他民社党领导人会谈，希望民社党尽早提交参加政府人员的名单。2月5日下午，张君劢在其住所召开中常委会议，商讨参加政府问题。会后发表了一份有张君劢、伍宪子和徐傅霖三人签名的公告，称："本党对于改组政府问题，已有具体意见，不日即提交政府，俟获得答复后，再决定本党态度。"据《大公报》记者得到的消息，民社党的意见共分四项，即：(一)尽速实现民社党参加国大时在交换文件中提出的六事，以示政府结束训政，国民党退于普通政党之诚意；(二)改组政府应取人才主义，在行宪前，即应试行责任内阁制；(三)确定政治改革方案，俾改组后的政府，本此以刷新政治，稳定金融，复兴经济，促进和平统一；(四)开放政权，改组政府应不限于中央，地方政权亦应开放。[①]

当时，国民党在改组政府的问题上碰到了严重困难，不仅共产党拒不参加国民党的所谓改组政府，介于国共之间的第三大

① 1947年2月6日《大公报》。

党民盟也明确表示，国民党如不停止内战、全面履行政协决议，民盟就不考虑参加政府问题。而另一个小党青年党，和民社党一样，虽参加政府的态度已经明朗，但也没有提交名单。在此情况下，国民党如果拒绝民社党提出的政治要求，那么改组政府就很有可能成为国民党一党的事，至多也只有自政协闭幕后与国民党始终采取同一立场的青年党参加。如果出现这种结局，这将使国民党的面子十分难堪。民社党也正是看准了国民党的上述困难，而提出讨价还价之条件的。

就在民社党与国民党为参加政府讨价还价之时，2 月 15 日，民社党又发表了一份宣布参加改组中之立法院、监察院、宪政实施促进会和国民参政会等四机构的声明，声明称民社党“既参加制宪，则对于行宪之准备工作，非参加不足以云尽责，故一致决议，参加改组中之立法院、监察院、宪政实施促进会及参政会四机构，以求无负于渐次进入法治与人民望治之至意，至于担负决策与行政之责任，待之全国各党一致协力于和平民主之日”。[①] 三天后，民社党向国民党提交了参加四机构的人员名单。

民社党的声明称，民社党参加四机构是本党“一致决议”，但实际上它是张君劢的个人主张。2 月 14 日上海《大公报》披露：“该党此次毅然参加立法院、监察院以及参政会、宪政实施促进会四机构，系根据张君劢之主张，张氏认为参加立法、监察两院，目的在协助宪政实施，与参加政府意义不同。党中对张氏纯学理看法，多表异议，咸认为立法、监察委员既须政府任命，则参加

---

① 1947 年 2 月 6 日《大公报》。

该两院,亦即参加政府机关,绝不能视之为民主国家之议会。此项意见虽经多人坚持,终未成立。”后来从民主社会党分裂出去的民主社会党革新委员会在《告全国同仁书》中介绍民社党参加四机构的经过时也写道:“国大参加后,政府接着要本党参加政府,当时大多数中常委的意见认为,……我们应当利用有原则、有计划的全面的参加政府,使民主基础真正能培养起来;同时以改良政治和安定经济的方法,来解救人民的倒悬。而且政府由于民主和平分子的加多了,可以减少中共的疑惧,而敢于放下武器,使中国达到真正和平统一的境地更接近一步。所以,那时我们大多数中常委会签名提出一个计划,希望政府在制度上、政策上和风气上,都有一个新的气象,使民主的目的真可以达成。可惜大多数中常委的意见,竟为张君劢之独裁方式以及攒纱帽的作风所抹煞,糊里糊涂的提出了四机构名单,……复于2月15日亲笔撰拟宣言,公告国人曰:至于负担决策与行政之责任,待之全国各党一致协力于和平民主之日”[①]。

其实,张君劢主张参加四机构,并非是他“糊里糊涂”作出的决定,而是出于一种策略上的考虑。当时在参加政府问题上,除张东荪、梁秋水等少数人坚决反对外,其余大多数中常委虽然主张参加,但对参加的时间和限度则存在着不同意见。孙宝刚、卢广声、汪世铭等主张必待国民党全盘接受民社党所提出的各项政治条件,至少全面履行民社党参加国大时在与国民党交换文件中提出的六事后,再行参加。而徐傅霖、蒋匀田、戢翼翘等主

① 《民国时期党派社团档案史料丛稿:中国民主社会党》,第415~416页。

张立即全面地参加政府[1]。张君劢则持一种折衷的意见，他认为如果必待国民党全盘接受民社党所提政治条件，或全面履行民社党参加国大时提出的六事后再行参加，那么，民社党就很可能会失去参加政府的机会，因为国民党不仅再三表示将于短期内改组政府，而且已决定改组分两步进行：第一步先扩大立法院、监察院和国民参政会，以及按照制宪国大通过的《实施宪政程序》，成立宪政实施促进会，并且于2月8日公布了新增加的立法委员和监察委员名额[2]。但如果目前就立即全面地参加政府，那么民社党则将失去与国民党讨价还价的资本。故此，他主张在参加政府的问题上采渐进主义政策，即先参加四机构，然后根据国民党对民社党所提条件的答复，再扩大参加的范围。同时，参加四机构，还可以安插追随自己"数十年之党员"，使他们能得到一官半职，从而缓解民社党内部的经济压力。

在民社党、青年党提交了四机构名单之后[3]，国民党方面宣布第一步改组政府的工作业已完成，并"赓续办理"第二步改组政府事宜，即改组国民政府委员会和行政院，希望民、青两党进一步与国民党合作，尽快提交参加国府和行政院的人员名单。

3月中旬，受张君劢委托，蒋匀田携带民主社会党的正式建议书赴南京与国民党方面交换意见。19日，蒋介石接见了蒋匀田，表示民社党建议诸事政府均可考虑，蒋匀田则告诉蒋介石，

---

① 包括国府委员会、行政院、各部会以及地方政权。

② 其中新增加立法委员50名，监察委员25名。

③ 青年党是2月23日向国民党提交名单的。

民社党在建议书中所提诸事,“如蒙完全同意,(民社党)即可速行参加政府”。随后,张君劢又亲自与青年党领导人曾琦、左舜生等两度进京,与国民党商谈参加第二步政府改组的条件,经数次讨价还价,国民党、青年党和民社党终于在4月中旬就施政方针达成协议。4月16日,蒋介石代表国民党,曾琦代表青年党,张君劢代表民社党,王云五、莫德惠代表社会贤达在《施政方针》上正式签字。同日,青年党和民社党向国民党方面提交了本党参加第二步政府改组的人员名单。民社党提名伍宪子、胡海门、徐傅霖、戢翼翘四人为国府委员,李大明、蒋匀田两人为行政院政务委员。仅两个月,张君劢就背弃了自己在宣布民社党参加四机构的声明中信誓旦旦所许下的“至于负担决策与行政之责任,待之全国各党一致协力和平民主之日”的诺言。

17日,国民党公布了《施政方针》和《国民政府组织法》。经国民党中常会审议通过的《国民政府组织法》共9章,56条,其宗旨是要继续维持国民党的一党独裁。如它第1条开宗明义就规定:“国民政府依据《中华民国训政时期约法》第77条之规定,制定中华民国国民政府组织法。”第10条和15条又规定:“国民政府设主席一人,副主席一人,由中国国民党中央执行委员会选任之”;“国民政府主席对中国国民党中央执行委员会负责,五院院长对国民政府主席负责”。这不仅违背了政协通过的《政府组织决议案》和《和平建国纲领》的基本精神,而且与同日公布的《施政方针》第1条“改组后之国民政府以和平建国纲领为施政准绳”和第8条“凡因训政需要而颁设之法制与机关,在国民政府改组后应予废止或裁撤”的内容也是相矛盾的。另外,政协通过的《政府组织决议案》规定:“国民政府主席提请选任各党派人士为国府委员时,由各党派自行提名”;“国民政府主席提请选任无党派人士为国府委员时,如所提人选有为各被选人三分之一反对者,则主席须重新考虑,另行选任之”。但《国民政府组织法》则只有国府委员“由国民政府主席就中国国民党内外人士选任之”,而没有各党派国府委员由各党派自行提名和无党派国府委员虽由国民政府主席提名,但如果所提人选为被选国府委员三分之一反对时,则主席应“另选任之”的规定,也就是说,选任国府委员的权力完全掌握在国民党一党手中。

同一天,国民党中常会、国防最高委员会联席会议选任孙科等28人为国民政府委员,孙科为国民政府副主席,张群、孙科、居正、戴传贤、于右任分任行政、立法、司法、考试和监察院院长。在被选任的28名国府委员中,国民党占17席,占总数的60%,非国民党11席,占总数的40%,其中青年党4席,民社党3席[①],社会贤达4席。就其比例来看,国民党完全能够继续操纵国民政府的权力,随心所欲地通过任何它想要通过的提案。

18日,国民党公布了国民政府委员名单和五院院长人选。23日,国民政府委员会正式宣告成立,并举行首次会议。24日,国民政府明令发表行政院政务委员及各部、会长官人选名单。在26名政务委员中,国民党占17名,非国民党仅占9名,而且其中5人是不管部、会的空头委员,内政、外交、国防、财政、交通、社

① 国民党分配给民社党4席,因徐傅霖被提名后想任部长或省主席而坚辞不就,故宣布时只宣布3名。

会、粮食等要害部门均由国民党人出任长官。同日，抗战时期为应付战争而成立的最高权力机构——国防最高委员会被撤消。自此，所谓改组政府宣告完成。

改组完成后，蒋介石发表谈话，说改组后的政府已从原来的"一党政府"变成了"自由主义"的"多党"政府，原来的政府权力属于国民党，而"此次改组后，将由国民党、民社党、青年党及社会贤达所共同行使矣"。美国政府称赞国民党的改组政府是中国走向民主政治的重要步骤。美国代理国务卿艾奇逊在4月19日亦即国民政府委员和五院院长名单公布后第二天的谈话中，对国民党政府的此次改组表示欢迎，称美国政府对被新选任的人士"印象良好"。

和蒋介石及美国政府的评价相反，中国的民主党派和社会舆论则普遍认为改组后的国民政府没有改变国民党一党专政的实质。4月25日，民主同盟就国民党改组政府一事发表声明，指出民主、和平、团结和统一为中国唯一的出路，而"改组后的政府实与民主、和平、团结、统一的途径背道而驰"。因为三党签订的《施政方针》规定"政治解决中共问题必待铁路交通完全恢复以后，而恢复交通之手段，仍为武力战争"，同时，《国民政府组织法》"依然明文规定以训政时期约法为根据"，所以，它"不是促进和平的政府"，而是三党"共同负责与共产党作战的政府"；"不是实现民主的政府"，而是仍然维持"训政局面的政府"。[①] 上海《大公报》4月20日发表了一篇题为《国民政府宣布改组》的社

---

① 《中国民主同盟历史文献》(1941—1949)，第320~321页。

评，在分析了《国民政府组织法》的第 1 条、第 10 条和第 15 条的内容，以及国民党在国民政府委员会中所占的绝对多数的席位后指出，改组后的政府“仍是训政的政府”和“一党负责的政府”。

犹如出席包办国大一样，这次张君劢率领民社党有条件地参加改组政府也给他本人及民社党带来了极其严重的影响。

首先，张君劢及民社党和共产党的关系因此而彻底破裂。民社党有条件地出席包办国大后，张君劢及民社党与共产党的关系曾一度变冷、恶化，后经张东荪从中撮合，张君劢于 1947 年 1 月至 2 月间与中共代表董必武数度晤谈，“张君劢表示民社党决不参加国民政府及行政院，但为安插追随其个人数十年之党员及维持其生活起见，故参加政府之立、监两院及参政会与宪政实施促进会四机构，希望中共予以谅解。董必武对之颇具同情，表示中共以后决不再攻击民社党，并承认民社党仍为第三方面之中立党”。张又召见民社党中常委孙宝毅、卢广声等人，“嘱今后对中共方面仍应加强联系，并勿对中共作文字上之攻击”。[①] 但张君劢话音犹存，便率领民社党参加了国民政府和行政院，张君劢及民社党与共产党的关系因此而彻底破裂。

参加改组政府对民社党的最大影响是进一步造成了该党的分裂。如前所述，民社党参加国民党单方面召开制宪国大就已经引起了张东荪等人的不满，民社党内已出现分裂，而张君劢在处理民社党参加政府问题上的独断作风使民社党的分裂进一步扩大。民社党领导层虽然大多主张参加政府，但对参加的时间

---

① 《民国时期党派社团档案史料丛稿：中国民主社会党》，第 370 页。

和限度存在着意见分歧。本来党内对一些重大事情存在分歧这是很正常的事情,完全可以通过民主的方式解决,但张君劢则往往听不进其他人的意见,而以主席的特殊身份独断专行。如参加四机构就属他个人主张而为。参加四机构后,领导层又对参加国府和行政院出现不同看法。张君劢主张只参加国府,不参加行政院,如果非要参加行政院,民社党亦只能出任不管部、会的政务委员,而不能担任部、会长官,负实际责任,因为"目前政府财政枯竭,经济困难,感觉到无能为力",民社党不应于此时"浑水摸鱼,使党和个人名誉扫地"。但大多数中常委认为,"如参加政府,就应本过去多数中常委的提案,有原则、有计划的全面的参加,不应只参加国府而不谈制度与计划"。1947 年 4 月 2 日的中常会还就此通过了一个全面参加政府的决议。4 月 8 日下午,徐傅霖、汤住心、李大明、汪世铭、沙彦楷、孙宝刚、卢广声等中常委又在沪台拉司斯脱路大陆新村 11 号汪世铭家开会,对张君劢单独处理民社党参加政府事均表不满,并达成三点决定:(1)由徐傅霖、李大明等七人联署,致电在香港的民社党副主席伍宪子,即速来沪主持党务。(2)致函张君劢,请他尊重 4 月 2 日中常会作出的全面参加政府的决定,对参加政府的人选应由中常会公选,最低限度应提请公决,参加国府委员会名单及参加政府之人选名单,应一次提交政府;同时对参加地方政权问题,亦应与政府商定具体办法,对参加政府所有问题向政府提出时,应得中常会的同意与签署①。(3)以中常会的名义上书蒋介石,

① 此信第二天发出。

说明该党对参加政府问题,已经 4 月 2 日中常会决定全面参加,嗣后对参加政府如人选问题,必应征得多数中常委的同意,如有民社党对政府提出问题时,必由中常会签署始能生效力。但张君劢并没有按照4 月 2 日中常会的决议和4 月 9 日的“致函”办,而坚持自己的主张,只向国民党提交了国府委员和行政院不管部、会的政务委员名单。同时提交的名单也未经中常会的讨论或“公决”。所以,名单提出后,孙宝刚、沙彦楷、卢广声、汪世铭、汤住心等以名单未经中常会讨论为理由,公开表示否认。

另外,张君劢用人不当也是导致民社党裂痕扩大,并最终演变为公开分裂的重要因素。张君劢比较重用自己的亲朋好友和追随自己多年的学生。据说,在张君劢提出的民社党参加四机构的名单中,有一半人(总数共为 40 余人)是他的“家族亲戚门人”。尤其是对蒋匀田,张更是言听计从,委以重任,而蒋则依仗张君劢对自己的信用,专权跋扈,在党内积怨甚深。他不仅和孙宝刚、卢广声、汪世铭、沙彦楷等党内少壮派矛盾重重,而且与徐傅霖、胡海门、戢翼翘等党内元老派也不能友好相处,徐等人曾多次密谋集议商讨打击蒋匀田的办法。而现在张君劢不经中常会讨论,擅自提名蒋匀田为行政院政务委员,这就不能不激起孙宝刚、汪世铭、卢广声等人的反对。当然,孙宝刚等人反对张君劢独断专行的作风和提名蒋匀田为行政院政务委员,这与他们自己未被提名也不无关系。

孙宝刚等人公开否认张君劢的提名后,蒋匀田便以孙宝刚等人违犯党纪为名,坚决要求开除孙宝刚、沙彦楷、卢广声和汪世铭四人的党籍，而孙宝刚则上书张君劢，要求他摒弃宵小[1]，并提出多项条件，纠纷愈益扩大。后经伍宪子出面调解，将孙宝刚提出的多项条件合并成九项，希张接受，但终因双方分歧太大，矛盾无法弥合，以致破裂。5月21、22两日，孙宝刚等在张东荪、梁秋水的暗中支持下，在上海礼查饭店召开所谓"党务革新会议"，有党员干部90余人参加，决定组织中国民主社会党"革新委员会"，选举梁秋水、万武、卢广声、汪世铭、伍宪子、李大明、沙彦楷、孙宝刚、左林风、卢泽之、罗坚白、姚永劢、徐善祥、金良本等15人为委员。当场募集经费5000余万元，并通过宣言，其要点为：(一)张君劢受宵小之包围，逞己之私图，专制垄断，不顾中常会历次决议，失信于国人；(二)召开全国代表大会，检讨过去领导政策错误，决定今后方针与政治策略，并清除党内专断自私分子；(三)以后凡关于张君劢对党之一切举措，完全属于其私人行动，应由其个人负责。

张君劢对孙宝刚等人的分裂活动感到十分恼火，遂于5月28日在上海愚园路民社党总部主持召开第三次组织委员会，到会的有蒋匀田、冯今白、万仞千、胡海门、戢翼翘、徐傅霖等26人，会议当场通过了罗静轩所提紧急动议"信任张君劢主席案"，并决议开除孙宝刚、沙彦楷、汪世铭、卢广声四人的党籍。同时还决定于是年7月25至30日在上海召开全国党员代表大会。

张君劢主持召开民社党第三次组织委员会的第二天，"革新委员会"即在上海乐义饭店举行记者招待会，声明对张召开组织

---

① 指蒋匀田。

委员会各项决议不予承认，因为组织委员会共72人，出席者仅26人，未足法定人数。张君劢则表示，按规定，在国内之组织委员半数出席，即为合法，所以第三次组织委员会的各项决议必须遵守执行。这年的7、8月间，张君劢的“组织委员会”和孙宝刚等人的“革新委员会”分别在上海召开了各自的全国代表大会，通过了各自的党章、政纲，选举产生了各自的中央领导机构。从此，民主社会党一分为二。

张君劢率民社党参加国民党政府，并没有挽救国民党的失败命运。经过两年多的战场较量，到1948年底，国共双方的力量对比发生了根本变化。共产党领导的人民解放军已由内战爆发时的120万人发展到310万人，解放区也得到了很大发展，东北全境已获解放，华北、中原地区除北平、天津、绥远、徐州等少数大、中城市尚被国民党暂时占领外，其余广大地区也都获得解放。据统计，解放区面积约占全国总面积的25%，人口约占全国总人口的40%。与此相反，国民党军队则从内战爆发时的430万人，下降到290万人，能用于机动作战的部队不足100万。同时，国民党统治内部矛盾进一步激化，经济濒临全面崩溃的危险。1948年8月开始的币制改革，因物价的急剧上涨而宣告破产。

面对国民党在军事、经济和政治上的重大失败，美国政府开始对蒋介石失去信心。这年的10月，美国驻华大使司徒雷登向美国国务院报告说：“大元帅[1]已经变成一个疲乏的老人，不能有

---

① 指蒋介石。

效地应付事物，正在日趋丧失威信，迟早不可避免地将被解除职务。”为了挽救国民党的统治，继续维持美国的在华利益，司徒雷登开始活动“换马”，即让蒋介石下台，由副总统李宗仁代行总统职权，然后在李宗仁的主持下与共产党进行所谓“和谈”，企图通过“和谈”达成“划江而治”的目的，以便争取喘息时间，保存国民党的残余力量，伺机卷土重来。

在司徒雷登的暗中策划和支持下，桂系首领之一、时任华中“剿总”总司令的白崇禧首先发难，于1948年12月24日和30日连电蒋介石，要求蒋“乘京沪平津尚在吾人掌握之中迅速作对内对外的和谈部署，争取时间”。同时白还鼓动国民党湖北省参议会、河南省政府主席张轸、长沙绥靖公署主任兼湖南省政府主席程潜等，先后致电蒋介石，要求改弦更张，与中共“恢复和谈”，并希望蒋“毅然下野”，以利和谈的进行。

就在白崇禧向蒋发难的第二天，12月25日，中共中央公布了“头等战犯名单”。列入“头等战犯名单”的共43人，第一名是蒋介石，最后一名则是张君劢。张君劢所以被共产党列入“头等战犯名单”，原因就在于他作为民社党主席，率领民社党参加国民党一党包办的制宪国大、改组政府，事实上成了国民党发动内战的支持者。

随后，毛泽东在为新华社写的1949年新年献词《将革命进行到底》中，揭露了国民党方面散布的“和平”阴谋，指出，必须“用革命的方法，坚决彻底干净全部地消灭一切反动势力”，“在全国范围内推翻国民党的反动统治，在全国范围内建立无产阶级领导的、以工农联盟为主体的人民民主专政的共和国”。为此，他号召全国人民、各民主党派、各人民团体真诚合作，采取一致的步骤，粉碎美帝国主义和国民党的和平攻势，将革命进行到底。毛泽东在新年献词中再次点了以蒋介石为首的包括张君劢在内的43名头等战犯的名字，称他们为中国人民的“公敌”。[①]

白崇禧的发难和中共所表示要将革命进行到底的决心，无疑给已陷入困境的蒋介石沉重一击。于是，他不得不采取以退为守的策略，考虑自动下台问题。1948年12月29日，蒋介石召见张群、张治中、吴忠信等，要他们找副总统李宗仁商讨应付局势的办法，其真实用意是摸清桂系的意图。李宗仁于吞吞吐吐之中表示了三条意见：(一)蒋下台；(二)由他代行总统职权宣布和平方针；(三)计划实现和平的具体步骤。蒋看到李宗仁的三条意见，不禁勃然大怒，骂李宗仁不是东西，但又无可奈何，除下台外没有其他好的办法。蒋遂于1949年元旦发表新年文告，表示愿与共产党“商讨停止战事，恢复和平的具体方法”，“和平果能实现，则个人的进退出处，绝不萦怀，而一唯国民的公意是从”。但他同时又提出了议和要无害于国家的独立完整，中华民国的国体能够保存，中华民国的法统不致中断，维持中华民国宪法，军队有确实的保障等恢复和谈的五项前提条件，并且声称：如果这些条件不能达到，国民党“自不能不与共党周旋到底”。显而易见，虽然迫于美国和桂系的压力，蒋介石不得不违心地赞成恢复与中共的和谈，并作出下台的表示，但他又不愿和谈真的恢复，更不愿向李宗仁交权，所以提出上述恢复和谈的前提条

---

① 1949年1月1日《大公报》。

件。因为他知道中共方面是不会接受这些前提条件的，这样他就可以以中共拒绝和谈来封堵司徒雷登和桂系的口，继续赖在台上。

尽管蒋介石的新年文告充分暴露了国民党求和的虚伪性，但文告本身的发表则点燃了一些人尤其是资产阶级中上层及其知识分子的和平希望，因此，在国统区很快掀起了一场新的和平运动。张君劢和他领导的民主社会党是这场新的和平运动的积极参加者。

实际上，早在白崇禧发难的前后，张君劢和他领导的中国民主社会党就提出了国共恢复和谈的要求。1948 年 12 月 27 日出版的民社党机关刊物《再生》周刊刊登有张君劢的《中国政治上之出路》一文，张在介绍了英国政治家巴克氏于北美独立战争期间所作的一篇反对英国用武力解决北美独立问题的演讲后，要求国共双方改变目前的“武力政策”，采用和平的方式解决彼此之间的争端。同一期的《再生》周刊上还发表了一篇题为《光荣的和平是什么》的“社言”，希望国民党最高当局能有“深痛的责任感”，对过去“三年来政府的腐败无能，豪门的倚势蠹民，军队的骄横晏安”负责，与共产党恢复和谈。同时共产党也应吸取国民党以前“仗着‘三个月击溃共匪’那股虚骄之气，不肯和谈”，而“弄成今日的落照江山”的教训，接受和谈，不以“打到底”为目标。

如果说在蒋介石文告发表之前张君劢和他领导的民社党要求国共恢复和谈还有所顾忌的话，那么，蒋介石文告发表后，他们则积极投入到了这场新的和平运动之中。1949 年 1 月 6 日，张君劢就国内和平问题向记者发表谈话，他指出：空喊和平，终鲜效果，目前最重要的问题是，必须有人从事于促进和平的努力，特别是国民党应即做到“开禁”和“接线”两事，前者务使谈和者不再犯禁，后者在使国共已断的联络线路重新恢复，并认为必如此才能给予热心和平的人士以奔走的机会。同一天，张君劢在上海张公权家里接待了来上海活动的雷震和王世杰，就时局问题和他们交换意见。他认为，只有蒋介石下野，一切方可改革，不然战亦不能，和亦不能。而雷震和王世杰则和他的看法相反，认为蒋下台会导致局势的崩溃。

三天后，《再生》发表了一篇《尊重民主尊重人民》的“社言”，认为以蒋氏二十余年来的作风，发表这样一篇“对于自己有检讨、有咎责”的文告，是很“特异的”，尽管文告的内容使人“感觉到这仍是一张会医的药方，是多少个医生会在一起的杂凑剂子”，但文告发布则表明蒋已认识到局势的严重性。就此而言，“社言”认为，蒋介石新年文告的发表，“是国运否极泰来的一个征兆”。

“社言”希望中共能接受国民党的和谈要求，不以全面胜利为目标，而继续用兵。同时“社言”也希望“一向忍气怕事、引颈受割的人民”，站出来要求和平。“人民要和平，谁敢不和？我们要为永久的和平，向不顾念民族生命的一党一系斗争。”

面对新的和平运动，为了“给人民解放军及国民党区域被压迫人民一个打击国民党的武器，揭露国民党所提和平建议的虚伪性及反动性”，分化瓦解敌人，1949 年 1 月 14 日，毛泽东以中共中央主席的名义发表了《关于目前时局的声明》，表示共产党

"为了迅速结束战争,实现真正的和平,减少人民的痛苦",愿意和南京国民党反动政府及其他任何国民党地方政府和军事团体"进行和平谈判",但谈判必须在下列基础上进行,即:"(一)惩办战争罪犯;(二)废除伪宪法;(三)废除伪法统;(四)依据民主原则改编一切反动军队;(五)没收官僚资本;(六)改革土地制度;(七)废除卖国条约;(八)召开没有反动分子参加的政治协商会议,成立民主联合政府,接收南京国民党反动政府及其所属各级政府的一切权力。"毛泽东强调指出:"如果南京反动政府中的人们,愿意实现真正的民主的和平,而不是虚伪的反动的和平,那么,他们就应当放弃反动的条件,承认中国共产党提出的八个条件,以为双方从事和平谈判的基础。否则,就证明他们的所谓和平,不过是一个骗局。"

毛泽东发表声明的第三天,即1月16日,张君劢应蒋介石的邀请,自上海赶到南京与国民党方面交换对时局的看法。是日晚,蒋介石在其官邸设晚宴招待张君劢和左舜生,张群、吴铁城、张治中、邵力子、陈立夫、王世杰作陪。席间,蒋征询民社党和青年党对中共所提和谈条件的意见。张君劢认为,中共所提和谈条件有商谈的可能,所以国民党应对中共的和谈条件有所答复,阐明国民党对和平的决心与诚意。

在随后的两天里,除先后与李宗仁、张治中、张群等举行一系列会谈外,张君劢又两次面见蒋介石,继续商讨和平问题。他向蒋介石建议:第一,蒋介石对本身之出处应作一决定;第二,修改宪法;第三,保障人民之生存自由。并且强调,目前应即设法实现停战,国民党方面派适当人选如邵力子、张治中等到延安去，与共产党直接联系。

在18日最后一次面见蒋介石时，张君劢还代刚成立不久的由全国一些大学教授及知名人士组成的中国和平筹进会，向蒋介石呈递了该会向国共双方提出的和平谈判纲领。纲领共分“（甲）和平谈判之步骤”，“（乙）协商会议方式”，“（丙）联合政府之体制”和“（丁）共同施政纲领”四部分。该纲领实际上是已破产的“中间路线”的翻版，其实质是要利用国共和谈，发挥资产阶级及其政党的影响，在中国实行资产阶级的民主政治。这也是张君劢的一贯希望，可以说他代和平筹进会向蒋介石呈递的和平纲领，也是他对和平的主张。

面对各方面的压力，1949年1月21日，蒋介石在对人事和经济进行了新的部署之后，宣布“引退”，副总统李宗仁代行总统职权。

李宗仁上台后，为了促进国共和谈，以便实现“划江而治”和维持桂系半壁江山的目的，采取了一些“培养国内和平空气”的措施。1月22日，他以代总统的身份表示愿以毛泽东所提八项条件为基础与中共进行和谈。第二天，他又派亲信甘介侯到上海征求民社党领导人张君劢、青年党领导人左舜生、1947年11月被国民党强令自动解散的民主同盟领导人张澜、黄炎培、罗隆基以及宋庆龄等知名人士对于和谈的意见，希望他们赞助和谈，同时电邀已在解放区的李济深、章伯钧、张东荪等“共同策进和平运动”。2月上旬和中旬，他还发动南京、上海的各界社会名流组成“人民和平代表团”，两次访问北平，推动和平谈判。

但是，李宗仁的种种措施，只不过是造成若干“和谈”的空气而已，因为骨子里反对与中共和谈的蒋介石仍然在幕后掌握着国民党的军政实权。在蒋介石的操纵下，行政院长孙科及其内阁成员对李宗仁的“和平”政策持不合作态度，擅自将行政院迁往广州。后经李宗仁赴广州诚挚相劝，孙科及行政院人员始返回南京。李宗仁虽不拟改组行政院，但监察院和立法院则抓住孙科擅自将行政院迁往广州一事不放，迫使孙科于3月12日辞去行政院院长职务。同日，经李宗仁提名，何应钦内阁成立。何应钦内阁成立后，李宗仁和何应钦曾先后赴上海，找到张君劢，希望他派人参加行政院，以便恢复三党联合政府①，但为张君劢所婉绝。因为张君劢知道，这时候参加国民党政府无异于自跳火坑。

3月25日，张君劢离开上海，经广州移居澳门他妹妹张幼仪家。先是上年他应印度教育部的邀请，拟定本年初赴印度各大学巡回讲学。但正当他准备起程的前夕，忽然患了黄疸病，行期只好推迟。经过一段时间的医治，本年4月初病愈康复。他这次移居澳门，就是想利用澳门相对安定的环境，准备到印度讲学所用的英文讲稿，然后从澳门起程去印度。但他万万没有想到，从此他再也没能回到祖国大陆，回到生他养他的故土。

4月初，以周恩来为首的中共代表团和以张治中为首的南京政府代表团在北平开始举行和平谈判，双方在战犯问题和解放军渡江问题上存在着较大分歧，最后中共方面在战犯问题上作出让步，同意不在和平协议条款中列出战犯名单，但坚持无论和

① 行宪国大后，因立委名额的纠纷，民社党一直拒绝参加行政院。

谈成功与否，解放军都必须渡江，并指出："长江在历史上也从来没有阻止过中国的统一"。4 月 15 日，中共代表团提出 8 款 24 条的《国内和平协定》(最后修正案)，宣布 4 月 20 日为最后签字日期。这个被南京代表团一致认为可以接受的和平协议，因蒋介石的反对，南京政府拒绝签字。4 月 21 日晨，中共中央下达渡江命令，解放军渡过长江。4 月 23 日，解放军攻占南京，国民党政府迁往广州。

5 月 20 日，何应钦辞去行政院院长职务。李宗仁拟打算让张君劢出任行政院院长，去美求援，而由居正以副院长的身份代理院务，并派居正前往澳门征求张君劢本人的意见。张君劢辞谢不就，并说做梦也没有想到当行政院长。

李宗仁所以要张君劢以行政院院长身份到美国求援，一是张君劢在美国上层及学术界有许多朋友，可以利用他个人的关系，二是张君劢作为民社党的主席去美国求援，既能为国民党政府涂上一层"多党政府"的民主色彩，又能获得对国民党一党独裁不满的美国政府及社会舆论的同情和支持。但没有料到张君劢却辞谢不就。于是，李宗仁只好改提居正为行政院长。然而在立法院表决通过时，因蒋介石操纵其间，多数立委投了否决票。李宗仁无奈，不得不听从蒋介石的安排，改提阎锡山，当即被立法院通过。

人民解放军渡江后，以摧枯拉朽之势，横扫国民党的残余部队，先后攻克和解放了南京、杭州、武汉、上海、南昌、广州等 120 多座城市和苏、浙、皖、闽、赣、湘、粤等省的大部分地区。1949 年 10 月 1 日，在人民解放军的胜利进军声中，毛泽东在天安门城楼上向全世界庄严宣告中华人民共和国成立。中国历史从此进入了一个新的时代。

中华人民共和国成立不久，张君劢离开澳门到印度讲学、访问。行前，他就时局发表谈话，认为共产党的成功，“决非侥幸，确有其努力因素”，而国民党的失败，也非偶然，是咎自由取。他还批驳了那种认为“宪政误了国民党”的谬论，指出：国民党“最初对于宪政并无信赖之意，近年虽有树立宪政之步骤，谁料其貌似神非，尽使府院职权不清，选举欺骗民众，一切维持国家纲纪之司法、军法、监察、审计机构无由守正不阿，以执行其职务，故国民党实误宪政，至今日，彼党中犹有人以为宪政误了国民党，似此情势，自然军事政事日益腐化，经共产党一击而丑状毕露，致成今日惨败之局”。最后他表示，他要像“自居于迂儒，绝不自怨自艾，但为吾族立定了精神上不拔之基础，终能表彰中华民族之人格，持续二千余年之教化”的孟子、荀子那样，“处此险恶环境，唯有赤心为实现民主，为实现社会主义，困苦艰难继续奋斗”，以实践“佛家我不入地狱谁入地狱之教训”。①

① 《张君劢先生之时局谈话》，《再生》（香港版）第1卷第1期。

第七章
花果飘零

第一节　海外的飘零生活

1949 年 11 月 5 日，应印度教育部的邀请，张君劢自香港飞抵新德里，开始了他对印度各大学的巡回讲学。他讲学所到的大学有新德里大学、泰戈尔国际大学等 11 所大学，所讲的题目有：（一）儒家受佛教影响后之复活；（二）中国现代文艺复兴；（三）孔子哲学、孟子荀子哲学、老子哲学；（四）中国政党之发展。其英文讲演稿存于那格博士[①]手中，后由印度协会付印出版。

1950 年 1 月 22 日，张君劢应邀出席加尔各答中华总商会的招待会，并发表题为《旅印华侨之前辈》的演讲，建议印度华侨应纪念我国历史上为中印文化交流做出过重要贡献的法显、玄奘和义净三人，重印其著作，并择定一日以为纪念。5 月，张君劢致函谢澄平，认为今后抱定的宗旨应为：（一）国家独立，（二）政治民主，（三）文化自由，（四）经济平等。又写信给雷震，认为今后应当觉悟者，一是提高人民生活，养成其辨别能力；二是士大夫应重节操；三是政治上应容许反对党；四是工商界不应专以奔走权门为事；五是教育界应以教授治校，学生应不被人利用。在此

① 曾与泰戈尔同访中国。

期间,张的老友、著名爱国人士陈叔通受中共委托,致函张君劢,邀他回国参加社会主义革命和建设,被张拒绝。周恩来也曾派出访印度的张经武往见张君劢,但张托人告诉张经武,自己住在英帝国主义的宅中,不必麻烦,而拒之。

是时,中国开始了一场知识分子思想改造运动。在运动中,著名哲学家冯友兰写了一篇《学习与错误》的文章,对以前自己的学术观点进行检讨,表示自己今后要认真地学习马列主义和毛泽东思想,改造好世界观。张君劢在印度看到冯的这篇文章后,即撰《一封不寄之信——责冯芝生》,对冯友兰自弃固有的学术立场提出了批评。他说,冯的《中国哲学史》出版时,曾被胡适称之为出于正统派观点,可见冯未尝不是有志于发扬我国先哲"为天地立心,为生民立命,为往圣继绝学,为万世开太平"之思想的,而冯的《新理学》尽管有可商榷的地方,但冯本新唯实主义说明宋明理学中的太极图等,也实为难得之作。然而冯氏对自己"数十年勤苦攻读之所得,尚不足以自信而信人,乃谓一朝认错之文,尚可谓其内有所自信,外可以信人乎?"究其原因,他认为就在于冯氏未曾将中国哲学与自身生命合而为一。在张君劢看来,我国哲学的精神在于言行一致,而冯友兰由于对这一精神,"不能体之于身心而力行之",所以才会有"朝秦暮楚,翻云覆雨之心理",将"自己前说一朝推翻"。①

印度讲学期间,张君劢还先后撰写和发表了《从自由主义到社会主义》、《哲学家之任务》、《左派史学家论吾国封建社会及儒

---

① 张君劢:《中西印哲学文集》(下),第1451~1457页。

家应负之责任》、《钟介民译陶伊皮氏〈历史之研究〉节本序》、《中华民族之精神——气节》等文章。

张君劢在印度前后呆了两年多一点的时间，1951 年 12 月 16 日离开印度，途经东南亚各国，26 日抵达印尼首都雅加达。28 日，应印尼社会党领袖沙里尔氏的邀请，讲演《亚洲各国改革之教训》。翌年 1 月 18 日离开雅加达，前往悉尼，作澳洲之游，并演讲共产党中国之由来与其对于东南亚的影响。张君劢在澳洲小住五旬，3 月 8 日离开澳洲，经马来西亚，于 3 月 23 日回到香港。

张君劢这次回到香港有其政治任务。先是 1951 年前后，从中国内地撤退到香港的一些既反对中国共产党，也对蒋介石个人独裁深表不满的所谓自由派人士，如原国民党将领张发奎、许崇智，原北大教授、国民党改组派核心人物顾孟余，原国民党立法院院长童贯贤，以及张国焘、李微尘等人，在美国的暗中支持下，发起成立了一个秘密小组织"中国自由民主战斗同盟"。他们既反对苏联和中国共产党，又反对台湾的蒋介石政权，称自己为"第三势力"。

张君劢当时虽然远在印度，但他不仅参与了"战斗同盟"的发起工作，而且是"战斗同盟"的主要领导人之一。"战斗同盟"的最重要文件《中国自由民主战斗同盟宣言》就是由他起草的。《宣言》阐述了"战斗同盟"的政治目的及其政治观点和社会理想。首先，它对斯大林领导下的苏联进行了抨击，说它在共产党国家建立起了一种"新的奴役制度"。然后，它提出了五条基本原则：(1)个人生活和个性发展是人类所应享有的最基本的自由；(2)多元主义有利于人类思想和文化的进步，而文化和思想的统制只会束缚人类的创造力;(3)民主已成为人类的政治潮流,而专制制度则没有任何存在的价值;(4)私有财产是人类文明的一部分,应该允许存在,但必须采取措施以缩小贫富之间的差别;(5)政府的职责一方面是调和人民的利益,并保护他们的幸福,另一方面是维护国家的利益和友好的国际关系。根据这五条基本原则,《宣言》恶毒攻击中国共产党强迫中国人民信仰被斯大林歪曲了的马克思主义,将中国社会区分成敌对的阶级,摧残中国文化传统,实行“一边倒”的外交政策。《宣言》声称要推翻共产党的所谓一党独裁。

“中国自由民主战斗同盟”成立后,即向美国、日本、澳大利亚、印度以及中国内地发展组织,并决定派张君劢为代表去美国活动,以争取美国的进一步援助。张君劢这次回香港的目的就是为了与在香港的同盟其他领导人交换意见,研究同盟下一步的行动方针。

张君劢抵达香港时,接受了记者的采访。有记者问:据闻今日在海外发展的新势力,正在希望张先生领导奋斗,不知张先生愿不愿意挑起这个担子?

张君劢答:所谓今日新势力希望我挺身出来领导奋斗云云,实在惭愧得很。我自身兴趣,徘徊于学问与政治之间,政治上不需要我,学问兴趣足够消磨岁月,政治上需要我,我以爱国家爱文化之故,不能不应当兵尽义务之征召。此为尽人应有之义务,非挺身领导,然后出来。以我所见,今后的新势力或曰自由民主运动,乃为一种新运动,其内容略如孟德斯鸠、陆克、卢梭辈之天赋人权运动,或如意大利玛志尼、德国菲希德之民族主义运动,或如马克思之社会主义运动。此三种运动之主张与内容，虽各有不同，然其中自有其共同者在：第一，为一种制度、风气运动；第二，此种运动有一套条理贯通之理论；第三，此种运动分子，有一种混仑元气、克己爱人、救民水火、不顾成败生死之精神。

至于今后领导人由谁担任，张君劢认为这是一个事实问题，他并且提出只有具备以下三个条件者，才有资格成为今后中国政治上的领导人：第一，要深识国家之本质；第二，要深晓现代国家中之制度，根据以身作则之精神而安排之，确定之；第三，对于相反的思潮与制度，要知道如何抉择。

张君劢在香港会见了“战斗同盟”的其他主要领导人张发奎、许崇智等，并对“战斗同盟”今后的大政方针作了安排后，即于4月25日起程赴美。这是他第三次作新大陆之游。与前两次不同，此次赴美有一种“花果飘零”之感。5月初，张君劢经日本抵达美国首都华盛顿。

来到美国不久，张君劢出版了他用英文写的《中国的第三势力》(The Third Force in china)一书。此书写作于他在印度讲学期间。在此书中，他检讨了介于国共两党之间的第三方面的历史，分析了共产党成功和国民党失败的原因，并对中国的现状及其未来提出了自己的政治主张。首先，他认为，“两个政府(authority)，一个在大陆的共产党政府，一个在台湾的国民党政府，必须在现阶段维持其存在”，以保存非共产党中国的最后据点，作为“自由中国”的象征，和中国人民“重获独立自由”的希望。其次，他提出，无论是国民党还是共产党，都解决不了中国问题，要解决中国问题，只有“建立一个立基于民主宪政原则的新中国”,而这是第三势力的奋斗目标。其后,他对未来中国的主张,基本上以此为依据。[①]

在美国安顿下来后,张君劢首先依据美国法律,向司法部门为“战斗同盟”作了登记,随后便全力以赴地发展同盟组织和争取美国扩大对同盟的援助。他找到当时正寄居美国的胡适,希望他加入同盟,但这位所谓的中国自由主义大师不仅拒绝参加,而且还对他说:“在目前共产与反共大斗争的激烈中,不是共产,就应该是彻底的反共,中间绝无余地可资徘徊犹豫”,并劝张君劢放弃其中间路线,率领“第三势力”加入到“反共阵营”。其他流落到美国的中国人以及当地华侨也大多不愿加入中国自由民主战斗同盟。结果发展组织的成效不大。与此同时,张君劢争取美国扩大对同盟援助的工作也受到挫折,因为此时的美国政府已决定全力扶持台湾蒋介石政权,而对“第三势力”的“战斗同盟”失去了兴趣。

不仅张君劢在美国的活动受挫,而且“战斗同盟”的生存不久也陷入了严重危机。引起危机的原因,一是财政困难。除美国原先答应的每月提供的二万美元的经费外,同盟没有任何其他经济来源;二是台湾国民党当局对同盟的围剿封堵;三是万隆会议后新中国冲破了帝国主义的封锁,发展了与第三世界国家和人民的友好关系,同盟的活动空间因此而日益缩小;四是同盟内部因领导人的政策分歧而争吵不休;五是争取美国扩大援助

---

① 薛元化:《民主宪政与民族主义的辩证发展:张君劢思想研究》,第 52 ~ 53 页。

的失败使同盟的不少成员失去信心,纷纷退盟。到1955年前后,同盟就基本停止了活动。[1]

正如张君劢在答香港记者的提问时所说的那样,政治上不需要他,学问兴趣足够他消磨岁月。发展同盟组织和争取美国扩大对同盟的援助的活动受挫后,张君劢即转入学术研究,他每天去美国国会图书馆,查阅中外资料,着手写作他早在印度讲学时就已作了计划的《新儒家思想史》。在写作《新儒家思想史》的同时,他还撰写了不少检讨中外文化之长短得失的文章,并拟汇编为《学术思想自主》一书正式出版。1953年11月,张先将其《引论》公开发表。他写道:"吾中国数千年来独立于东亚,自命为礼义之邦,何以于近一世纪中对于其所固有之文物,视若不足爱惜,且弃之唯恐不尽。"经过"一再思索",他于"不解之中"求得三条理由:第一,中国人的宇宙观、人生观、本于孔子"学不厌,教不倦"的传统,换言之,可称之为理性主义或人文主义,但凭理性上之可讨论者,以为善恶是非之标准,时代既变,则制度因之亦变。然而由于在变的背后,既无印度的婆罗门教义,又无回教《古兰经》的信仰,所以一经百年来之狂风暴雨的飘摇动荡,而"敢为本国文化制度张目者,(则)寥寥无几人矣"。第二,君主专制家天下的观念深入人心,历史上只有陈胜、吴广、绿林、赤眉一类的揭竿起义,而没有法治、议会手续或和平改革。"循此心理以往,革命所为,成为杀人放火与夺取政权",而与"改造国家"则

① 关于"战斗同盟"的情况,参见杨天石的《1950年代香港和北美的第三势力》一文。

"去题万旦"。第三,我国昔日的所谓学问,分为义理、考据和词章三学,能够自成一家言者,除古代的儒、道、墨、名、法诸家与后代的佛经和新儒家著作外,屈指可数。如果与欧洲的上古、中古相比,我国的著作还不十分逊色的话,那么较文艺复兴后之欧洲,则"远远不逮"。

那么怎样才能医治我国政治上、学术上的百年积弊呢?张君劢"思之再思",认为"以昌明宗教为奠定一国文化基础,其在今日之窒碍难行,自无待烦言。然则其孔孟传统,除循理智之路以前进外,无他道矣"。他因此而提出的学术思想自主的要义是:"第一,毋忘自己心官之思,而寄耳目于世界任何一人一国;第二,每一国家有其过去历史,应查明病症而后治之以药石,断非生吞活剥所能有剂;第三,世界上事业之光耀夺目者,未必即为人类之幸福,吾人应以批判的眼光,衡量今后世界之前途。"①

1955 年 4 月,因经济所迫,他应美国斯坦福大学之聘,离开华盛顿,到美国西岸研究中国大陆问题。张君劢的女儿张敦华后来在《我所体认的爸爸》中说,这是张君劢"一生所做事中最是不出于自愿的一件事。本来以为是件有意义的学术研究,后来发现竟是无趣而徒劳无功的工作"。在此期间,他还应旧金山华侨的邀请,于孔教总会讲演《义理十讲纲要》,后来讲演稿由台北华国出版社出版。

斯坦福的研究工作年底结束。1956 年 1 月,张君劢又在旧金山《世界日报》找到一份工作,担任该报社论撰述。《世界日

---

① 张君劢:《中西印哲学文集》(下),第 1393 ~ 1397 页。

报》为旧金山华侨领袖李大明所办。张君劢担任《世界日报》社论撰述两年中，共撰写社论 87 篇，后由邹自强编为《张君劢新大陆言论集》一书，于 1959 年 1 月由香港自由出版社出版。

在此期间，《新儒家思想史》的写作工作从未停止。1957 年 3 月，该书第一卷（上卷）英文本在美国出版。越 6 年（1963 年），该书第二卷英文本问世。全书分 32 章，约 60 万字，实际上是一部自唐代历经宋明以迄清末民国的思想史或哲学史。

大约在张君劢的《新儒家思想史》第一卷英文本出版的前后，香港新亚书院教授唐君毅来到美国。唐君毅也是现代新儒家的代表人物之一。张君劢和唐君毅 1949 年以前就很熟悉。唐到美国后，找张君劢长谈数次。当谈到美国的中国学时，张君劢告诉唐君毅，美国人讲中国学问有些太不成话！唐君毅到美国后的第一印象也是如此，觉得当时许多美国人讲中国学问，其观点大有问题，或是传教士的观点，或是外交家的观点，或是某一西方学术的观点。张君劢向唐君毅建议："约几个人共写一篇文章来讨论中国学术文化的性质与应如何研究的问题。"张旋即写信给当时在台湾的牟宗三和徐复观，征求他们的意见。经过反复函商讨论，1958 年元旦，香港的《民主评论》和台湾的《再生》杂志同时刊出了由张君劢与唐君毅、徐复观、牟宗三共同署名的《为中国文化敬告世界人士宣言——我们对中国学术研究及中国文化与世界文化前途之共同认识》[1]。《宣言》的发表是现代新儒学发展历程中的一件大事，它"标志着"这一时期的现代新儒

---

① 又称《中国文化与世界》或《文化宣言》。

家“经过历史的巨大转折,抚今追昔,用心反思,重新奠定了自己的哲学和文化立场,而再度活跃于中国现代思想舞台上;同时它也反映了现代新儒学力图走向世界的努力和雄心”。[1]

《宣言》共四万余字,分为十二个部分,其主要内容是:

(一)“前言——我们发表此宣言之理由”:阐述写作和发表此《宣言》的动机,是要使世界人士对中国文化有一正确的了解,充分认识它所具有的世界重要性。

(二)“世界人士研究中国学术文化之三动机与道路及其缺点”:指出西方人士对于中国学术文化的态度,或为传教士式的格义和曲解,或为类似汉学家式的收藏古董的好奇心,或为外交家、政治家式的过于现实的功利动机,而这三种态度都不可能对中国历史文化之活的精神生命有真切的了解。

(三)“中国历史文化之精神生命之肯定”:反对西方人士和部分中国人所持的那种“中国文化已经死亡”的观点,指出中国历史文化为一活的生命存在,是人类客观的精神生命之表现,因此研究中国历史文化,首先必须肯定“这中间有血、有汗、有泪、有笑,有一贯的理想与精神在贯注”;必须对它怀有“同情与敬意”,“敬意向前伸展增加一分,智慧之运用亦随之增加一分,了解亦随之增加一分”。

(四)“中国哲学思想在中国文化中之地位及其与西方哲学之不同”:强调中国文化的“一本性”,肯定儒家的“道统”说。

(五)“中国文化中之伦理道德与宗教精神”:强调中国文化

① 方克立:《现代新儒学的发展历程》(中),《南开学报》1990年第5期。

特别是儒家伦理中并不缺少宗教性的超越感情或宗教精神，只是因为中国文化的“一本性”，使得中国文化之宗教精神自始即与伦理道德和政治结合在一起。

（六）“中国心性之学的意义”：认为儒家的心性之学“正为中国学术思想之核心，亦是中国思想中之所以有天人合德之说之真正理由所在”。此心性之学中包含一形上学，与旨在探求宇宙的终极实在及客观构造的西方传统的形上学不同，它是以人的道德实践为基础的。

（七）“中国历史文化之所以长久之理由”：认为中国历史文化之所以能历数千年而不断，其原因就在于“中国学术思想中，原有种种自觉的人生观念，以使此民族文化之生命，能绵延于长久而不坠”。

（八）“中国文化之发展与科学”和（九）“中国文化之发展与民主建国”：承认中国文化历史中缺乏西方近代民主制度与科学技术，也承认中国思想之过重道德的实践，是中国人缺乏科学精神之症结所在。但同时又认为，中国虽没有民主，然而中国文化中含有民主的种子；中国虽缺乏科学，然而中国文化不仅不反对科学，而且历来重视实用技术。所以，民主制度和科学知识系统的建立，正是中国文化之道德精神自身发展的内在要求和理当开出之事。具体的方法是：使中国人不仅由其心性之学以自觉其自我为一“道德实践的主体”，同时当求在政治上成为一“政治的主体”，在自然界、知识界成为“认识的主体”及“实用技术的活动之主体”。通过这种主体的转化，开出民主与科学来。

（十）“我们对中国现代政治之认识”，认为民主建国才是中国政治的唯一出路。

（十一）“我们对于西方文化之期望及西方所应学习于东方之智慧者”和（十二）“我们对世界学术思想之期望”：主张东西文化应平等对待，互相学习，调和互补。具体来说，东方人应学习西方希腊文化中之重理智的科学精神、希伯来文化中的宗教精神和近代民主政治；西方人应学习东方文化中之天人合德之宗教道德理想、成圣成贤的心性义理之学、圆而神的智慧、悠久无疆的历史意识和天下一家的情怀。希望通过这种互相学习，东西文化能真正实现会通。

《文化宣言》发表后不久，南越总统吴廷艳邀请张君劢去南越西贡大学讲学，而此时他正好获得澳大利亚孟氏基金资助，于是他决定作环球讲学和旅游。1958 年 6 月，张君劢自旧金山前往纽约。7 月 20 日离美 8 月 16 日抵达德国汉堡，旋往波恩、慕尼黑等地讲学。在德国讲学和旅游期间，张君劢曾与德国社会民主党主席奥伦霍夫氏长谈有关社会主义问题，一致认为社会主义方向已趋于和平中正之途。他还在德国社会民主党副主席施密特的陪同下，参观了德国国会。9 月 6 日，到意大利首都罗马访问。25 日，应英国工党的邀

张君劢晚年讲学时的留影

请，张君劢抵达英国首都伦敦，并向英国国会两党议员发表演讲，演讲的题目是《儒家思想与中国共产主义》。10 月 8 日，自伦敦飞抵印度。在新德里及加尔各答等地讲学参观后，于 10 月 16 日离开印度到达南越西贡。28 日，张君劢到西贡大学演讲孟子哲学。30 日，抵香港小住。

到达香港之前，张君劢写信给在台北的王世宪[①]，说只要在他抵达香港那一天，能收到当时任台湾国民党“行政院长”的陈诚邀请他去台湾的信，他就可以到台湾来看看。王世宪收到信后马上通过时任民主社会党代主席的石志泉，将张君劢的信转呈陈诚，转达张君劢想来台北之意。王世宪一直等到报纸上已经登出张君劢到达香港的报道，也没收到陈诚的信。11 月 4、5 日，香港报纸发表了张君劢在香港对记者的谈话，张在谈话中批评了中国共产党的内外政策。时任台湾国民党“立法院院长”的张道藩看到张的谈话后，才找到王世宪，希望王往香港将张君劢接到台湾来。王世宪于是在张道藩的家里给张君劢挂了一个长途电话，张君劢答复说：“太晚了，我明天（11 月 6 日）就要到东京去，你不要来香港了。”王世宪征得张道藩的同意后告诉张君劢，他第二天也去东京。张君劢要他不要去，去也无益。但王世宪 11 月 6 日还是去了东京，和张君劢住了一晚。张君劢告诉王世宪，他预先写给王的信，是有他的安排的，所以他收到陈诚的信的时间很重要，过了这个时间，他无论是在感情上，还是在理智上，都不可能去台湾。第二天，王世宪“就在任务失败的心情下，

① 张的内弟、民主社会党主要负责人之一。

回到台北”。[1]

台湾国民党当局所以迟迟不肯给张君劢去信，邀请他去台湾看看的原因，是由于自1950年后，张君劢依然坚持“第三势力”的立场，既反对共产党，也不满于蒋介石的个人独裁，经常有批评国民党的言论发表。如蒋介石违背宪法规定，第三次竞选并出任台湾“总统”时，他不仅在雷震主编的《自由中国》上发表了《我们对毁宪策动者的警告》一文，对蒋介石提出警告，而且还在美国连续发了两次电报，拒不承认蒋介石竞选“总统”的合法性。他还对美国援助一党独裁的国民党政权提出过严厉批评，甚至要求美国停止对台湾的援助，包括军援。这使蒋介石感到很恼火。后来，国民党改变策略，对张君劢采取拉拢手段，多次派人去美国邀请他回台湾，以便为自己的独裁装饰门面。但张君劢表示，只要国民党不放弃独裁政策，他就不可能到台湾去。据说，有一次胡适到美国公干，专程找到张君劢，劝他回台湾。张君劢回答是他不能回去。胡适指着他说：“张君劢，你不回台湾，就是政客。”张君劢也不示弱地说：“政客就政客，我不去台湾。”数年之后，当张君劢向他的学生杨永乾谈起此事时，“对胡适的不平之气，仍溢于言表”。[2] 直到逝世，张君劢也未去台湾。他还多次拒绝过台湾当局的经济资助。就此而言，胡适虽然也算得上一个自由派知识分子或自由主义者，但在对国民党的态度上，则没有张君劢那样有骨气。

---

① 王世宪：《追忆君劢先生》，《张君劢传记资料》（二），第29页。

② 杨永乾：《中华民国宪法之父——张君劢传》，第178页。

11月6日抵达日本东京后，张君劢在日本亚洲问题研究会作了12次演讲，是月22日回到旧金山。他拟将此次环球讲学的稿子汇编成《儒家思想之复活》一书出版。他在此书“自序”中提出“以自力更生中之多形结构”为“今后中国文化发展之途”。

张君劢回到旧金山后，继续为《世界日报》撰写社论，同时从事儒家思想的新开展，先后撰写和发表了《立极之哲人——孟子》、《新儒家哲学之基本范畴》、《儒家伦理学之复兴》等一系列发掘儒家思想资源的文章。1961年，他应洛杉矶“世界文化宗教研究所”之聘，担任该所讲师。翌年4月，应德国富兰堡大学的邀请，飞赴德国讲学，所讲的题目是《新儒家思想发展之大要》。7月初，往瑞士小住后返美。于此前后，他的新著《中国哲学家——王阳明》一书，由美国圣约翰大学出版。

1963年至1965年间，张君劢应香港大学、新亚书院、联合书院以及韩国大学李相殷教授的邀请，数次到香港各大学讲学，并出席在汉城召开的“亚洲现代化问题会议”。他讲学的内容均以提倡儒学复兴、阐扬民主政治和攻击唯物主义为主题。他提交给“亚洲现代化问题会议”论文的题目是《中国现代化与儒家思想的复兴》。张君劢最后一次离开美国居住地到其他国家或地区讲学，是1967年2至5月间，应新加坡政府邀请，到新加坡演讲《社会主义思想运动概观》。

张君劢在香港讲学期间（1965年3月），在其胞妹张幼仪的资助下，在香港创办了一份《自由钟》杂志。创刊号上刊载有他的《自由中国协会缘起》一文。文中批评国民党徒以正统自居，“分国内之人与国际言论之附和我者为忠为正，不附和我者为奸为邪”，整天喊的是反攻复国，而于政治则不思进取。他指出，一国之盛衰兴亡，在乎自己就事实努力，而不在乎名义之缚人。他还以第二次世界大战后，西德、日本和印度三国复兴为例，说明一国政府之立国方针，应以自己努力为第一义，求内部安定与上进，人才发挥效用，而不可以希望世界上起战火，更不可望邻国助我作战，尤不可以战争为孤注一掷为念。故此，他替国民党出谋献策说，与其年年岁岁呼号反攻，而失信于民，还不如自己整顿“立国”规模，努力争取与国际平等的成绩。

张君劢在文中对共产党也进行了一番攻击，进而提出：“今后中华民族之出路，唯有建立民主宪政国家，本各人之自由与负责之心，发为言论，制为法律，而不至于前后任以相争夺相诟谇为事。”他认为只要建立起民主宪政国家，“个人自由与社会公道之理想”，就不难在中国实现。

《自由钟》杂志创刊后，张君劢委托何振亚在香港负责印刷和校对，他本人则负责稿件，由他从美国寄往香港。开始时，除他自己的文章外，每期还刊登一两篇其他人的文章。但到后来，就基本上由他一个人包了。他为《自由钟》所写的文章大致可分为两类：一类是政治方面的，一类是学术方面的。后者以《钱著〈中国传统政治〉商榷》最为重要。

先是，钱穆在《民主评论》上发表《中国传统政治》一文，对中国传统政治多所肯定，尤其是为了“表彰传统政治之特长”，钱穆乃列举君主非专制、宰相制、三省制与文官制，以证明吾国帝王之所行所为，不可以专制名之。张君劢看过钱文后，认为钱为当代史学名家，他的观点如果流行，必将对今后国人的政治思想产生巨大的不良影响，于是乃作《钱著〈中国传统政治〉商榷》一文以评之。全文根据钱著的内容和结构，分为21篇，在《自由钟》连载36期，其字数已超出钱著的10多倍，内容也逾出书评的范围，实际上是张君劢研究中国传统政治的心得。他还打算将来稍为更动次序，略加修改后，辑成专书出版，书名改为《专制君主时代政制》。又为该书撰写《绪论篇》与《理论篇》两长文，题为《民主政治之开始》，于1968年7月起在《自由钟》刊出，先后连载8期，准备将来辑印专书时置诸弁首。然而，张君劢还未来得及对全文进行修改，辑印成书，他就因病去世。他逝世17年后（1986年），此书才由台湾弘文馆出版社出版，书名改为《中国专制君主政制之评议》。

张君劢在该书中指出，中国传统政治的最大缺失，在于君主为最高权威，为权力的根源，不受任何限制，且君主的产生，又无一定之规则可循，换言之，即缺少一部国家的根本大法——宪法——作为准则，中国的一切动乱，都根源于此。我们今日切不可因民族和文化的感情，对中国传统政治过于美化和理想化，而忽视或过于贬低现代民主政治的进步因素。而应从历史的探索中吸取教训和智慧，认识到唯有民主政治才是正确的救国之道。

张君劢发表在《自由钟》上的最后一篇文章是1968年12月1日他写的《历史之压力》。是文反省了中国历史传统。文中指出：就“国人学问思想之能力”而言，“不在西方下”，“然吾国处今日较西方为落后者”，有以下几个原因：（一）由于中国人重具体事实，故长于史学，而对于理论与语言文字等具有抽象性与普遍性的学问较为忽视，因此，逻辑学与界说定义之方法，不为学者所注重。(二)由于中国人好用直觉,不尊闻见之知,所以研究之勤,搜集之广,不如及希腊甚远。(三)由于中国人以智为道德中之一部分,常恐智识之广为成道德之累,故对于智识纪录不加珍贵,如郑和七下西洋的记录被明人悉数焚之,这与西方人以马可波罗游记为瑰宝正相反对。因此,中国自古以来"智"的积累就不如人。(四)自秦汉以降,政府之奖励学术的方法,不外考试,以经书中一字一句令人背诵或默写,持此以为千万青年思想之训练,就不可能有学术可言。所以两千年来除百家争鸣还有些蓬勃气象外,其余如纵横家之游说,法家之说难,以及秦汉隋唐之臣对奏闻,皆读书人利禄之途而已,与学问无关。由于客观世界之学术性未能建立,各种学问体系也就因此而不能产生。

《历史之压力》发表不久,他即以胃病复发,住院治疗,终因年老体衰去世。张君劢逝世后,《自由钟》杂志旋即停办。

第二节 儒家思想的新开展(上)

自他离开中国大陆到他去世,这是张君劢一生中最孤独的时期,也是他一生中最有时间和精力从事学术研究、阐发自己新儒家思想的时期。如果说三、四十年代,面对日益严重的民族危机,为保存中华民族的文化传统和实现民族复兴,张君劢致力的是探索文化出路,弘扬民族精神,那么,五、六十年代,他致力的是阐发儒家思想,倡导儒学复兴,也就是"儒家思想的新开展"。

谈到"儒家思想的新开展",我们首先想到的便是张君劢的《新儒家思想史》。这是他晚年最重要的一部著作。在该书的

《前言》中,张君劢说明了他为什么要写作这样一部著作的两条理由:

第一是为了纠正近代以来西方学者对我国文化的误解。他说,至今为止,研究中国问题的西方学者,几乎都是把中国文化当作犹如古希腊、古罗马和古埃及那样的"断绝的文明"来看待,认为中国文化已经成了博物馆的陈列品,"不再有生命了",因此只需对它"'做验尸'的工作"。所以,许多年来,西方学者的努力多集中于一个连续但又常是陈旧的,即孔子、老子及他们同时代学者及继承者基本思想的解说,而对于近一千五百年的思想系统,则没有做过任何研究。张君劢认为,西方学者这种研究中国文化的取向不仅是"错误的",而且也是很"危险的",因为"中国藉着许多以不断发展的鲜明历史产生强烈自觉,而使文化变得生机蓬勃;她是一个生命体,而不是一个博物馆",其"深广的文化传统犹若一个变化无穷的景观——其中的山峰、高原和肥沃的流域对整体景观都有同样的贡献;例如一条溪流,洲涡,充满苔痕的河岸,急泷奔流和瀑布飞泉也能加添这溪流的美丽"。他写作《新儒家思想史》的目的,就是要纠正西方学者对中国文化的误解,"使西方读者暂时离开对高耸山峰的注意,而激起他们对其他知识领域能有部分的兴趣"。

第二是要说明共产主义不可能取代中国传统思想和生活方式,而在中国意识中生根。他说,表面看来,共产主义和佛教对于中国来说,都是一种外来思想,但实际上它们的影响所发生的作用是极不同的。佛教对于中国思想的影响"可视为亚里士多德主义对欧洲中世纪经院哲学结构的冲击,或希腊主义对文艺复兴时期西方思想的冲击”，换言之，“它正面的进入中国思想的精髓中”，并因此而产生了“一个新的智慧和精神的实体”。然而，共产主义对于中国“只是一个政治和经济或社会的配置，最多只是为达到某些国际目标之手段而已”。所以，尽管“它或能在中国人的制度生活中导进一些基本的改变”，但对于“中国思想的结构或内容”则不会产生多大影响。

张君劢进一步指出，佛教对于中国思想的影响虽然是巨大的，“其所造成的变形是抵入其核心而非仅止于边缘”，但即使如此，几百年后，我们发现“一些较早期中国思想的基本价值，仍保存而没有受损；并且，中国的佛学本身却得到了中国风味”。很明显，中国仍是中国，印度还是印度。自唐朝韩愈以下所有成熟的中国思想家，尽管受过佛教的影响，并且他们的进向和研究方向已经过激烈的转变，“但仍很明显的可以指出他们还是固守着他们的传统”。故此，他不同意西方一些观察家以佛教为例证，“认为共产主义能对中国人的意识做根本侵蚀”的观点。[①]

在他看来，共产主义所以会在中国取得胜利，赢得众多的信徒，其原因就在于“正统西方思想并没有做到其所当为”，当西方先进的科学技术、民主政治和行政制度被介绍到中国并为中国思想家所熟悉的时候，同时也给中国人民带来了帝国主义侵略所造成的苦痛，从而影响了中国人民对西方文化的认识，结果对立、挫败和反抗代替了友好的合作和自动自发的吸收。因此，他希望通过《新儒家思想史》所展现的佛教与中国思想界的关系，

① 《新儒家思想史》，第 12 ~ 13 页。

"使读者深信丰富的西方正统思想形式,就如其表现于对自然系统的探究和理解,对自由、平等、正直的理想及个人尊严的热爱,与民主的共同感受,而使中国一方有友善的回应及接受"。并认为这项工作不但需要,而且"必须藉一完整而新的进向方才能够达成"。[①]

作为一部"自唐代历宋明以迄于民国今日之吾国哲学史",张君劢在《新儒家思想史》中开宗明义就指出:"中国是儒家的天下,中国人的人生观极大部分是受孔子的影响,说得更正确一点,我们可以说,儒家的观点建筑在中国古代传统之上,因此,孔子和中国人的观点,都是从这个根源而来的"。中国人的这种观点肯定人类世界和现实生活,重视人与人之间的关系,以与邻人和睦相处为人生第一要务。就此而言,他不同意一些西方学者认为儒学是宗教的观点,实际上他指出,儒家不但不是宗教,甚至当作伦理或哲学体系来看,在其历史的过程中也经历过许多变化。具体来说,"儒家在中国历史上的发展全貌可以分为四个时期",即:(一)儒家时期与各家并立的儒家;(二)前汉罢黜百家独尊儒术时期的儒家;(三)为佛道两家势力掩盖时期的儒家;(四)再生的儒家或儒家的文艺复兴。关于第一个时期,他指出,"这个时期是中国思想史开始的时期,"它包括春秋和战国时代。春秋时代儒家的代表人物是孔子。孔子主张"正名",所谓正名,意即如果每个人都按照自己的身份如君臣、父子、夫妇、兄弟、朋友,去完成自己应尽的义务,那么,社会就会井然有序。除"正

① 《新儒家思想史》,第 13 ~ 14 页。

名”外，孔子还提倡仁，把仁看作为其他一切德行的根本，或培养其他一切德行的起点。在春秋时代与孔子相对立的是道家和墨家。道家主张退隐，劝人不要像孔子那样存有拯救人类的念头。墨家主张兼爱，兼爱之说和孔子主张的由亲而疏的爱相反。

战国时代儒家的代表人物是孟子。孟子继承儒家的传统，阐扬孔子的学说，并提出了一套主张。他提出人性本善以及直觉知识之说，强调理性心的功用，主张政府应该实行仁政，应该效法尧舜。张君劢认为“尧舜在中国历史上的地位相当于柏拉图笔下的哲王”。在战国时代与孟子相对立的有苏秦张仪这类的纵横家和在政治上握有实权的法家。和孟子同时而年代稍后的另一位儒家代表人物是荀子。荀子虽和孟子一样，也发扬传儒家思想，但方向不同。荀子说自然之性。因此，在中国思想史上，荀子是性恶论的提出者。他的一部分弟子后来成了法家。

张君劢指出，在孔子和孟子在世时期，甚至后来的秦朝，“儒家在中国并没有特殊地位，儒家的教训也不是正统。儒家只是各家各派中的一个派别，为了本身的存在，尽力维持自己的地位与各家相抗衡。”①

关于第二个时期，他指出，这一时期“儒家是最具特权和权威的派别。”因为公元前 136 年，董仲舒奏请汉武帝禁止六经以外一切书籍的流通，儒家从此在中国历史上享有特别尊崇的地位，六经也从此成了钦定的经典。张君劢认为，汉武帝采纳董仲舒的建议而“尊崇儒术”，主要是为了适应建立大一统帝国的需

① 《新儒家思想史》，第 19 页。

要，因此，他的作为“可以视为秦始皇焚书或思想统制政策的延续”，只是手段没有秦始皇那样激烈而已。尊崇儒术虽然有利于大一统帝国的建立，但“儒家经典被国家正式认可”的结果，使儒家哲学“日益形式化而失去原有的活力”。此后儒家分为今文和古文两派，而两派的工作都不过是注释经书，而这种注释经书的工作是无法满足人们的需要的。于是，道家和佛家思想开始进入人们的心中。

关于第三个时期，他指出，由于两汉在中国历史上是最倾向于宗教的时期，方术、迷信、通神术、占星术在当时都非常流行。其结果本土产生的道教和印度传来的佛教在东汉得到了较大的发展，并最终在魏晋至唐朝这一漫长的历史时期内掩盖了“儒家光彩”，成为中国思想的主流。

关于第四个时期，他指出，这一时期也就是所谓“新儒家时期”，“新儒家时期表示中国人对自己文化传统的觉醒”。尽管由于佛教对中国的影响非常深刻，使中国人民无法舍弃佛教，但中国人希望透过佛教而重新回到儒家。为了抵制佛家的无常说、无我论和空论，中国人不得不创造一种基于儒家观念和用语的新哲学。“回到儒家及抵制佛教的双重动机刺激了新儒学的创立者建立一套哲学系统，从某种意义上看，这套哲学系统乃佛家无常说、无我论及世界幻有说的对立理论”。新儒学的创立者必须建立一套包含宇宙论、伦理学和知识论的体系，以宇宙论解释宇宙的创生，以伦理学讨论整个人类问题以及确立人生行事的价值，以知识论确定实然和应然知识的基础。如果没有这种包罗万象的哲学思想，新儒学的创立者就不能提出一套抵制佛教的适当理论。这套抵制佛教的适当理论或新哲学所以叫作“理学”或“性理学”,是因为“理是知识的共同基础,而自然和伦理知识的普遍性也只有藉人性中的理来建立”。[①]

基于这种对理和人性的基本研究,新儒学的倡导者们更进一步创立出一种新的教育方法,即重新复苏的社会责任感,“乡社”[②]以及改进的政事。张君劢指出:新儒学运动的种子是唐代韩愈播下的,到宋元两代更形发展,到了明朝的王阳明哲学,则达到了最高峰。尽管这个运动到了明朝末年开始没落,但其余势力如朱熹学派延续到中国对西方打开海禁为止。“我们可以说,近千年来中国思想中的主要势力就是这新儒学问题、新儒学运动,像欧洲的文艺复兴,始于对古经籍之重新研究,终于一种新世界观的产生。”虽然延续了一千多年的新儒学和新儒学运动没有像欧洲的文艺复兴那样产生近代的科学、工业、技术、民主政治及近代世界中的新的经济生活,但“它的基本哲学原则是值得我们仔细研究的。”

张君劢认为,新儒学有三个基本原则:一是“道乃实在”说。道的最初意义是指自然之道或路径,但当儒家的学说在宋代复兴时,“道”或“理”成了新儒家哲学思想的最高范畴。如朱熹《近思录》第一章的“道体”,即致力于第一原则的探讨,而道体的第一原则是道德生活、知识论以及为政的根本。这说明中国哲学在结构方面发生了彻底的变革,此前的孔孟以讨论实际生活,

① 《新儒家思想史》,第 25 页。

② 一种地方自治形式。

始其教化，而宋儒则以讨论宇宙的根本原则开始其哲学建构。宋儒所以要改变儒家传统，是因为他们针对佛教的世界虚幻说，不得不有一套自己的说法。二是“现象世界的肯定”。佛教的所谓世界虚幻说，是基于自性空或无自性。所谓自性空或无自性，是说万物都没有绝对独立的本质，而由五蕴构成。与此相反，宋儒张载认为世界是由气形成的，是实有，而不是空无。朱熹和二程不同意张载所谓宇宙基于有形物质之说，朱熹认为周敦颐的《太极图》，假设一个空阶段，这个阶段为万殊现象的基础，或者换句话说，是天意创造了实有世界。这与佛家所谓世界幻有或五蕴非实有说是根本对立的。作为宇宙演化过程中固有至理的道，在人生范围中则指理性或道德目的。因此，在中国思想中，无不存在绝对独立本质转化为具体实体的问题，人人所具有的“知”、“欲”和“爱”这些天赋，都应用于人生和一般人际关系上，都属于实在世界[①]中人类的自然次序。三是人性说。宋儒特别强调与性相近的心的功用，认为理或“无上律令”是人类与生俱来的，仁义礼智的存在就是其最好的证明。同时他们又认为，理存在于更高层次。如据朱熹的说法，仁德是爱之理，爱之理本是善良的，心的活动则停留在自然或较低的层次，与人类的感官相通。这种人性和人心二元说，显然是攻击佛教的，因为佛教只考虑到心在自然层次的作用，而完全忽略了较高的理性层次。当新儒学演变到陆九渊和王阳明的阶段时，他们又扬弃了朱熹的两个层次说，而提出了“心即理”的命题，认为理并不限于较高层

① 非幻有的空虚世界。

次，同一个心可以发挥两种作用，一方面是超越的，另一方面又是自然的，心不但具有逻辑的认识能力，同时也具有道德上辨别是非的能力。陆王的这种理论既成功地摄取了禅宗“佛就在心中”的思想精华，又未失中国儒家的传统立场。

除宇宙论、形上学、知识论、伦理学和心理学等理论构成其思想体系外，新儒学还有实践的一面，藉其实践的一面，“新儒学奠定了中国自宋代至与西方接触这一时期的生活方式。”这种生活方式的主要内容有五点，即“①道统；②反映受佛教菩萨观念影响的圣学；③经典；④到处存在的新书院制度；⑤一种新的为政和行政设施”。这五点代表了五种制度，新儒学之所以能对数百年来的中国社会发挥深刻的影响力，靠的就是这五种制度。

在讨论了“中国历史上的儒家及其与西方哲学的比较”、“理学的基本原理”和“理学所确立之政治及文化制度”后，从第四章开始，《新儒家思想史》用28章的篇幅研究和评价了自韩愈至曾国藩等几十位新儒学思想家的思想。张君劢在研究和评价这些新儒学思想家的思想时，十分重视与西方思想家的比较。这是《新儒家思想史》在方法论上的一个显著特点。我们在该书中看到，被张君劢用来与新儒学思想家进行比较的西方思想家从古代希腊的苏格拉底、柏拉图、亚里士多德到现代柏格森、倭伊铿、萨特、海德格尔等达几十人之多。《新儒家思想史》在方法论上的第二个特点是，思想史研究中重视人物生平的研究和介绍。每当研究和评价一个思想家时，张君劢总是要先仔细地介绍该思想家的生平事迹，然后才在此基础上评介该思想家的思想。《新儒家思想史》这一方法，不仅便利了西方读者对新儒学思想家的全面了解，而且也充分考虑到了新儒学思想家的特点。如有的评论者所指出的那样："从儒家知行并重的意义上说，思想与其生活行事是息息相关的，这与西方人多将言行分离为二颇不同。宋明儒家尤其注重知行合一的思想。因此，讨论宋明儒家，是不宜孤立地讨论思想本身的。"[①]20世纪50年代后活跃于港台两地的一位现代新儒家的代表人物唐君毅就对《新儒家思想史》的这一方法予以了很高的评价，他指出，《新儒家思想史》"能于叙述各家系统思想之外，对各家平日之言行足与其系统思想映发者，皆不厌视缕，为之叙述，而中国儒家之知行并重之人格，遂跃然纸上。而中国思想之特色，亦更易为他邦人士之所识。"[②]

由于《新儒家思想史》在研究新儒学思想家的思想时，既十分注重与西方思想家的比较，又特别重视对他们生平活动的考察，重视思想家的个人际遇给思想带来的影响，因此能得出许多不同流俗的创见或给人以新的启发。下面我介绍下张君劢在《新儒家思想史》中对二程、朱熹、陆九渊和王阳明等人的研究和评价。

关于二程。张君劢指出，哲学史上有一现象，即哲学思想经过一个讨论抽象的宇宙问题的时期以后，往往会回到对比较直接具体的人生及如观念性质、道德和知识限度等问题的探讨。如古代希腊思想史上，最初有所谓科学时期，在此时期中，泰利

---

① 刘义林、罗庆丰：《张君劢评传》，百花洲文艺出版社1996年版，第291页。

② 唐君毅：《唐君毅全集》卷十，第605页，转引自同上书第291页。

斯、安拿克斯曼德、毕达哥拉斯、赫拉克利图斯等分别提出了他们的宇宙本质，此后便是道德论时期，苏格拉底与辩士派致力于探讨人生行为。和古希腊哲学一样，在周敦颐、邹康节和张横渠的宇宙论思想之后，宋明新儒学便产生了二程学说，二程着力处也主要是道德和知识问题。他们认为理和感觉不同，新哲学的建立，必须建筑在理的基础之上，他们也思考到性与理之间的关系。张君劢认为，二程关于性与理关系的思考①，是二程对宋代新儒学的最重要的贡献，其重要性仅次于宋代新儒学基础“理”的本身。除此之外，二程还探讨过诸如什么是成圣的正确路途，人如何才能过一种合理的生活，哲学如何重新继承儒家传统等问题。其结果，他们将中国思想的趋势从讨论宇宙论转变为对人生问题的探讨。

现代新儒家的另一位代表人物冯友兰在他的《中国哲学史》一书中认为，在理或道之本性方面，二程之间意见不一。程颐的“理”的概念，相当于柏拉图的“理念”，而程颢的“理”是事物的一种“自然趋势”。他还认为，根据程颢的观点，理与事不能分开，而程颐却认为理与事可以分开。

对于冯友兰的上述观点，张君劢明确表示不能赞成，认为“冯友兰将程颐看成是柏拉图主义者，完全是他个人的想像”。他指出：二程都强调在道即形上世界与气即物质世界之间应该有一界限，因为道既为形而上的，便无形迹可寻，气既为形而下的，便有迹可寻。从形上与形下世界之间必须加以划分一点来

① 即性与理没有区别，从而可以在人性中发现合理的基础。

看,二程的观点是一样的,不存在什么不同。两人都认为离开气无法发现道,同理,离开道也无法发现气;或者换句话说,道之外无物质世界,物质世界之外无道。道与气不可分离。既然二程都重视形而上与形而下的界限,也都认为道(形上世界)不能离开气(物质世界)而存在,那么,我们又怎能说程颢认为道只是具体事物的自然趋势呢?又怎能说程颐的道相当于柏拉图的“理念”呢?因为柏拉图的“理念”是一种不可改变的形式,而中国哲学中的“道”或“理”只是西方哲学中所谓的道德律或自然律,况且柏拉图的“理念”论还有“分享之说或事物模仿形式之说”。用这种说法来解释程颐的理或道,那是不可思议的。就此,他批评冯友兰的关于程颐的“理”相当于柏拉图的“理念”的观点,只具有“混乱东西方哲学概念的意义,而不是厘清东西方哲学概念的意义”。

当然,张君劢也承认,二程的哲学观点虽然在基本原则上相同,但在一些细节问题上并不完全一致。具体而言,程颐比较重视认知或思虑,而程颢的起点则是仁。二程的这种差异,如果要找一类似的情形,那么可以西方哲学中康德和黑格尔的哲学为例。康德认为上帝、自由和不朽是实践理性的要件,而黑格尔却把上帝包括在他的逻辑体系当中。换句话说,黑格尔比康德更属主知主义者。与康德和黑格尔相类似,程颐也比程颢更属主知主义者。

关于朱熹。张君劢首先肯定朱熹是个“伟大思想家”,称赞他的心思“细密又开阔”,既能“纵观宇宙整体”,又能“看到整体的不同部分”。他认为,朱熹思想的组织原则与思想体系本身,都可以用“理一分殊”四字来表达。一方面他对自然界变化多端的现象深感兴趣，一方面又非常重视产生这些现象的一原之理。因此，一元论者或二元论者这两个名词用在朱熹的身上都不太合适。

西方有句俗话，说所有的哲学家不是柏拉图主义者就是亚里士多德主义者。那么，朱熹属于那一派呢？张君劢认为，就研究现象世界而言，朱熹无疑是亚里士多德主义者，但从他的唯心论来看，朱熹又可划入柏拉图主义者的阵营。首先，张君劢指出，朱熹和亚里士多德在以下10个方面存在着相同之处：①两人都反对柏拉图所谓“理念”脱离具体事物独立存在，而具体事物只是理念模本之说；②两人都认为离开杂多现象的理念并不存在，朱熹更进一步认为，所谓的“理”必定存在于现象之中；③两人都认为共相并非脱离殊相而独立存在的，虽然共相也是知识的对象；④亚里士多德认为形式或理所在的“物质”并非绝对不存在，可是却认为物质的存在方式是一种可能性，朱熹不关心物质是否存在问题，却也承认物质是一种可能性之说；⑤亚里士多德说物质不能完全脱离形式而存在，朱熹则认为气不能没有理而存在；⑥亚里士多德认为非物质的“形式原理”的确存在，朱熹则说理先于气，而且永远存在；⑦朱熹也会同意亚里士多德的说法：创造的有机整体中存在的理或形式，同时是形式、目的和原因；⑧两人显然都认为物质是事物中不完美成分的最后根源，是个体化和复杂性的原则；⑨两人都认为世上有一种产生运动而本身不动的东西存在，亚里士多德认为这是“神”，朱熹认为这是“天”。朱熹说天即理，亚里士多德说神是非物质的永恒形式，自觉的理,绝对精神;⑩无论是亚里士多德的“神”,还是朱熹的“天”,作为原动者而言,其本质都是善良的,都是万物的目标,是永恒存在的形式。[1]

张君劢进一步指出,虽然在自然哲学方面,朱熹是一个亚里士多德主义者,但在中国哲学家最关心的道德价值方面,朱熹又是一个柏拉图主义者,他也坚信世上有一种永恒、不变而自足的道(他称之为“理”)存在。至于这个道是否以原始形态出现这并不重要。因为对朱熹来说,在道德价值哲学方面,并不存在柏拉图所谓三床问题。所谓三床即:神的理想的床、木匠制造的床及画家设计的床。唯一的问题是家庭或国家中理想的生活形态何以不能实现。朱熹认为理想的未能实现,是物质障碍的结果。张君劢指出,如果朱熹是完全的实在论者,他也会相信柏拉图理念不可能实现于这个世界。可是,他是道德和政治思想家,就作为道德和政治思想家而言,他认为理是永恒存在,其所以未能实现的原因,在于人有物质的肉体。朱熹了解,人是不能没有物质成分的。所以,气所具有的障碍是无法避免的。换句话说,柏拉图理念希望实现于这个世界时,会遇到很多的困难。更进一步说,从实在论者的观点看,完美的理想都是幻梦;可是,从朱熹的观点看,理想或理是永恒存在的。

张君劢也承认,朱熹是以理作为物质世界与道德世界两者的统一体。然而,在物质世界中,有各种不同的物质对象存在,如动植物。朱熹并没有忽视这种不同性。尽管他同时将理用在

---

① 《新儒家思想史》,第 207 页。

自然哲学与道德哲学两方面，但事实上，理在前者的涵义与在后者的涵义并不一样。就作为自然世界的组织原则而言，理必须面对事实。可是在道德世界中，理是理想的同义词。他后来在讨论朱熹的“理之说”时。又进一步指出，中国人所谓的“理”比西方人所用类似名词的意义广得多，而与斯多噶学派的所谓“普通理性”相似，其含义包括：①在块或木块中的纹路，引申而指存在原理的意义或万物的要素；②物质世界和道德世界的最高法则；③创化过程中“天”所显示的至善，所以朱熹说太极即理或天即理。从理论上看，朱熹的理即是道德或自然法则。从最高的意义上看，理又等同于亚里士多德所谓的原动者，因为在朱熹的哲学中理、天、太极是相同的。如果说亚里士多德所谓原动者的观念，是西方人最先基于哲学理论建立一神论的结果，那么，朱熹之视理与太极相同乃是中国人最先为某种第一原因的概念建立哲学的基础。[①]

关于陆九渊。张君劢指出，犹如欧洲思想史上存着理性主义和经验主义的流派分野一样，宋明新儒学内部也存在着程朱学派与陆王学派的分野，两派曾围绕“心是否先天具足，或是否因外境而生”的问题展开过激烈的争论。程朱学派强调获取知识的重要性，而陆王学派则主张人类悟性的先天性。作为陆王学派的领袖，陆九渊是建筑在以下三个原则之上的。①立基，即立其大：这个原则来自孟子，它要求认识至高无上以及消除感官的欲望。陆九渊同意孟子的看法，认为如果人能诉诸本心，便能

① 《新儒家思想史》，第211页。

发现正道,因为人是本身具足的。②在欲:虽然人本身具足,但常常有所蔽。为什么呢? 因为他受情绪、欲望的刺激,或者说,他的嗜好、偏见和个人私见使他偏向一面。③认为道问学并非根本重要,而相信心的无上重要性。由于这一信念,陆九渊反对所谓道问学之功夫愈多愈能增进心的力量之说,而认为人能藉恢复吾心的清明,即可近道,不必诉诸道问学的工夫。

张君劢认为,以上三个原则是陆九渊哲学思想的架构,也是他和程朱学派思想的根本不同所在。另外,在解释心的本质上陆九渊与程朱学派也存有明显的差异。

他指出,程朱学派用两个层次解释心的本质:即以“性即理”三字解释心的第一个层次,认为仁、义、礼、智四端便由这个层次产生,心的第一个层次的功用只是知觉活动。人所以能辨别是非,是因心的第一个层次的作用;而人知道黑白彼此,则是第二个层次的功用。与他们把心分为两个层次相一致,程朱学派主张划分形而上世界和形而下世界以及道心和人心。和程朱学派相反,陆九渊以一个层次解释心的本质。在他看来,无所谓形上形下之别,也无道心与人心之分,这种划分纯属多余,因为他认为心是唯一而不可分的。所以和程朱学派主张“性即理”不同,陆九渊主张“心即理”。张君劢认为,重视心而否认较高层次之道、形式或观念的存在,这是陆九渊思想的特色。

张君劢进一步指出,欧洲哲学中的两个类似的名词可以用来区别陆九渊与程朱学派两说的不同。陆九渊认为心只在一个层次上活动,即自然层次;而程朱则认为除自然层次之外,还有一“超越”层次,理性即作用于“超越”层次之中。就中国哲学的发展而言，张君劢认为，程朱学派心的两层次说[①]演变为陆王学派的心的整心观或一层次说，乃是自然趋势。“这个自然趋势说明了陆王学派盖过了程朱学派。”[②]

关于王阳明。张君劢对王阳明评价甚高，认为“王阳明不但是中国的伟大思想家也是世界的伟大思想家。在东西方哲学史上都占有非常重要的地位。他们思想方式产生了一种以世界为合理整体的思想体系。”概而言之，张君劢指出，王阳明的思想体系可以简述如下：

(1) 阳明哲学的第一个前提为心即理。如果心不为私欲所蔽，便是灵明的，也表现出天地间的一切正理。

(2) 常识所谓包含事事物物的外界乃明觉的对象。我们可以说西哲柏克莱(Berkeley)所谓“存在即被知觉”之说，阳明也有同样的发现。

(3) 常识以为意和知是心的两个不同功用，可是，在阳明哲学中，两者是彼此相关的。以心主宰发动即是意，而其发动之明觉则为知。因为阳明先生认为意是知的一部分。

(4) 阳明哲学中的基础是良知，即直觉之知。所谓良知，也可解释为道德意识，可是，就广义而言，它所涵盖的是心的逻辑推理功用。[③]

---

① 超越的理性和纯粹的知觉心。

② 《新儒家思想史》，第 248 页。

③ 《新儒家思想史》，第 297 页。

具体来说，张君劢进一步指出，王阳明的学说包括以下一些要点，即：

(1) 人心即宇宙之心。

(2) 心之知为本体；即本体含于明觉之中。

(3) 知可以发见万物之理。物并非吾心之外，而是明觉之所对。

(4) 宇宙为一整体，人为宇宙之心或中心。人与人间相亲相爱，物与心间也关系密切。

(5) 若无心或良知，宇宙将不会运行。

(6) 物或自然世界乃至吾心运用之材料。

他认为，王阳明的形上学与黑格尔的精神哲学十分相似，两者都认为自然可为精神的自我表现提供可塑性的材料，但和黑格尔不同的是：根据黑格尔的形上学，知和人心的价值活动为实在之中心，而王阳明则认为，从本体上看，知是宇宙的本体，因此知并不限于人心，而普遍于一切主体。就此而言，张君劢指出，王阳明的思想与柏克莱的"存在即知觉"的观念论非常接近，我们不能将其思想视为自我中心的知识论。他又认为，王阳明的哲学体系与康德"批判哲学"也有很大的不同。王是彻底的存有论的唯心论者，因此，他不承认康德的现象与本体二分的观点，也不同意将知识分为所与（感觉）和组织作用（感性和悟性的形式）两个因素，而认为知的活动或过程以及心之所知均为同一实在的一部分。

张君劢还讨论了王阳明的“形上学:宇宙之整体”、“心理学与知识论:心、良知、意、物”。在讨论王阳明的“形上学”时他指出:王阳明心目中的世界是个意识或道德主体与草木禽兽共生的世界。这个宇宙是有目的的,因为支配这个宇宙的是明觉(意识),在这个宇宙占主导地位的是道德价值。在讨论王阳明的“心即理”的意义时他指出:我们可以说王阳明是陆九渊的继承者,在“心即理”的说法中,两个人的看法完全相同。不过,我们应注意,从整个来看,王阳明的体系比陆九渊的更广博更完整,就此而言,王的体系可以说是原创的。王所展开的“心即理”的论述,也比陆的更充实更丰富。在讨论王阳明的“良知说”时他指出:有些近代心理学派可能将良知或良能解释为本能。但在王阳明的思想体系中,良知是个哲学概念,包括意识生活的三方面:知、情、意。他还提出王阳明在重视良知之说时,也非常重视意志的功用。而王所重视的竟是“诚”或“诚意”,它与康德所谓的“善意”(Goodlvill)十分相似。所以王阳明明白表示,心有所动便是意。克己制意的目的是为完成道德动机而消灭不道德动机。张君劢进一步指出,王阳明的“诚”或“诚意”之说与他的“良知”之说有密切的关系。良知能明了任何意念的发动。这种重视意与知之间密切关系的哲学观点,除了在以实践理性为意志的康德哲学中能找到以外,在其他哲学体系中是找不到的。[1]在讨论王阳明所谓“物为吾心之所对”的观点时他指出:王的观点与朱熹的观点是完全对立的。朱熹虽然忠于中国传统,几乎

① 《新儒家思想史》,第315~316页。

完全注意道德价值，然而，他对外在世界采取的是一种科学方法，以批判的态度来研讨自然世界。而且他的方法像笛卡儿。笛卡儿将世界二分，一为思想，一为扩延，朱熹也将心与物质世界分开。而王阳明经过龙场顿晤后发现，所谓理者原在吾心，不在外界，于是得出结论："心与事理会一"。张君劢认为，王阳明的这一结论不过是康德所谓超验统觉合一的另一种说法而已。

从形而上的意义看，张君劢指出，王阳明无疑是一个唯心的一元论者；但是，唯心两字用在他的思想体系时，其意义要比这两字的特殊意义更为广泛和普遍。比如，当他解决个人与宇宙、心与外界、心与身、人欲与天理、知与行、内与外以及道问学与道德性时，其解释也是一元的。

关于王阳明在世界哲学史上的地位，张君劢认为，王可以与西方最伟大的哲学家相提并论。虽然，在王阳明的思想体系中，宇宙是个合理的整体。然而，他不必诉诸柏拉图式的理念以作为人生的典范。相反的落实世界之合理的东西则是他的理想。他赞成康德所谓思想形式内在吾心之说：他称之为性或理。一般而言，王阳明的思想与黑格尔绝对主义哲学毫无相通之处，因为在黑格尔哲学中，理性是以辩证的形式展开的。不过在经验世界乃精神的逐渐具体表现方面，他却很相似于黑格尔。王阳明的重视行，预见了德国柏格森主义者与美国实用主义者，但有一点不同，即王阳明要求行基于理性，而柏格森主义者及实用主义者主要求行却是基于反智主义的。总之，张君劢指出："我们可以确定，在中国这位伟大思想家的思想体系中，含有西方唯心论及实用主义哲学精华，阳明先生在世界哲学家中将永远占有崇高的地位。"①。

除上述对二程、朱熹、陆九渊、王阳明等人的评价外,《新儒家思想史》在选定新儒学思想家的代表人物方面也颇有眼光。如徐光启,一般人都认为他是农学家、科学家,很少有人把他作为新儒学思想家的代表人物而介绍他在新儒学发展史上的贡献。但《新儒家思想史》则辟有专章(第二十二章)予以介绍。张君劢所以要把徐光启作为新儒家的代表人物加以重点介绍,是因为在他看来,作为中国最早的西学传播者,徐光启翻译西方天文和数学书籍,致力于向中国人介绍西方科学知识,不仅没有牺牲儒家,而且还能弥补儒家的不足,从而有利于儒学接受时代的挑战并继续发展。他指出:徐光启既不像同时代许多信守儒家和宋学、反对介绍西方知识的人所说的那样反动,也不像那些希望发展科学而忽视儒家传统者那样激进。徐光启的基本信念是:儒家与西方科学之间、儒家与基督教之间并无矛盾冲突,东西方文化可以互为补充。他认为徐光启的这一信念,"给了同时代人最好的忠告。"如果同时代人能接受徐光启忠告,那么,"中国可能不致于与西方科学脱节一百五十年之久。"②

再如朱舜水,如张君劢所说那样,"在中国哲学史上",朱舜水和徐光启都"是被人遗漏的"人。犹如徐光启,朱舜水在《新儒家思想史》中也占有一章(第二十三章)。如果说徐光启在《新儒家思想史》中占有一章,是由于他开风气之先,最早认识到"科学

① 《新儒家思想史》,第 327 页。

② 《新儒家思想史》,第 425 页。

知识可以用来补足儒家”,[①]从而致力于西方科学知识的介绍,那么朱舜水在《新儒家思想史》中占有一章,是由于他对日本学术的巨大影响,使他成为“确立近代日本精神基础的人”。[②] 而在张君劢心中,日本则是中国人向西方学习、正确处理东西方文化关系的典范。另外,张君劢也十分赞赏长期生活在日本的朱舜水通过反省中国哲学的利弊得失,反对一般空论,不浪费光阴去建构“缺乏实用价值的理论思想体系”,而注重实践,希望运用哲学促进日常生活的行为。这也是朱舜水所以能在《新儒家思想史》中占一席之地的重要原因。

《新儒家思想史》评价的最后一位新儒学思想家是曾国藩。张君劢对曾的评价甚高,他认为曾国藩是继王阳明之后的第一个“除了统军作战以外,还写了很多文学及哲学方面的文章”的学者。在实践方面(儒行)“很像王阳明”。他对曾国藩治学“以宋学为指导原则,而不忽视汉学的价值”予以了充分肯定,并称曾“是一个心胸宽大的人。”[③]他尤其赞赏曾国藩虽然“喜爱中国文化传统”,但又知道“从外来文化吸收良好的东西”,以便“重新调适对新世界地位的方式”,虽然“没有机会访问西方世界”,可“却间接知道西方教育制度、政治制度、技术和科学”,并致力于对西方先进的枪炮和科学技术的引进,认为曾国藩是“建立中国现代基础的第一个人。”张君劢甚至假设,如果曾国藩不需要浪

① 《新儒家思想史》,第 425 页。

② 《新儒家思想史》,第 438 页。

③ 《新儒家思想史》,第 570 页。

费 15 年时间去对付太平军，那么他“很可能将维新导入中国，像日本的明治维新一样，他自己也很可能成为中国的伊藤博文；因为曾国藩也赞仰西方文明。”[①]

在研究和评介完新儒学思想家之后，《新儒家思想史》用一章的篇幅（第三十二章）又重点评论了晚清至民国云几位“企图创造中国命运的人”：康有为、谭嗣同、梁启超、胡适和陈独秀。张君劢认为上述几人对传统文化的破坏是造成儒学衰落的原因之一。如果说康有为、谭嗣同和梁启超是不自觉地破坏了中国传统文化，那么胡适和陈独秀对中国传统文化的破坏则是自觉的行为。在这一章中，张君劢还探讨了中国现代化的过程及其失败的原因，由于这一问题我们将在后面专题讨论，此不赘述。

最后一章，是对全书的总结。张君劢相信衰落的儒学必然会出现复兴。而儒学的复兴“将使中国贡献出两千年来以独特方式所得这一思想体系的优点，这种情形加上西方人丰富的知识原则性和方法，将使东西方之间有一新而更广泛的了解。”[②]

作为张君劢的主要代表作之一，《新儒家思想史》的撰写和出版是张君劢新儒家思想成熟并开始在西方学术界发生影响的重要标志。它对现代新儒学走向世界起了非常重要的促进作用。

---

① 《新儒家思想史》，第 581 页。

② 《新儒家思想史》，第 619 页。

第三节　儒家思想的新开展(中)

除写作《新儒家思想史》外,五六十年代的流亡海外期间,张君劢还先后撰写、发表和出版了《比较中日阳明学》、《义理学十讲》、《中国哲学家王阳明》以及《孟子哲学》、《立极之哲人——孟子》、《孟子与柏拉图》、《新儒家哲学之其本范畴》、《宋代儒学复兴之先例》、《儒家伦理学之复兴》、《新儒家政治哲学》等一大批评价儒家人物、阐发儒家思想的著作和文章,他本人也因此成了 1949 年后活跃于港台和海外的现代新儒家的中坚人物。

这一时期,张君劢对儒家思想的阐发,首先是对儒家哲学思想的阐发。他认为,作为世界哲学的重要组成部分,儒家哲学就其内容和发展过程而言,与同是世界哲学重要组成部分的西方哲学无疑有许多相似之处。但儒家哲学所以能成为世界哲学的重要组成部分,其主要原因不是它与西方哲学的相同或相似,而是它具有“与世上任何其他哲学体系不同”的特点。具体来说,儒家哲学“有四点独一无二的特性”。

第一,儒家在哲学方面的兴趣集中在道德价值方面。儒家认为,人是宇宙的中心,人与人之间的关系,应是哲学家首先考虑的对象。例如,构成社会的各个分子——君臣、父子等应该如何共同相处?这就是儒家特别关心的问题。孔子的答案是:“弟子入则孝,出则悌,谨而信,泛爱众而亲仁。行有余力,则以学文。”这种情操也常常用到其他社会分子的身上,如君臣、父子、夫妇。对社会上不同分子,有不同的道德规范,有些道德规范要求每一个社会成员共同遵守，而有的道德规范只要求某些社会分子遵守。张君劢认为，儒家对宇宙的看法，采取目的论观点，这是中国思想的基本态度。目的观使儒家的兴趣倾向道德价值方面，因此，对儒家而言，道德价值比逻辑、知识论或任何纯粹抽象的知识具有更重要的功用。

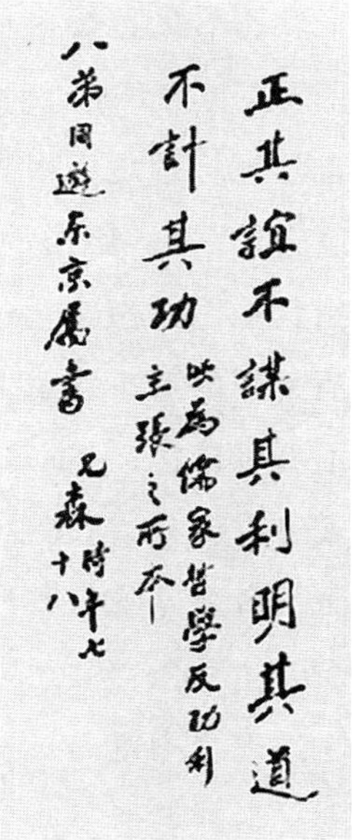

张君劢手书

第二，儒家这种对伦理问题的重视，往往使西方人认为儒家思想太实际、太世俗。但实际上这种看法是错误的。儒家希望解释宇宙间的一切现象，因此他们想解决世界创造问题，而这是对他们想象力的一大挑战。儒家认为，天是道的根源，并以自然界阴阳二力或变化来解释这个关系。他们的形而上学永远是理性主义的，不带有任何超自然主义的色彩。《孟子》一书就是理性主义体系。周敦颐的宇宙论以及张载和朱熹对理气关系的讨论，显示出抽象的理论分析是宋代新儒家哲学中最主要的内容。

张君劢指出，佛陀曾对他的弟子表示，他们对他的信仰应该基于理性。但与佛家相比，中国儒家甚至更属于理性主义。儒家认为，上帝与自然之间不存在间隔，如果形而上与形而下有区别的话，那也只是程度上的，而不是根本的。凡是形而下的都可以归溯于形而上的方面；凡是形而上的都应该用形而下来加以解释。

张君劢把儒家哲学的这一特点称之为“形上形下相通”，亦即“以形下为基，然后进而达于形上”。他在《儒家哲学处于西方哲学环境中之觉悟》一文中写道：“《易》曰形而上者谓之道，形而下者谓之器，器指物理世界中之有形可见、有迹可求者言之，道指其中之义理言之。”道虽非器，但道必托于器，如礼乐刑赏，是治天下的道。礼虽非玉帛，而礼不可以虚构；乐虽非钟鼓，而乐不可以徒作；刑本遏恶，必托于甲兵，必寓于鞭扑；赏本扬善，必表之以旗常，铭之以钟鼎。故形而上者之道必托于器而后行，形而下者之器唯得其道才能无弊。他并且从道与器或形而上与形而下这种依存关系中引申得出如下结论：“可知物质界与人心中之义理之不可离，若离而为二，则一方有唯物主义，他方有唯心主义矣。”①

第三，儒家在哲学上最大的兴趣是对心灵的控制，这种现象可以和西方人的热心研究方法论相提并论。儒家认为，由于心常为物欲和褊狭所蔽，所以净心为得道的先决条件。一旦把自私的念头消灭，心便能不偏不倚、明朗和具有远见。张君劢认为，周敦颐的“无欲”，朱熹的“致知”和“专心”，王阳明的“知行合一”，是达到真理标准的三条路径。

第四，儒家哲学的第四个特点是重视身体力行，甚至为了道可以牺牲自己的性命。一个人如果有志于道并献身于道的话，那他首先要做的便是将自己所信奉的原则付诸实行——自己身体力行，使其在自己的家庭生活以及对国家应尽的义务中具体

① 《中西印哲学文集》（上），第 491 页。

地表现出来。张君劢举例说,如果某一新儒家学者身居高位,除非他能谏劝皇帝的错误行为,否则,他便不能算是儒者。朱熹因谏宋宁宗斥左右恶名小人,而遭贬谪;王阳明因得罪宦官刘瑾,而被放逐到贵州龙场。这些人对皇帝的忠言直谏,在中国永远都会受到广泛的赞扬,朱熹和王阳明被认为是值得效法的最好榜样。明朝末年,东林党的许多儒家哲人为了对皇帝忠言直谏,而遭杀身之祸,牺牲了自己的性命。这充分表明儒家或新儒家学者为了自己的信仰,是不怕牺牲自己性命的。宋末文天祥之死和明末刘宗周之死,便是儒家这种殉道精神的典型表现。

总之,张君劢指出,与世界其他哲学尤其是西方哲学比较,儒家哲学具有它自己独一无二的特点。也正是这些特点才使儒家哲学能够参与和世界其他哲学尤其是西方哲学的对话,并在对话中显示出自己所具有的独特价值,而这种价值表明:“东方人对于现世界之危机中,自有以其可以矫正西方之处,乃吾人所不可忽视者也。”①

在分析了儒家哲学的特点后,张君劢进一步探讨和分析了儒家哲学的基本范畴。他认为,儒家哲学的基本范畴一是“万物之有”,一是“致知之心”。

所谓“万物之有”,是张君劢对儒家哲学多元宇宙观的高度概括。他指出,自孔孟以来的中国儒家,对于天地间万事万物的存在,从无怀疑否定之论,无论道也事也,心也物也,常也变也,这些形上形下、精神物质之有,皆置于同一水平之上,从不因道

① 《中西印哲学文集》(上),第463页。

德以排官觉之所见，亦不挟官觉以排道德。

从儒家哲学的这种多元宇宙观出发，张君劢对西方哲学的宇宙论提出了批评，指出：欧洲现代哲学的初期，受物理学的影响，欲以机械主义适用于心理，乃流为世界只有物质而无精神之说，唯物主义、机械主义之宇宙观也因此而产生。然此种哲学排斥所谓心，所谓精神，乃至不以人为人而视之如机械。与唯物主义、机械主义认为世界只有物质而无精神相反，笛卡儿则提出"我思故我在"，认为天地间万事万物的存在皆在怀疑之列，唯有以自己之思，确立自己之存在这一点为不可疑。在张君劢看来，西方哲学中只有新唯实主义才"与儒家之态度不谋而合"，因为这种最近才流行的新唯实主义和儒家哲学一样，也直截了当地承认万物①的存在。

张君劢指出，西方哲学所以会在宇宙观上出现唯心与唯物、或者理性与经验两派的对立，"一方但认有物或曰但有外界，他方但知有心或曰外界乃心所造"，原因在于西方哲学对"世界存在"和"关于世界之知识之构成"往往"混淆不清"，视为一事。实际上，"外界存在与知识自何而来，应分为两事。伸言之，外界存在应明白承认，而不可与知识起源混淆而为一，此一事也。承认外界存在，然不以为存在问题既已解决，而不需再问外界存在与心之关系如何，此又一事也。"②于此，张君劢强调指出，儒家哲学中"万物之有"的基本范畴既已保存于数千年之后，在今日可

① 包括形上与形下，精神与物质。

② 《中西印哲学文集》(上)，第528页。

谓有得而无失,并正可与今日西方所流行的新唯实主义相互发明。

就对"万物之有"的承认而言,张君劢指出,儒家哲学的大体方面,较之西方哲学无多少逊色。然从精密程度比较来看,儒家哲学又不如西方哲学"远甚"。这主要表现在四个方面:第一,就学问分科言之,所谓天文、地理、生物、植物、社会、国家等学,在西方文化未传入中国之前,中国是没有的,中国学者只知有六艺,而没有确立自然科学的分科。第二,学术研究必须以逻辑、数学为基础,但我国逻辑学在东西交通之前,不视为应用之思辨,治学方法中不知有定义,又不确立每一学问的界限与范围,致使每一学问的体系未能建立起来。第三,我国儒家传统向来都是重道德而轻知识,其所谓"知",殆指惠施等人的"鸡三足"、"火不热"之诡辩,而不是以外界事物为研究对象,因此,实验事物之知识被淹没达两千年之久。第四,儒家对于知识,对于一草一木,非不注重,然而由于我国没有教会组织,缺少如布鲁诺之被焚烧、咯里雷之被要求取消其学说那样的知识迫害之刺激,因而对于自然研究往往采取不闻不问的态度。对于儒家哲学与西方哲学在精密程度上的这些差距,张君劢主张必须迎头赶上,而"今后所以补救、所以奋起之法,唯有侧重科学"。具体落实到哲学方面,其任务就在于"平衡物心两方,而不至偏物忘心,或偏心忘物"。[1] 就张君劢这时对中西哲学之优劣短长的分析和对科学之重要意义的强调来看,与他20年代人生观论战时那种一味肯

① 《中西印哲学文集》(上),第529~530页。

定儒家哲学尤其是宋明新儒学，而否定西方哲学，表彰自由意志，而贬低科学方法的态度，有了明显的不同。

为了实现“平衡物心两方，而不至偏物忘心，或偏心忘物”，张君劢又根据德国哲学家哈德孟氏的学说，分宇宙之万事万物为四类：即物理层、生物层、心理层和客观精神层。物理层指的是物理、化学所研究的物质，生物层指的是植物、动物和人类，心理层指的是人的感觉、思虑、记忆和想象，客观精神层指的是语言、知识、道德、制度和历史。在他看来，此四层之中，最上层的客观精神不可缺少第二、第三、第四之下层为其基础，最下层之物质虽不必依赖三层之所以生，然四层之所以思，而不碍其自成为物质。这也就是说，每一层各有其特质，不可以上层之所有而轻下层，亦不可以下层之所有而轻上层。他写道：

> 物质还其为物质，生物还其为生物，心灵还其为心灵，精神还其为精神。四者交相联系，交相决定，初不以精神之高深，而视物质为不足轻重，亦不以物质之固定与可以确计，而视精神为不可捉摸。此其为说既不背于科学家之重视自然，同时对于精神学派之重知识道德与历史，绝无贬抑之词。此乃合宇宙之大全，以为学术研究之对象，同时为人生观树立一种综合方向。此可谓合于吾国问学德性双管齐下或曰理气并重之观点，而垂世久远者矣。[1]

① 《中西印哲学文集》(上)，第529～530页。

从张君劢的这段论述可以看出，他所讲的“万物之有”中的“万物”，指的是万事万物，既包括宇宙间存在的一切客观事物，也包括个人的心理现象和语言、知识、道德、制度、历史这些“为全国人民所共晓、共用、共参与、共维持，乃以成为社会与国家民族之公物”的客观精神。而“万物之有”中的“有”指的是存在，“包括现象和本质，即事物的存在与规律的存在，因此说‘理气并重’”。①

如果说“万物之有”是张君劢对儒家哲学的宇宙观的高度概括的话，那么，“致知之心”则是对儒家哲学的认识论的简明表述。他指出，人之所以知，全赖乎心，而心所以能知，一方由于官觉，一方由于心思，二者相合而成。孟子就说过：“口之于味也，有同嗜焉；耳之于声也，有同听焉；目之于色也，有同美焉。至于心独无所同然乎？心之所同然者何也？谓理也，义也。”口目耳鼻所尝所见所闻所臭者为官觉之知，义理者为思中之知，表面看官觉与心官各有所司，但实际上官觉之知与心官之思是不可分离的，这可从荀子的《正名》篇中得到证明。张君劢认为，荀子《正名》篇中最可注意的是五官各有所司，同时在五官之上更有复杂或综合调查之心，以验其合与不合，名之曰征知。这也就是说，先有官觉以分别形色声音甜酸苦辣与体之刚柔软硬，然后再由心施以最后调查，以验五官簿籍中之所记者是否相合，与五官之所记与心是否相符。由此可见，早在战国时期，孟子、荀子就已知道官觉与心是不可分离的。

---

① 韩强：《现代新儒学心性理论评述》，第 141 页。

除了对官觉与心之关系的认识外，孟子、荀子的逻辑理论也很类似。首先就孟子言之，其书中论逻辑要素有二：一曰类，如说麒麟之于走兽，是兽类也；凤凰之于飞鸟，是鸟类也；泰山之于丘垤，是山类也；河海之于行潦，是河流类也，等等。张君劢认为，《孟子》一书如此极重类字，并详加论述，这与西方逻辑中论分类一章相同。二曰心。心之所同然，即甲之所是，乙亦所是。在张君劢看来，孟子所说的"义理"，不能仅仅如昔日那样释之为"道德仁义"，而应推广言之，"如曰此为黑此为白，此为事物之理。甲是甲，乙是乙，此为逻辑之理。物各有类，此为科学之理。不诚无物，此为道德或形而上学之理。孟子以'心之同然'四字为扼要之说明，其不至乎心之所同然，则不名之曰理"。张君劢指出，和孟子一样，荀子也很注重类字。比如他认为，"凡同类同情者，其天官之意物也同"。荀子尤注重名实相符的原则，强调"知异实者之异名也，故使异实者莫不异名也，不可乱也"。

当然，张君劢指出，尽管孟子、荀子都认为官觉与心不能分离，也都特别注重"类"字，但在一定意义上，孟子是理性主义者，而荀子是经验主义者。因为孟子所说的"心之同然"即是理，"在今日言之，亦曰知识应有人心中共同之根据，是为逻辑，是为自然律，是为道德之所同认者"。和孟子不同，荀子则强调"缘耳知声、缘目知形"，认为"错人思天则失物情"，都是强调感觉经验的重要。

张君劢认为，孟荀两家的这种不同，与西方哲学中的理性主义者和经验主义者的不同相类似。经验主义者以为知识由五官之象而来，思考与内省之材料最后皆由五官之感觉所决定，故其所侧重为感觉，为经验。而理性主义者则认为，除盖然性的知识外，其必然而不可易之知识，只能由直觉与演绎中获得，故其所侧重为直觉，为理性。在张君劢看来，理性派和经验派的理论各有其长短得失；“理性派之长在于承认理知自身之能力与先天命题之具有确实性”，“感觉主义或经验主义之长在乎自然科学之成绩”。既然理性派和经验派的理论都各有长短得失，因此，他主张，“吾人承孟荀传统之后，更兼收并蓄西方两派学说，不必借甲以排乙，或借乙以排甲”。他并且相信，如果我们真正能合两派之长而参互错综之，或者可以引而至于一条新路。[①]

张君劢进一步指出，在“致知之心”问题上，宋明新儒家也有两派不同的意见。朱熹主张“即物穷理”，认为理存在于事物之中。而王阳明则主张“心即理”，言理存在于人心之中。如“以阳明为是，但有理性主义一派已足，不必再有官觉主义求理于外物之主张矣。如以朱子之言为是，则求理于事，舍官觉主义其奚依哉?”表面看来，两派似乎截然对立，但实际上，二者是不可分离的。因为知有两类，一为物理之知，一为善恶之知，物理之知亦即儒家所说的闻见之知，善恶之知亦即儒家所说的德性之知。对于“物理之知”或“闻见之知”，“唯有求之外界，不可求之一心”。而对于“善恶之知”或“德性之知”，则“可求之于一心，无疑义矣”。[②] 张君劢认为，知既有两类，那我们就不能以朱说为是，以王说为非，或以王说为是，以朱说为非，而应综合朱、王两

① 《中西印哲学文集》(上)，第 532 ~ 535 页。

② 《中西印哲学文集》(上)，第 537 页。

家学说，“在外之物理，以朱子之说应之，在内之德性，以阳明之说应之”，从而使物理之知与善恶之知，或闻见之知与德性之知，能相互表理，并存而不悖。由此可见，张君劢虽为现代新儒家，但他与其他现代新儒家或归宗陆王（如梁漱溟、熊十力、贺麟），或归宗程朱（如冯友兰）不同，而是强调程朱陆王的并存和综合，这也正反映了他的折中主义二元论的思想特点。故此，笔者不同意时下流行的一种观点，把张君劢称为“新陆王派”。

张君劢还对中西的形而上学进行了比较，认为中西形而上学存在着三个方面的不同：

第一是对“有”与“实有”之解释的不同。他指出，远在古希腊时代，哲学界就有两派：一派主“变”，一派主“有”。主变派以海拉克立图[①]氏为代表。海氏认为宇宙间之事物的最后元素为火，由火变水，由水生土，其相反方向则由土变水，由水生火。

因此世界万物，如海水之成为蒸气，再由太阳收藏之而成为火。火之大用，在于置事物于鸿炉中，使之回旋于由分而合，由合而分之变化中。海氏的这种“变”的学说遭到一些古希腊哲学家的反对，他们认为世间如果只有变，那么事物之理又何由而来，于是派梅纳第司[②]提出了主“有”之说。派氏认为“有”（Being）与“非有”（Non-being）相对立，有者充满空间之谓，非有者空无之空间之谓，唯有乃存在，非有则非存在，且不在思想之中，有者无始亦无终，有不能自非有中造出，并不能化之为非有，

① 今译赫拉克利特。

② 今译帕尔米尼底斯。

有只为现在之有,不能成为过去之有与未来之有。有既为现在之有,因此是连续的,不可分的。唯其不可分,故无往而不在,无往而不同。由派氏之所谓有,乃产生出西方哲学对有为永久、不变、不动之有的解释,并由此而认为"实有"具有不变不动与永久的性质。也正因此,西方人深信逻辑学中之矛盾律,既已为有,则不能为非有,既为非有,则不能为有,认为此二者之分,是一成而不可变易的。唯其如此,其有为静定之有,为一成不易之有。但和西方哲学的这种既已为有,不能为无,既已为无,不能为有,二者截然两分、不可变通的观点不同,中国儒家哲学则认为有无可以相通。例如朱熹对太极图的解释:"上天之载,无声无臭,是就有中说无,无极而太极,是就无中说有。"这是中西形而上学之不同的第一个方面。

第二是对变与不变之认识的不同。张君劢指出,西方哲学家好分宇宙之事物为二,一曰现象,二曰实有。山峙水流,春去夏来,味之甘苦,身上冷暖,这些都离不开官觉的接触,然若不废之江河,与百年之故屋,乃至埃及金字塔,在西方哲学家看来,也都为物质,故亦只能归之于现象之中。其所谓实有,则为概念,而由思想中之共相或曰概念所产生的事物,则称之为真有,以表示这些事物具有不变不动和永恒的性质。实有唯存在于思想之中,这是古希腊哲学家派梅纳第司氏的学说。派氏本为数学家,认为凡形数之以思得者,乃可谓之为有,其不以思得之者,即为非有。无非有或无中不能另有所生,则除现在之有外,何能另有所增益,而实有乃为永恒的整体,因为其中无任何变化的可能。派氏的上述学说,后来为近代西方哲学家斯宾诺莎所接受,乃发而为宇宙大全不变之论。和西方哲学的这种“以思想中之不变为本”相反，中国儒家哲学则“以事物之变易为本”。如《易经》的仰观俯察，就含有易、不易、简易三义，并就事物所以生生不息立论，而有“刚柔相摩，八卦相荡，鼓之以雷霆，润之以风雨，日月连行，一寒一暑，乾道成男，坤道成女”之语。这是中西形而上学之不同的第二个方面。

第三是对时间之所以影响于人生之实际情况何如的看法不同。张君劢指出，西方哲学家认为时间出于人的主观，没有其自身的客观实在性，对人生不能产生任何实际的影响，充其量它不过是钟表上时刻之次序而已。如柏拉图就持一种“时间虚幻说”，康德在《纯粹理性批判》中则提出“时空为吾人觉相之形式说”，认为分别先后老幼者，曰时间，分别东西南北上下左右者，曰空间，时间和空间就像“人目之眼镜上所见之远近大小之不可离”的东西。与西方哲学仅视时间为“钟表上时刻之次序”相反，我国五伦中有所谓长幼之序；平日生活里有“日出而作，日入而息”之语；就历史言之，有三代损益之说。“是时间之为实在且影响于人生之操作与制度之改革，岂钟表上时刻之次序而已哉！”这是中西形上学之不同的第三个方面。

综上所述，张君劢指出，中西形上学所以会存在这三个方面的不同，原因就在于“吾国所谓有非为一成不易之有，即有中含变之作用，既已名之曰变，则变中含有时间之先后。其在西方为一成不易之有，因而无所谓变，亦无所谓时”。[①]

---

① 《中西印哲学文集》(上)，第408页。

除儒家的哲学思想外，张君劢还对儒家伦理思想和政治思想作过阐述。他认为儒家伦理学的基本概念有四个，“一曰善，二曰己，三曰性，四曰心”。而就张君劢对善、己、性、心这几个儒家伦理学的基本概念的解释来看，我们同意论者的看法：“他提倡的新儒家道德哲学强调道德行为中的动机因素以及主体的选择作用。”①而这正是现代新儒家伦理思想的一个基本特征。这一特征与孔孟程朱陆王等人的思想是一脉相承的。所以，张君劢强调指出：“以上四点，虽若千年来先圣之言，然吾人岂可视为陈言而废弃之？”②

如果说善、己、性、心是儒家伦理学的基本概念的话，那么儒家伦理学的最主要原则，是“以善恶义利是非之辩，直接诉诸各人之良心，使其知所以身体而力行之是也。”所以儒家强调人有四端，强调人性本善。在他看来，儒家伦理思想的这一大原则与康德《实践理性批导》中善意和断言命令非常接近。因为康德讲“汝之行为应求其所根据之定则，经汝之意力而成为自然界之公例”，和儒家讲人有四端，心之同然，其目的都是在“求一种同归之原则”。当然，他又指出，儒家和康德虽然在“求一种同归之原则”方面有其一致性，但其立言又各有不同：一则责诸一己，求诸一心；一则求诸人人，求其成为自然之公例。

简言之，张君劢认为，上述儒家伦理学的原则反映了儒家伦理学的如下特点：（一）善恶是非之辨存于一心；（二）所以辨之者

---

① 胡伟希：《传统与人文》，中华书局1992年版，第215页。

② 《中西印哲学文集》（上），第552页。

为良心之觉察；（三）辨别是非，在乎行其所当为，而免其所不当为，乃有人心道心之分；（四）存养省察，就自己之意、情、知三方面，去其不善以存其善，而尤贵于就动机之微处克制自己；（五）视自己为负责之人，本良心以审判之、斥责之，这样才能收不迁怒不贰过之效果；（六）不独知之，并贵乎力行，故说君子有诸己而后求诸人，无诸己而后非诸人。王阳明强调知而不行，只是未知。在张君劢看来，儒家伦理学的这六个特点，“皆吾国行己立身之要道，亦即民族风气之所赖以维系也”。[①]

张君劢还讨论了儒家德性的一与多的关系问题。他指出，中国儒家伦理学是规范的和理性的系统，其起点是德性。所谓德性，即人类自身具有并且不能外求的意向（disposition）。儒家发展出四种主要的或基本的德性，这就是仁、义、礼、智，古人又称之为“人性的四德”。如果用西方哲学的名词来表示，张君劢认为，应该把这四种德性或“人性的四德”当作价值判断和知识的基本范畴。前三者即仁、义、礼，属于价值判断范围，第四个智字，则是一种心智过程，类似西方所谓的知性或知识（intellect or knowledge）。

除这四种主要的或基本的德性外，张君劢指出，儒家还有其他的德性名目，就《论语》一书言之，就有温良恭俭让、恭宽信敏惠、慈孝爱敬、直谅多闻、义礼逊言、刚毅木讷等。《论语》不仅列举出了各种德性名目，而且还进一步论述了各种德目之间的相互关系。于是就提出了一个问题：即儒家德性为一？还是为多？

① 《中西印哲学文集》（上），第555页。

换言之,各种德性可统而为一呢?还是各自独立而不相关联?

张君劢认为,德性是人类所共有的,所以实现之者,出于一人,发于一心。就其德性之表现而言,或重于泛爱之仁,或重于分别之义,或出于效力之忠,或出于践言之信。要其所向之目的,为人类之公善。因此,在“分殊之中,自有其统一之理”。但另一方面,由于人们相互之间存在着父子夫妇君臣上下之辨,各人在其本位上所担负的义务也因此而各不相同,所以,德性又是“出于一而归于殊”。

就张君劢对儒家德性之一与多的关系的论述来看,实际上他把德性分成为两个层次,一是作为道德之基础与善恶是非之准则的德性,一是具体的德性名目。具体的德性名目要以作为道德基础和善恶是非准则的德性为依据,而作为道德基础和善恶是非准则的德性又必须表现在德性名目之中。如果用哲学的语言来表示,就是德性名目(多)是作为道德基础与善恶是非准则的德性(一)的表现,而作为道德基础与善恶是非准则的德性(一)又寓于具体德性名目(多)之中。

为了进一步论证儒家德性的这种一与多的分合关系,张君劢举程颈论仁与四德的关系为例:四德之元,犹五常之仁,偏言则一事,专言则包四者。他认为,程颐将人的仁义礼智信比之于乾之元亨利贞,二者既出于同一,宇宙自可统而为一,这是“自伦理之伦理上求其统一之法而已”。[①]

与儒家德性这种一与多之分合关系相联系的是儒家伦理的

---

① 《中西印哲学文集》(上),第555~556页。

变与常(不变)的问题。张君劢认为,吾人处20世纪之今日而讨论道德问题,儒家伦理的变与常是首先必须回答的第一个问题。在此问题上,他不同意那种认为随着社会制度的变化,儒家伦理也必然会发生全部变化,因此而对儒家伦理持怀疑和否定态度的观点,而是从儒家德性的一与多之分合关系立论,认为儒家伦理"在日变之中有不变者在,不变之中有日变者在"。变者,儒家德性的具体名目,不变者,作为道德基础与善恶是非准则的儒家德性。换言之,儒家德性的"多"是变化的,儒家德性的"一"是不变的。用张君劢的话来说:"同此人类,同此心理,同此善恶是非之准绳,因其生活环境之改造,所以表现其德性之方式因时因地而不同。然其合乎人心之所以为人之道,自古至今,始终一贯者矣。"他举例道,昔日封建时代或君主时代,以忠于其主为务,民主时代,人人有选择政府之权,人人有批评政府之权,同时人人有守法奉公之义务,以维持国家的生存。但这种由对一人之忠,扩大而为各人之自由,并没有悖乎善恶是非之准绳,而不合乎人之所以为人之道。其他如夫唱妇随变为夫妇平等,五世同堂变为一夫一妻,也都如此。故此,他指出:"由以上社会制度之变,而各人表现其德性者各异……(但)变中有不变者在,人心是矣,善恶是非之准绳是矣,伦理是矣。"①

张君劢进一步指出,儒家德性的"变中之不变",亦即王阳明讲的昭灵不昧之心,所以明善恶是非之辨的良知。这也就是说,一体之仁没有发生任何变化,但其表现形式则因时代的变化而

---

① 《中西印哲学文集》(上),第565页。

有所不同。如君主时代谓之为忠,民主时代则谓之为自由,为公平竞争;君主时代谓之为守王法,民主时代谓之为人人守其所立之法;君主时代谓之为劳心者治人,劳力者治于人,民主时代谓之为各有工作机会,人人平等;君主时代谓天秩天序,民主时代谓自由竞争。总之,张君劢写道:"凡因社会结构与政权之变,其生活方式随之而各异,而德性之节目亦因之而繁多。然德性之节目虽多,而不害其伦理之为一。伸言之,德性为多种性,而伦理为一元性也。此德性条目之多种,何一不出于天地一体之仁之良心乎?"[①]他再三强调,把握和理解了儒家德性的这种"一"与"多"、"变"与"不变"(常)的关系,也就把握和理解了儒家伦理思想的基本精神。

和他对儒家哲学思想、伦理思想的阐发一样,张君劢在阐发儒家的政治思想时也很注重与西方政治思想的比较,试图通过这种比较,来发掘出儒家政治思想的价值与不足。他提出,先秦时代的儒家政治思想与古希腊时代的西方政治思想"在根本上可谓出于同根"。因为无论先秦时代的儒家,还是古希腊时代的哲人,都认为政治的善恶不离于道德,因而都主张以德治为政治的基础。所以就德治而言,儒家政治思想与西方政治思想有相同之处。但这只是一个方面,另一方面,欧洲自古希腊至古罗马,自古罗马至中世纪以至近代,有至深至长的法治传统贯串其间。但和西方不同,儒家因尚德治而不讲法治,我国不存在如同西方那样的法治传统。因此,法治传统的有无,这是中西政治思

① 《中西印哲学文集》(上),第566页。

想的分界线,也是民主制度在中国未能建立起来的重要原因。

张君劢认为,儒家之所以会忽视法治,一个重要原因是我国所谓法为刑罚而起,如郑子产铸刑书,晋叔向遗书非之,这与西方所谓法因议会选举而起不同,因此,儒家往往将法与刑、与狱讼混而为一。比如孔子就受此影响,乃以德礼为导民之本,以法为刑法狱讼。在张君劢看来,儒家因尚德,而忽视法治,就如同宗教家之力说空无,而忽视人生,自然科学家之注重外界,而引起精神生活之空隙一样,是从一个极端走到了另一个极端。在儒家中有一个人例外,这就是与孟子基本同时期的荀子。荀子知德之一端不足致治,乃倡礼义之说以代之,并力言争端不可免,而应有度量分界。这与西方以法律规定各人权利之界限的做法相类似。张君劢认为,荀子的礼义之说既重德,又重法,对于儒家的德治思想是一个进步。但是,由于当时是战国时代,各国之间的竞争十分激烈,申不害、韩非和李斯的法家思想为各国君主所欣赏,荀子的礼义之说很难与之争衡,荀子本人也最终被处死于楚。荀子死后三年,秦始皇统一六国,"此为法家所造成之专制帝皇",从此中国"与希腊、罗马,与现代欧西诸国背道分驰矣",[①]直到民国建立,一直是一个君主专制国家。

当然,张君劢进一步指出,尽管自秦始皇统一六国开始,中国就一直是一个君主专制的国家,但这并不能说明中国的政治发展没有建立民主制度的内在要求,更不能说明儒家思想中不存在民主思想的种子。他认为,除了儒家的理性主义是西方天

---

① 《中西印哲学文集》(上),第382页。

赋人权说的来源外，儒家思想中“可以奠定民主，鼓我勇气”的民主种子有五：第一，儒家推崇汤武革命。如孟子答齐宣王关于汤放桀、武伐纣是不是臣弑君的问题时说：“贼仁者谓之贼，贼义者谓之残，残贼之人，谓之一夫，闻诛一夫纣矣，未闻弑君也。”孟子所言与杰弗逊起草的美国《独立宣言》所宣布的人民有权推翻残暴政府，建立新政府的思想是相同的。第二，儒家比较重视民意。如孟子对齐宣王说：“左右皆曰可杀，勿听。诸大夫皆曰可杀，勿听。国人皆曰可杀，然后察之。见可杀焉，然后杀之。故曰国人杀之也。”孟子此段文字，殆由古代询国危询国迁之遗俗而来，虽去现代民主国会甚远，然被治者同意之种子已在其中矣。第三，儒家有选贤任能的思想。如孟子说：“昔者尧荐舜于天而天受之，暴于民而民受之。故曰天不言，以行与事示之而已矣。曰：敢问荐之于天而天受之，暴之于民而民受之，如何？曰：使之主祭而百神享之，是天受之。使之主事而事治，百姓安之，是民受之也。天与之，人与之。”孟子在这里委婉曲折地对天与民二字的含义作了解释，现代人读之，可能以为孟子讲的“百神享之”为无证之事，然事治而百姓安，则可验之民心归向与否。我们虽然不能说尧舜是出于民选，但其中具有选贤任能之精神。第四，儒家有言论自由的传统。公元前846年，周厉王恶国人之谤，得卫巫有神灵，能预知有谤，使之监谤，有告则杀之。召公劝谏，厉王不听，遂遭民变而死。此为历史上之大教训，于是历代有谏议大夫和御史之制。由于谏议大夫不以民选为后盾，故其谏诤之效力，远不如西方民主国家的国会。“然其言论自由，为民意发泄之所，其成为吾国传统，固已久矣。”第五，儒家反对天下为私,主张天下为公。如黄宗羲于明末目击宦寺与昏君庸主之害,大声疾呼专制君主不足以为法,其言曰:“三代之法,藏天下于天下者也。……后世之法,藏天下于筐箧者也,利不欲其遗于下,福必欲其敛于上,用一人焉则疑其自私,而又用一人以制其私,行一事焉,则虑其可欺,而又设一事以防其欺。……所谓非法之法也。”如果将此文拿来同三代与秦后君主之制进行比较,或者推广而用之于君主专制与西方民主,或者更推之于右派独裁与左派独裁,“则孰以天下为公,孰以天下为私心之辨,昭然为人所共见矣”①

实际上,儒家思想中含有民主的种子,这不仅是张君劢的认识,也是现代新儒家的基本共识。1958 年的《文化宣言》在谈到“中国文化之发展与民主建国”时就指出,中国未能建成民主国家,但这不能说明以儒家思想为其核心的中国文化在本源上有任何不足,中国文化中并不缺少民主的种子,建立民主制度从根本上说是中国文化的道德精神自身发展的内在要求。但问题的关键在于:张氏与现代新儒家所说的儒家思想中的“民主种子”和民主政治究竟存在着多大的距离,从这些所谓的“民主种子”中能否孕育生长出民主政治来?实际上就张君劢所举儒家思想中含有的五种“民主种子”来看,与现代民主政治都有着原则性的区别。我们且以他讲的第四种种子,即儒家的言论自由的传统——历代有谏议大夫和御史制度——为例。谏议大夫不仅不由民选,其行为只对皇帝个人负责,而且其言论没有任何保障,

① 《中西印哲学文集》(上),第 382 ~ 391 页。

皇帝可以任意处置他们。这与民主制度下的国会议员根本不能相提并论。

第四节　儒家思想的新开展(下)

第二次世界大战后,世界范围内的现代化进程的步伐明显加快,不少新独立的国家都加入到了这一进程之中。面对汹涌而至的现代化浪潮,中国应该怎么办?怎样才能尽快实现现代化?中国传统文化尤其是儒家思想究竟是现代化的阻力,还是动力?这是当时不少思想家包括不少美籍华裔学者思考的一个主要问题,也是张君劢晚年从事儒家思想的新开展时思考的一个主要问题。

什么是现代?什么是现代化?在张君劢看来,所谓现代,和古代一样,不过是区分一个时代知识趋势的一种表示。他承认,一般地说,科学和民主是现代的标识。但他同时又指出,如果没有心的作用,亦即思想的合理性,则现代科学的发展是不可能的,因为现代科学只是一种采用计量和实验方法的科学,它和古代思想同基于思想合理性原则。所以,他认为"现代与古代不是像意义与无意义或者黑与白那样的分别,而是在准确程度上有差别而已"。

当然,张君劢进一步指出,现代与古代的分别,虽然只是在准确程度上有差别,但这种差别又是很重要的,我们必须在这两个时代之间找出一条分界线,这条分界线便是指示中国现代化的路标。

那么什么是现代与古代的分界线呢？张君劢通过对欧洲走向现代化的里程碑——文艺复兴、科学发展、宗教改革、专制君主以及民主政体的兴起等表现于文艺、宗教、知识与政体等不同领域的运动——的分析，认为现代与古代的分界线是“人的理智自主”，“人的理智自主是现代的真正动力”。这可从西方现代化的不同领域的不同方式中得到证明：在宗教方面，它叫做良心自由；在哲学与科学方面，它叫做理性论与经验论；在政治与经济方面，它叫做人权与自由竞争。张君劢指出，“虽然在不同领域中有各种不同的表现，但它们却出于同一来源，那便是人心或思想的合理性”。①

从张君劢的以上论述中可以看出，第一，他认为现代与古代是不能完全割裂的，所谓“现代化”一词指的不过“是从旧到新的一种改变，或对新环境的一种适应”。第二，他认为在现代化过程中起主导作用的是人的心知或思想方法，所以，“现代化的程序应从内在的思想着手，而不是从外在开始”。

根据对现代化意义的上述认识，张君劢考察了中国现代化的历程及其失败原因。他指出，自 19 世纪中叶到 1949 年中华人民共和国成立这 100 年间，中国的现代化历程大致可分为三个时期：一是“新武器时期”。这一时期领导中国现代化的是曾国藩、李鸿章等人，他们承认西方在技术与自然科学方面优于中国，于是在福州设立造船厂，在上海设立兵工厂，并设立翻译馆翻译有关枪炮、制造、造船、航海、化学、天文及国际法等西方书籍。

---

① 《中西印哲学文集》(上)，第 579 页。

二是“维新或革命时期”。这一时期领导中国现代化的是康有为和孙中山。前者主张君主立宪,发动和领导了戊戌变法;后者主张民主共和,发动和领导了辛亥革命。

三是“文学和伦理革命时期”。这一时期领导中国现代化的是陈独秀和胡适,他们同为文学和伦理革命而努力。

这三个时期的中国现代化运动先后都归于失败,直到 1949 年中华人民共和国成立,中国仍然没有实现现代化。那么是什么原因使中国的现代化未能取得成功呢?概括张君劢的观点,他认为,中国现代化未能成功有以下几方面的原因:

第一,“正统西方思想没有做到其所当为”。他指出,如果当时介绍到中国并为中国思想家所熟悉的只是西方进步的科学和技术,及西方民主政治和行政的演进,而没有帝国主义的侵略以及所引起的苦痛甚至憎恨,那么中国人就有可能像了解印度佛教一样来了解西方文化,像接纳印度佛教一样来接纳西方文化,这样,“一个友善的回应”,就有可能“产生一个最高的善”。但是实际上整个 19 世纪,在政治上和社会上,与文化和精神层次同样,“西方对中国的冲击是以废绝为目标。他们要求中止中国一切传统价值,甚或中止她的身份。……结果中西的关系以对立、挫折和反抗代替了友善的合作和自动自发的吸收”。

第二,中国的变革时间过于短促。他指出,西方完成从中世纪到近代社会的转变经历了五百年的时间,即从欧洲文艺复兴、宗教改革到拿破仑战争,但中国同样的变革却希望在六十年间完成。在此期间,中国面对很多不同的思想潮流,在经济方面,有资本主义、个人主义、社会主义、共产主义;在政治方面,有代议政治、法西斯主义、共产主义；在哲学方面，有辩证唯物论、唯心论、实用主义及其思想派别；在宗教方面，有有神论与无神论。中国人突然面对这么多问题，并且对这些问题“必须有所选择与表示其特有立场”，结果由于变革的时间太短促、太突然，既“有从旧到新的突然变革”，又“有从一种社会形态转为另一种社会形态的突然变革”，因此，中国人不仅对任何一种思想体系都没来得及消化，得到真正的了解，而且也“很难有安定或谐和之感”。

第三，保守分子对现代化运动的阻碍。他指出：戊戌变法时，康有为和光绪帝站在一边，而和他们对立的是慈禧及其党羽。辛亥革命后的一段时期里，先后有孙中山、梁启超与袁世凯及其北洋军阀的斗争。张君劢甚至认为，“中国之所以未能适应现代世界的生活”，实现现代化，是“满清的无知与袁世凯的无信造成的，袁世凯的阴谋导致了进步人士与保守派间的纷争和内战。满清时期以及后来民国成立后缺乏开明领导人物与合力工作，是中国现代化迟未实现的主要原因”。

第四，除以上三个原因外，张君劢认为，中国现代化未能成功的另一个更为重要的原因，是未能处理好传统与现代的关系。康有为、谭嗣同尤其是陈独秀和胡适等人对传统文化特别是儒家思想的批判，“破坏国家旧有的传统，而削弱了国家民族的整个基础”。由于“国家民族的整个基础”被削弱了，现代化也就没有不失败的。比如，“胡适和陈独秀提出许多改革，诸如个人的自由、平等、男女平等、自由恋爱等，可以经由法律的规定、工业化和普及教育等种种方式逐渐改变；可是，如果希望以斥责孔子所传下来的社会习惯和道德观念等方式来达到这个目的，便注定要失败”。[①]

没有处理好传统与现代化的关系，确实是中国未能实现现代化的一个原因。这表现在两个方面：一是一些人（主要是西化派）只看到传统与现代化相冲突的一面，而没有看到传统与现代化还有相契合的一面，有走向现代化的现实性，从而认为中国要实现现代化，实现从传统农业社会向现代工业社会的转变，其不二法门只能是西化，将西方的现代化全盘移植过来；二是另一些人（主要是文化保守主义者）则与此认识相反，他们只看到传统与现代化相契合的一面，而没有看到传统与现代化还有相冲突的一面，有一种阻碍现代化的惰性力，从而认为传统不需要经过清理、批判和转换，就可以成为现代化的生长点或价值源，中国的现代化完全可以在“中体西用”的框架内实现。张君劢只指出西化派（他是把陈独秀、胡适等人作为西化派看待的）在处理传统与现代化关系上的失误，而未对文化保守主义者在同一问题上的失误提出批评，这显然是片面的，反映了他保守主义的文化取向。另外，我们说陈独秀、胡适等人未能处理好传统与现代化的关系，但这并不意味着他们对传统文化特别是儒家思想不应进行批判，更不能因此而得出他们对传统文化特别是儒家思想的批判，“破坏国家旧有的传统，而削弱了国家民族的整个基础”的结论。实际上，就他们对传统文化特别是儒家思想批判的内容来看，他们批判的主要是封建专制主义政治思想、旧伦理、旧

① 《新儒家思想史》，第585～605页。

道德、旧文学以及旧的风俗习惯，这些批判无疑有利于思想启蒙和个性解放，有利于促进传统的现代转换，是重建新的民族文化系统不可或缺的一环，其历史意义应该给予充分肯定。问题的关键不在于对传统文化特别是儒家进行批判，而在于他们在批判的过程中，第一，有时未能对传统文化特别是儒家思想中的精华与糟粕进行认真的区分，往往把传统文化特别是儒家思想视为一个不可分割的整体，视为旧的封建主义文化加以批判，从而表现出某些民族虚无主义的思想倾向；第二，缺乏对传统文化特别是儒家思想既需批判、也需继承这一对立统一的辩证关系全面、正确的认识，因而对传统文化批判有余，而发掘、继承不足，或者说是“破”得多，“立”得少。我们应该一分为二地分析和评价陈独秀、胡适等人对传统文化特别是儒家思想的批判，既肯定其积极意义，又指出其过失和不足，而不能像张君劢那样采取全盘否定的态度。

虽然由于保守主义的文化取向，使张君劢不能客观公正地评价陈独秀、胡适等人对传统文化尤其是儒家思想的批判，但他对中国未能实现现代化之原因的四点分析，应该说许多观点还是很有见地的。

从（一）现代与古代是不能完全割裂的；（二）在现代化过程中起主导作用的是人的心知或思想方法这两点认识出发，张君劢认为，中国的儒家思想不仅不像陈独秀、胡适等人所认为的那样“是中国现代化的最大障碍”，相反，儒家思想“适足以导致一种新的思想方法，这种新的思想方法将是中国现代化过程中的基础”。换句话说，儒家思想“有助于或者是中国现代化的先驱，人们甚至可以说，在中国人心目中根深蒂固的儒家思想足可为导致中国现代化的基本方法”。因为“儒家思想是基于一些原则的：如理智的自主，智慧的发展，思考与反省的活动，以及质疑与分析的方式”。这些原则体现的是“人心或思想的合理性”，而“人心或思想的合理性”是现代与古代的“分界线”。他并以欧洲的现代化为例：既然欧洲现代思想是古希腊思想的延续，古希腊哲学是欧洲现代化的基础，那么，中国也可以利用与古希腊思想有许多相似之处的中国儒家思想作为现代化的思想基础。他还从日本现代化那里找来现实例证，“日本采取宪政政体、建立陆海军、工业化、发展科学——所有这些神奇的历程正都是在儒家的基础上完成的。我们知道，日本维新派人士很少不是阳明的信徒，当他们接触到科学时，便说儒家所关心的是道德价值，与科学并不冲突；因为科学只涉及有关自然界的知识。他们也无法发现宪政与忠于天皇之间有何矛盾冲突。在日本，东西方这两个人生观不久便相辅相成”。①

儒家思想虽然可以导致一种新的思想方法，这种新的方法能成为现代化的基础，但近代以来儒家思想却一直“晦暗不彰”，没能起到它应该起到的现代化之基础的作用。在张君劢看来，近代中国儒家思想之所以晦暗不彰，有“三个因素”：

第一是共产主义在中国大陆上的胜利。他说儒家思想与共产主义是“不相容的”。他攻击共产主义是“藉着专制统治以达其权力欲”，根本不同于“孔子观念中的君主政制”，因为“孔子观

① 《中西印哲学文集》（上），第586页。

念中的君主政制是基于人君爱护人民以及国家的和平和秩序”。

第二是西方传教士对儒家思想的伤害。他指出,自鸦片战争之后西方传教士大量涌入中国那天开始,传教士们就“自觉地或不自觉地尝试以基督教的观念去代替儒家传统”。现在要从精神上的价值来判断传教士们的这种努力的结果如何,虽然尚属太早,但它使中国人,“尤其是使不少受教育的人士淡视他们自己与其文化间不可分的感觉,则是不可忽视的现象”。

第三是部分中国知识分子对儒家传统的摧毁。他指出:“中国现代化的延迟与建立安定民主政治的缓慢,使得很多中国知识分子感到失望。……他们带着不安的情绪挖掘国人心理最深层的,而把一切罪过都加给儒家。”于是对儒家传统采取反对的态度。张君劢认为,在反儒家传统的知识分子的行列中,可以以康有为、谭嗣同、梁启超、胡适和陈独秀这五个人为代表。如果说“康有为和梁启超是不自觉地这样做”,那么,“胡适和陈独秀则完全明白其所作所为。他们一心想摆脱儒家传统而建立民主政治和社会改造”。张氏指出,胡适和陈独秀等人对儒家传统的自觉摧毁,是近代以来儒家思想所以“晦暗不彰”的重要原因,因为对儒家传统自觉摧毁的结果,造成了中国人的“精神真空”。所谓“精神真空”。所谓“精神真空”,其意思既“指旧传统的破坏,也指在时间上对于外来观念和制度生根的不调”。[①]

把近代以来儒家思想的“晦暗不彰”归因于“共产主义在中国大陆的胜利”和陈独秀、胡适等人“对儒家传统的摧毁”,再次

① 《新儒家思想史》,第 602 ~ 604 页。

昭示了张君劢政治上的偏见。张君劢自己承认"儒家思想在胡博士[①]开始打倒它之前,久已有衰落之象了"。我们知道,胡适、陈独秀等人对儒家思想的批判是在五四新文化运动时期。五四新文化运动始于1915年陈独秀在上海主办的《青年杂志》[②]创刊,终于1924年人生观论战的结束,而共产主义在中国大陆上的胜利是在1949年。要共产主义为30多年前就"久已有衰落之象"的儒家思想的"晦暗不彰"负责,其理由无论如何不能成立。实际上,近代以来儒家思想的"晦暗不彰",有其历史和社会的深刻原因,从根本上来说,是作为中国封建社会意识形态的儒家思想不能很好地应付或解决近代中国社会所面临的新问题——即如何应付西方文化的挑战,使中国尽快地实现现代化——而引起的。因为当一种思想或意识形态不能很好地应付或解决当时社会所面临的问题时,这种思想或意识形态就必然要走向衰落,受到人们的批判,甚至为人们所抛弃。这样的例子在中外历史上屡见不鲜。张君劢所以要把近代以来儒家思想的"晦暗不彰"与"共产主义在中国大陆的胜利"联系起来,完全出于反共的政治需要,是由其政治立场决定的。

如果说把近代以来儒家思想的"晦暗不彰"归因于"共产主义在中国大陆的胜利",反映了张君劢顽固反共的政治立场,那么把近代以来儒家思想的"晦暗不彰"归因于陈独秀、胡适等人"对儒家传统的摧毁",则反映了他保守主义的文化取向。如何

---

① 指胡适。

② 后改名《新青年》。

看待陈独秀、胡适等人对儒家思想的批判，这实际上涉及到对于五四新文化运动的评价问题。事实上陈独秀、胡适等人在五四新文化运动时期对于儒家思想的批判虽然存在着这样或那样的失误与不足，但第一，他们并没有"摧毁"儒家传统，他们批判的主要是儒家的纲常名教，是它的现实价值，而对儒家的全部学说，对它的历史价值并没有采取简单的全盘否定的态度，更谈不上"摧毁"；第二，陈独秀、胡适等人对于儒家之纲常名教的批判，如前文已经指出的那样，应值得充分的肯定，因为儒家之纲常名教作为封建社会规范人们政治、经济和人伦关系的准则，已不适应现代生活，成了社会发展的严重阻碍，如不对它进行批判，人们的思想就很难获得解放，社会也就不可能继续前进。正是在这一意义上，我们认为陈独秀、胡适等人在五四新文化运动时期对于儒家思想的批判，其历史功绩是第一位的。但和我们的认识相反，几乎从五四时期的东方文化派到现代新儒家的一切文化保守主义者，为了达到否定五四新文化运动的目的，指责陈独秀、胡适等人对于儒家思想的批判，"摧毁"了儒家传统，是"毁弃固有文明"。

在张君劢看来，儒家思想既然可以导致一种新的思想方法而成为中国现代化的基础，因此，我们今天要在中国实现现代化就必须从复兴儒家思想入手，换言之，复兴儒家思想是中国现代化的途径。他要人们相信儒家思想是完全可以复兴的。

首先，张君劢指出，儒家思想虽然自近代以来一直遭受挫折，"晦暗不彰"，但"在人类思想史上，这是常有的现象，我们没有理由认为这个现象不是暂时的。这种思想上的暂时衰落现象，往往会产生其精神与影响力的复活”。例如古印度婆罗门教在近代的复兴，古希腊文化在中世纪后期的复兴（文艺复兴）和中国儒学在宋明时期的复兴。因此，我们完全有理由相信，“儒家思想在未来的中国思想上还将占有重要的地位”。

其次，张君劢指出，儒家思想中含有丰富的宝藏，“其所涉及的范围是多方面的，而且富于变化性。这种思想宝藏，即使暂时被埋没，也不可能永久失去，将来总会复活的。”因为一种思想，“只要在其产生的本土根深蒂固的话，是不容易被人忘却的。”张君劢认为，与西方思想比较，儒家思想有“三大特质”：（一）以知识与道德具有同等的重要性。（二）由于遵循一个经过长时间考验的传统，而保有一种前后相继之感，从而能导致社会的安定。（三）儒家思想认为悟性的可理解性比那可能产生片面思想的原创性重要。

总之张君劢指出，儒家思想的复兴，“将使中国贡献出两千年来以独特方式所得这一思想体系的优点”，这不仅有利于中国现代化的进行，而且也会促使“东西方之间有一新而更广泛的了解”。[①]

具体来说，他认为，儒家思想的复兴主要是宋代新儒学的复兴。因为，欧洲的现代化运动起始于欧洲的文艺复兴，而中国思想史上能与欧洲文艺复兴相提并论的只有宋代，因为“宋代思想面目之一新，自可以与 13 世纪以降之欧洲度长挈短者在”。概而言之，第一，宋初学者勇于疑古，勇于创新，认为后起者不必因

---

① 《新儒家思想史》，第 495 页。

袭前人，贵乎自创，这与欧洲文艺复兴后排斥亚里士多德，主张各人对于《圣经》有自由解释权是相同的。第二，宋代古文风行一时，宋诗自成一格，宋词达到极盛，除此，还有通俗语体之文、理学家之语录、五代史平话、原本通俗小说等，这与欧洲文艺复兴后各国语体文之长成、但丁以意语写《神曲》、路德以德语释《圣经》是相同的。第三，宋代思想发皇，学术著作种类极多，除理学一项外，史学、经学、考据、金石学等都有很高成绩，这与欧洲文艺复兴后人文思想兴起、史学发达是相同的。第四，宋代人对于美术有很浓厚的兴趣，并且造诣极高，康有为就认为，“中国之画，至宋而后变化至极，非六朝唐所能及”。第五，宋代毕昇发明活板排印法，这与欧洲文艺复兴后葛登堡发明木制活字是相同的。张君劢进一步指出，宋代思想史中之第一件大事是宋代新儒学的兴起，“一方自宗教言之，可谓儒教对佛教之抗争，与欧洲新教之斗争旧教同。他方其中含有哲理之争论，因而可比欧洲现代哲学之以理性自主为出发点者，实为同种精神之活动”。[①]

张君劢认为，宋代新儒学的思想体系大致可分为四类，曰宇宙论，曰宇宙回到自己反省，曰书院教育，曰政制。

关于宇宙论。他指出，儒家的宇宙论从天从人说起，很少涉及空有问题，而佛教则以空有为论难的中心。宋儒要复兴儒学，就不能不对此问题予以答复。如周敦颐的《太极图说》、邵雍的《击壤集》“皇极经世篇”、“观物内外篇”，以及张载的《西铭正蒙》，都是批评佛教空无论的代表作。张君劢对宋儒的宇宙论尤

① 《中西印哲学文集》（上），第497页。

其是周敦颐的太极图说评价甚高，认为他们“合理气两面说明宇宙起源，尤为周遍而涵该”，既不偏于精神或造物主一面，以沦为犹太教的一神论与三位一体之争，而引起外超内在之纷议，同时又不偏于希腊七贤以水、火、空气、变与争五项为唯一元素论者。希腊七贤以水、火、空气等等之一元为宇宙构成之本，而周敦颐则主五行顺布之说。海拉克里图氏以争为一切事物之父，而周敦颐则曰无极之真，二五之精，妙而合凝。“是周子之意，分中有合，别中有和，即《中庸》所谓道中庸而极高明，诚乃吾国民性中流露而出之言也。”①

关于由宇宙回到自己反省。他指出，宋儒在批驳佛教的空有论而提出自己的宇宙论的同时，又注全力于定性、识仁、致知、穷理。这就是所谓由宇宙论回到己身之反省，它主要包括以下四个方面的内容：

一曰性。万物皆出于天地之生生不已，一方为物质血肉，他方为感觉心知。物有物性，兽有兽性，人有人性。“宋代乃分理气两面立论，自理言，有仁义礼智之德，乃成其为善；自气言，有物欲之蔽，乃成其为恶。自是以来，本然之性与气质之性之二分说，乃成为定论。”张君劢认为，虽然“本然之性与气质之性”不易分界，但“人与物之别之在乎以理性为标帜，则为东西古今之所同，故西方曰人者理性的动物也”。

二曰心。如果说人之所得于天之禀赋者名之曰性，那么，人之所以主宰乎一身者则名之曰心。宋儒朱熹以体用论心，邵雍

① 《中西印哲学文集》(上)，第 508 页。

推崇人心通乎天地,程颐提出心本无出入,只据操守而已,又有心通以道,而得无限量之说。张君劢认为,朱熹以体用论心,是东方论心的特色,这与西方专自自觉性以观心是迥乎不同的。程颐自操守论心以立体之言,为西方所不道,而他所说的心通,即西方所说的绝对精神。在张君劢看来,宋儒所讲的心,“非徒主思、主意、主情之心也,乃康节所谓代天意、天言、天工、天事之心也”。

三曰思。宋儒提出思曰睿,睿作圣,思者圣功之本,并强调思如泉涌,汲之愈新,不深思则不能造于道,不深思而得者其得失易。张君劢认为,宋儒所说的“思”,在于正心诚意,在于希圣希贤,这与西方之以思求知识之正确者不同。换言之,宋儒以思求义理之是非,西方以思求知识之是非。“然思知识正确之思,凭逻辑数理以衡之者,亦同隶于‘明辨’范围之内,非人所能否认者也。”

四曰知。宋儒程颐主张,问学达觉悟处,莫先致知。能致知,则思一日而愈明一日,久后有觉,故勉强学问,则闻见博而知益明。张君劢认为,程颐的这一主张与程颢批评博闻广见为“玩物丧志”,而教人以存心养性为重正相反对。所以,宋儒之重知者,以程颐为第一,他是我国重知主义的代表人物。但是,程颐虽然重知,然而他并不是不知道闻见之知外还有一种德性之知,“是其所谓求知之目的,在于适道”。[1]

关于书院教育。张君劢指出,宋儒在我国教育史上的最大

---

① 《中西印哲学文集》(上),第 510 ~ 512 页。

贡献是书院教育。书院教育虽然起源于唐代以前,但真正成为师生问学养性相勉之地,则自宋代始。与国学太学教人诗文经义,所以勉人入仕不同,宋儒专以变化气质教人,其目的在于"讲明义理,以修其身,然后推己及人"。他认为,此种学风之中,师道之尊严,德性劝勉之鞭辟入里,既非我国官学所尝有,亦非现代西方大学所能见及。倘求其近似者,只有古希腊的苏格拉底与门人的答问或可相比。然德性之指导,气质之变化,苏格拉底与门人的答问又远远不能与宋儒相提并论。

关于政制。张君劢指出,宋儒论政,大多上溯至尧舜与三皇五帝,如程颢的陈治法十事之首,王安石的上仁宗皇帝书,皆合于孟子所说的法尧舜,而与荀子的法后王相对立。吕大钧的天下为一家赋和乡约二者,后为朱熹和王阳明所倡导。张君劢认为,吕大钧的乡约符合西方的公民教育和地方自治。

总之,张君劢指出,所谓儒学,以哲学思想为范围,而与宗教、政治、社会、经学今文派古文派以及宋明理学程朱陆王派别无关,所谓儒学复兴,只是就孔孟以来及宋儒所确定的哲学基本范畴并为东西古今所共同具有的内容讨论之,发扬之,以期能超出一切门户之争,而在一种新观点下使儒学得所凭借而复兴。复兴的实质,是宋儒的基本观念的复兴,因为宋儒的基本观念,如理性之自主,心思之体用,闻见之知与德性之知之区别,致知格物之实事求是,等等,不仅"为东西古今思想之共同基础,而不可须臾者也",同时也是中国现代化的基础,因为它能导致一种新的思想方法的产生。张君劢提出,作为中华民族的子孙,必须以"继志述事"孔孟以来一线相继之文化传统为念,"或发扬之,或推广之，或有所取舍，或调停折衷"，使之"焕然一新"，"以贡献于人类"。[①]

儒家思想的复兴是中国现代化的途径，而儒家思想复兴的道路是自力更生中之多形结构。张君劢在《儒家哲学之复兴》一书的"自序"中开宗明义就提出："今后儒家哲学发展之途，可以一言蔽之曰：自力更生中之多形结构而已。"所谓"自力更生中之多形结构"，他解释说：

> ……我以为吾国所以自处之道，曰自己努力，不可以为传统中之学术与制度，尚有效力，尚可遵行。唯有自己思考，自己观察，检讨自己所有，再将自己一切与世界各国所有者，较其优劣与得失，以定其取舍。……其可以采择之地，或为西欧，或为美洲，或为印度，或为各回教国，或为日本，其来源各异，将成为一种多形结构。然其选择、决定，与陶铸而成之权，操之于己，而不流于喧宾夺主。此所谓自力更生中之多形结构之要义也。[②]

这就是张君劢为我们指出的儒家思想复兴的道路，即向西方学习（多形结构），但这种学习必须以儒家思想为主体，为基础（自力更生）。用张君劢的另一句话来说，就是"以儒家为本，而沟通东西思想"。他在《新儒家哲学之基本范畴》一文中谈到"自

① 《中西印哲学文集》（上），第516页。

② 《中西印哲学文集》（上），第516～517页。

力更生中之多形结构”，亦即“以儒家思想为主，而沟通东西思想”的意义时指出：“惟有采西方学说之长，而后吾国学说方能达于方法严谨，意义明确，分析精到，合于现代生活。亦惟有以吾国儒家哲学为本位，而后本大道并行万物并育之旨，可集合众家之说，以汇为一大洪流，兼可以发挥吾国慎思明辨而加上笃行之长。”①

怎样才能做到“自力更生中之多形结构”，或“以儒家为本，而沟通东西思想”呢？对此，张君劢提出了以下三条措施：

第一，要利用自己已有的泉源如孔子、孟子、朱熹以及其他儒学思想家来复兴中国思想，但在利用自己已有的泉源的同时，应努力向西方学习，对中西思想进行比较，以找出儒家思想的优点与不足。他在谈到借鉴西方哲学的意义时说：在学习西方之后，我们便看清楚我们的哲学家了。在从前，我们以为主张人性皆恶的荀子是和孟子敌对的；现在，我们称荀子为经验主义者或实在论者。从前，我们把主张兼爱的墨子看作利他主义者，现在我们要称他为功利主义者，因为他的主要思想是功利的学说。总之，“希腊和现代的西方哲学，对中国思想的复兴，能提供很多建议”，可以使我们在“新的眼光下”，“以新的方法来评价旧的哲学思想”。

第二，要把未来的中国思想放在更广大的基础上，这就是说，我们不要提倡这一派或那一派的思想，例如朱熹派、王阳明派、康德派、实用主义派或实证主义派，而应依照孔子所说的“万

---

① 《中西印哲学文集》(上)，第 521 页。

物并育而不相害，道并行而不相悖”的传统，超越理想主义与现实主义或其他主义的束缚，让所有并行的路各行其道。他认为，儒家的见解是允许所有思想派别共存的。

第三，要将道德和知识放在同等重要的位置，不要以为知识是人类幸福的唯一途径，相反，“为使人类不因科学之故而牺牲”，知识必须合乎道德的标准。他并且强调指出：“这就是儒家从整体来衡量知识与生命的方法。这就是新儒家思想的主要方向。”①

从张君劢所提出的这三条措施来看，虽然他主张把未来的中国思想放在更广大的基础上，对各家各派的学说（其中包括西学）采取近似兼容并包的态度，这反映了他思想的开放性，然而从本质上来说，他又是一个儒家本位论者，具有较强的泛道德主义的价值取向，而这也正是现代新儒家所共同具有的思想特质。

第五节　病逝旧金山

张君劢晚年患有严重的胃溃疡，而导致他患病的原因，用他女儿张敦华的话说，是“经济的困扰”。

作为“徘徊于学术与政治之间”的人物，张君劢一生未治产业，没有任何积蓄，到美国后，其生活主要是靠稿费和每月一百多一点的养老金（开始到美国时没有）来维持，甚是清苦，“身上常常一文不名”。

---

① 《中西印哲学文集》（上），第 595 ~ 596 页。

张君劢的生活虽很清苦，但他颇有孟子所称颂的“贫贱不能移”的大丈夫风骨，多次拒绝了台湾国民党当局的经济资助。1961 年台湾教育当局听说他要去德国讲学，便给他汇去一笔数量可观的美金作路费。他们认为当时张君劢的经济甚是拮据，这笔钱无异雪中送炭，他一定会接受。但不料没过几天，这笔钱却被他如数寄回。自 1949 年底离开大陆，到 1969 年去逝，张君劢没有接受过国民党的一文钱。

为了解决经济困难，1955 年他应斯坦福大学之聘，担任中共问题的研究工作。这项工作虽使他“在经济上不用愁房租和菜钱”，但“给他在精神上的压力非常大”，所以一年下来，他病倒了，得了严重的胃溃疡。经过很长一段时间的住院治疗，身体虽得到了康复，但胃被割除了三分之二。

张君劢 1963 年摄于美国旧金山住宅

斯坦福大学的中共问题研究因经费困难中断不久，张君劢了解到任何在美国永久居留的人只要工作一年半，交出一年半的社会福利金，就能享受养老金的待遇。这对张君劢来说，无疑是一个保证晚年基本生活的好机会。于是，他决定不辞艰辛为《世界日报》写社论，以便将来取得养老金。此事虽然对他晚年的生活颇有帮助,然而对他的身体健康却造成了很大损害。张敦华在《先父最后的十三年》一文中就此事写道:“对先父来说,这件事自然并不是难事,多半的时候,他常很骄傲的说他在两小时以内就把社论做完了。但总有找不出适当题目来写的时候,年轻人可以经得起长期的压力每日赶出文章,对已年过七十的先父来说这无疑是一种过度的折磨,再加上其他政治方面的打击,他终于又患了第二次胃溃疡。”由于张君劢以前开过一次刀,医生认为不能再动手术,只能用保守的方法慢慢调养。住了几个月的医院,张君劢的病又治好了。

出院的时候,医生一再告诉他,要注意休息,千万不要过度操劳,但张君劢病好后,又开始拼命工作。他不仅不顾自己年老有病,周游环球,到世界各地讲学,从事儒家思想的新开展,而且在近八十高龄的时候,以一人之力创办《自由钟》杂志,并撰写出洋洋数十万言的《论专制君主政体》一书。这种超负荷的劳累,终于耗尽了他的体力和精力,1968 年 12 月,他第三次病倒了,这次他再也没能爬起来。1969 年 2 月 23 日下午 6 时 40 分在旧金山伯克莱的康凡勒生疗养院去世,时年八十有二。死后 6 天,在当地安葬。

1914 年(27 岁)

第一次世界大战爆发。决定留在德国观察战争。

1915 年(28 岁)

10 月,取道荷兰抵伦敦考察英国社会,并在英国《每日先锋报》上撰文,抨击袁称帝阴谋。

1916 年(29 岁)

3 月,应梁启超之召,起程回国参加反袁斗争。4 月,回到杭州,任浙江交涉署署长。不久,辞职赴沪,任《时事新报》主笔。

1917 年(30 岁)

辞《时事新报》主笔事,转任段祺瑞政府为对德宣战事设立的"国际政务评议会"书记长,卷入府院之争。是年底,入北大任哲学系教授。

1918 年(31 岁)

发起成立"松社"。是年底,随梁启超赴欧洲开展国民外交。

1920 年(33 岁)

年初,陪梁启超拜访德国哲学家倭伊铿,诱发了研究哲学的兴趣,遂留德国师从倭伊铿学习哲学。

1921 年(34 岁)

年底,陪应邀来华访问的德国哲学家杜里舒离欧洲回国。

1922 年(35 岁)

1 月,回到上海,为杜里舒的演讲担任翻译。5 月,应邀出席"八团体国是会议",并受委托起草《国是会议宪草》。

1923 年(36 岁)

2 月 14 日,在清华学校演讲"人生观",认为科学和人生观各有自己的特点，科学不能支配人生观，并由此而引发了一场“人生观论战”。

1924 年(37 岁)

任“国立自治学院”(两年后改为“国立政治大学”)院长。

1925 年(38 岁)

与元配沈氏离婚后，与王世瑛结婚。王为北京女子高等师范国文系毕业生，小张君劢 13 岁。

1927 年(40 岁)

3 月，北伐军先后攻克南京和上海。不久，国立政治大学被国民党下令关闭。政治大学关闭后，因无事可做，开始翻译拉斯基的《政治典范》一书。

1928 年(41 岁)

年初，与李璜合作秘密创刊《新路》杂志，批评国民党的一党独裁。杂志发行 10 期，因国民党的查禁而停办。

1929 年(42 岁)

春，李璜负责筹办的中国青年党干部训练学校——上海知行学院——正式开学，被聘为该学院教授，义务讲授欧洲政治思想史。端午节前一天，遭政治绑票，被囚 20 余日。因国内安全得不到保障，是年秋，第三次去了德国，在德国耶纳大学教“中国哲学”。

1931 年(44 岁)

8 月，应燕京大学校务长司徒雷登的邀请自德国起程回国，任燕大哲学系教授，于“九一八”事变前一天回到北平。

1932 年(45 岁)

4 月 16 日，与张东荪、胡石青等在北平秘密发起成立中国国家社会党。5 月 20 日，《再生》在北平创刊。在创刊号上，与张东荪、胡石青以记者名义发表《我们所要说的话》，全面阐述国家社会党对中国政治、经济和文化的主张。

1933 年(46 岁)

因演讲"一·二八"淞沪之战而被迫辞去燕大教职，移居石板房甲 23 号，专心致力于组党及著述工作。秋，应邹鲁校长之请，到广州中山大学讲学，任哲学系教授。

1934 年(47 岁)

因其政治主张与国民党当局不合而被迫辞去中大教职，回北平。7 月，在天津召开的中国国家社会党第一次全国代表大会上，当选为中央总务委员会委员兼总秘书，主持中央日常工作。

1935 年(48 岁)

应广东陈济棠的邀请，再次南下广州，主持明德社，不久，在陈济棠的支持下，创办学海书院，推荐张东荪任院长，自己则屈居于学长地位。是年《民族复兴之学术基础》一书由再生社出版。

1936 年(49 岁)

6 月，发生"两广事变"，陈济棠被蒋介石赶下台，学海书院被关闭。学海书院关闭前，张君劢离粤北归。是年《明日之中国文化》由商务印书馆出版。

1937 年(50 岁)

"七七事变"前，应邀赴庐山参加国民政府举行的"庐山谈话会"。"七七事变"后，国民政府成立"国防最高会议参议会"，受聘为首批参议会参议员。

1938 年(51 岁)

4 月,代表国社党与国民党正副总裁蒋介石、汪精卫交换文件。从此,国社党乃由秘密转为公开。7 月,出席在汉口举行的国民参政会第一届第一次会议,并被选为驻会委员。9 月,《立国之道》在广西桂林印行。

1939 年(52 岁)

创办云南大理民族文化书院,自任院长。

1941 年(54 岁)

1 月,发生“皖南事变”,与梁漱溟、黄炎培等中间党派领导人调停国共冲突。3 月,为形成介于国共之间的“第三者”力量,联合梁漱溟、黄炎培、左舜生等人在重庆发起成立中国民主政团同盟,并被推为中央常委。

1942 年(55 岁)

云南大理民族文化书院被蒋介石以莫须有的罪名关闭,本人也于是年春夏之交失去自由,被软禁于重庆汪山达两年之久。

1944 年(57 岁)

6 月,美国副总统华莱士来华访问。7 月,国民政府在美国的压力下颁布《保障人民身体自由办法》,软禁于汪山两年后重获自由。12 月,自重庆启程飞美,出席太平洋学会会议。

1945 年(58 岁)

1 月,出席在美国弗吉尼亚举行的太平洋学会会议。会后留在美国考察。4 月,作为中国代表团 10 成员之一,出席在美国旧金山举行的联合国成立大会。会后继续在美考察。8 月,日本投降，中国人民的抗日战争历经八年取得最后胜利。

1946 年(59 岁)

1 月，作为民盟九代表之一，出席在重庆举行的政治协商会议(旧政协)，会上提出以五权宪法之名行英美宪法之实的方案。会后起草《中华民国宪法》，作为宪草审议委员会的蓝本。8 月，中国国家社会党和海外民主宪政党合并为中国民主社会党，被选为中央组织委员会主席。12 月，违背民盟政治立场和自己的一再声明，率民主社会党出席国民党单方面召开的国民制宪大会，而被民盟令其退盟。

1947 年(60 岁)

率民主社会党参加国民党政府，支持《勘乱动员令》。《中华民国民主宪法十讲》由上海商务印书馆出版。

1948 年(61 岁)

3 月，率民主社会党参加行宪国大，支持蒋介石出任第一任总统。

1949 年(62 岁)

10 月 1 日，中华人民共和国成立。中华人民共和国成立前，离开大陆移居澳门。11 月，赴印度作巡回讲学。

1952 年(65 岁)

3 月自印度抵达香港。这次来港主要是为了会晤在港的“中国自由民主战斗同盟”的领导人。5 月初，经日本到达美国华盛顿。从此，在美国定居下来。

1953 年(66 岁)

所著《中国的第三势力》一书在美国出版英文版。开始写作

《新儒家思想史》。

1957 年(70 岁)

《新儒家思想史》第一卷英文本在美出版。

1958 年(71 岁)

1 月,与牟宗三、徐复观、唐君毅联合发表《中国文化与世界——我们对中国学术研究及中国文化与世界文化前途的共同认识》。7 月,作第一次环球讲学,11 月回到美国。

1962 年(75 岁)

4 月,应邀到德国讲学,7 月回到美国。

1963 年(76 岁)

应香港大学、新亚书院、联合书院之邀,前往讲学。《新儒家思想史》第二卷英文本出版。

1965 年(78 岁)

3 月,在胞妹张幼仪的资助下,创办《自由钟》,发表《自由中国协会缘起》。出席在汉城召开的"亚洲现代化问题会议",并提交论文《中国现代化与儒家思想的复兴》。

1967 年(80 岁)

应李光耀的邀请,赴新加坡演讲《社会主义思想运动概观》。

1969 年(82 岁)

2 月 23 日下午 6 时 40 分,在旧金山伯克莱的康凡勒生疗养院逝世。死后 6 天,在当地安葬。

跋

在《民盟历史文献》丛书付梓之际，掩卷回首，民盟先贤们的音容笑貌挥之不去，不绝如缕，久久难忘。在编辑此丛书的过程中，我们每每被他们为信仰、为理想奋斗的坚定精神所感召和感动。

人不能没有理想和信仰，一个民族也不能没有自己的理想和信仰。我们的先辈们，正是怀揣民族富强、人民福祉的赤诚之心，身先士卒、鞠躬尽瘁；凭借自身高尚的人文品格和社会良知，与中国共产党团结合作，为中国社会的前途和命运探索了一条新的宪政之路；和平、民主是人类社会的两大主题，也是中国共产党人和各民主党派所共同追求的理想。

如今，面对着他们的拳拳之心和丰功伟绩，我们感叹！赞叹！怀念！更要继承！

《民盟历史文献》在整个创作和出版过程中，得到了来自社会各界人士的关注和厚爱。我们要特别感谢为此丛书孜孜不倦地考证、核实、梳理、完善的各位专家、学者，是他们的认真严谨，才使此丛书能够客观地展现历史的真貌；更要特别感谢中共中央统战部与民盟中央给予我们的鼎力支持和重视，没有他们的指导和帮助，我们不可能完成如此厚重的出版工作任务；还要感谢各省、市、地区的民盟组织，为搜集、挖掘、抢救民盟的历史文献资料做出的不懈努力和贡献；感谢每一本书的作者，是他们的辛勤笔耕和一点一滴的忠实记录，才集成了民盟历史的全貌；感谢为此丛书付出辛劳的编辑以及所有工作人员，感谢你们辛勤的劳动和无私的奉献。

谨以此丛书献给所有伟大的民主革命先驱者；献给为共和国诞生抛洒了智慧和热血的先贤们；献给那一段筚路蓝缕、以启山林的峥嵘岁月。

《民盟历史文献》编委会